U0612344

‖ 平谷文化丛书 ‖

平谷史话

翟德年 题

（修订本）

柴福善 著

民族出版社

平谷文化丛书

主编　王文忠　区文化委员会主任

　　柴福善，平谷区人，1956 年 12 月生。曾任县委党史办副主任、县文化文物局副局长、区文化委员会副主任、区文联副主席、区政协常委、学习与文史委员会主任，现为中国作家协会会员、北京作家协会理事、区文化委员会调研员、区文物保护协会会长。

　　1982 年起发表文学作品，在全国多家报刊发表诗歌百余首、散文 400 余篇，多篇作品被转载，并收入多种文集。散文集《江山有待》荣获全国第五届冰心散文奖，《两栖集——柴福善散文精粹》被中国散文学会指定为 2012 年特别推荐书籍。

　　出版散文集《逍遥人生》《岁月无痕》《往事与乡情》《核桃树下的王蒙》《秦时明月》《江山有待》《两栖集》，与古建专家罗哲文合著《中华名寺大观》《中华名塔大观》《中华名桥大观》《中华名园大观》《中华名楼大观》及《中国的世界遗产》，编著《平谷寺庙志略》《平谷古树名木图志》《志书补遗》《平谷史话》《峪口史话》《独乐河史话》《丫髻山》《丫髻山楹联匾额》《丫髻山碑刻》及《丫髻山传说》，主编《沟水长歌》（三卷）《平谷文物志》等。

以史為鑑 助推 协同發展

以文化人 引領 全面小康

王成國

平谷区委书记王成国同志为本书再版题词

平和平实

虚怀若谷

平谷历史

承载千年文明印迹

张吉福

平谷区委书记张吉福同志为本书初版题词

金海湖镇上宅遗址出土器物之陶塑猪头

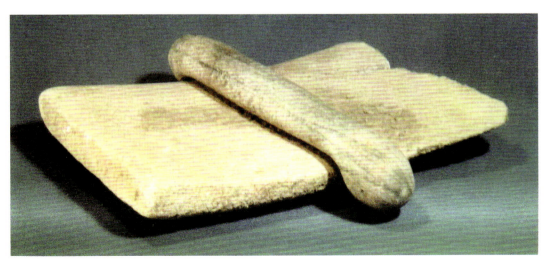

金海湖镇上宅遗址出土器物之石磨盘、石磨棒

山东庄镇山东庄村轩辕庙（摄于 2007 年 3 月）

南独乐河镇刘家河商墓出土器物之三羊铜罍

东高村镇北张岱汉墓石墓门（摄于 2001 年）

马坊镇石佛寺村石佛寺现存石佛像（摄于 2007 年 6 月）

丫髻山西顶（摄于 1947 年）

平谷境内明代长城（摄于 2009 年 5 月）

东高村镇东高村文峰塔（摄于 2016 年 4 月）

清代画家徐璋所作《李锴独树图》局部

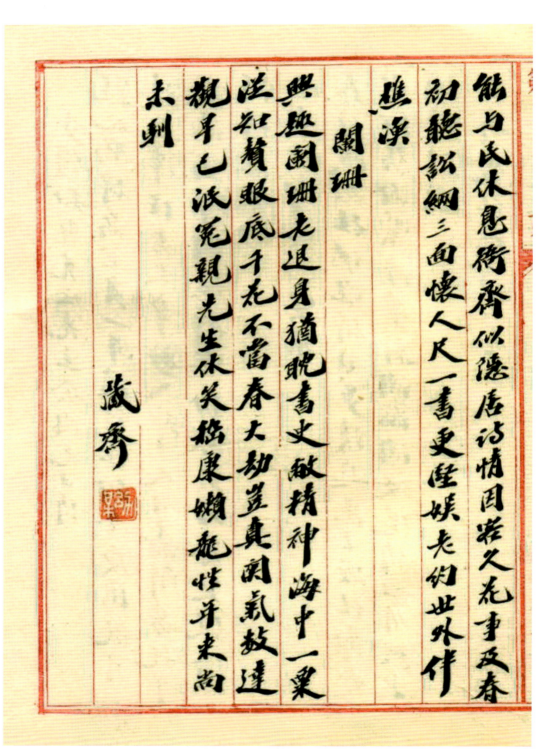

能與民休息衙齊似德居詩情因莊久无事及春
初聽訟綱三面懷人尺一書更堪娛老約世外件
礁溪
闌珊
興趣闌珊老退身猶眈書史敢精神海中一粟
洼知贅眼底千花不當春大劫並真闹氣敢違
觀早已派宽親先生休笑稀康嬾龍性年来尚
未馴

藏秀

书法家赵元礼诗稿

鱼子山抗日战争纪念馆（摄于 2001 年）

官庄战斗烈士纪念碑（摄于 2004 年 9 月）

再版序言

福善同志的《平谷史话》修订版就要付梓，邀我写篇序言，我欣然应允，因为我认为他做的是一件恰逢其时又影响深远的好事情。

福善同志曾出版专著《平谷史话》。随着一些新的平谷史料的发掘和深入研究，这次他再倾全力推出修订版，增加了一代诗家李锴等新发现新研究，增补了平谷革命斗争史等新内容，也对个别错误之处进行了修正。《平谷史话》全景展示了从远古到新中国成立初期的平谷历史文化，是丰富北京史研究的"资料库"，是平谷人追根寻祖的大"祠堂"，是对外推介平谷的新"名片"。该书的出版，我认为有以下三方面意义。

全面系统详实地记述了弥足珍贵的平谷历史文化。之前的平谷早期文史资料，呈散落的、碎片化的、口头的，不成体系且缺乏应有的历史深度。福善同志几十年来一直从事地方文史工作，他自我加压，把工作干成事业，孜孜以求，心无旁骛，平谷的角角落落他都考察过，与平谷有关的典籍文献他都查阅过，潜心整理、发掘、研究、记述，才有了这部全面系统、著录精详、内容丰赡的史话。

史话以时间为轴，把发生在平谷大地上的重要历史事件和文明成果，分成 60 个专题，一一呈现出来，好似集起珍珠串成项链，让我们得以一下看到平谷历史文化的全貌。其新增的平谷革命斗争史内容，又以 18 个专题系统的、有历史深度地展现了在抗日战争、解放战争、土地改革及建设新中国这一历史时期，平谷人民在中国共产党领导下的舍己为国、智慧英勇、大爱无疆的光荣历史。这份来之不易的精神财富，将通过书籍广泛传播、传之久远、激励后人，同时也为更多的人学习、研究、传承平谷历史文化提供了帮助。

增强平谷人民热爱家乡的历史文化自信。我们常说，热爱家乡，建设家乡。热爱家乡的前提是要了解家乡，尤其是要了解家乡的历史，并能够从家乡历史中燃烧起热爱之情来。显然，福善这本史话正是这样一本书。这本史话，是平谷的昨天，饱含着全体平谷人的情感。随着史话的出版，我相信将会进一步激发起大家学习、研究和传承平谷历史文化的热潮，激发起平谷人的家乡认同感、自豪感，让大家找到情感的归宿。上宅文化遗址出土的陶塑猪头，将我国雕塑史提前了 1000 年；刘家河商墓出土的铁刃铜钺，将我国使用铁的历史提前了 1000 年。遥想当年，我们的祖先能在中华文明的两个领域做出历史性的开创，该是多么伟大！这种文化底蕴相信在全国范围内也是不多见。通过阅读学习史话，让我们知道在自己的家园里，在我们习以为常的土地上，竟然产生了那么多闪耀文明之光的历史记忆！在这光芒照耀下，作为一名平谷人，我们是充满文化自信的！知道我们头上的历史，才会更加热爱脚下的土地。

激发平谷人民奋发图强开创更加美好未来的情怀。"十三五"期间，在京津冀一体化大背景下，区委提出要把平谷建成京津冀协同发展的桥头堡和北京行政副中心的后花园。世界休闲大会成功申办和生态文明先行示范区的顺利获批，将为平谷快速发展产生极大推动作用。处在历史重要机遇期的平谷，正需要每一名平谷人在区委区政府带领下，充分发扬具有历史文化底蕴的热爱生活、自强不息、宽仁厚德、不怕牺牲、勇往直前的精神，凝心聚力出色干好本职工作，让我们的平谷乘势而起！习近平总书记曾经指出，没有文明的继承和发展，没有文化的弘扬和繁荣，就没有中国梦的实现；实现中国梦，是物质文明和精神文明比翼双飞的发展过程；凝聚人心、坚定信念，是最深厚的文化软实力。我以为这本史话有此担当。平谷先人创造了光辉历史和灿烂文化，我们坚信平谷今人也一定能创建新的辉煌！

福善同志是我非常钦佩的人。他特别朴实、特别踏实、特别真实，事业心极强，"求真务实"精神在他身上体现最充分。他是专业型、学者型领导干部。在基层干部队伍中，有这个特质的不多，而能做到一辈子不断学习、永不放弃，这样的干部就更少。福善同志在史志、文物、文史资料整理等工作方面，都做出了突出贡献，是平谷的功臣。我在这里真诚希望更多的平谷人，要认真向他学习，学习他优秀的品质、高尚的情操，以及对平谷那种深沉的爱，用满满的正能量，把我们的事情做好，从而让平谷更具人文关怀、更彰法治和谐、更加富裕幸福！

平谷区人大常委会主任

2016 年 2 月 26 日

一本不可多得的乡土教材

（初版序言）

平谷历史悠久，文化底蕴深厚。

福善同志身为区政协学习与文史委主任，多年来潜心研究平谷历史文化。这本资料翔实、考据严谨、贯通古今的史话，就是其研究的一个成果。

"述往事，思来者"，一切历史说到底都是当代史。所以，这本史话对于我们正在进行的"一区四化五谷"建设，无疑具有重要价值和意义；对于我们的干部群众尤其是青少年学生进一步深入了解家乡、热爱家乡、建设家乡，无疑是一本不可多得的教材。

是以为序。

平谷区政协主席 王春辉

2013 年 4 月

目录

历史，从远古向我们走来

平谷，位于北京市东北部，地处燕山山脉南麓，华北平原北端，为京津冀三省市交汇处，与天津市蓟县、河北省三河市、兴隆县接壤，是京津冀协同发展的中心节点。平谷新城距离北京市区52公里，境域面积950.13平方公里。因东、南、北三面环山，中为平原谷地，故名平谷。境内群山耸峙，万里长城蜿蜒于东北部山间，洵河、洳河映带左右。全区山区、半山区约占三分之二，平原约占三分之一，有17座山峰超过千米，其中镇罗营镇境内东纸壶山达1234米，为全境最高峰（图1）。

早在几万年乃至10万年前的旧石器时代，就有人类在这块土地上繁衍生息。距今约六七千年前，平谷先民就创造了光辉灿烂的上宅文化（图2）。夏商周三代，地属冀州或幽州。刘家河商代墓葬青铜礼器的出土，证明那时平谷地区的繁荣与发达。春秋战国

图1 平谷最高峰之东纸壶山

图2　上宅文化陈列馆壁画（局部）

图3　东高村镇大旺务村出土的汉代九枝灯

时，平谷地区属燕国之地。战国后期，燕国置上谷、渔阳等5郡，平谷地区属渔阳郡地。秦统一六国，天下分为36郡，平谷地区依然属于渔阳郡地。而那时渔阳郡治所，在今密云西南与怀柔东南交界地带。

西汉时，汉高祖十二年（公元前195年）春，始建平谷县。汉承秦制，平谷地区仍属渔阳郡，县治所在今山东庄镇大、小北关村南。汉武帝后元二年（公元前87年），武帝刘彻死后遗诏封大司马霍光为博陆侯，今北城子村东汉城遗址即为霍光封城博陆城遗址。西汉末期，古北口外渔阳郡所属滑盐县曾迁至博陆城，东汉明帝时改名盐田县，后并入平谷县（图3）。

刘秀开创东汉王朝，仍设渔阳郡。平谷为渔阳郡所辖九县之一，县城已迁至今平谷老城处。因北魏初年平谷并入潞县，故城尚存。三国魏时，仍置平谷县。《畿辅通志》中"三国魏"下列了平谷县。

晋朝初年，省平谷县，后复置。《晋书·纪志》记载，燕国汉置，孝昭改为广阳郡。统县十，户二万九千。包括蓟、安次、昌平、军都、广阳、潞（今通州）、安乐（今顺义）、泉州、雍奴、狐奴。孝昭指汉武帝幼子孝昭皇帝刘弗陵。广阳郡所统十县中未有平谷，复置当在晋以后。而《畿辅通志》"晋"下写道："平谷县，初省，后复置。"新编《平谷县志》记载西晋初省平谷县后，地属燕国潞县，潞县为今通州。北魏初，平谷属渔阳郡，太平真君七年（公元446年）省平谷县，并入潞县。

东晋于公元420年亡，南相继有宋齐梁陈，史称南朝（公元420—589年）。北有拓跋氏（后改元氏），于公元386年正月建国，初称代国，至同年四月始改国号为魏，史称北魏（公元386—534年），公元439年灭北凉，统一北方。后又有东魏（公元534—550年）、北齐（公元550—577年）、西魏（公元535—556年）、北周（公元557—581年）政权相继存在，史称北朝。《魏书·地形志》载："渔阳郡秦始皇置，真君七年并北平郡属焉。领县六，户六千九百八十四，口二万九千六百七十。……真君七年并安乐、平谷属焉。"此处记载很明确，说明北魏太平真君七年（公元446年）以前平谷县确实存在，而北魏建国于公元386年，与东晋公元420年灭亡时，两个政权并存了34年。如果北魏初年复置平谷县，那时东晋政权依然存在，也就可以理解《畿辅通志》上述的记载了。而《畿辅通志·府厅州县沿革表》"北魏"中"太平真君七年，省平谷入潞县"记述，当出自《魏书》了。《读史方舆纪要》认为，潞县北平谷故城，为石赵所置。"石赵"即十六国后赵（公元 319—351 年），建都邺城。那些小政权走马灯般更迭，多很短暂。如此说来，北魏所省者为后赵的平谷县了。新编《平谷县志》"后赵，复置平谷县，县城移至今通县北小营村，隶渔阳郡"之说，当本于此。另外，北魏年间，要阳县由北内迁，城址在今镇罗营镇上镇村，东魏省去。

隋时，平谷地区隶属无终县。《隋书·地理志》记载："渔阳郡开皇六年（公元 586 年）徙玄州于此，并立总管府。大业初府废。统县一，户三千九百二十五。无终后齐置，后周又废，徐无县入焉。大业初置渔阳郡。有长城。有燕山、无终山。有沟河、洳河、庚水、灅水、滥水。有海。"无终县，应该是今天津蓟县，但境域要比今蓟县大，从有沟河、洳河来看，今天的平谷地区当在其中。民国二十三年（公元 1934 年）《平谷县志》也如此写到："《隋书·地理志》：无终县有沟河、洳河。按：一郡只统一县，沟、洳皆平谷水名，则是时平谷又省入无终矣。"《畿辅通志·府厅州县沿革表》"隋"中有"渔阳郡，开皇十六年（公元 596 年）徙置玄州，大业初改为郡。无终县，州郡治，大业末改名渔阳。""开皇十六年"与《隋书》"开皇六年"记载有出入，且以正史《隋书》为准。

唐时，设幽州范阳郡，《新唐书》记载，幽州范阳郡下辖九县，其中有潞县，武德二年（公元 619 年）自无终徙渔阳郡于此（即渔阳郡治所由无终迁至潞县），置玄州，领潞、渔阳，并置临沟县（今三河）。贞观元年（公元 627 年）州废，省临沟、渔阳来属。从隋开皇六年（公元 586 年）徙玄州于渔阳郡，平谷属无终县，至唐初置玄州，前后不过 33 年。而隋灭亡于公元 618 年，亡前改无终为渔阳。李渊建立唐朝，登基后第二年就调整行政区划，渔阳尚存，隋末平谷地区尚在渔阳区域，唐初是否依然在此区域？《畿辅通志·府厅州县沿革表》"唐"中，在"平谷县"下记述："渔阳县地"，即是说，省平谷后，归入了渔阳县。《读史方舆纪要》谈到："今（平谷）县本唐渔阳之大王镇。"也算一例。

《新唐书》同时记载，设檀州密云郡，本安乐郡，天宝元年（公元742年）更名。县二（密云，安乐）。有大王、北来、保要、鹿固、赤城、邀虏、石子航七镇。即是说，安乐郡改为密云郡，下辖两县七镇，并没有明确说就是平谷改为大王镇。《中国历史大辞典·历史地理》有大王镇词条：大王镇，唐代北边七镇之一，即今北京市平谷县。这里，明确说大王镇就是平谷县。民国二十三年《平谷县志》记载：唐高祖武德初，废渔阳郡省入幽州。玄宗开元十八年，置渔阳县，蓟州领之。天宝元年，改为渔阳郡。十四年，安禄山以郡叛。又记，明隆庆平谷旧志："唐废平谷为大王镇，入渔阳县。"应该说，自北魏太平真君七年（公元446年）省平谷入潞县后，再没有复置，说唐废平谷似乎不妥，当是唐把平谷地区设为大王镇了。

《新唐书》大王镇在檀州密云郡下，而檀州密云郡所辖无渔阳县，渔阳县属蓟州渔阳郡。明嘉靖《蓟州志》写到平谷县时："平谷县，名始于汉，以周遭皆山而中则平地也。属渔阳郡，后唐废为大王镇，金复为平谷县，元初并入渔阳县，寻复置，隶蓟州。"只简略记述。平谷地区究竟是在渔阳还是密云，尚需进一步研究。

五代后晋天福元年（公元936年），石敬瑭割幽、燕十六州于契丹。十六州相当于以今北京市和山西大同市为中心，西界山西神池县，东至河北遵化市，北迄长城，南至天津市、河北河间市与保定市，以及山西繁峙县和宁武县一线以北地。故大王镇在其中，属契丹。《新五代史·纪传》记载："（天福元年）十一月丁酉，皇帝即位，国号晋。以幽、涿、蓟、檀、顺、瀛、莫、蔚、朔、云、应、新、妫、儒、武、寰州入于契丹。"新编《平谷县志·大事记》载："后唐，清泰二年（公元935年），石敬瑭割幽、蓟、顺等十六州予契丹，大王镇属契丹。"

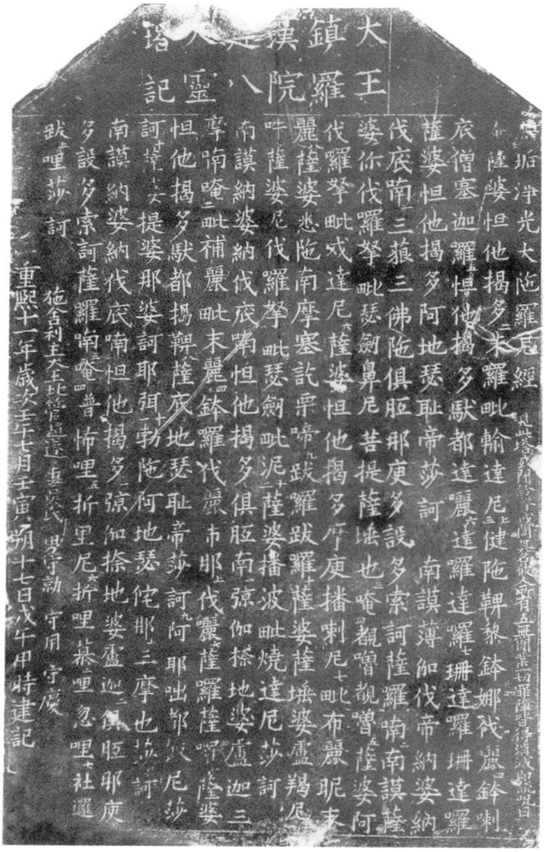

图4 "大王镇罗汉院建八大灵塔记"碑拓本

《新五代史·纪传》在"废帝"（李从珂）篇下写道："（清泰三年）三月，……河东节度史石敬瑭反。十一月，契丹立晋。"后唐称"清泰三年"，后晋则称"天福元年"，都是公元936年。天福元年九月，石敬瑭见契丹耶律德光，"约为父子"。故此，割燕云十六州当是石敬瑭做"儿皇帝"时了。

辽时平谷地区仍为大王镇。《辽史·地理志》记载，当时分上京道、东京道、中京道、南京道、西京道五道，南京道下辖蓟州，蓟州统渔阳、三河、玉田三县。大王镇当属渔阳县。1984 年 8 月，在平谷旧城塔儿胡同施工时发现"大王镇罗汉院建八大灵塔记"碑（图 4），现为上宅文化陈列馆收藏。此碑于辽重熙十一年（公元 1042 年）七月立，明确写着"大王镇"，可作例证。

平谷这个地方，历来属于中原大一统政权与北方少数民族政权统治的接合部地带，不但《辽史》有载，同时《宋史·地理志》中也有相关记载：燕山府路所辖蓟州，"唐置，石晋以赂契丹。宣和四年（公元 1122 年），金人以州来归，赐郡名曰广川，团练。七年（公元 1125 年），金人破之。县三：渔阳，赐名平卢。三河，玉田。"《畿辅通志·府厅州县沿革表》"宋"中，也在"蓟州"下写道：广川郡，宣和四年来归，赐名。平卢县，宣和四年改名。宣和四年（公元 1122 年）已是北宋末年，距北宋灭亡不过 5 年。同时，辽国也处于风雨飘摇之中，距辽灭亡也只有 3 年光景。这时，金人已经兴起，太祖完颜旻已于公元 1115 年建立金国。平谷地区就在这些大小政权的交错统治之下。

金天会三年（公元 1125 年），金兵破檀州、蓟州至三河，大王镇隶属于金。大定二十七年（公元 1187 年），升大王镇为平峪（峪同谷）县，平谷县建置恢复，隶蓟州渔阳郡。自北魏太平真君七年（公元 446 年）省平谷县，到金大定二十七年（公元 1187 年）复置，历北齐、北周、隋、唐、五代、辽（北宋）及金，期间共 741 年。《金史·地理志》载：中都路，辽会同元年（公元 938 年）为南京，开太元年（公元 1012 年）号燕京。海陵贞元元年（公元 1153 年）定都，以燕乃列国之名，不当为京师号，遂改为中都。府一，领节镇三，刺郡九，县四十九。蓟州，中，刺史。辽置上武军。户六万九千一十五。……平峪县，大定二十七年以渔阳县大王镇升。《畿辅通志·府厅州县沿革表》"金""平谷县"下，"平峪县，大定二十七年复置，属蓟州。"与《元史》记述一致。民国二十三年（公元1934年）《平谷县志》记载与《元史》基本相同：元初并平谷入渔阳县，至元元年（公元1264年），改燕京路为中都。九年（公元1272年），改中都为大都。二十一年（公元1284年），置大都路总管府，领县六，州十。蓟州领平谷等县。

元至元二年（公元1265年）省平谷县，随即于至元十三年（公元1276）复置，属大都路蓟州。铁木真（成吉思汗）于公元1206年建国，公元1271年忽必烈定国号为元，公元1279年灭南宋。《元史·世祖纪三》记载：蓟州，唐置，后改渔阳郡，仍改蓟州。宋为广川郡。金为中都。元太祖十年，定其地，仍为蓟州。领县五：渔阳，下。倚郭。丰闰，下。至元二年，省入玉田，四年，以路当冲要复置。二十二年，立丰闰署，领屯田八百三十七户。玉田，下。遵化，下。平谷，下。至元二年，省入渔阳，十三年复置。元史记述很明确，《畿辅通志·府厅州县沿革表》"元"下也这般记述：平谷县，至元二年省入渔阳，十三年复置，仍属蓟州。

明初因元旧制，平谷县仍为蓟州属县。洪武十年（公元1377年）二月，省平谷县入三河县，隶属通州。洪武十三年（公元1380年）十一月，复置平谷县，属北平府蓟州。永乐元年（公元1403年），改北平府为顺天府，平谷县亦改属顺天府蓟州。同年，营州中屯卫由塞北大宁地区（今内蒙古宁城西）调入平谷县。新编《平谷县志》"建置沿革"中写道："永乐元年（公元1403年）改属顺天府蓟州。同年，迁营州中屯卫于平谷县。""大事记"又记："永乐二年（公元1404年），营州中屯卫自塞北大宁地区徙入平谷县内。"时间略有出入。《明史·地理志》记载：顺天府，元大都路，直隶中书省。洪武元年八月改为北平府。十月属山东行省。二年三月改属北平。三年四月建燕王府。永乐元年正月升为北京，改为顺天府。领州五，县二十二。蓟州，洪武初，以州置渔阳县省入。……平谷，州西北。洪武十年二月省入三河县，十三年一月复置。东南有洵河，又有洳河。西北有营州中屯卫，永乐元年自故龙山县移置于此。又东有黄松峪关，与密云县将军石关相接。《畿辅通志·府厅州县沿革表》"明"下只记述一句：平谷县仍属蓟州。

清初，平谷县仍为顺天府蓟州属县。康熙二十七年（公元1688年），设顺天府四路同知后，平谷县属北路厅管辖，而北路厅同知驻昌平州沙河镇。乾隆八年（公元1743年），平谷县改为直属顺天府。《清史稿·地理志》记载：顺天府，……领州五，县十九。平谷，简。府东北百五十里。隶北路厅。东北洵河自蓟入，合独乐河，侧城西南，会石河，即洳河。县驿一。民国二十三年（公元1934年）《平谷县志》记载：清康熙十五年（公元1676年），分平谷等县属通永道。雍正四年

图5　20世纪20年代平谷县公署

（公元 1726 年），以通永道专司河务，平谷改属霸昌道。乾隆八年（公元 1743 年），以平谷县直隶顺天府。

1914 年（民国三年），改顺天府为京兆特别区，领县二十，平谷县为其一。1928 年（民国十七年），国民党政府迁都南京，裁京兆特别区，划归河北，平谷县改隶河北省冀东道。1932 年（民国二十一年）9 月，河北省设蓟密行政督察专员区，下辖平谷（图 5）。

抗日战争时期，八路军第四纵队于 1938 年 6 月在镇罗营建密（云）平（谷）蓟（县）联合县，7 月打下平谷县城，建立平谷县抗日民主政府。中国共产党领导军民开展抗日斗争，于 1940 年 4 月建立蓟（县）平（谷）密（云）联合县，隶属于晋察冀边区行政委员会冀东办事处，7 月改属晋察冀边区行政委员会第十三专署（简称第十三专署）。随着抗日根据地的扩大，抗日武装力量的壮大，1940 年 11 月，蓟平密联合县一分为二，南部建立蓟（县）宝（坻）三（河）联合县，北部建立平（谷）密（云）兴（隆）联合县。为巩固平密山区根据地，并向三河县发展，1942 年 11 月，平密兴联合县改为平（谷）三（河）密（云）联合县，均属第十三专员公署。1943 年 7 月，根据冀热边特委"县划小，区划大"决定，平三密联合县划分为两个联合县，北部建立承（德）兴（隆）密（云）联合县，南部将蓟县盘山地区划入，建立平（谷）三（河）蓟（县）联合县，通称老平三蓟联合县，隶属于冀热边行署第一专署。由于抗日根据地的恢复与扩大，1944 年 7 月，平三蓟联合县一分为三，西部建立三（河）通（县）顺（义）联合县，西南部建立三（河）通（县）香（河）联合县，东部仍为平三蓟联合县，通称新平三蓟联合县。1944 年隶属关系未变。1945 年 1 月，冀热辽行署建立，平三蓟联合县隶属冀热辽行署第十四专署。这些联合县，抗战中变动频繁，县政府机关常活动于北部山区，时无定所。

抗日战争胜利后，仍沿

图6　平谷区人民政府（摄于2011年2月）

用联合县建置。1945年11月，平三蓟联合县隶属于冀东行署第十四专署。1946年3月，撤销联合县建置，恢复单一的平谷县，隶属关系未变。1949年8月，河北省人民政府成立，原第十四、十五专区的部分地区合并为通县专区，平谷县隶属于河北省通县地区行政督察专员公署。

新中国成立后，平谷县仍隶属河北省通县专署。1958年3月，通县专署撤销，平谷县改属河北省唐山专署。同年10月20日，平谷县划归北京市。2002年4月，平谷县撤县建区，揭开新的历史篇章（图6）。

1 平谷名字由来及区域形成

平谷历史悠久，文化灿烂。概言之，有10万年人类活动史，8000年上宅文化，5000年轩辕文化，3000年青铜文化，2200年建置文化，千年道教文化，以及600年长城文化，影响海内外。

平谷地形地貌，据王兆元所编民国二十三年（公元1934年）《平谷县志》记载："自古建置都邑，必因山河之形势。平谷南、东、北三面环山，层峦迭嶂，资为屏藩。洵水、泃河映带左右，萦回境内，汇于西南，洵天然之疆界。"现在看来，平谷境内地势依然如此。

图7 《长安客话》书影

至于平谷得名，明代蒋一葵所著《长安客话》（图7）有记：

平谷在盘山西，故称盘阴，本古渔阳郡地。汉初封卢绾于此，绾亡始置县。四周皆山，中则平地，因以平谷名。

　　书中所记，一方面说明了平谷的位置及置县，另一方面也说明了平谷名字的由来。

　　平谷名字由来，即以地形而得名："四周皆山，中则平地"。虽然历代更迭，而江山未改，只是区域比过去大了而已。就大势而言，燕山耸峙于北，洵水潆洄于南，城邑坐落其间，与天津蓟县、河北三河、兴隆接壤，恰在三省市交界处，堪称京津冀一体化协同发展中的"桥头堡"。

　　当然，历史上平谷一直是个小县，如清顺治初年全县仅69个村庄，清末全县为73个村庄。王兆元所编民国二十三年《平谷县志》所记（图8）四至为：县城正东40里至崅山集（今靠山集），东南20里

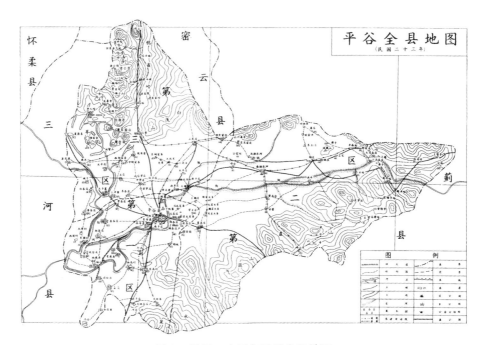

图8　民国二十三年平谷全县地图

至大岭，皆与蓟县连界；县城正南 12 里至青龙山，西南 17 里至高家庄，正西 10 里至鲁各庄，西北 20 里至下箭务（今乐政务），皆与三河县连界；县城正北 15 里至瑞屏山，与密云县连界；东北 30 里至白云寺，与蓟县连界。这就是当时平谷县所辖的县域，很小，如鲁各庄往西属于三河县，刘家河往北则属于密云县了。

平谷旧有 72 村之说。民国时林传甲总纂《大中华京兆地理志》，记载平谷："原有村数，号七十二村。相传京师（指都城）建设之始，正对前门，择三十六村，立保定县，俗名小保定。又斜对后门，择七十二村，立平谷县。前应天罡，后应地煞。"至今仍不止一个村的人说过去村归两县管辖，如王辛庄镇莲花潭村现存一条南北向胡同，不过三四尺宽窄，二人迎面要侧身才能通过。这条胡同，旧墙尚存，青石墁地，过去即为两县之分：胡同西为三河县管辖，东为平谷县管辖。如有事，虽一胡同之隔，也要分别上两县县衙。

1946 年至 1953 年间，从周边蓟县、密云、怀柔、三河 4 县，划入部分村庄，从而形成平谷现在的区域范围（图 9）。至今，全区划分为 16 个乡镇，2 个街道，272 个行政村，30 个社区居委会，共有常住人口 42.3 万人。全区总面积 950.13 平方公里，山地约占三分之二，平原约占三分之一，森林覆盖率约为百分之 64.94 %，居全市首位，是北京重要的生态涵养发展区。

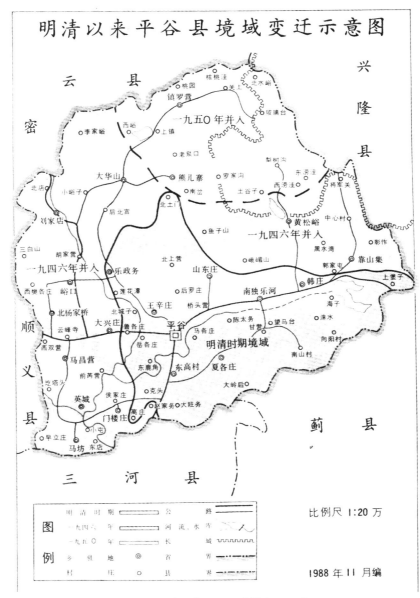

图9　明、清以来平谷县境域变迁示意图

2 平谷地区早期人类活动遗迹

20世纪90年代初，北京市文物研究所和中国科学院古脊椎动物与古人类研究所对平谷地区进行石器时代考古调查，发现旧石器出土地点12处，有上堡子旧石器出土地点、罗汉石旧石器出土地点、刘家沟旧石器出土地点、马家坟旧石器出土地点、海子旧石器出土地点、洙水旧石器出土地点、马家屯旧石器出土地点、南山村小岭旧石器出土地点、望马台村豹峪旧

双刃刮削器
马家屯出土

细石核
小岭村出土

单凸刃刮削器
马家屯出土

单刃刮削器
海子村出土

多刃刮削器
罗汉石出土

单直刃刮削器
洙水出土

素台面石片
马家坟出土

单凹刃刮削器
马家坟出土

单凹刃刮削器
马家坟出土

双台面石核
马家坟出土

图 10　平谷地区出土的旧石器标本图

石器出土地点、甘营旧石器出土地点、夏各庄旧石器出土地点、安固旧
石器出土地点（图10）。

　　一般来说，出土文物遗存较多，面积较大，称作文化遗址；而出
土文物遗存很少，面积很小，通常称为出土地点。如罗汉石旧石器出
土地点，在泃河右岸，金海湖镇罗汉石村南200米处台地上。采集到
石制品10件，包括多台面石核、单台面石核各1件，素台面石片3件，
有疤台面石片2件，以及单刃刮削器2件，多刃刮削器1件。其中单
凸刃刮削器，采用石片在其一端向背面进行加工，形成一凸的刃口。
多刃刮削器，采用石片在其两端和一侧边由破裂面向背面加工而成，
有两个刃为直刃，一个刃为凹刃。

　　又如马家屯旧石器出土地点，在金海湖镇马家屯南50米处。共采
集石制品20件，包括多台面石核、细石核各1件，石片12件，刮削器
6件。石片当中有天然台面的3件，素台面的5件，有疤台面的2件，
缺台面的2件。半锥状石核核身上留有7条细石叶疤痕，从剥落的细石
叶疤来看，相对的一面平坦，为自然面。单凸刃刮削器，可能是从细石
核打下的厚石片而成，因为石片背面留有几条规整的细石叶疤，石片左
侧留有由破裂面向背面加工形成的凸刃口。双直刃刮削器，用小石片制
成，两侧由破裂面向背面加工，右侧为凹刃，左侧为直刃。双直刃刮削
器，系用一双半锥体石片，在两侧边错向加工形成双直刃。还有一件用
灰白色玛瑙石片做成，器体较大，在两侧边由破裂面向背面加工形成双
直刃，其中一面修疤细小而浅平，一面修疤大而浅平（图11）。

图 11　平谷地区出土的旧石器，左起：单直刃刮削器（夏各庄）、双直刃刮削器（马屯）、半锥体石核（小岭）

再如马家坟旧石器出土地点，在金海湖镇马家坟村东，红石坎泉水河右岸二级阶地上。1990 年 3 月发现。此地点附近露出的基岩主要为元古代的紫红色页岩。岩石遭风化侵蚀后形成缓状丘陵，或裸露，或被黄土和河流沉积物所覆盖。在红石坎河两岸发育有二级阶地。第二级阶地为其座阶地，高出河面约 15 米左右，上部为灰黄色粉砂土，下部为褐黄色砂质黏土。在这层褐黄色砂质黏土层中获得石制品 19 件，另有 7 件采集于地表，脱离了层位。这些石制品分为石核、石片和石器 3 类。石核有单台面和双台面两种，其中单台面石核 2 件，双台面石核 1 件。石片 19 件，多数是小型的，长度在 50 毫米以下。石片台面形态多不太规整，台面大的长 125 毫米，宽 43 毫米，小的长 7 毫米，宽 4 毫米，一般的长 15 毫米至 40 毫米，宽在 10 毫米左右。石片分为 6 种，包括天然台面石片 3 件，有脊台面石片 3 件，有疤台面石片 2 件，素台面石片 4 件，修理台面石片 1 件，缺台面石片 6 件。石器全为刮削器，根据刃缘形状分为单凸刃、单直刃和单凹刃 3 种，共4 件。这些石制品的原料主要是石英岩和隧石。根据遗址地质地貌和文化遗物特征，初步确定遗址地质时代为晚更新世，考古学年代为旧石器时代中、晚期。此出土地点（图12）以"马家坟遗址"条目，写入 2006 年 3 月版《北京志·文物卷·文物志》中，且认为"这是继北京周口

图 12　金海湖镇马家坟旧石器出土地点（摄于 20 世纪 90 年代初）

店发现旧石器文化以来，在北京地区的又一重要发现。"

　　简言之，所谓旧石器时代，一般认为是距今约 250 万年至约 1 万年，以使用打制石器为标志的人类物质文化发展阶段，相当于地质年代的更新世，处于人类社会的原始社会时期。而这时的人类活动，主要是采集与狩猎，且处于洞居或巢居。从这些出土地点和发现的石器可以看出，平谷地区早期人类活动主要在山前台地，河流两岸，距今大约为几万年乃至 10 万年间。而这些人是从哪里来的，尚需今后更多的发现与深入研究。

　　补记：

　　就在整理此篇之际，看到 2015 年 11 月 22 日《北京日报》据 11 月 21 日新华社报道：蓟县旧石器考古又取得重大成果，新发现旧石器时代遗址１４处，采集石制品千余件，使天津的旧石器时代遗址总量达到２７处。且发现了杏花山朝阳洞，系天津地区首次发现的旧石器时

代洞穴遗址。专家认为，新发现的旧石器地点的年代，已经进入到旧石器时代中、早期，不晚于距今１０万年，将早期人类在天津地区活动的历史推向了更久远的时代，文化内涵丰富，学术价值重大。

　　天津蓟县的这次旧石器考古调查，主要在北部山区。而平谷在蓟县北部山区之北面，平谷的１２处旧石器出土地点在平谷东部山前台地、河流两岸。也就是说，蓟县与平谷的旧石器时代的人类活动，时间为大致同期，地点为蓟县、平谷交界处群山的山前山后。期间，一道泃河相沟通，极可能为人类同时活动、甚至相互有所关联。因此，大可放开视野，将山前山后人类活动视为一体，天津、北京，或者具体说蓟县、平谷联手研究，也许会有更大发现。

2015 年 11 月 22 日

3 填补北京地区新石器时代考古空白的上宅文化

　　上宅文化，是北京地区迄今发现最早的原始农业萌芽状态的新石器时代文化，是新石器时代介于北方草原和中原两大地区原始文化中间地带的一种具有地方特色的文化，填补了北京地区新石器时代考古的2000年空白。当人类社会发展到新石器时代，人类已经制造和使用磨制石器、发明了陶器及出现了农业和养畜业，距今约五六千年至1万年，仍处于原始社会时期。而上宅文化属于新石器时代中早期，其遗址包括北埝头、上宅两处，发现于1982年至1984年文物普查中。

　　北埝头遗址，在大兴庄镇北埝头村西500米处，坐落在洳河南岸一片高出河床7米的台地上（图13）。遗址南北长125米，东西宽50米，

图13　大兴庄镇北埝头遗址（摄于2009年3月）

面积约 6000 多平方米，遗址内堆积主要包含新石器时代和汉代两个文化层。遗址东部，一组汉代墓葬打破了早期文化层。遗址西部由于村民取土一部分被破坏。经考古发掘，发现新石器时代文化层距地表深度一般在 0.8 米至 1 米，文化层厚度在 0.5 米至 1 米之间。第一次清理发掘 60 平方米，出土各类陶器 93 件，其中完整的 13 件，各种石器 73 件；清理出居住遗址 10 座。后对遗址东部进行第二次发掘，又发现了居住遗址及石器、陶器等。这些居住遗址直接挖在生土之上，属于半地穴式建筑，无明显室门迹象。从房址残存的形状看，平面多呈不规则的椭圆形，有 3 座为抹角方形，直径一般在 2.5 米至 4 米之间。在房址内壁底部，发现柱穴遗迹。居住地面经火烘烧，尤其在每个房址地面中部附近，都发现 1 个或 2 个埋在地下的深腹罐，罐口稍露出地面，罐内存有较多木炭渣和灰烬土。在陶罐周围发现较多红烧土碎块和木炭渣，说明深腹罐是用来烧煮食物并保存火种的灶膛。从房址形式看，当时人们就住在这种篱笆墙式半地穴房屋中，在一定程度上反映了当时人们生活的特点。半地穴式居住当较为潮湿，尤其隆冬时节亦应极为寒冷，而此深腹罐带有炭火，则可烘干且烘热地表，便于日常居住。从这个意义上，这是否为北方火炕的前身？这里的先民选择靠近水源、土壤肥沃的黄土台地上建造房屋，已经形成了定居的聚落点。居住遗址分布较为集中，呈现出一种氏族部落的生活情状，其经济生活包含农业、狩猎、采集等多种方式。

经过对北埝头遗址出土器物的分析和炭十四测定：北埝头遗址文化遗存，相对年代属于新石器时代中早期阶段。在某些方面与东北地区的新乐下层文化、红山文化、富河文化存在相似之处。如这些文化遗址中，都有相当数量的细石器；陶器中都有夹砂褐色深腹罐或者叫作筒形罐的器物，陶器纹饰都有压印的"之"字纹，尤其是北埝头遗址陶罐上的竖"之"字纹与辽宁沈阳北郊新乐下层文化陶罐上的纹饰接近。这些相似之处，说明北埝头遗址与东北地区的早期文化，在各自发展过程中存在着较为密切的联系，但要早于内蒙古赤峰"红山文化"。

另外，2009 年，北埝头遗址西北约 1 里，峪口镇中桥村民在洳河河道挖砂石料，约挖至 10 米深处，在淤积的泥土上，砂石料底下，陆续发现一些石器，多者一锨曾挖出 2 个石斧。集中一段时间内，共发现 10 多个大小石斧、1 个玉环（图 14）以及动物骨头等物。最大的 1 个石斧，长达 15 厘米，宽 8.5 厘米，厚 2.6 厘米。玉环直径 4.3 厘米，厚 1.7 厘米，中间有孔。玉环较为圆润光滑，外壁中间有一圈凹槽，看去似是玉环制作好后另所雕刻，而不像一鼓作气而成（图 15）。

图 14　峪口镇中桥村新石器出土地点出土的石器等（摄于 2014 年 3 月）

图 15　峪口镇中桥村新石器出土地点出土的玉环（摄于 2014 年 3 月）

图16 峪口镇中桥村新石器出土地点出土的牙齿骨
（摄于2014年3月）

同时还发现了动物骨头，有1枚牙齿，长约二三公分，从下部可看出中间有3个孔，上部因此而形如花朵状，牙齿似已有些石化（图16）；两块可以拼接一起的身躯某部位的骨头。倘若这是一个动物，其身躯不会很小，估计是马、驴或鹿一类的食草动物。至于具体是什么动物，还有待专家深入具体研究。从石斧看，较为光滑，无疑为磨制石器，当属于新石器时代了。其功用，为当时人类生产的工具。那个玉环，粗看有些似后来的纺轮，由于中间的孔可伸进拇指，村里人便以为是扳指。至于动物骨头，因与石斧等一起出土，可能是当时人类的猎物，甚至为食后所遗弃之物，也未可知。

前不久，在中桥村北几里路、同属峪口镇的胡家营村西孟良洞沟口，村里扩修道路时，向北开凿山约二三十米，由山顶至山间约20多米深处，原来或是一道山缝，或是一个狭窄而长的洞穴，里面发现少量灰烬，尤其发现一批动物骨化石。经中科院古脊椎动物与古人类研究所专家现场清理，并初步研究，认为该地区所出产化石至少包括鬣狗、熊、马、犀牛、羚羊、驼、牛、鹿等门类，并含有一些未定的小型食肉类及小型偶蹄类，以及疑似象的化石。其中马类包括两个种，牛很可能包括了野牛和水牛。从种类数量上来看已属相当丰富。目前从化石的形态上推断，化石年代应位于中更新世，年代范围为 78.1 万年前至 12.6 万年前，更具体的年代划分有赖于这批化石的整体及深入研究。从已有信息来看，该地区的年代与周口店的时代较为接近，化石种类的组成也无较大出入。如加以进一步的发掘和研究，很可能会有种类更丰富、保存更完好的化石出产，该地区也很可能成为继周口店之后又一重要的中更新世化石地点。并且发现人类化石的可能性亦存在，如能发现人类化石，将是举世瞩目的重大发现。20 世纪90 年代初，在大兴庄镇北城子村东、王辛庄镇放光村南处，也曾在地下几米深的地方，当地人们取土时发现过鹿骨化石。这些骨化石，应该早于中桥村发现的动物骨头的。而这些动物，极可能与几万年乃至 10 万年前的旧石器时代的人类共同栖息于这片土地上，甚至成为人类生存的猎物。

中桥村新石器出土地点所出土的石器、玉器等，当与北埝头遗址的器物为同一时期，甚至可以说，这些石器、玉器及动物骨极有可能就是在那里居住的人所使用和捕获的，故应将此与北埝头遗址一起研究。而北埝头遗址和上宅遗址出土了大量石器、陶器等，却没发现玉器，这个玉环的发现，就尤其值得珍视。

上宅遗址，在金海湖镇上宅村西北一块台地上（图 17），台地南为洵河故道，台地北面山峦叠起，属燕山余脉。这是一处与北埝头遗址同期，

图 17　金海湖镇上宅遗址考古挖掘时全景

而埋藏更为丰富的新石器时代遗址。台地西端为砖厂，因取土烧砖及民房建筑，台地已蚕食大部，仅存南北长约50米，东西宽约80米，台地高4至5米，断壁上明显可见文化层堆积，最

图18 金海湖镇上宅遗址挖掘现场

厚处达3米多。经试掘，在近40平方米内，出土石器、陶器500余件。

上宅遗址引起考古界专家、学者高度重视，国家文物局拨专款，由市文研所和县文物所组成发掘队，对遗址进行正式考古发掘，总发掘面积3500平方米（图18），其中新石器时代文化堆积较好的约700平方米，分布在台地一道天然灰沟内。这道灰沟内埋藏非常丰富，由于长期侵蚀和人为破坏，只剩下灰沟尾端。据当地村民反映，灰沟南部，20世纪60年代平整土地时，曾发现一片一片的红烧土和陶片，推测应为当时的居住遗址，而北埝头居住遗址的发现尚能弥补这个缺憾。

上宅遗址文化堆积可分为8层，如第四层出土较多的陶片及少量石器。陶器主要有夹砂褐陶深腹罐、鼓腹罐、钵、圈足钵、碗、杯、盅、勺等以及泥质红陶碗、钵。纹饰种类较多，以压印"之"字纹、篦点纹、刮条纹、抹压纹为主（图19）；第五层含大量炭屑、炭块和炭化果核，出土较多陶、石器。陶器与第四层基本相同。石器主要有

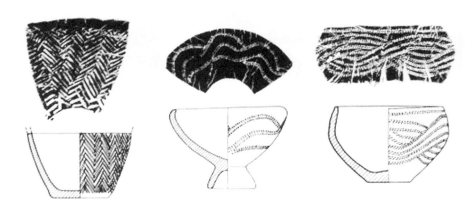

图 19　金海湖镇上宅遗址出土陶器的纹饰

石斧、单面起脊斧状器、盘状磨石、磨盘、磨棒及柳叶形石刀、燧石残核、残片等。经测定，第三层至第八层为新石器时代堆积层，其年代距今约 6000 年至 7000 年之间，甚至上限可达 8000 年左右，属于新石器时期较早阶段，比河北武安磁山、河南新郑裴李岗、内蒙古敖汉旗兴隆洼等早期新石器文化略晚，但早于内蒙古赤峰"红山文化"。

上宅遗址和北埝头遗址，较为全面的反映了当时先民的生产、生活情况，所出土的器物具有鲜明特征，可分为生产工具、生活用具和装饰艺术品三类：

生产工具，多数为石质，主要是打制、琢制、磨制、压削的大型石器和一些细石器，共 2000余件。有石斧、石凿、石锛、盘状磨石、石磨

图 20　金海湖镇上宅遗址出土器物之石磨盘、石磨棒

盘、石磨棒（图20）及单面起脊斧状器、砧石和石球。上宅遗址大型石器以盘状磨石和单面起脊的斧状器最具代表性，且数量很多。北埝头遗址中数量众多的盘状磨石和两端呈半圆形或方形的平底板状磨盘具有一定的特色。石斧为原始农业的重要工具，石磨盘和石磨棒可用来加工粮食，而双刃石斧则是当时比较先进的生产工具。这表明，两处聚落遗址的经济是以原始农业为基础，还包含狩猎、采集等多种生产形式。

细石器中以柳叶形石器最为典型，多为直接从石核上一次打击形成，但刃很锋利，有的长达10厘米。在上宅遗址还发现一种复合刃器，其刀身为青灰色岩质，呈柳叶形，长7.4厘米，刀背较薄，镶嵌刀刃的一面为一道沟槽；刀刃为燧石质，呈扁条形，长5厘米，宽1厘米，一面开刃，可见当时上宅先民的聪明才智与制造石器的精湛技艺。

生活用具，都是陶器，可复原的近千件。全部以手工制作，采用分片贴筑法、泥条盘筑法制成，陶色以红褐为主，陶质分夹砂和泥质两大类。主要有深腹罐、钵、碗、杯、勺、器盖等，器形和纹饰都具有明显的地方特点。陶器外表，大部分饰以抹压条纹、划纹、压印之字纹、篦点纹等。其中圈足器和深腹罐（图21）是上宅遗址陶器的代表器形，制陶技术已达到一定水平。

装饰艺术品，有空心陶球、陶海马形饰、陶羊头、陶

图21　金海湖镇上宅遗址出土器物之深腹罐

熊头形饰、陶塑猪头等，
还有石质耳珰形器、小石
鱼、小石羊、小石龟和
小石猴形饰件。如空心陶
球，为泥质红陶，壁厚仅
1 毫米，外径 2.4 厘米，
素面无纹。内部装实心

图 22　金海湖镇上宅遗址出土器物之陶塑猪头

陶丸，摇时可滚动作响。经研究，空心陶球制作过程大致为：先捏小
实心陶丸，外面裹上树叶或草叶，再在树叶或草叶外面包裹外壁，最
后进行烧制。烧制中，树叶或草叶烧成灰烬，陶丸与外壁就形成了间
隙。其用途，或认为是一种孩子的玩
具，也有专家结合国内外相关文物研
究认为应是当时人的一种计数器；陶
塑猪头（图 22），造形瘦长，双耳后
背，拱嘴前伸，两侧一对獠牙，形象
生动；小石猴（图 23）头部雕刻出眼
睛、眉毛、耳朵、鼻子、嘴巴，而
身体则雕为蝉形。可以说，当时的先
民已经具有了一定的审美意识，尽管
还没有语言文字，但一定形成了他们
直观且显而易见的共同能够理解的表
达方式。而陶塑猪头和石猴这些艺术
品，把我国雕塑史提前了 1000 年。

图 23　金海湖镇上宅遗址出土器物之
　　　小石猴

这些艺术品，我们以今天的眼光可将其视为装饰或摆饰之物。其实不仅如此，还应放到远古背景下思考。比如陶塑猪头，有学者研究"家"字，从象形会意上，认为上面宝盖头指房子，下面的"豕"字即是猪。部落时期最早的房屋主要有两个作用，一是部落会议的场所，一是部落祭祀的地方。所以，"家"字的这个房子是个公共祭祀之所。而祭祀主要以牛、羊、猪为供品，所谓三牲。相对于牛、羊，远古时的野猪更难获得，捕获一头野猪祭祀祖先，也许更为重要。从这个意义上，上宅遗址出土的陶塑猪头，是否具有一种原始祭祀的功用呢？也就是祭祀时，在没有捕获到野猪的境况下，便可以以陶塑猪头权作祭祀之物。在此提出，以就教于专家与读者。

此外，在两处遗址中都出土了一种鸟首形陶器，有鸟首支架形陶器、鸟首形陶柱和鸟首镂空器。如北埝头遗址出土的鸟首支架形陶器，壁为圆筒形，较薄，有镂孔；上宅遗址出土的鸟首形陶柱（图24），圆形圆顶，前凸出一鸟喙，鸟喙两侧为双眼，下部逐渐变粗为椭圆形，顶部及以下部分饰以羽状交叉划线纹；而陶镂孔形器圆形平顶，下部为圆筒逐渐变粗，上开四道竖长镂孔。根据形制推测，这些器物应为用于祭祀的器物，表明六七千年前的平谷先民就有了"图腾崇拜"

图24　金海湖镇上宅遗址出土器物
　　　　之鸟首陶柱

的祭祀活动，而这种图腾当是一种鸟。联想到"燕山""燕国"之称，以及商族发祥于燕山以南之说，而商族所崇拜的图腾为"玄鸟"，即燕子，所谓"天命玄鸟，降而生商"，这些是否与上宅先民有内在关联呢？值得进一步探讨。

这两处遗址不仅出土了大量石器、陶器，还出土了一些动物、植物标本，对于研究北京地区新石器时代中早期先民的生活习俗、社会关系、生产力发展水平以及原始农业的产生、原始聚落的形成等提供了宝贵资料。同时，以史前文化的古环境为背景的环境考古学，即多学科综合分析研究北京地区新石器时期的环境、地貌、气候、植被等，就从这里起步，逐步扩展到北京、中原、乃至全国，使平谷成为我国环境考古的策源地。

北埝头、上宅遗址出土的典型器物，具有独特的文化内涵，与此类似的文化遗存还有河北三河孟各庄遗址、天津蓟县清池遗址等，这几处遗址不仅距离较近，而且都分布于洳河流域，为建立北京地区新石器时代考古的文化序列增添了新的内容，填补了北京地区新石器时代考古的空白，也为研究我国北方地区尤其是燕山以南与东北地区早期文化的关系具有重要价值和意义，而上宅遗址特征鲜明的器物群正是这个文化的代表，故将这种早期文化称为上宅文化。上宅文化的范围，应在长城以南，包括北京东部、天津西部、河北唐山地区、廊坊地区，以后这些地区发现的新石器时代文化遗址，统称为上宅文化。正如历史地理学家侯仁之先生所言："京东平谷县新石器时代人类遗址的研究，大有可能与京西旧石器时代人类遗址的研究，后先相继，东西辉映，从而为既是全国政治中心，又是全国文化中心的北京悠久而又连续发展的历史普增光彩。"

上宅和北埝头先民，在这里生存了大约2000年。后来，是否会一部分繁衍为地方土著，一部分则向远方寻找新的生存空间？

图25　金海湖镇上宅文化陈列馆（摄于20世纪90年代）

如果一部分先民集体向远方迁徙，又迁向何方？看周边环境，南有三条大河，所以《长安客话》记载，"以地近七渡河、鲍邱河、洵河三水，故名"三河县；东有大海，西有潮白河，大概很难渡过。如潮白河，经环境考古专家研究，当年西岸当在现在位置，而东岸则在杨镇西侧大土坎子处，东西宽约30里。这些河流水势，当年应该比现在大得多，不能以现在而比远古。所以，七八千年前的上宅先民没有现在的船只等渡河工具，很难渡越过去的。他们只有沿着燕山山脉，向东北方向走。因此，上宅文化与早期东北文化有着密切联系，也就很自然了。有专家就此为上宅文化题词："红山之祖。"

1989年9月，在金海湖畔建成上宅文化陈列馆（图25），这是我国第一所以考古学文化命名的博物馆，现已成为北京市爱国主义教育基地，每年接待大批海内外专家、学者及游人考察参观。

4 黄帝纪念地平谷轩辕台

所谓“轩辕台”，又称轩辕陵，即是黄帝陵。

平谷轩辕台，主要见于明代以后的典籍文献。如明天顺五年（公元1461年）李贤等纂修《大明一统志》“卷一”记载（图26）：“鱼子山，在平谷县东北一十里，有大冢，云轩辕黄帝陵也。唐陈子昂诗‘北登蓟丘望，求古轩辕台’，疑即谓此。山下有轩辕庙，见存。”明初轩辕庙尚存，证明此庙建于明代以前。明万历时蒋一葵《长安客话》记载：“世传黄帝陵在渔子山。今平谷县东北十五里，冈阜窿然，形如大冢，即渔子山也。其下旧有轩辕庙云。”明崇祯时刘侗、于奕正所

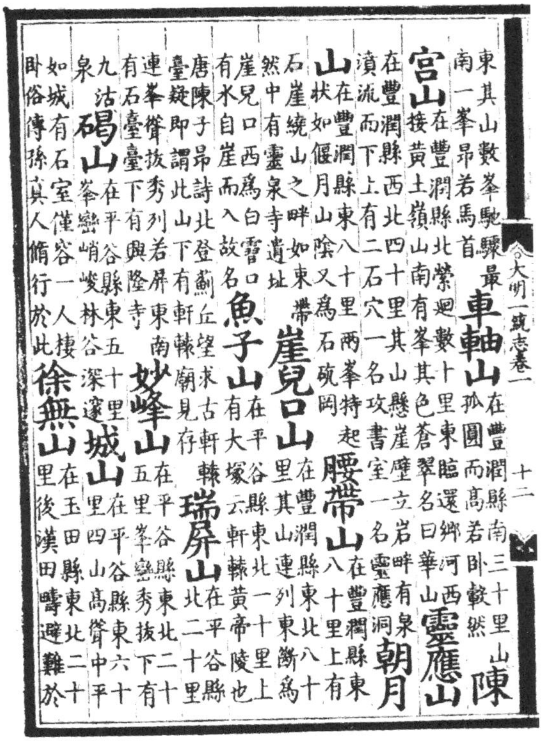
東其山數峯馳驟最南一峯昂若馬首車軸山在豐潤縣南三十里山孤圓而高若卧軼然陳宮山在豐潤縣北縈廻數十里東臨還鄉河西接黃土嶺山南有峯其色蒼翠名曰華山靈應山在豐潤縣西北四十里其山懸崖壁立岩畔有泉瀆流而下上有二石穴一名攻書室一名靈應洞朝月山在豐潤縣東八十里兩峯特起狀如偃月山陰又為石硤岡腰帶山在豐潤縣東八十里上有石崖繞山之畔如束帶然中有靈泉寺遺址崖兒口山在豐潤縣東北八十里其山連列東斷為崖兒口西為白霅口有水自崖而入故名魚子山在平谷縣東北一十里上有大冢云軒轅黃帝陵也唐陳子昂詩北登薊丘望求古軒轅臺疑即謂此山下有軒轅廟見存瑞屏山在平谷縣北二十里連峯聳拔秀列若屏東南有石臺臺下有興隆寺妙峯山在平谷縣東北二十五里峯巒秀拔下有九沽泉碣山在平谷縣東五十里峯巒峭峻林谷深邃城山在平谷縣東六十里四山高聳中平如城有石室僅容一人棲卧俗傳孫真人脩行於此徐無山在玉田縣東北二十里後漢田疇避難於

大明一統志卷一 十二

图26 《大明一统志》关于鱼子山的记载

撰《帝京景物略》"畿辅名迹·延祥观柏"记载："观东北十五里，冈
隆然，如大冢，渔子山也。世传是轩辕陵，或呼之轩辕台也。旧有轩
辕庙焉，今圮也。"明末清初孙承泽《天府广记》载："京东平谷县境
内渔子山有大冢，俗称轩辕台，相传为黄帝陵。旧有庙，今圮。"至
明末庙已毁，清以后又经重建。《光绪顺天府志》《日下旧闻考》等典
籍均有类似记载。之所以主要见于明代以后的典籍文献，极可能与平
谷明代始编县志有关，即这些典籍文献所记，或源于《平谷县志》，只
是记述有详略而已。

黄帝，为我国远古时期部落联盟首领，本姓公孙，为少典之子。
因出生于轩辕（今河南新郑西北），故称轩辕。而长于姬水，便以姬为
姓。又建国有熊（今河南新郑），亦称有熊氏。因其有土德之瑞，故称
黄帝。黄帝大约生活于距今5000年前，相传率领氏族部落，伐炎帝，
战蚩尤，统一各部族，建都于河北涿鹿。黄帝创造文字，始制衣冠，
制造舟车，培育蚕桑，发明指南车，定算数，制音律，创医学等，而
彪炳千秋，尊为中华民族"人文始祖"。远古相继为帝的5个部落首领
为黄帝、颛顼、帝喾、尧、舜，黄帝居五帝之首。对于黄帝，史学界
历来有两种认识，一是黄帝为传说中人物，一是黄帝实有其人，且不
是一位。作者更倾向于后者，毕竟文物考古发现越来越接近于那个时
代，不定哪一天，或许能揭开黄帝时代的面纱。

《平谷县志》起修于明代，可惜明志今已无存。区档案局所存最早
为清雍正六年（公元1728年）县志，还是手抄本。此本应该是对明代
县志及清康熙六年（公元1667年）县志的继承、补充与完善。其"地
理志·古迹·陵墓"记载："轩辕陵，俗传在县东北十五里渔子山下，

今山上有轩辕庙。""地理志·坛庙"也记载："轩辕黄帝庙，在县北渔子山上。""地理志·山川"记载的第一个山即为"□子山"，空缺一字，接着仅有"在县□北十五里，形"字迹。所记当是渔子山，或为木板印刻不清所致。乾隆四十二年（公元1777年）县志照录，"山川"处依然刻板不清。及至民国九年（公元1920年）县志，所记3处清晰完整，尤其"山川"下记载："渔子山，在东北十五里，形如大冢，上有轩辕庙。"民国二十三年（公元1934年）县志随着体例愈加完备、内容愈加丰富，所记亦愈加详实。"卷一·地理志·古迹"之"坛庙"与"陵墓"记载照录前志，而"名胜"再记："县治东北山东庄之西有山，岗阜隆然，形如大冢。相传为轩辕坟，然无实录可稽，真赝莫辨。上有轩辕庙，亦不知建自何代。庙内碑文引唐陈子昂《轩辕台》诗，……以证其处。又《礼乐》记载，封黄帝之后于蓟。以此，则所传非无因耳。"编志者在"卷一"前面选印几幅略呈蓝色的照片，其中一幅名为"渔山轩辕陵"（图27）。

渔阳　平谷古名　山之南，故　山，县治在　此山名渔　轩辕庙。又　辕陵，上有　相传为轩　形如大冢，　岗阜隆然，　北十五里，　平谷县城　轩辕陵：在

图27　民国二十三年（公元1934年）《平谷县志》所刊"渔山轩辕陵"照片

照片中的山应该是现存的庙山，山上的建筑应该是轩辕庙。其拍摄时间应在20世纪30年代初期，拍摄方位应在庙山西南。山前一片树林，作者曾拿着照片访谈山东庄几位老人，他们仔细辨识，说这是一个财主家的树，是梨树，现在这里早已盖上人家。照片下写着说明文字："轩辕陵：在平谷县城北十五里，岗阜隆然，形如大冢。相传为轩辕陵，上有轩辕庙。又此山名渔山，县治在山之南，故平谷古名渔阳。"

对于轩辕台，明、清典籍文献及县内之志均记作"岗阜隆然，形如大冢"。特别是县志一再记述："相传为轩辕陵，上有轩辕庙。又此山名渔山。""轩辕黄帝庙，在县北渔子山上。"就足以说明"冈阜窿然，形如大冢"，指的应该就是庙山，古称渔山，或渔子山。就是说，所谓"岗阜隆然"，其实就是渔子山，是渔子山"形如大冢"。今天看来依然如是，只不过南部山脚被村人多年采石，蚕食了不少。当然，所谓山如大冢，也不排除古人之以山为陵者，毕竟此事古已有之。

《史记》载，黄帝统一中华民族后，"邑于涿鹿之阿"。而涿鹿紧邻北京门头沟，距平谷不过百余公里，平谷留下黄帝或黄帝后代活动遗迹，实属正常。对于轩辕台或轩辕陵，只因时隔久远，已难以确证，以致明、清人笔下有疑虑，可也如实记述："引唐陈子昂《轩辕台》诗，……以证其处。又《礼乐》记载，封黄帝之后于蓟。以此，则所传非无因耳。"《礼记》所记武王"封黄帝之后于蓟"的"蓟"，指蓟国，说明西周初期，黄帝族一支仍居处于北京地区。就"蓟"字而言，为一种野草，俗称刺儿菜，或许当时那一带多有蓟草而得名，也未可知。

典籍文献中，多次引用陈子昂《轩辕台》诗。陈子昂，唐代文学家。当年做幕僚随武攸宜北征契丹，来到幽州。因军事失利，而屡谏不用，曾作《蓟丘览古赠卢居士藏用》诗七首，以抒郁郁情怀。诗前撰有小序："丁酉岁，吾北征，出自蓟门，历览燕之旧都，其城池霸迹已芜没矣，乃慨然仰叹。忆昔乐生、邹子，群贤之游盛矣。因登蓟丘，作七诗以志之，寄终南卢居士，亦有轩辕遗迹也。""丁酉岁"，即武则天时万岁通天二年或神功元年（公元697年）。这里尤其要说明："蓟丘"，为古地名。明沈榜《宛署杂记》"古迹"记载："蓟丘，在县西德胜门外五里西北隅，即古蓟门也。旧有楼台并废，止存二土阜，旁多林木，翳郁苍翠，为京师八景之一，名曰'蓟门烟树'。"明蒋一葵《长安客话》"古蓟门"亦载："今都城德胜门外有土城关，相传是古蓟门遗址，亦曰蓟邱。"说法不尽相同。2008年7月科学出版社出版、国家文物局所编《中国文物地图集北京分册（下）》，记载宣武区"蓟城遗址"：广安门为中心·战国～魏晋，根据史料记载及古今研究成果，武王灭商之后，封黄帝之后于蓟，又封召公奭于燕。后燕强蓟弱，燕并蓟，并迁都于蓟。战国时，燕为"七雄"之一。战国之前的蓟城至今考古工作者未能有效证实，但战国至魏晋时的蓟城，结合文献及考古发现，大致在以广安门为中心，东至菜市口，南至白纸坊，西至白云观以西，北至头发胡同以南。这一区域内，曾发现有战国时期的陶片及战国至西汉时的陶井300余口。蓟城在唐代改称幽州，辽为南京。也就是说，蓟丘大致在今京城广安门一带，且树有标志碑。而陈诗之"蓟丘"，作者以为应该是黄帝之后生活居住的蓟国所留下的遗迹。陈子昂览古诗与《登幽州台歌》应作于同时。幽州台，一般认为即蓟北楼、燕台，传说燕昭王为求贤所筑黄金台，甚至也有以为就是蓟丘者，故址在今北京市。所以，这些诗应作于北京地区无疑。

陈子昂览古七诗，包括《轩辕台》《燕昭王》《乐生》《燕太子》《田光先生》《邹子》《郭隗》。而《轩辕台》为第一首：

北登蓟丘望，求古轩辕台。

应龙已不见，牧马空黄埃。

尚想广成子，遗迹白云隈。

诗题为《轩辕台》，据有关资料，轩辕台不仅平谷有，河北省怀来县乔山也有，那里的文献也引用了此诗。当然，司马迁《史记》亦记"黄帝崩，葬桥山"。看来，桥山或乔山，亦不止一处，怀来外，陕西黄陵那儿即是桥山。暂且不论。

至于轩辕庙，为供奉祭祀轩辕黄帝之所。明、清典籍所记此庙或在山下，或在山上，或未言上下。即是编写这些典籍与县志有关，而县志主要记载县内之事，一般来说当更为准确。所以，民国二十三年（公元1934年）《平谷县志》所记"今山上有轩辕庙"，明确记述庙在山上，且辅以照片。访谈村里老人，老人述说轩辕庙在山东庄村西庙山上，坐北朝南，东西宽约七八丈，南北长约七八丈，南为山门，形如门楼。院内2棵槐树，门内西侧1通石碑，现碑座及"重修轩辕庙记"残碑尚存（图28）。正殿三间，殿内为泥塑坐像，中为轩辕黄帝

图28　山东庄镇山东庄村轩辕庙明代重修碑额（燕龙生摄影）

（图29），东为神农，西为伏羲。当地人称神农为药王，伏羲为药圣。1941年，日军在庙内修造炮楼。1945年，日本投降后炮楼被拆毁。轩辕庙毁于20世纪50年代。1993年4月，北京市文物研究所与平谷县文物管理所联合对轩辕庙遗址进行考古发掘，清理出汉代板瓦残片、辽金兽面瓦当、明清建筑基础等。1995年，在原址重建仿汉代风格的钟楼、鼓楼、山门、大殿（图30）、东西配殿等建筑，重塑伏羲、神农、黄帝像，并将东西配殿辟作陈列室。

图29　山东庄镇山东庄村轩辕庙大殿内黄帝塑像（摄于2007年3月）

图30　山东庄镇山东庄村轩辕庙大殿（摄于2007年3月）

　　在此，作者修正《平谷史话》初版"就在庙北形如一道'龙脉'的一座山包上"之说，且以为尊重历史，实事求是，并不会影响、贬损典籍有记述、实地有遗迹的作为人文始祖黄帝纪念地之一的轩辕台、轩辕庙的存在。

5 商代方国领袖墓刘家河墓葬

刘家河商代墓葬，在南独乐河镇刘家河村东一水池南岸。

1977年5月（相关书中记载为8月，当地发现的村民一致认为是5月），村民在取土时发现一座古墓葬，出土的文物被村民带回家中。北京市文物工作队闻讯而来，追回村民手中文物，并对墓葬进行清理，但墓已遭到严重破坏，只存南半部墓底部分。经勘察，墓为南向，东

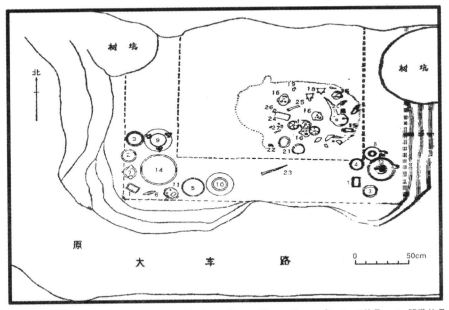

1. 小方鼎　2. 弦纹鼎　3. 饕餮纹鼎　4. 弦纹鬲　5. 甗　6. 爵　7. 盉　8. 卣　9. 三羊罍　10. 饕餮纹罍
11. Ⅰ式盂　12. Ⅱ式盂　13. Ⅰ式盘　14. Ⅱ式盘　15. 铁刃铜钺　16. 人面形铜泡　17. 铜泡　18. 蟾蜍形铜泡
19. 蛙形铜泡　20. 当卢　21. 臂钏　22. 耳环　23. 笄　24. 玉斧　25. 玉柄　26. 玉璜　27. 绿松石珠

图31　南独乐河镇刘家河商墓平面示意图

西宽 2.6 米，南北长已无法确定，似有二层台，墓底有红黑相间的泥状衣衾腐朽物（图 31）。

　　墓葬中共出土随葬器物 40 余件，分为金、铜、玉、陶四类。其中金器，有臂钏 2 件（图 32），耳环和笄各 1 件，还有金箔残片；铜器，

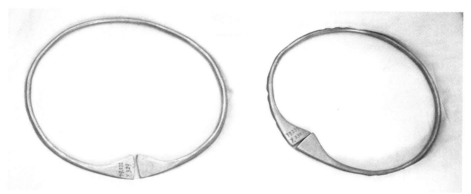

图 32　南独乐河镇刘家河商墓出土器物之金臂钏（摄于 2005 年 6 月）

图 33　南独乐河镇刘家河商墓　　图 34　南独乐河镇刘家河商墓出土器物之三羊铜罍
　　　　出土器物之提梁卣

有青铜礼器 16 件，计弦纹鼎、鬲、甗、爵、卣（图 33）、斝、三羊罍（图 34）、饕餮纹瓿各 1 件，小方鼎、饕餮纹鼎、盘、盉各 2 件；兵器，铁刃铜钺 1 件。另有铜当卢、面饰及蟾蜍形、蛙形铜泡；玉器，有玉钺、玉柄、玉璜各 1 件，绿松石珠 9 件等。陶器未见成型者，只在墓坑填土中，发现黑色磨光陶片、夹砂褐色绳纹陶片及夹砂褐色绳纹鬲口残片等。

墓葬出土的器物中，有 5 件青铜鼎，包括 2 件方鼎和 3 件圆鼎（图 35）。2 件方鼎形制、纹饰相同，其中 1 件完整，通高 14.2 厘米，口长 11 厘米，宽 8.7 厘米，长方形，深腹，小直耳，4 个锥状实足。方鼎腹部装饰一条云雷纹带，上下各夹饰一条圆圈纹带，其形制、纹饰与河南郑州出土的 2 件大方鼎近似。青铜方鼎在商代青铜礼器中地位重要，此墓出土 2 件方鼎，说明墓主人身份较高。

青铜器中，有 2 件盘，其中一件较大，通高 20.5 厘米，口径 38.8 厘米，宽沿外折，盘腹较斜而浅，圈足较小而高，口沿上装饰 2 个立鸟，据此称其为鸟柱鱼盘（图 36）。尤其重要的，是盘内底中心铸一鳖纹图案（图 37），呈俯视的鳖形，圆盖，盖中心为涡纹，外为

图 35　南独乐河镇刘家河商墓出土器物之饕餮纹鼎

图36 南独乐河镇刘家河商墓出土器物之鸟柱鱼盘

图37 南独乐河镇刘家河商墓出土器物之鸟柱鱼盘鳖纹图案拓本

一圈圆点纹，最外为一道云雷纹。鳖头部呈三角形，长颈，两个小圆眼。鳖盖两侧伸出四足，并饰以云雷纹。在鳖纹四周加饰3条俯视的鱼纹。有专家认为，这个鳖纹具有标识器物主人族氏作用。河南安阳殷墟妇好墓曾出土一件与此类似的"鱼龙纹铜盘"，研究人员认为是一种"水器"，即贵族宴饮前浇水洗手，以铜盘承接弃水。那件铜盘饰以龙纹与鱼纹，即以纹饰彰显水器功能。二盘之说，仅供读者参考。

铁刃铜钺（图38），残长8.4厘米，栏宽5厘米，这是继河北藁城台西出土商代铁刃铜钺以后的又一重要发现。钺身略呈梯形，一面扁平，一面微凸。内中部有一圆穿，孔径1厘米。铁刃已严重锈蚀残损，残存长约1厘米，厚约2毫米。经鉴定为天然陨铁，锻制成刃，然后包铸前端。墓中出土铁刃铜钺，说明墓主人是具有一定军事与行政权

图 38　南独乐河镇刘家河商墓出土器物之铁刃铜钺

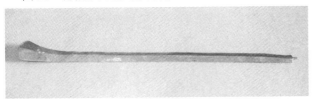

图 39　南独乐河镇刘家河商墓出土器物之金笄（摄于 2005 年 6 月）

图 40　南独乐河镇刘家河商墓出土器物之玉钺（摄于 2005 年 6 月）

力的人物。墓中出土的青铜泡饰，可能为盾饰，说明墓里应随葬有盾，盾与铁刃铜钺为一套兵器。

墓中出土了种类较多且器形较大的金器，如金笄（图 39）长达 27.7 厘米，头宽 2.9 厘米，尾端还有长约 0.4 厘米的榫状结构。一面光平，一面有脊，截面呈钝三角形，重 108.7 克。玉器中的玉钺（图 40），为青玉质，长 14.6 厘米，宽 7.5 厘米，厚 1 厘米，无疑这也是墓主人身份的证明。

考古专家认为，墓葬出土的青铜礼器，无论从器形还是纹饰来看，都具有商代风格和特征，是一座商代中期墓葬。由于墓葬已遭破坏，墓主人身份已无考。就墓主人族属，有专家由鳌纹进一步推论，认为是古代黄帝族一支的轩辕氏。且引证记述了远古地理、天文、神话等内容的先秦古籍《山海经·海外西经》："轩辕之国在此穷山之际，其不寿者八百岁。"而穷山即燕山，轩辕国在穷山之南，与今天平谷地区的地理方位相合。也确证了商周时期北京地区轩辕氏——蓟国的存在，只因后来"蓟微燕盛，乃并蓟居之，蓟名遂绝焉。"

　　作者主持编写《平谷文物志》时，使用了专家意见，且认为这无疑对商史研究具有重要意义。但今天看来，"穷山即燕山"之论以及"海外西经"所记之"穷山"到底在哪里，值得研究。翻阅《山海经·北山经》，记述有燕山，且说"燕山多婴石"，晋代郭璞对此注释："言石似玉，有符彩缨带，所谓燕石者。"研究奇石之人认为这基本符合平谷"金海石"的面貌特征，并由此认为早在先秦之时，人们就已初识燕山之石了。"穷山"与"燕山"名字同时出现，且一个在《山海经》之"海外西经"，一个在《山海经》之"北山经"，究竟是一座山，还是两座山？方便时还是就教于方家才是。

　　总之，刘家河商代墓葬（图41）出土的金、铜器等，是北京地区迄今出土年代最早、唯一的一批商代中期文物，填补了北京史研究中商史的空白，在我国青铜史上占

图41　南独乐河镇刘家河商代墓葬遗址（摄于2010年1月）

有重要地位，对研究北京地区以及我国北方的历史文化具有重要意义和价值。尤其是具有较高科技价值的铁刃铜钺的发现，证明早在商代平谷先民就已认识和利用铁了，将我国使用铁历史提前了1000年，对于研究我国冶铁用铁历史，具有重大的科学意义。我国是世界上最早使用铁和铜的国家之一，而刘家河发现的铁刃铜钺，把铁与铜熔铸一起，当时在世界上也应该是处于领先地位的。这些器物，具有很高的历史、艺术及科学价值，属国家一级文物，分别为国家博物馆和首都博物馆收藏。

20世纪90年代中期，考古界泰斗苏秉琦先生来平谷，作者陪同考察。苏先生说，在商代，平谷地区当时应是一个方国。先生应该言而有据。既然如此，刘家河商代墓葬的墓主人就应该是方国一级的领袖了。这不仅说明北京地区是商王朝的一个重要方国和组成部分，商王朝是统一的王朝，而且也说明平谷乃至北京地区在我国古代文明起源和发展中占有重要地位。

6 沟河，平谷的母亲河

平谷境内有大小河流 20 余条，属海河流域蓟运河水系，自东、北流向西南。而沟河是境内最大主干河流，总长 180 公里，境内长 66 公里。汇水总面积 1712.28 平方公里，入境面积 760 平方公里，境内汇水面积 952.28 平方公里。

沟河，古为沟水，一般认为发源于河北省兴隆县青灰岭南麓，属于青松岭镇，号称"京津第一泉"处（图 42）。另外还有一个源头，在"京津第一泉"东面，青松岭镇九龙潭景区上面的窄窝窝，那里也有一眼泉水，形成的河流更长些。而当地人说，在窄窝窝东南花市村附近还有一道水。这三道水在快活林村附近交汇而成沟河，经天津蓟县入平谷，

图 42　沟河源头京津第一泉（摄于 2014 年 5 月）

图43 左边那条河是泃河，右边那条河是州河，在这里交汇为蓟运河（摄于2013年4月）

后流向河北三河，至宝坻九王庄与州河相汇，称为蓟运河（图43），流注渤海湾。1973年，天津在蓟县建辛撞节制闸，将泃河主要水流向南引至潮白新河（图44），称"引泃入潮"工程。辛撞节制闸往东为泃河故道，水不多，依然东南流向蓟运河。辛撞节制闸节制泃河水后，由西边不远往南流，这段可称新泃河，长约20公里。其间，鲍丘河由西向东流过，至新泃河处，水泥浇筑篷板，鲍丘河从新泃河下面流过，形成二河立交景观。鲍丘河在辛撞节制闸东南不远处汇入泃河。而新泃河流入潮白新河后，继而汇入永定新河。现在，蓟运河至天津滨海新区北塘也汇入永定新河，一起流入渤海湾。

图44 泃河与潮白河交汇处全景（摄于2013年4月）

洵河在天津蓟县泥河村附近入平谷境内，倚山西流（图45），沿途汇入三泉水、将军关、黑水湾、黄松峪、豹子峪等季节性河。至南独乐河附近潜入地下，

图45　洵河从蓟县流入平谷境内，这是今金海湖一带（摄于1959年海子水库修建前）

在西沥津村附近复出。也就是说，在南独乐河镇域内，洵河属于地下河，地上裸露着宽阔的鹅卵石河床，近年进行了河道整修。流经平谷故城东门外，迂回折向西南，依次纳入龙家务、杨各庄的泉水及逆流河、拉鞭沟水。在前芮营附近纳入洳河，英城村南纳入金鸡河。折向南流，于马坊东南入河北省三河县。在天津市蓟县九王庄附近与州河汇合后流入蓟运河。洳河为洵河最大支流，曾称错河，发源于密云县东邵渠镇的银冶岭，由北往南流经太保庄南入平谷境内。经刘家店、峪口、乐政务、王辛庄、大兴庄、平谷镇于马昌营镇前芮营村东南汇入洵河。总长40.7公里，境内长27.7公里。汇水总面积494.04平方公里，入境面积88平方公里，境内汇水面积406.4平方公里。金鸡河也为洵河支流，史称五百沟水，发源于顺义区唐指山南麓，由西北流向东南，于马昌营镇圪塔头村西入平谷境，继续东南流，至马坊镇英城村南汇入洵河。总长27公里，境内长5公里。汇水总面积168平方公里，境内汇水面积10平方公里，入境面积15.8平方公里。此外，还有季节性河流10条，在枯水年几乎全年无水，平水年、丰水年汛期有

水。河道宽阔，河谷均为砂石，俗称石河，如将军关石河、黑水湾石河、黄松峪石河、豹子峪石河、北寨石河、鱼子山石河、花峪石河、关上石河、大旺务石河、夏各庄石河、南山村石河、镇罗营石河等，这些河水最终也汇入洳河。

对于洳河，典籍多有记述。如民国二十三年《平谷县志》记载："洳河，在县城东北，源出口外，入蓟州之黄崖口广汉川，俗称头道河。迤逦西流，入平谷境。经红石坎，又西七里经韩家庄南，又三里经洙水庄，又五里经独乐镇，独乐河北来注之，西流经峰台、沥津等庄。由城东门外与马家庄河合流，经西高村、东、西鹿角等庄入三河境，至宝坻界会于白龙岗。"又如北魏郦道元所著《水经注》记载："（洳）水出右北平无终县西山白杨谷，西北流迳平谷县。屈西南流，独乐水入焉。……洳水又左合盘山水。……洳水又东、南迳平谷县故城，东南与洫河会。……洳河又南迳峡城东，而南合五百沟水。……洳河又东南迳临洳城北，屈而历其城东，侧城南出。……洳河又南，入鲍丘水。"

这里对郦道元所记稍作解释。"屈西南流，独乐水入焉。"独乐水即独乐河，今称黄松峪石河，西南流，在峰台村东汇入北寨石河，而后汇入洳河。对于"洳水又左合盘山水"句，这道"盘山水"，当是从南山村下来，经望马台豹子峪石河而入洳河。所以，这"盘山水"，应该是今天的豹子峪石河。以"石河"而名，不免有些随意，适当时机，还是恢复古名为宜，以传承文脉。"洳水又东、南迳平谷县故城"，一般校点书中没有"东"字后面的顿号，让人误解为洳河又往东南流，那是很难经过平谷故城的。实际是洳河从东流来，在故城东面

图 46　洵河（约摄于 2001 年）

折而南流，至故城南折而西流（图 46）。这个故城，为东汉时县城故址。东汉时，县城已经迁至现在县城东部的老县城地方。"东南与泃河会"，洵河以前如何流向，是否曾改道，没有考证。就现在形势看，不是"东南"，应"西南与泃河会"才与实地相符。

洵河因何得名？何时得名？已不可知。只知这条河一直称作洵河，先人为这条河专门造了这个字。有人以字而及其形，以为因河道曲折婉转而造此字，抑或有其他寓意，今已无从查考。比如和洵河一起映带平谷左右的另一条河泃河之"泃"字，还可以组成一个词"沮泃"，解释为低湿泥泞的地方，所以"泃"字或为"低湿的地方"之意了，可"洵"字除去这条河名之外，却没有其他任何解释。"洵河"之名见于最早文献的，是战国后期成书的《竹书纪年》，引文在《平谷史话》初稿写作："梁惠成王十六年，齐师及燕战于洵水，齐师遁。"这是引于专家之书，即为间接资料。后编写《独乐河史话》，研究王国维校《水经注》，见不是"及"字，而是"反"字，便引为"齐师反燕，战于洵水"。待撰写《志书补遗》，想究竟是"齐师及燕战于洵水"，还是"齐师反燕，战于洵水"？为不引起读者困惑甚至误解，又购得《古本竹书纪年辑校订补》《竹书纪年译注》及不同版本《水经注》等，再行研究，以为《古本竹书纪年辑校订补》"魏·梁惠成王"下所记"十六年，齐师及燕师战于泃水，齐师遁"似更为准确。《志书补遗》有述，这里不再赘述。而《平谷史话》初稿、《独乐河史话》及《知平谷爱平谷干部培训读本》等书都曾谈及泃河，与此相关之处有出入者，应统一于此。这里记载的是战国中后期齐国与燕国间一场战争，以齐国失败而告终。当时，齐国国君为齐威王，燕国国君为燕文公。而梁惠成王十六年，即周显王十四年，公元前355年。由此可知，至少从公元前355年起，泃河就叫这个名字，至今未改，已有2300余年了。就北京地区来看，有5大水系，即永定河、潮白河、温榆河——北运河、拒马河、泃河——蓟运河。河名一般多有变化，尤其是永定河，先后有无定河、浑河、小黄河、卢沟河等多个名字，"永定河"为清康熙皇帝所赐名，不过300余年历史。与之相比，泃河当是最为古老且一成不变的，其水运大概也应不晚于战国。

应该说，是泃河孕育了上宅文化，距今七八千年前，"上宅先民"就在泃河北岸、即现在上宅村的那个地方，

图47　泃河寺渠码头（约摄于20世纪30年代）

生存了约 2000
年。同时，发
源于密云县、
流经平谷区西
北境内且从县
城南并入洵河
的泃河，在大
兴庄镇北埝头
村 一 带，养
育了共同创造
了上宅文化

图 48　洵水晚渡今景（摄于 2014 年 5 月）

的"北埝头先民"。当洵河流经平谷县城时，旧时县城南门就称"迎洵门"。而在县城西南，今寺渠桥的地方，就是一座连通南北、通向三河的重要渡口——寺渠渡（图 47、图 48），平谷旧八景之一"洵水晚渡"就指此渡口。

　　洵河，自远古流来，滋润着平谷这片古老的的土地，养育了在这片土地上繁衍生息的世世代代的平谷人，早已成为平谷的母亲河。

7 平谷是北京地区最古老的县

平谷建置于汉高祖十二年，公元前195年，当时隶属渔阳郡。《汉书·地理志》记载（图49），渔阳郡有12属县：“渔阳郡，户六万八千八百二，口二十六万四千一百一十六。县十二：渔阳、狐奴、路、雍奴、泉州、平谷、安乐、厗奚、犷平、要阳、白檀、滑盐。”平谷县为其中之一，而其它那些县或撤或并早已无存，连名字也只有去志书典籍里寻觅了，唯独平谷延续至今。

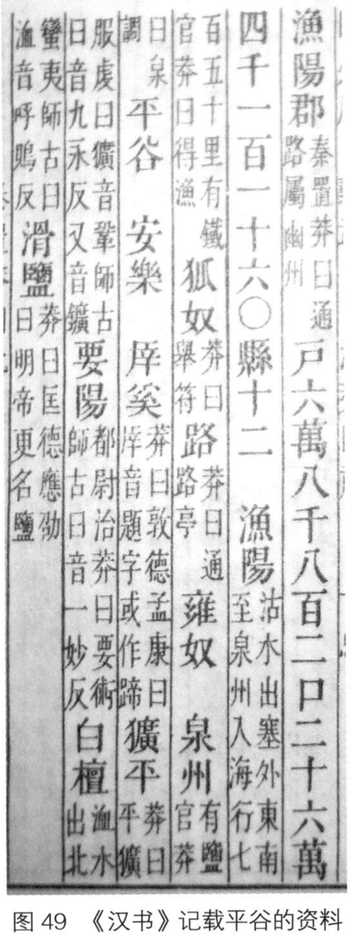
漁陽郡秦置莽曰通路屬幽州戶六萬八千八百二口二十六萬四千一百一十六〇縣十二漁陽沽水出塞外東南至泉州入海行七百五十里有鐵官莽曰得漁狐奴莽曰舉符路莽曰通路亭雍奴泉州有鹽官莽曰泉調平谷安樂厗奚莽曰敦德孟康曰厗音題字或作蹏獷平莽曰平獷服虔曰獷音鞏師古曰音九永反又音鑛要陽都尉治莽曰要術師古曰音一妙反白檀洫水出北蠻夷師古曰洫音呼鵙反滑鹽莽曰匡德應劭曰明帝更名鹽

图49 《汉书》记载平谷的资料

平谷建县时间与背景，据明代蒋一葵所著《长安客话》记载：“平谷在盘山西，故称盘阴，本古渔阳郡地。汉初封卢绾于此，绾亡始置县。”民国二十三年（公元1934年）《平谷县志》也有相关记述：“汉高祖封臧荼为燕王，五年灭荼，以其地封卢绾。十二年绾亡，复为渔阳郡，领县十二，平谷其一。邑名平谷自此始。”

　　这里谈及臧荼，是秦末燕王韩广部将，后随项羽入关中。项羽分天下为十八诸侯，立臧荼为燕王，都蓟。迁燕王韩广为辽东王。之后，臧荼攻灭韩广，合并辽东，统一燕国。当刘邦打败项羽，臧荼与楚王韩信、淮南王英布（因受秦律被黥，又称黥布）、梁王彭越等共同尊奉汉王刘邦为帝。汉朝建立后，韩信、彭越、黥布并称汉初三大名将。臧荼最终因谋反被灭。而卢绾与刘邦是发小，可以说是居同里（即两人住在一条街上）、生同日（两人同年同月同日生）、学同师（两人一块上学，又跟着一个老师学），而且两家的父辈还是世交。卢绾和刘邦一起起兵反秦定天下，被封为长安侯，高祖五年（公元前202年）立为燕王。后卢绾因与反将陈豨暗通，高祖于十二年（公元前195年）二月，派樊哙率兵攻打卢绾。卢绾闻讯带属下及家人数千人至长城下而没有越过长城，想等着刘邦的伤好了，回去请罪。因为刘邦最后一次带兵征讨谋反的黥布时，受了致命的箭伤。黥布是灭了，可他回来不久，也就在汉高祖十二年四月病逝。卢绾深知吕后为人，便带属下及家人越过长城，逃亡至匈奴。如《史记·韩信卢绾列传》所载："汉十二年，……豨常将兵居代。汉使樊哙击斩豨。其裨将降，言燕王绾使范齐通计于豨所。高祖使使召卢绾，绾称病。……上益怒。又得匈奴降者，降者言张胜亡在匈奴，为燕使。于是上曰：'卢绾果反矣！'使樊哙击燕。燕王绾悉将其宫人家属骑数千居长城下，候伺，幸上病愈，自入谢。四月，高祖崩，卢绾遂将其众亡入匈奴，匈奴以为东胡卢王。绾为蛮夷所侵夺，常思复归。居岁余，死胡中。"《汉书》所记与此大致相同。

　　由"绾亡始置县"来看，"亡"为逃亡之意，而非死亡，因为卢绾确是逃亡匈奴了。既是说卢绾逃亡匈奴时开始设置平谷县，其目的大概是为加强燕地或是北方对匈奴的防护了。卢绾于汉高祖十二年四月逃亡，这里的四月，是西汉时的四月，有学者专门对此撰文，认为汉历与现在的历法不同。经推算，很巧，那时的四月大致相当于今天的四月。所以，平谷建置时间，大致在公元前195年春。当时的县城一般认为应在今山东庄镇大、小北关村南。当然，有的专家学者也提出，平谷建置时间应早于西汉，秦时实行郡县制，渔阳郡下就应有平谷县，甚至比这更早。毕竟没有文字记述，还应依《长安客话》所记。倘若以后发现了新的更具体更确切的有关平谷建置的文献资料，再行修订。

就北京市现辖区县而言，名字出现的时间早晚不同。如密云一名始于东魏，大兴、通州二名始于金代，房山一名始于元代，顺义、怀柔、延庆三名始于明代。只有昌平之名也始于西汉，但那时昌平县在今河北省阳原县境，东汉才迁至居庸关内。至于东城、西城、朝阳、丰台、海淀、石景山、门头沟等名字，则是随着新中国定都北京20世纪50年代才出现。而平谷自西汉高祖十二年（公元前195年）设置后，尽管后来也有撤并和复置，但前后一直称作平谷。因此，在北京市现辖区县的名称中，平谷最为古老，至今已2200余年了。

8 西汉以来平谷县城的变迁

平谷县自汉高祖十二年（公元前 195 年）始建，那时的县城，一般认为在今山东庄镇大、小北关村南一带，基本在今天的县城东北十二里左右。而据清雍正六年（公元 1728 年）《平谷县志》"地理志·古迹"记载："古县城，在县西北十二里，即城子庄。"至民国二十三年（公元 1934 年）《平谷县志》所记依然如此。那里尚存汉城遗址，

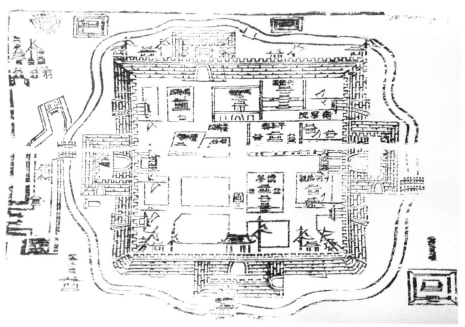

图 50　清乾隆四十二年（公元 1777 年）《平谷县志》所绘县城图

作者觉得或许平谷县城在那里有一定可能性，至今尚有北城子村。但一般认为那里是汉代博陆城遗址，后来有记载也做过其它县城。而山东庄镇大、小北关一带，今天那里却没有城子庄。北京历史地理专家尹钧科先生认为西汉平谷故城应在此，今多依此说，前面谈及建置沿革时亦依此说。村以关名，或是长城关口，或是县城之关。那里没有长城，可能与平谷故城有关了（图50）。作者曾几次踏察大小北关一带，尚未发现有一定规模的汉代城址遗迹，且留待以后探讨。

至东汉时，一般认为县城应搬迁到了今天的老县城处。就县城规模来说，不会很大，也不可能很坚固，而且那时人口很少。清雍正六年（公元1728年）《平谷县志》"国赋志·户口"记载："县旧志户，五百五十一户；口，二千四百五十口；明季实存人丁，五千四百四十四丁。"丁，指成年男子。明季，指明末。这"旧志"应指这以前的明代平谷县志，目前一般认为平谷应在明朝初年始修县志。至明末五千余丁，应是实情。民国二十三年（公元1934年）《平谷县志》"社会志"记载："民国十一年（公元1922年）清查户口总数：户一万零五百二十八户。口五万七千四百九十九口。"建县2100多年后才5万余人，所以，平谷一直是小县。北魏郦道元《水经注》记载："（洳）水出右北平无终县西山白杨谷。西北流迳平谷县，屈西南流，独乐水入焉。水出北抱犊固，南迳平谷县故城东。后汉建武元年，光武遣十二将追大枪五幡及平谷，大破之于是县也。其水南流入于洳。洳水又东左合盘山水，水出山上，其山峻险，人迹罕交。去山三十里许，望山上水，可高二十余里，素湍皓然，颓波历溪，沿流而下，自西北转注于洳水。洳水又东、南迳平谷县故城，东（当为"西"）南与洳河会。水出北山，山在儵奚县故城东南。东南流迳博陆故城北，又屈迳其城东。世谓之平陆城，非也。汉武帝玺书，封大司马霍光为侯国，文颖曰：博大陆平，取其嘉名而无其县，食邑北海。薛瓚曰：渔阳有博陆城，谓此也。……洳水又东南流迳平谷县故城西，而东南流注于洵河。"说明至北魏郦道元时，平谷有两座故城，一是大小北关村南的故城，为西汉故城；二是现在县城东部老城地方的故城，为东汉故城。因北魏初年平谷县并入潞县，一定故城尚存（图51）。

晋初省平谷县，后复置，属燕国，大致在今通州境内。而北魏初，平谷属渔阳郡，太平真君七年（公元446年）省平谷县，并入潞县。记载明确。《读史方舆纪要》认为，潞县北平谷故城，为石赵所置。既是说北魏所省者为后赵的平谷县了。"石赵"即十六国的后赵（公元319—351年），建都于邺城。新编《平谷县志》"后赵，复置平谷县，县城移至今通县北小营村，隶渔阳郡"之说。当是极短的一段时间，平谷县治所在通县城北的北小营村了。

北魏太平真君七年（公元446年）省平谷县后，至金时，一直未在复置，只是唐时平谷地区为大王镇，唐代北边七镇之

图51　民国二十三年《平谷县志》所刊"平谷城垣之一角"，上面为魁星楼

一。辽时依然称大王镇，因资料与实物缺乏，镇址已无从查考，不排除利用东汉故城旧址的可能。金大定二十七年（公元 1187 年），升大王镇为平峪县，峪同谷字。平谷县建治恢复。金代县城应该是在东汉故城基础上所建，700 余年来，再未他迁。仔细察看，可以在东部古城墙基的地方，看到层层夯土，当为多次修城所致了。

从金大定二十七年，至明成化丁亥年（即成化三年，公元 1467 年），这 280 年间，主要是土城。平谷县城于成化丁亥年始修砖城，以后共 5 次修城。

成化丁亥年修城，历时一年多，第二年竣工。民国二十三年《平谷县志》收录淳安商辂明成化戊子年二月所撰《平谷新城记》："永乐初，置营州中屯卫以镇之。……县故有土城，岁久倾圮。今右金都御史阎本奉命巡抚，至而叹，……疏请于朝，得允。爰委营州中屯卫指挥同知袁忠等督军夫若干增筑之。城高二丈五尺，址广三丈五尺，顶杀址三之二，周围六百丈。为城门四，门有瓮城，瓮城又各置门。城之外为堑，阔三丈五尺，深半之，沿堑植榆柳几万株。……功之成，视旧加四之三。"这在平谷县修城史上是第一次有明确记载的大规模修城，连城门、瓮城都修好了。这里的"新城"，并非指新修整个平谷县城，而是指新修城墙，即由原来岁久倾圮的土城墙，改为砖城墙了。所谓"址广"，就是城墙根的地方地面宽度；所谓"顶杀址"，就是顶部缩减的宽度，这里缩减为三之二，顶部大概有 2 丈多宽，过去的丈尺比现在的要小。可以说，这次修城，奠定了县城的基本格局（图 52）。

第二次修城，为明嘉靖元年（公元 1522 年），"缺者补之，废者葺

图 52　平谷老城魁星楼及东城墙（摄于 1945 年）

之。建楼于诸门之上，重檐华栋，规制一新。东曰接盘，南曰观澜，西曰迎恩，北曰镇远。腰铺隅楼，次第结构。"县城进一步完善，尤其建造了东南西北四座城门楼，且为四座城门命了名字。明嘉靖三年（公元 1524 年）《蓟州志》"卷之一·地理志·城池"记载："平谷，旧有土城，成化丁亥，巡抚阎公本、委营州右屯卫指挥袁忠增崇之。高二丈五尺，广三丈五尺，周围六百丈，包之以石。池堑阔三丈五尺，深半之，沿堑植榆柳□□□。□七千□入城中，如丘墟然。都御使孟公春□□□□□柏，督指挥李勋高其北城，而于□□□□□之厅。东匾曰'接盘'，西曰'迎恩'，南曰'观澜'，北曰'镇远'。又为剥□，四□□□入座，以便防守。"《蓟州志》写作"右屯卫"，当笔误，应为"中屯卫"。所记城池情状，很显然是结合了一二次修城。

第三次修城（图 53），为明嘉靖四十三年（公元 1564 年），"城旧高二丈二尺，增筑五尺，俾益崇。又于城四门各树以楼匾，其东曰挹盘，西曰拱辰，南曰迎洳，北曰威远，城隅增铺舍四。又浚其隍丈余，沿堑悉植以柳。当四门之冲，置便桥焉。"县城更加坚固，东门由"接盘"改为"挹盘"，当指东门对着盘山，可观盘山胜景之意了。南门由"观澜"改为"迎洳"，洳河从城东而南，又向西流过，故曰"迎"。现

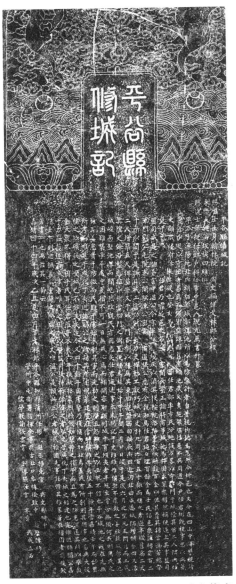

图 53　明嘉靖四十四年（公元 1565 年）倪光荐书《平谷县修城记》碑拓片

在，南门附近的旧城墙处，一排水洞尚存，当地居民依然在用其排放污水。西门由"迎恩"改为"拱辰"，拱卫北极星。《论语·为政》有"为政以德，譬如北辰，居其所，而众星共（拱）之"语，后因以喻拱卫君王或四裔归附。这里当是此意。北门由"镇远"改为"威远"，威镇远方之意。而今，四门楼匾的北门"威远门"石匾（图 54）尚存，其余不知下落了。

第四次修城，为清乾隆辛卯年（乾隆三十六年，公元 1771 年），距 1564 年已然 207 年了，"约费帑金四万四千二百有奇。而城若金汤，池若天堑，四门望楼如跂如矢，焕然维新也。""帑金"，就是国库里的钱，4 万余两，这次应是全面修缮。

第五次修城，为民国九年（公元 1920 年），"畚锸云集，登登冯冯，阅月余而讫事。巍然坚峻，一如其初。"仅是修葺，小修小补，1个多月就完工了。

图54　平谷县城北门威远门匾额

　　1945年下半年至1946年上半年，将平谷旧城城墙拆毁。现在，在过去城墙基础上，修建了一条环城路，但大的格局尚存。在沿路可见一些民居建筑，以城墙旧砖所垒砌，是残留的一点古县城的遗迹了。平谷旧城，东西、南北各一里。而今，东以老城为起点，西已发展到岳各庄，南发展到泃河，北竟然发展到了齐各庄，早今非昔比了。

　　最近，到平谷镇岳各庄村访谈94岁老人王贵先，老人记得关于老城过去有段顺口溜："十山九出头，四门仨水沟。富贵没三辈，清官不到头。"后两句不消说了，只说前两句："十山"指县城北面一带的山，"出头"指山多朝南探着山头。"四门"自是县城的东南西北门，而"水沟"则指排水的水沟眼。至于"仨水沟"在哪儿，自小在县城生活、90岁的王春田老人记得，一在城隍庙东边，即老城东北角，由东城墙要往北城墙拐弯而未拐处。为流水顺畅，当与一条胡同相对，极可能是民国二十三年县志所绘"平谷县城图"标示的"安乐巷"；一在老城东南角，南城墙东部，路家胡同南头；一在老城西南角，南城墙西部，安家胡同南头，此水沟眼至今依然使用。这也是平谷老城见证者难得的记忆了。

还有，西汉末期，古北口外渔阳郡所属滑盐县曾迁至博陆城，东汉明帝时改名盐田县，后并入平谷县。北魏年间，要阳县由北内迁，城址在今镇罗营镇上镇村，东魏省。

附记 平谷老县衙及遗存

历史上，平谷一直是个小县。县城自然也不大，大致东西1里，南北1里，是个名副其实的弹丸之城。其位置，在现在城区的东部高处，四遭城墙遗址尚存，那道可环行的路即是。这些年来，县城一直向西发展，所以老城街道、胡同等格局基本未变。

老县衙就在老城中心略靠东北盘峰宾馆的地方。南面旧为文庙，即孔庙，又称圣人庙；北面略偏西旧为城隍庙，庙前那座戏楼就在县衙西北角。前为东西向大街，东为东门大街，直通东门。西为西门大街，直通西门；文庙西侧即是南门大街，直通南门；县衙西侧为城隍庙胡同，胡同北为戏楼，戏楼坐南朝北，正对城隍庙。城隍庙胡同西面是仁义胡同，仁义胡同北口与北门大街相通，北门大街直通北门。所以，尽管老县城方方正正，却没有东西、南北相交的十字主干大街，主要是南北二街东西有些错位所致。

明嘉靖三年（公元1524年）《蓟州志》"卷之二·公署"记载："平谷，县治，在东门里。东至察院，南至大街，西北至官地。洪武初建，成化五年（公元1469年）知县郭铭重修。正厅，三间。东西耳房，各一间；典史厅，一间；六房，东西各四间；谯楼，二间，即正门；仪门，三间；预备仓，东、南、北各三间；知县公廨，在厅后；县丞公廨，在厅东北；典史公廨，在厅西；吏舍，在厅东西；阴阳学，在县治西北郭；医学，在县治西南，洪武四年（公元 1371 年）建；积留仓，在县治西北；僧会司，在县治西；道会司，在县治东南；养济院，在县治西，洪武九年（公元 1376 年）建；申明亭，在县治东。"

除"县治"外，《蓟州志》还记载有"察院""营州中屯卫"及"演武厅"三处。

"察院，在东门里。洪武九年（公元 1376 年）建，嘉靖二年（公元 1523 年），知县王谦重修。正厅，五间；后堂，三间；前后东西厢房，共十二间；大门，三间；仪门，一间。"

"营州中屯卫，在察院东。永乐二年（公元 1404 年），从口外调建。成化四年（公元 1468 年），都御使阎本重修。正厅，三间；抱厦，三间；左右耳房，各一间；后堂，三间；六房，东西各三间；仪门，三间；经历司，厅三间，在厅东；镇抚司，在厅西；监房，三间；五千户所，正厅各三间；军器局，三间，在厅东；军需库，三间，在厅后。"

"演武厅，在县西。嘉靖元年（公元 1522 年），指挥李勋修。正厅，三间；抱厦，一间；将台，一座；前门，一座。"

这应该是目前所能见到的较早的关于县公署的记载，后又有重修与增建，正如民国二十三年（公元 1934 年）《平谷县志》"卷二·经政志·公署"所记载："县署在东街，明洪武初建，成化三年知县郭铭重修。正厅三间，东西耳房各一间，库房三间（在正厅东），典史厅三间（在正厅西），六房东西各五间，大门三间，仪门三间，戒石坊一座（知县刘爱建），后堂三间（知县冯思忠建），仓狱神庙一间，预备仓东南北各三间（俱在仪门外东），监房三间（在仪门外西），知县公廨（在后堂后），县丞公廨（在东三房东），典史公廨（在典史厅西），吏舍（在县丞公廨后）。"

这里所说的"六房"，指吏、户、礼、兵、刑、工房。而"三班六房"是明清时代州县吏役的总称，所谓"三班"指皂、壮、快三班，都是衙役。皂班主管内勤，壮班和快班负责缉捕和警卫。往往县衙六房与中央六部相对应，吏、户、礼三房列左，兵、刑、工三房列右，昭示了封建社会的森严等级；仪门，即礼仪之门，明、清官署大门内的第二重正门；公廨，为县衙官员办公的场所。知县，明清时的知县相当于今天县政府的县长，正七品，俗称"七品芝麻官"；县丞，为县令的辅佐，地位一般仅次于县令，明清县丞为正八品；典史，为县令的佐杂官，掌管缉捕、监狱等事，未入品阶，即所谓"未入流"（九品之下）。

志书所记应该是明、清之时的县衙基本境况，到民国时当有所改变，因为记载民国二十二年（公元 1933 年），县长李兴焯重修县政府。志书前收录编纂者王兆元所绘"平谷县城图"（图 55），其中绘县政府由南往北为：女看守所（在大门内东南角），看守所（东侧，紧挨着南面女看守所），常平仓（看守所东面），监狱（西侧，与看守所相对）；大堂，二堂，内宅；花厅（在大堂、二堂之间东面）；办公室（在内宅东面）。所绘城图较为简略，但民国时县衙主要建筑物及格局应该是绘出来了。

民国二十三年《平谷县志》还收录宝坻周镛民国二十二年十二月撰"重修平谷县政府记"："不意五月中旬，邑境竟遭沦陷。地方负责无人，府中房舍非焚即毁。纵有未经殃及者，亦缘淫雨过甚，坍塌殆尽，几案诸器亦遗失一空。"所记之事，当指 1933 年 5 月日军轰炸平

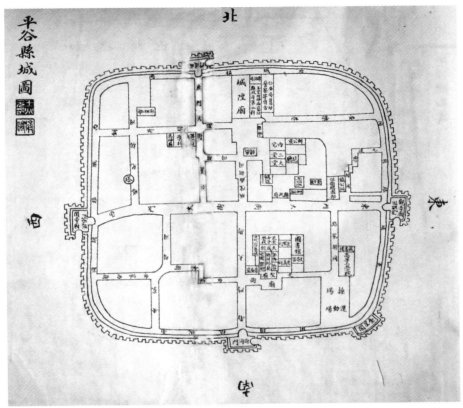

图 55　民国二十三年《平谷县志》所刊"平谷县城图"

谷县城前后之事。

　　1933 年 3 月，长城抗战爆发。4 月上中旬，冷口、喜峰口、古北口相继失陷。26 日，第二军团命各军在平谷、三河、通县一带集结待命。5 月 1 日，所属骑兵第四师进驻平谷。18 日，开至大华山、上镇、南独乐河、靠山集、黑豆峪、黄松峪、鱼子山一线，在将军关、靠山集、滑子与日军激战后撤至韩庄附近。19 日，日军 12 架飞机轰炸，平谷城内百姓伤亡多名。镇罗营失守。蓟县1000余名伙会窜入境内，在日军支援下，袭击平谷县城。骑兵第四师驻南独乐河一部增援，将其击溃。20日，日军在飞机掩护下，发起全线进攻，骑兵第四师陷于日军弧形包围，县城失陷。骑兵第四师黄昏后撤至英城，21日撤离平谷，日军占领平谷全境。此事在2001年出版的新编《平谷县志》"大事记"及"战事"中有载。而周镛记述，"迨七月事平"，"外观满地疮痍，内睹盈阶灰烬，实为惨目伤心。""邑长毅然兼筹并顾，""议定修筑后院西房三间，东院花厅三间，厨房二间，墙二堵。承审处房五间，围墙四面。若监狱房四间则翻修之，看守所三间则补修之，狱墙四围增高五尺许。"

民国县志前面收录一张"县府大堂前"照片（图56），应该是一进大门不远的第一座主要建筑，也就是王兆元所绘"平谷县城图"标示的"大堂"。堂前檐下，悬挂一方巨大横匾，上书"渔阳故址"四个大字。明嘉靖三年（公元1524年）《蓟州志》"卷之一·地理志·建置沿革"记载："周惠王时，燕却东胡，置渔阳郡以距之，以在渔山之阳也。"这时渔阳郡当在

图56　民国二十三年《平谷县志》所刊"县府大堂前"照片

战国之时，匾额之字与此有关么？民国县志前面还收录一张"轩辕陵"照片，下面注说明文字："轩辕陵，在平谷县城北十五里，岗阜隆然，形如大冢，相传为轩辕陵，上有轩辕庙。又此山名渔山，县治在山之南，故平谷古名渔阳。"民国县志"卷一·地理志·山脉"亦记载："渔子山，在县城东北十五里，上有轩辕庙。"可见渔山与渔子山是一座山，因山间岩石上有鱼子状黑色斑粒而得名，至今鱼子山村崇光门前东南山石上仍能看到。故此，所谓"渔阳故址"或指平谷县城旧址，应该不是渔阳郡旧址。另外，《蓟州志》"卷之一·地理志·山川"明确记载：蓟州"渔山，在城西北三里，高百余丈，周五里。古郡名渔阳，以在此山之阳云。"请教天津蓟县搞方志的朋友，告说蓟县有座渔山，就在县城西北不远处。这就是说，蓟、平两地各有一座渔山。一般认为秦汉置渔阳县，治所在今密云县西南、怀柔东南交界处，《怀柔文物集成》具体记载为"北房镇梨园庄村东50公里101公路南侧"。秦二世元年（公元前209年）秋，陈胜、吴广等900余名戍卒被征发前往渔阳戍边，当指此地。唐时所设渔阳郡，治所则在今蓟县。白居易所作长诗《长恨歌》有"渔阳鼙鼓动地来"之渔阳，即指此。

县府大堂前树立一通石碑。从其碑形及碑上隐约字迹，可知此碑为"孙中山遗训碑"。碑现存上宅文化陈列馆，汉白玉石质，方首抹角，高152厘米，宽75厘米，厚9厘米。碑阳左刻年款"中华民国十七年八月"，右刻落款"县长王冕琳刊"。中间镌刻孙中山遗训"革命尚未成功，同志仍须努力"12个魏碑体大字。碑阴刻"平谷县阖邑绅商军民人等仝立"字迹。孙中山于1925年3月在北京逝世，随后国民革命军进行北伐战争。镌刻此碑，或与此背景有关。此碑并非新开

图57　民国二十三年（公元1934年）《平谷县志》所刊"聊园之一部"照片

石料，而是以旧碑打磨重刻，细看仍可见旧碑字痕。照片右侧，也就是大堂东面，为空院，中间一石桌及石凳，院内几棵老树及一些小树，树枝上几乎没有树叶。照片拍时当在秋后或冬季。志书前有一张"聊园之一部"照片（图57），主要也是空院，仅有几棵大树及一些小树。曾问及县城老人，没有谁能说出聊园的具体情况。说明县城没有一处独立建造的私家园林，不然，居住城里的人不可能不知道一点情况。这两张照片上的空院景物类似，老人说如有聊园或在县衙附近。其实，也不排除这两张照片所拍实为一地，只是角度不同而已。为研究老县城而翻阅韩牧苹著《洵阳杂录》一书，有《平谷城关旧时风貌》文，主要记述20世纪30年代的县城情景，那时"还相当完好"。写至"大堂"，"东有一花园，面积四五亩，里面有些树木及石桌、石凳等物，称为'聊园'"。这就是了，当初就在县衙大堂旁空院处，栽植些花草树木，简单摆放些石桌石凳，就成为了衙署花园，再起个文雅的名字而已。

最近，在档案局资料中，发现一张平谷县公署照片（见图5），据介绍约摄于20世纪20年代。从照片中的树木看，拍摄时间应为深秋或冬天，极可能与上面两张照片同时拍摄。实际上，照片拍摄的是县衙大门，为青砖砌筑，大门券拱形，两侧与围墙相接，略宽于墙。这只是一道门，而不是形如房屋的门道。券拱上面砌筑高高的门楣，中间不知是石质匾额还是以白灰所抹，上书"平谷县公署"五个楷体大字，左右似书写着时间与落款，不是很清楚。门楣上，中间砌筑抹白的三角形，顶尖上结塔顶状的圆形宝珠；两边各有一方形砖垛，上面也有宝珠形饰物。大门前西侧，一尊威严的石狮，下置双重须弥座，将石狮托衬得更加高大。石狮左前爪抚摸一只小狮，故此狮当为母狮。与此相对，大门东侧还应有一尊一般大小的雄狮，或许照片没能摄入。石狮西侧挨着一通石碑，隐约上为螭首，下为须弥座，碑下面似残缺一角。书中没有相关记述，是什么碑、什么时间所立、碑上记的什么内容也就不得而知了。据说大门东侧为布告公布栏，照片中仅拍半个人，站着似观看什么布告或公告。

公署大门东侧悬挂一方竖牌，上写"平谷县自卫团总团部"字样。关于自卫团，民国二十三年（公元1934年）《平谷县志》"卷二·经政志·保卫"记载："昔宋人之保甲，清代之团练，皆由人民团集选取壮丁，用军事训练，以武力防卫乡邦，与今之保卫团名异实同也。自近数年来，迭遭战乱，溃兵悍匪，各地滋扰。民众为事实所迫，不能不联合以自卫。于是，组织自卫团，诚为当务之急。中央特制定《保卫团法》，明令公布。冀省府设保卫委员会，计划进行较保甲团练法之范围扩大，用以诘奸慝，弭盗匪，而维地方之治安也。""保卫总团团公所（民国十七年设，地址城隍庙，今移地藏庵。团总以县长兼任，副团总委地方人充之）。"设保卫团，是依据上面之令了。1938年7月20日，八路军四纵队打下平谷县城、建立抗日民主政府后，便改编保卫团为县抗日游击队总队，共千余人，下设 3 个大队，四纵队委派了政治工作干部。8 月，平谷抗日政府在伪蒙古军和伪满洲进攻下，留抗日游击总队第三大队一个中队等保卫县政府，新组成的抗日游击总队全部集中到靠山集以东、

图 58　盘峰宾馆，2008 年 1 月在此举行区人大、政协两会，以后两会就移至金海湖畔北京教工休养院了（摄于 2008 年 1 月）

黄崖关以南地带，阻击进犯之敌。由于敌强我弱，游击总队武器不好，又缺乏作战经验，很快溃败。

1956 年，在老县衙处建造大礼堂及平房，时称平谷县招待所。20 世纪七八十年代，陆续拆平房建楼房。1984 年改称盘峰宾馆（图 58）。后宾馆倒闭，划给平谷第二中学（在文庙旧址）。经改造，这里今已成为二中校区一部分，且区委党校也即将迁此办公。自明初所建，已 600 余年的老县衙至此荡然无存、了无痕迹了。

明万历《征编赋役规则碑》

《征编赋役规则》，顾名思义，就是国家征收赋役的具体规定。此碑立于明万历十五年（公元 1587 年），或与国家推行"一条鞭法"有关。

明朝中后期政治家、改革家张居正，作为内阁首辅，辅佐万历皇

帝开创了"万历新政"。在经济方面改革赋役制度，于万历九年(公元1581年)在全国推行"一条鞭法"。《明史·食货志》记载："一条鞭法者，总括一州县之赋役，量地计丁，丁粮毕输于官。一岁之役，官为佥募。力差，则计其工食之费，量为增减；银差，则计其交纳之费，加以增耗。凡额办、派办、京库岁需与存留，以及土贡方物，悉并为一条，皆计亩征银，折办于官，故谓之一条鞭。"万历十年(公元1582年)后，西南云、贵和西北陕、甘等偏远地区也相继实行。即使中原地区，有些州县一直到崇祯年间(公元1628—1644年)才开始实行。这一改革由嘉靖至崇祯，前后历经百年。"一条鞭法"简化了税制，增加了收入，方便征收税款。

　　此碑当初应该立于县衙前，便于民众观览处。1961年，邓拓考察平谷，听说县城东门外有一通明代赋役碑，很感兴趣，说那是考察古代经济政治的实物史料，要好好保护。在县城东门外，有可能随着县城拆毁而散落至此。1983年3月2日，在县工业局院内(大致在今府前街街心公园西北侧)发现。

　　《征编赋役规则》碑(图59)，

图59　明万历《征编赋役规则碑》(摄于2003年)

碑首高 87 厘米，宽 87 厘米，碑身高 167 厘米，宽 83 厘米，厚 21 厘米。为螭首，碑阳额书"征编赋役规则"。正文阴刻楷书，字迹有些漫漶不清，首题"顺天府清查过蓟州平谷县赋役撒总数目并征编规则开列于后"。碑文记述明万历年间官府向民间征收赋役规则及数量，详尽到丁分六等，田别分厘，银以丝忽，粮按圭粟，是研究当时社会经济、政治及县政沿革的重要实物史料。碑阴为阴刻楷书，为官簿式样和由票式样。将征收赋役规则刻石立碑，昭示天下，以便官民共同遵守，而不得擅自更改，另行摊派。

录文：

碑阳额题：征编赋役规则

首题　顺天府清查过蓟州平谷县赋役撒总数目，并征编规则开列于后。

计开：

夏税起存，共银壹百贰拾伍两陆钱陆分玖厘捌毫捌丝陆忽陆微。

秋粮起存，共银壹百捌拾陆两捌钱捌厘贰丝陆忽陆微。

盐钞起存，共银捌拾两肆钱肆分捌厘。

站粮，共银陆百玖拾壹两玖钱捌分壹厘三毫陆丝玖忽贰微。

银差，共银捌百陆拾肆两壹钱三分壹厘。

经费，共银贰仟柒拾贰两陆钱陆分三厘伍毫陆丝贰忽陆微。

以上六项俱，系地亩派征。

力差，共银壹仟陆佰肆拾伍两陆钱，系丁地相兼派征。

一、原额征除本色黑豆外，夏税、秋粮、盐钞、站粮、银差、力差、经费等项银两通共伍仟陆佰陆拾柒两三钱壹厘捌毫□丝伍忽，地亩征银肆仟柒佰三拾柒两玖钱壹厘捌毫肆丝伍忽，人丁编银玖佰贰拾玖两肆钱。

一、原额地壹仟壹佰玖顷三拾贰亩，每亩征银三分陆厘贰毫伍丝肆忽，共银肆仟贰拾壹两柒钱壹厘捌毫肆丝伍忽。民地玖佰伍拾捌顷贰亩三分玖厘，每亩加力差银贰厘柒毫三丝捌忽伍微，征银贰佰陆拾贰两三钱壹分壹厘柒毫。寄庄地壹佰伍拾壹顷贰拾玖亩陆分壹厘，每亩加力差银三分，共征银肆佰伍拾三两捌钱捌分捌厘三毫。通共征肆仟柒佰三拾柒两玖钱壹厘捌毫肆丝伍忽。

一、实在人丁三仟壹佰肆拾丁，中上丁肆拾贰丁，每丁编银壹两贰钱；中中丁□□□丁，每丁编银壹两；中下丁壹佰陆拾捌丁，每丁编银捌钱。下上丁壹佰壹拾壹丁，每丁编银陆钱；下中丁三佰壹拾玖丁，每丁编银肆钱；下下丁贰仟肆佰三拾柒丁，每丁编银贰钱。共编银玖佰贰拾玖两肆钱。

一、夏税起运小麦银壹佰壹拾三两贰钱壹分贰厘肆毫三丝柒忽伍微，每银肆钱改征黑豆壹石，共豆贰佰捌拾□石三升壹合玖抄三撮柒圭伍粟。

一、秋粮起运粟米银贰佰三拾玖两玖钱壹分玖厘伍毫，每银肆钱改征黑豆壹石，共豆伍佰玖拾石柒斗玖升捌合柒勺伍抄。

一、马草起存共银陆佰肆拾肆两伍钱壹分伍厘，每银肆钱改征黑豆壹石，共豆壹仟陆佰壹拾壹石贰斗捌升柒合伍勺。以上三项俱系地亩本色派征。

以上概县地丁编派银两，自足各项钱粮之数，每年照此征编，不可毫忽增减。如遇审编之年，地亩征银已定其人丁编银，视人丁之多寡以为增减，大抵不失原额之数足矣。至于每年征收官簿，务与由票相同，照依式样正月内造完，请印给发，不许另立私簿征收。

开柜在贰月为始，每壹月为壹限，分为拾限。贰门外置立木柜，许花户亲自秤兑封□投柜，大户止填注簿票，每年委佐贰官清查，收过银两寄库。如有黑书加派及大户秤收者，许花户径自赴告，即行座问。

今将簿式、由票式刻于碑后，该县永为遵守，毋得款变取空，作速立石，俾民知悉。

万历拾伍年拾月□日

知县　王准　　典史　车大任　　督工委官　于文宪

碑阴字迹不清，官薄式样、由票式样略

9 博陆侯霍光封城遗址

　　博陆城遗址，又称汉城遗址，在大兴庄镇北城子村东南200米处台地上（图60）。

　　博陆城，为汉武帝时霍光封城。霍光，是西汉名将骠骑将军霍去病同父异母之弟，而霍去病母卫少儿为汉武帝时皇后卫子夫之姊。霍去病24岁英年早逝。霍光为奉车都尉光禄大夫，即为皇帝掌管乘舆的武官，出则奉车，入则侍左右，出入禁闼20余年，小心谨慎，未尝有过，甚见亲信。汉武帝临终时，以霍光为大司马、大将军，金日磾为车骑将军等，受遗诏辅佐少主，即汉昭帝刘弗陵，时年仅8岁。第二天汉武帝驾崩，遗诏封霍光为博陆侯。"博大陆平，取其嘉名而无此县，食邑北海、河东。"即当时没有博陆县，封城在此，其封地在今山东青州、山西西南一带地区。霍光秉政前后20年，为人沉着冷静，细致慎重，为汉室安定和中兴建立了功勋。霍

图60　大兴庄镇北城子汉城遗址（摄于2013年3月）

光去世后，霍氏家族因恃尊骄横等被诛。

北魏郦道元《水经注》载："（泃）水出北山，山在傂奚县故城东南。东南流迳博陆故城北，又屈迳其城东……泃水又东南流迳平谷县故城西，而东南流注于洵河。"考今泃河从北店村到中桥村为东南流向，从中桥到北埝头村为东西流向，经北城子村北折而南下，侧城址东而过，与《水经注》所记完全吻合。此外，西汉末滑盐县、明代营州中屯卫曾治于此。《读史方舆纪要》载："滑盐废县在平谷西北。"《明史·地理志》载："平谷西北有营州中屯卫。"《明太祖实录》更进一步指明："（平谷）县西北十里有故城，营州中屯卫戍于此。"

1959 年 4 月平谷县第一次文物普查登记表有记，名为"古城遗址"，地址在"峪口人民公社城子庄和白各庄之间"。其规模与形制，"为一高台地，南北长约一里半，东西宽约二里。今台地已全部开垦为耕地。耕地四周散布有许多粗、细绳纹砖、箅纹陶片、鬲足、折唇陶器碎片、方格纹陶片等。由此距西北约二里，亦有一高台地，叫北埝头，曾出土许多陶罐。从实物中可以看出，为汉代冥器，故该地应为汉代墓葬区无疑。两相印证，并接（结）合实物来看，可以肯定城子庄应为汉代古城遗址"，只是当时已经"看不出城廓遗迹"。

图 61　大兴庄镇北城子汉城遗址（摄于 2015 年 11 月）

经与村里人访谈与实地踏察，博陆城遗址（图61）东、北临洳河，南为洼地，西邻村庄，东西长180米，南北长250米，总面积约4.5万平方米。遗址高出地面2至3米（图62），文化层厚达2米。有城基基础，为夯筑，断面可见

图62　大兴庄镇北城子汉城遗址南部文化层（摄于2013年3月）

石铺甬路、水道，地表和土层中有大量汉代碎砖瓦和陶片堆积。这是北京地区现存一处重要的汉代城址，现为区级文物保护单位。

对于霍光所封的博陆城，有研究者认为，汉武帝晚年担心燕王刘旦以后会图谋不轨，封霍光为博陆侯，封城之地在渔阳郡，而食邑之地则在北海、河东之郡，以对刘旦形成南北包围之势。表面上，这是对霍光的一种封赏，实际上可能牵涉到西汉中后期国家政局。这或是今人依据后来的历史发展，而得出的认识，值得研究。是否汉武帝果有此意，还应从《史记》《汉书》《资治通鉴》等典籍文献中深入探究。如有，典籍文献里不一定没一点迹象流露。

附记　放光汉墓

洳河北岸，王辛庄镇放光村南，一片台地上，存有汉墓，因与放光村近，故称放光汉墓。墓为汉代大型封土堆砖室墓。封土堆高3米。

墓室为砖结构，周围有单室墓相陪。墓西部曾暴露一石室墓，清理出土陶罐、陶壶、铁剑（残）、铁錾、五铢钱等一批随葬品。主墓室保存完好。

　　文物志及文物普查资料对博陆城遗址和放光汉墓均有记载，只是未曾记述汉墓主人。作者在放光村调查清代进士贾名伸情况时，一位村里人曾谈及汉墓，并领作者到墓地踏察。他不经意说一句，过去听说放光汉墓是霍家墓。站在墓地台地上南望，洳河南岸不远处，即是博陆城遗址。

　　据记载，博陆侯霍光，祖籍河东平阳，即河东郡平阳县，今山西临汾西南。武帝崩，霍光受遗诏辅8岁少主，摄政国事。霍光去世后，汉宣帝、太后亲临光丧，以帝礼陪葬于茂陵东侧。也就是说，霍光墓在陕西咸阳，放光汉墓当不是霍光之墓。如果说，博陆城曾有霍家人在此生活，那么，放光汉墓极可能为霍家人百年寿地。这是一个极其重要的线索，若将博陆城遗址与放光汉墓一起保护研究，无疑具有重要意义。

2015 年 11 月 22 日整理

北京地区首次发现的北张岱汉墓画像石

北张岱汉墓，在东高村镇北张岱村东。1958年，在这里建设县蚕厂，汉墓就在蚕厂院内北半部。20世纪60年代，蚕厂撤了，后在这里建"五七学校"。20世纪80年代，建北京邮电分院，汉墓在分院后部西侧。邮电分院又已撤销，现为一家个人工厂所在地。这座汉墓在厂地后部，以院墙相隔。

北张岱汉墓，占地面积约2000平方米，是一座东汉时期大型砖室墓（图63）。墓南向，上为高出地表3米的大宝顶，平面呈"凸"字形，

图63　东高村镇北张岱汉墓（摄于20世纪90年代）

图64 东高村镇北张岱汉墓墓道口

图65 东高村镇北张岱汉墓墓门（摄于1983年4月）

图66 东高村镇北张岱汉墓石墓门（摄于2001年）

有墓门、甬道、墓室、回廊等。墓门（图64）内为甬道，甬道口内两侧有刻石。墓室南北长6.3米，东西宽2.3米，高3.8米。回廊宽1米，高1.7米，周长26.8米，东、西、北三面与墓室相通。甬道、墓室、回廊均以砖砌筑，上为券顶。墓早年被盗，至今墓顶盗洞尚在。1969年，墓室被用作防空洞。1983年，在文物普查中对汉墓进行清理，出土陶罐7件，五铢钱数枚，在清理中发现了石墓门（图65、图66）。

北张岱汉墓石墓门由门楣、门框、门板、门槛四部分组成，现仅存门楣1件，门框2件，门板1件，门槛1件。门楣长194厘米，宽59厘米，厚

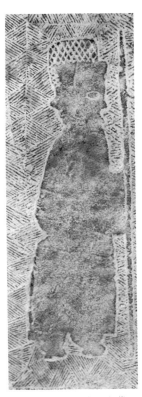 

图 67　东高村镇北张岱汉墓石墓门门框门吏像拓本

图 68　东高村镇北张岱汉墓石墓门外侧朱雀及兽面衔环拓本

27 厘米。门槛长 168 厘米，宽 67 厘米，高 16 厘米。门楣与门槛素面无饰。门框高 150 厘米，宽 40 厘米，厚 25 厘米。上刻门吏，手持有兵器殳，头戴网帻巾，身着宽袍，空白处饰菱形图案。整个画面简洁洗练，古拙粗放，带有我国绘画写意的特点（图 67）。门板高 150 厘米，宽 50 厘米，厚 10 厘米。里外两面雕刻，里面线刻菱形纹图案，外面雕刻朱雀和兽面衔环（图 68）。门板应为两扇对开，仅存一扇，另一扇已无存。

　　北张岱汉墓石墓门为北京地区目前发现的较重要精美的汉画像石墓门，这种装饰在东汉时期非常普遍，但在北京地区尚属首次发现。我国汉代画像石主要集中于河南南阳、江苏徐州等地，在我国古代艺术宝库中占有重要位置。北张岱汉墓石墓门汉画像石可与南阳、徐州汉画像石相媲美，具有重要的艺术价值和历史价值。

北张岱汉墓，当地俗称石王墓，或许是一位东汉石姓的王爷了。也有说过去朝廷设有六部，墓主人是相当于什么部的官。无论怎么说，即是建有如此大的宝顶，且设置石墓门，门上镌刻着画像

图 69　2012 年，市文物局拨专款，在汉墓上砌筑封闭砖室加以保护（摄于 2016 年 1 月）

等，说明墓主人一定是有较高身份的人。过去北张岱村归河北三河县管辖，查阅《三河县志》等典籍，一时未能查到有关资料。其身份到底如何，生前有何功绩，为何葬此，有待进一步研究。而当地至今还在流传，说过去谁家里办红白喜事，只要头天晚上到墓前上供，需要的东西第二天就给准备了，那家人到墓前去取就行。这是人们津津乐道的一种传说。

北张岱汉墓现为区级文物保护单位，石墓门为区博物馆收藏。2012 年，市文物局拨专款，在汉墓上砌筑方形砖室（图 69），将汉墓封闭其间，以加强保护。

11 东汉开国功臣马成墓

马成墓，在夏各庄镇马各庄村西北（图70）。

马成，南阳郡棘阳（今河南新野县）人。少为县吏，追随刘秀打天下，拜扬武将军等，也曾行大司空事。奉命常山、中山屯田，镇守北边。刘秀以为马成勤劳功高，征还京师，边民上书请回防地。先封平舒侯，后再封全椒侯，回居封地。《后汉书》有传。作为东汉开国功臣，位列"云台二十八将"之一。其封地在今安徽全椒县，查阅全椒县建置沿革，有"东汉，建武二十七年（公元51年），全椒为侯国，属九江郡"记述，与《后汉书·马成传》"二十七年（公元51年），定封全椒侯，就国"，记载一致。

既然马成生于南阳，晚年居于全椒，建武三十二年（公元56年）去世，可为何葬于平谷，或说为何平谷有马成墓？典籍文献没有具体记述，只是简单记载有马成墓。如清雍正六年（公元1728年）《平谷县志》"地理

图70　夏各庄镇马各庄马成墓碑（摄于1961年）

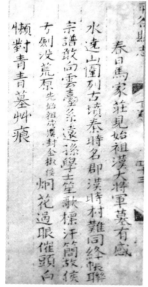

图71 清乾隆四十二年《平谷县志》所刊马一骥诗

志·古迹·陵墓"所记:"汉将马成墓,在县东二里,有碑。"清乾隆四十二年(公元1777年)、民国九年(公元1920年)、民国二十三年(公元1934年)《平谷县志》及《日下旧闻考》等所记与此一致。在"艺文志·诗"中,收录"邑人马一骥"所作吟咏平谷八景的五言诗,又在"选举志·贡荫·岁贡"中有录。明、清两代,一般每年或两三年,从府、州、县学中选送廪生升入国子监读书,而称为"岁贡"。"马一骥"被列在"国朝"之下,说明他是清代人,而且是清初之人。在八景诗之外,还收录他一首《春日马家庄见始祖汉大将军墓有感》七言律诗(图71):

水绕山围列古坟,秦时名郡汉时村。

难同绛帐联宗谱,敢向云台系远孙。

学士笙歌标汉简,故侯弓剑没荒原(先始祖成,汉封全椒侯)。

烟花过眼催头白,懒对青青墓草痕。

诗中明确写到马成是其始祖,他为马成后代,且马各庄为汉代成村,但终归没有写清为什么马成墓会在此。到马各庄村访谈,村里马姓人说,过去他们是看马成墓的。现在,一部分马家人已迁至南独乐河镇南山村。

毫无疑问,马各庄村马姓人应为马成之后。由于什么事情,或马

成后人一脉定居于此，并建造了马成坟茔，且因此而成村。清代平谷
唯一进士贾名伸曾作《读〈平谷县志〉诗》，其中一首写道：

> 云台良将勇深沉，家世南阳故宅寻。
> 就国全椒终老后，何因踪迹到盘阴？

　　贾明伸对此也有疑问，但终不得解。作者研究《后汉书》马成传，
且与收藏家李润波先生探讨，感觉是否会与马成多年"镇守北边""边民"
拥戴"上书请回"，他对"北边"亦有感情有关？查阅安徽全椒县资料，
并未见马成墓的相关记载。而平谷马成墓，为大封土堆，墓前摆有五供
等。因此，马成去世后确实就安葬在了这里，也不排除这种可能。

　　马成墓西临洵河，距平谷城约 1 公里。1959 年 4 月平谷县第一次
文物普查登记表有记，名为"马成墓碑"，地址在"平谷县城关人民公
社东门外二里许马各庄"。"规模与形制，南向，方首，座埋地下，高
约 1.40 米，宽 0.80 米，厚 0.15 米。阳刻'东汉全椒侯马成墓'，'明嘉
靖元年立石'。阴无字。附属文物，碑后有大封土堆墓一个，已残。碑
前有五供一套，残，倒地。旁有倒碑一块，为马成墓碑。周围环境，
墓筑在平坦耕地中间的一块较高地带上。现存情况，墓的后半部已被
老乡挖取黄土时挖下去约五尺深。碑尚完整"。普查资料所记碑"座埋
地下"，与 1961 年所摄照片之立碑一致。而"旁有倒碑一块，为马成
墓碑"，看来除当时所见的清嘉庆时依然立着的碑外，应还有一通马成
墓碑，且时间或许更早。至于普查资料记载那通立碑为"明嘉靖元年
立"，是否当时尚未看清或将嘉庆误抄写为嘉靖所致？

普查人当时认为，马成墓"为平谷古迹之一，应予保留"，但终未保留下来。近年作者几次来村里访谈，村里人忆及墓地，原有一大洞，或为盗洞，大概墓早已被盗。墓内有泉水，曾捞出多块席纹砖，即汉砖。墓前石碑及石五供等尚且记得。墓已深填，现为民房，仅存墓碑1通。

马成墓碑，为清嘉庆元年（公元1796年）所立，以旧碑改制，青石石质，高197厘米，宽77厘米，厚15厘米，方首抹角，阴刻楷书（图72）。

图72　夏各庄镇马各庄马成墓碑拓本

上款：嘉庆元年仲秋吉旦

正文：东汉全椒侯马成之墓

下款：知平谷县事青阳陈其名立

1984年，墓碑运至县文物管理所保护，现为上宅文化陈列馆收藏。

附记　《后汉书》"卷五十二·列传第十二·马成传"

马成，字君迁，南阳棘阳人也。少为县吏。世祖徇颖川，以成为安集掾，调守郏令。及世祖讨河北，成即弃官步负，追及于蒲阳，以成为期门，从征伐。世祖即位，再迁护军都尉。

建武四年，拜扬武将军，督诛虏将军刘隆、振威将军宋登、射声校尉王赏，发会稽、丹阳、九江、六安四郡兵，击李宪。时帝幸寿春，设坛场，祖礼遣之。进围宪于舒，令诸军各深沟高垒。宪数挑战，成坚壁不出，守之岁余。至六年春，城中食尽，乃攻之，遂屠舒，斩李宪，追击党与，尽平江淮地。

七年夏，封平舒侯。八年，从征破隗嚣，以成为天水太守，将军如故。冬，征还京师。九年，代来歙守中郎将，率武威将军刘尚等破河池，遂平武都。明年，大司空李通罢，以成行大司空事，居府如真。数月，复拜扬武将军。

十四年，屯常山、中山，以备北边，并领建义大将军朱祐营，又代骠骑大将军杜茂。缮治障塞，自西河至渭桥，河上至安邑，太原至井陉，中山至邺，皆筑保壁，起烽燧，十里一候。在事五六年，帝以成勤劳，征还京师。边人多上书求请者，复遣成还屯。及南单于保塞，北方无事，拜为中山太守，上将军印绶，领屯兵如故。

二十四年，南击武谿蛮贼，无功，上太守印绶。

二十七年，定封全椒侯，就国。三十二年，卒。

子卫嗣。卫卒，子香嗣，徙封棘陵侯。香卒，子丰嗣。丰卒，子玄嗣。玄卒，子邑嗣。邑卒，子丑嗣，桓帝时以罪失国。延熹二年，帝复封成玄孙昌为益阳亭侯。

12 平谷地区最早的古城——紒城

紒城，在马坊镇英城村北，早已成为遗址。

北魏地理学家郦道元《水经注》记载："洵河又南径紒城东，而南合五百沟水。（五百沟）水出七山北，东径平谷县之紒城南，东入于洵河。"这里的五百沟水，即现在的金鸡河。清末杨守敬《水经注疏》守敬按语："紒城，今谓之英城，在三河县西北三十里。"清乾隆二十五年（公元 1760 年）《三河县志》记载："紒城，县西北三十里，相传元耶律英公城。""元"字旧有"原来、本来"之意，在这里当为此意，即紒城相传原为耶律英公城。耶律是辽代契丹族皇室姓氏，而契丹部族本无姓氏，惟以各所居地名呼之，后皇族以开国皇帝耶律阿保机之耶律为姓。如此说来，耶律英公或为辽代皇族之人了。北魏至辽间隔了约四五百年，紒城是否到辽时又将耶律英公封此？耶律英公又为何许人？查阅典籍，未见相关记述，今已无从查考。而在郦道元时，紒城应该存在，如果是遗址，定会写作"故城"，像记载洳河"东南流径博陆故城北"就是明证。

紒字读作 yǎng，本意为卷曲的冠系，即系帽的带子曲绕不直。作为城名，又作何意？《三河县志》紒城为"相传元耶律英公城"之说，定是乾隆时写志人闻有此说，而沿传至今的英城村名亦当由此而来。

1959 年 5 月第一次文物普查登记表有记，称作"古城遗址"：规

模与形制，"英城庄北约一里许，有一个土岗，长达一里半，群众称此地城子里、城子外。在东北高阜，叫城子

图 73　马坊镇英城村北絉城遗址（摄于 20 世纪 80 年代）

角。由此地名，是古代城址。由出土文物散布有许多粗细绳纹砖、箥纹陶片、鬲足折唇陶器、方格纹陶片等，由此东北约一里半，丘陵（将右耳旁换为土字旁）发现一个多室墓，起砖 2000 多块，都细纹和绳纹砖。由实物来看，可以肯定汉代古城"。保存情况，"已被破坏，只存城垣的痕迹"。

《平谷文物志》亦有记载，写作"英城遗址"（图 73）"位于马坊镇英城村北。1983 年 11 月第二次文物普查中发现。东至小河沟，南至民房，西至黎家坟，北至果园。占地面积 3 万平方米。东部俗称'东城里'，西部俗称'西城里'。在城内有战国至汉的绳纹陶片发现。1997 年第三次文物普查时，偶见地表散落西周、战国时期陶片及汉代碎瓦。"志书将其列为西周城址。

典籍文献所记不尽相同，综而观之，这座古城遗址，大致应为汉或汉以前遗址。从这个角度说，絉城或为平谷地区目前所知最早的古城。

2007 年第三次全国文物普查时，絉城遗址为马坊镇工业园区预留的物流基地，遗址西部有麦地，东部为荒地，中部被南北走向的柏油

路穿过，遗址四周种有柏树（图74）。近年去村里调查，老人还可以具体指出城子里、城子外的具体位置。2012年10月再去时，正值大规模施工开挖基槽，约有二三层楼房深，仔细查看基槽断面及挖出的渣土，未见砖瓦遗物及墙基夯土等（图75）。如今这一带已建筑林立，絫城遗址无迹可寻了（图76）。

图74 马坊镇英城村北絫城遗址（摄于2008年5月）

写到絫城，就不能不谈及英城村。《北京市平谷县地名志》记载是"商末周初成村，时名不详。北魏始称絫城，明代称英城，沿用至今。抗日战争时期化名旅村。"并说"该村东、西堡子为西周至战国时期城寨和居住遗址，另外发现汉至辽、金等代的墓葬群，已出土陶猪、羊、灶等。"这里明确说英城商末周初成村，大概主要依据文物部门所确定的村北遗址为西周城址。即使根据出土文物，遗址上限可至

图75 马坊镇英城村北絫城遗址西城里工业园区物流基地施工中（摄于2012年10月）

图76 物流基地在絫城遗址上正建设中，右边打好的水泥基础处就是2012年10月拍摄的开槽的地方（摄于2014年8月）

西周之时，也只能说那时这里曾有一座不知叫什么名字的城，北魏郦道元写《水经注》时称其为絫城。有城并不一定就同时建了村，后来的英城村似不能与西周时的城混为一谈，说商末周初成村值得商榷。

现存清康熙十二年（公元 1673 年）《三河县志》记载："英城社，在县北三十里。"说明在清康熙十二年（公元 1673 年）以前，英城已经成村，且在这一带较为重要，所以才用作社名。一直到新中国成立后有了公社、乡，还依然以英城作为公社及乡的名字，直至前些年并入马坊镇。

英城村究竟建于何时，作者于 2014 年 7 月来村访谈老人，老人肯定地说是随着燕王（朱棣）扫北过来的，当在明初了。而且英城村就是张姓人立的庄，张姓是从安徽迁来。当初过来的张姓祖先，据说是燕王手下一个王爷，村西南半里有张家祖坟，那个最大的坟头有半亩地大小，立一通石碑。坟地里还有石供桌、石香炉等物。20 世纪六七十年代的"文革"中将坟平了，那通石碑被四队盖库房做了根基石。村里人已记不清来这里的张姓始祖名字，只知张家后来分了三大门，当是张姓始祖有 3 个儿子所致。20 世纪 50 年代，安徽那边来北京做工的人，与村里人见过面，他们有家谱。

村里 1 棵古槐，为国槐。

图 77　马坊镇英城村古槐糟朽的树干
（摄于 2007 年 6 月）

2007 年 6 月，作者来村访谈，见糟朽得只剩少半边树皮，一些树枝还顽强地生长着（图 77）。2015 年遇着村里人再问，说古槐已经不再了。这棵古槐，极可能为立庄时所栽，糟朽至此，亦说明了老去的时间。数百年之物，没了就永远没了，毕竟园林好建，古木难求。

　　总之，由于资料所限，我们一时还不能搞清絴城究竟何时所建、为何所建、延续了多长时间、因何所毁等等，可留待以后再行研究。尽管如此，絴城为目前所知平谷地区历史上最早的一座古城无疑。至于英城村，却是建村在后，只是建于城址附近，且因此得名而已。

13 马坊石佛寺与唐代石佛

马坊石佛寺，在马坊镇石佛寺村。

据村里老人说，石佛寺村以前叫南石渠。清康熙十八年（公元1679年）平谷、三河大地震，石佛寺震毁，重修时迁至村东，村亦以寺而名。现存1961年所拍古建筑照片中，有一张石佛寺照片（图78），并简单记述："石佛寺，据说清末民初年间重修，至今仍完整存在。"1959年4月平谷县第一次文物普查登记表有记："名称，石佛寺。年代，建于唐代贞观年。地址，平谷县马坊公社石佛寺村东头，坐北向南。规模与形制，大殿三间，硬山脊筒瓦顶，吻代（带）剑把，有垂兽。大式做法，通长11.3米，明间3.15米，次间3.05米，进深6.8米。有前廊。五抹方格，阁（槅）扇，砖石坎墙，东西有8个阁（槅）扇。内部撤（彻）上明造，五架插（梁），旋子彩画，插今（金）柱。"这即是说，大殿面阔三间，单檐硬山顶，上覆青瓦合瓦垄，大脊两端为螭吻，四道垂脊饰以神兽，以不同于民间的

图78　马坊镇石佛寺村石佛寺（摄于1961年）

质量较高的官式木作法，前出廊，中间为门，门两边下面是矮墙，亦称坎墙，矮墙上面为方格槅扇窗，东西共有8个槅扇。大殿内没有顶棚天花，梁（柁）上承托5条桁（檩），梁枋施以明清官式建筑中运用最为广泛的仅次于和玺彩画的旋子彩画，殿内檐柱以里设有明柱。普查登记表"附注"还记载，"东西配殿各三间，西配殿筒瓦顶，脊已坏；东配殿改修。通长10.50米，明间3.15米，次间3.05米。内部撤上明造，三架梁，前插今（金）柱，彩画看不清"。根据所记及保存的1961年照片，所谓大殿当为主殿后殿，东西配殿即是后殿前之配殿。另外，普查登记表又记载"附属文物，有三个石制须弥座，上刻莲花瓣，东次间前须弥座雕刻'贞观元年正月初一日住持悟胜'"。

看来石佛寺建筑较为讲究，而殿内原来供奉着石佛像，这也是石佛寺得名的由来。应该说，佛寺主要是供奉佛祖释迦牟尼等的庙宇。简单地说，佛教中最高的就是佛，佛祖为释迦牟尼，也称释迦佛，最流行的称呼是如来佛，还有药师佛、阿弥陀佛、燃灯佛、弥勒佛等。这些佛是庙宇中所供奉的本尊，有时也有菩萨、十八罗汉等陪祀。石佛寺自然也不例外。而佛像座上刻有"贞观元年"，即唐太宗李世民年号，时为公元627年。一般情况下，都是先建造庙宇，再塑佛像。如此看来，石佛寺最晚建于唐初了。这与普查资料亦互为补充。

石佛寺坐北朝南，东西宽约60米，南北长约80米。全寺旧有三进大殿，南为山门，且是前殿，为门殿合一，辟前后门，面阔三间，对开红木门，木门两边为槅扇窗，村里人说是"正打斜交"的窗棂。两山两边各有一门楼样的小便门。山门前有月台，周遭以石砌筑，台上以砖铺墁。石佛寺虽为佛教庙宇，可前殿内却供奉关公木雕坐像，红脸。这也体现了民间的多神信仰。周仓西侧侍立，为泥塑像，旁边有1把大铁刀及1匹红马。据说一个人非要骑上去，结果下不来了，用猪头上供才下来。那把铁刀108斤重，一般人很难耍起来。过去有个叫何兰亭的人，却能够耍动。关平在东侧侍立，亦为泥塑像。两山墙绘有三国故事壁画。前殿于20世纪50年代拆毁。

进入院内，中殿前东侧，有1棵白丁香花树。中殿前有东西配殿，也供有泥塑神像，村里人记不得供奉什么神了。中殿面阔三间，辟前后门，殿内供奉大肚弥勒佛泥塑坐像，背后为韦驮站像，两手合十，金刚宝杵横于腕上。中殿墙上绘有壁画。中殿于1943年被日军拆毁，盖马坊炮楼了。

后院，北为后殿，全寺主殿（图79），有东西耳房各两间，西耳房住看庙和尚，东耳房存放杂物。殿前砌筑月台，月台下东侧有1通石碑，长方形碑座，通高约2.5米。后殿前有东西配殿各三间，称作东西禅堂，20世纪三四十年代改为学堂。后殿前有月台，中间有砖墁甬道。甬道两边，一边1棵红牡丹，近2米方圆；另一边1棵芍药。后院有两口铁钟，东侧1棵桑树悬挂一口铁钟，高约六七十公分，铸有铭文；还有一小钟扣在地

图79　马坊镇石佛寺村石佛寺大殿（摄于1983年10月）

平谷史話

图 80　马坊镇石佛寺村石佛寺现存石佛像（摄于 2007 年 6 月）

图 81　马坊镇石佛寺村石佛寺释迦牟尼坐像（摄于 2012 年 2 月）

上。后殿面阔三间，门楣上边悬挂一方木匾，上书"佛光普照"四个大字。后殿前廊后厦。殿内，神台上供奉 3 尊石雕像，两侧为十八罗汉。至第一次普查时，仅存 3 个石制须弥座，普查者没有见到石佛。据当时所记，"有石佛 5 尊，已埋在西配殿南约 3 米的地方"。新中国成立初期破除迷信，村里人将推倒的佛像没有砸毁，而是于 1952 年埋入地下。1985 年，石佛寺列入第二批县级文物保护单位。1987 年 7 月，寺因雨倒塌。1986 年，将 5 尊石佛从地下挖出，包括释迦牟尼佛、文殊菩萨、普贤菩萨及迦叶、阿难（图 80）。文殊菩萨骑六牙象，普贤菩萨骑狮子。看来，普查时见到的"三个石制须弥座"，就是释迦牟尼佛、文殊菩萨、普贤菩萨坐的莲台了，迦叶、阿难为侍立的站像。

释迦牟尼佛像（图 81），通高 151

厘米，莲花石座上盘腿成跏趺坐，左手掌心向上横放右腿上，右前臂已损坏，看其姿势，应是右手向上向前，再具体说，向上向前的右手拇指和中指接触弯曲成环状，这是手势称"说法印"。释加牟尼为佛教创始者，生活的年代与我国孔子相同，其本人是古印度一个小国国王净饭王的儿子，29岁时出家，35岁悟道成佛。弟子将其教法纪录整理结集，成为经、律、论"三藏"，形成世界性宗教。

迦叶像（图82），侍立佛祖左侧，年长，通高187厘米，双手抱拳于胸前，侍立椭圆形莲花石座上。石像已损坏为三截，腿部、颈部断裂处中心均有圆孔，用以嵌楔相连。佛祖圆寂后，僧侣们就是由迦叶来领导，通过大家回忆背诵，对佛祖言教进行第一次结集，使许多佛教理论学说得以流传，被尊为传承佛法的第一代祖师。

阿难像，侍立佛祖右侧，年轻，头已无存，残高152厘米，双手合掌

图82　马坊镇石佛寺村石佛寺迦叶
　　　侍立像（摄于2012年2月）

于胸前，侍立椭圆形莲花石座上。阿难为佛祖堂弟，随侍佛祖 25 年，直至佛祖圆寂。他博闻强记，且以闻法最多着称，一人诵出全部经藏（佛教三藏经、律、论之一）。初祖迦叶逝世后，阿难继续率领信众，被尊为"二祖"。

文殊菩萨像，残高 71 厘米，右腿盘坐于莲花石座上，左腿垂下，左手掌心向上置于右脚上，右手向上竖于胸前，头部不存。莲花座下跨石狮。石狮高 75 厘米，长 105 厘米，狮头左倾，狮身左侧雕刻一持缰狮奴（图 83）。文殊道场在山西五台山，寺庙里通常作为佛祖左胁侍，专管智慧，表"大智"，与管理德、表"大行"的右胁侍普贤，并侍佛祖两旁。其坐骑青狮，表智慧威猛。

图 83　马坊镇石佛寺村石佛寺文殊菩萨像莲花座下石狮
左侧雕刻的持缰狮奴像（摄于 2007 年 6 月）

普贤菩萨像，残高 50 厘米，左腿盘坐于莲花石座上，右腿垂下，左手掌心向上置于左脚上，右手竖于胸前，胸部以上不存。莲花座下跨六牙石象。石象，高 77 厘米，长 120 厘米。象身右侧雕刻一持缰象奴。普贤道场在四川峨眉山，寺庙里通常作为佛祖右胁侍，与文殊并侍佛祖两旁。其坐骑白象，表威灵，象征"愿行广大，功德圆满"。

　　这些造像雕刻线条流畅，形象生动，虽然原有彩绘已脱落，但隐约尚可看出痕迹。历经 1000 余年风雨沧桑、战火动乱，能够较好地保存至今，十分珍贵。作为唐代造像，在北京地区亦不多见。唐代石佛现为区博物馆收藏。

14 京东古刹兴善寺

兴善寺，又称水峪寺，在南独乐河镇峨嵋山下。

民国二十三年《平谷县志》"古迹·坛庙"记载："兴善寺，在峨嵋营东二里，至县二十里。唐咸通三年（公元862年）建，（明）正统八年（公元1443年）重修。寺之东北一里许，灵泉山下有泉出焉，经流于寺，今俗称水峪寺。"《光绪顺天府志》也有记述，与此大同小异。

兴善寺约占地面积1万余平方米，由南向北，依次建有山门、金刚殿、钟鼓楼、如来殿、卧佛殿、地藏菩萨殿、真武殿、大悲阁等。至今当地人谈及寺内殿堂，仍津津乐道地号称"八层大殿"。京东庙宇林立，如此规模宏大者不多。

山门，为3座门，中间1座高大，券拱形门洞，上为石券拱，歇山顶。石脊，两头饰以螭吻，垂脊饰陶质小兽，顶为小瓦合瓦垄。石券拱上镶嵌一方石匾额："敕赐兴善禅寺"。近年在寺庙遗址发现了这方匾额（图84），存于峨

图84　敕赐兴善禅寺匾额（摄于2008年5月）

嵋山村一农家院里。匾额已残，为青白石质，四周凸起，叠涩巴达马加联珠框饰。"巴达马"纹饰，简单说就是莲瓣纹饰，具体到这方匾额为二连方莲瓣纹饰。横额中间剔地阳刻楷书，存有四字："敕赐兴善"，"禅"为半字。门两边一副对联：上联"金天荡荡菩提戒"，下联"宝地巍巍大教门"。门为对开木头大门，下有石门槛、石门墩，门前一对石狮子。两座旁门略小，同样券拱形门洞，但是硬山顶。3座门各自独立，中间以墙相接。兴善寺山门高大威武，制作精良。民国二十三年《平谷县志》收录一幅山门照片（图85），山门前两棵杨树，高大挺拔。整座寺院周围护以院墙，石头砌筑虎皮墙体，墙上部涂以红土。当地有"大山的坝墙，盘山礓磜儿（石阶俗称），水峪寺的山门"之说。大山即道教胜地丫髻山，丫髻山西顶坝墙高大，远远眺望似有布达拉宫之势。而盘山为我国历史上15大名山之一，有很多石阶。由此说明兴善寺山门非同一般。

图85　民国二十三年《平谷县志》所刊兴善寺山门照片

　　进山门后，一条石砌甬路，甬路旁栽植两排平顶松，约1丈多高，1搂多粗。旧诗称兴善寺"吟风背日木千章"，不为过。进山门不远处，有一座三间房大的基础，当地人称碌盘，只是一座碌盘，没有建筑。不知过去作何用途。所谓"八层大殿"，是包括这座磉盘的。甬路通向第一进殿金刚殿，又称天王殿，面阔三间，歇山顶，灰瓦，前出廊。当地人称这座寺院的建筑都是"四方八厦"，应是前廊后厦的形式了。殿前一边一通石碑，龟趺螭首，两通碑身都以一块整体石头雕凿而成。殿内供奉四大金刚泥塑站像。四大金刚又称四大天王，护国安民，掌管着世间的风调雨顺。四大金刚高约4米左右，各自手持不同法器，每个天王脚下踩着两个小鬼怪，人称"四大金刚踩八怪"。天王殿辟有后门，可通二殿。

第二进殿为如来殿，当地人称药师殿，面阔三间，歇山顶。如来殿为全寺主殿。殿前东侧一座钟楼，面阔一间，进深一间，平面呈方形，二层，悬挂一口铜钟，上面铸满铭文。日军烧毁寺院时，铜钟被烧扁了，村里人砸碎送至鱼子山八路军兵工厂，去制作地雷、手榴弹。到那儿一称，900斤。当时挂钟钮搬不动，还没运去。如此说来，这口铜种起码有1000余斤。按佛教寺院格局，天王殿后面的大殿，应是大雄宝殿。县志记载是如来殿，当地人记忆为药师殿，结合起来，此殿供奉的或许是药师佛，又称药师如来佛，为东方净琉璃世界教主。此佛坐像，塑有6只胳膊，其中上面两只高举，一手拿一圆盘，分别写一"日"和"月"字，寓意着"大千世界"了。药师佛后面有罩碑。两边各有2尊站像。

第三进殿为卧佛殿，面阔三间，殿内供奉一尊卧佛，即佛祖释迦牟尼，头西脚东，约四五米长。京西有一座卧佛寺，一尊铜卧佛重约50余吨，侧身而卧，双腿直伸，右手曲肱托首，左手舒放腿上。卧佛背后和两侧，泥塑12圆觉立像。据说这是释迦牟尼圆寂时，向诸弟子嘱咐后事时情景。兴善寺这尊卧佛，应该与此相差不多，只不过不是铜铸，且旁边没有12圆觉立像而已。不过，当地另有传说：这是位懒佛，一天父母出门去了，给他烙张大饼挂脖子上。不曾想，他只吃了脖子前边的，懒得转个，嘴够不着，饿死了。过去妇女来殿进香，从卧佛边走过，往往摸摸佛脚，说管手心不出汗。

　　第四殿和第五殿，按志书记载，分别是地藏菩萨殿和真武殿，而当地人说真武殿在前，地藏菩萨殿在后，并把地藏菩萨殿说成是阎王殿。大概与释迦牟尼任命地藏菩萨作幽冥教主有关，即管理阴间，他在佛前立下宏愿："地狱不空，誓不成佛！"这两座殿都面阔三间，约在20世纪二三十年代就坍塌了，那时残墙、碌基仍在，尤其供奉神像的位置，还支楞着泥塑神像内的木骨架。

　　第六殿，名大悲阁，当地称作"槁"，也就是高大的建筑之意。大悲阁为兴善寺最后一座建筑，坐落北山腰，与前边几进殿宇在一条中轴线上。阁西依峭壁。阁前为路，路边石隙生一株古柏，蓊郁参天，有人曾伸开双臂搂抱树干，两搂零一拃。柏树生长极慢，粗壮至此不易，何况还长于"石隙"间，显然已"数百年物"了。大悲阁二层建筑，歇山顶，大脊饰螭吻，垂脊饰小兽。阁

图86　南独乐河镇峨嵋山村兴善寺遗址所存雕花柱础（摄于2008年5月）

四周为廊，共18根廊柱。现存一方硕大雕花柱础（图86），立柱柱钉直径达50公分，外沿宽80公分，尤其雕花，非常精致，为区内寺庙中所少见，由此可以想见当时大悲阁的宏阔、富丽与堂皇。阁内面阔三间，外面看却五间（图87）。阁内供奉一尊泥塑高大站像，有32只手，脚站一层，而上面的手则摸着了二层脊檩。据载，阁"奉千手千眼佛，高三丈余，左右侧立像高半之。东西墙壁塑诸天神像，北面塑悬山，分十八洞，洞塑罗汉一。阁之二层，四壁皆塑小金佛，高七寸，三面皆满，相传名千佛山阁。"志记"奉千手千眼佛"，一层洞塑18罗汉，一般只有佛才能如此。而从"大悲阁"名字看，应是"千手千眼观音"，因为观音菩萨就是"大慈大悲"，

图87 民国二十三年《平谷县志》所刊水峪寺千佛山阁照片

也许志载有误。观音的各只手拿不同器物，手心都有一只眼睛。观音像旁还有两尊小站像，一男一女，这应是善财童子和龙女了。就在阁一层东山墙上，还塑一狼背一小孩。虽已多年过去，作者来村里访谈时，老人还清楚记得，只是不明白为什么在佛教寺院里，画狼背孩子有什么教义上的寓意。观音菩萨头很大，里边是空的，过去当地人没事就钻进去，4个人坐着打牌押宝，还有一二人挤着旁观。当地人说这

尊大站像是"三皇姑"，一般观音像即是女像装扮。"三皇姑"舅母热心肠，要给外甥女找婆家，"三皇姑"说不找了，我要去修行。舅母说你修成了，我就给你跪着。不想"三皇姑"真修成了，舅母也就真的去跪着了。就在大悲阁前廊阶条石上，刻有两个跪着的人像，就是她舅母夫妇俩，任人过来过去地踩踏。当地人还说，那两尊小站像，是"三皇姑"父母。东边是父亲，西边是母亲，"三皇姑"有一只手拿一串葡萄，正往父亲手里递呢。大悲阁为木构建筑，从西山墙有梯级可以上去。当地流传两句顺口溜："山门倒了石门开，大槁倒了鲁班来。"大意是说，如果兴善寺的山门倒了，就要再建一座石门；大悲阁倒了，别人修不了，只有鲁班来修才行。极言兴善寺山门与大悲阁建造之坚固与建筑艺术之高超。

　　兴善寺东有跨院，称为禅院，正面依山麓建楼二层，面阔五楹。东西禅舍各三间，南舍五间。在二层楼上，存放许多大箱经书。志书记载地藏菩萨殿内贮经 12 柜，看来寺院年久失修，地藏菩萨殿坍塌后，就移经书至禅院楼上了。民国二十三年《平谷县志》收录 20 世纪 30 年代禅院大楼照片（图 88），为卷棚顶，檐柱有抱柱

图 88　民国二十三年《平谷县志》所刊水峪寺僧院大楼照片

联，字迹模糊不清。倒是一层檐下悬挂一条横幅，上书"忠孝仁爱信义和平"8个大字。在佛家寺院，竟然也把儒家的忠孝仁爱等联系起来了。细看，门窗纸不少都破了，客观上印证了志书记载平谷地区释教在20世纪二三十年代"颇有江河日下之概"之说。看照片，楼前西侧一水池，池中似是一方巨大的太湖石。池边两棵柏树。禅院建造得很有一些园林意味。志书还载："寺东一里许，灵泉涌出，依山路西流，路中断，接以石桥而凹其中。两旁行人，凹中受水。又作孔，使水半漏桥下，飞珠喷玉，若骤雨声，名漏桥垂瀑。半仍西行入寺内。寺之西禅舍为庖厨，内有方井，深约两尺，水过其中，将菜馔置木盘中，放井内，听其自然流行，穿寺而西，在溪边可坐待其流至，取用之，较曲水流觞更为奇绝。"至今那道灵泉依然流淌，旧时形成一景"灵泉漱玉"，为平谷八景之一。而当初是流进禅院，进入西侧厨房。再西流进寺院中，正是卧佛殿前，上搭平板小石桥，桥上护以石栏。泉水经此西流而去。现在泉已改道，可那个"漏桥垂瀑"的漏桥（图89）尚在。漏桥南边有一一米多宽大石板，倚漏桥横陈泉上。所谓"人在桥上走，水在桥上流"，即指此处。那块大石板而今砌在漏桥北水渠下，尚可看到。

这禅院为僧人居住之

图89 南独乐河镇峨嵋山村兴善寺旁"漏桥垂瀑"之漏桥（摄于2007年1月）

所。据说历史上最多时有 100 多个和尚，至 20 世纪三四十年代仅有二三个了，其中还有一个和尚一只手，一个和尚是拐子。寺院东面有两片和尚墓地，一片被水冲走了。一片大坟墓，数不清有多少坟茔，但没有墓塔。

兴善寺规模宏敞，楼殿崔巍，旧时即称"远近寺院无出其右者"。而"寺内外乔木阴阴，山花簇簇，四时有景，入夏尤佳，岩泉之胜，莫能殚述"，堪称一方胜景，文人雅士多有吟咏。卧佛殿前东西院墙镶嵌 4 通诗文碑，20 世纪 30 年代末至 40 年代初，被县令祖成坤运至县城文庙。1961 年 6 月，北京市委书记处书记邓拓与廖沫沙等来平谷视察，专程视察兴善寺遗址。当在县城文庙内看到兴善寺诗碑，邓拓非常喜爱，凝视良久，嘱咐一定要精心保护。这些诗文碑现收藏于上宅文化陈列馆。这 4 通诗碑，2 通为关中杨兆所作《同中台登水峪寺》诗碑，2 通为洛阳徐学古所作《随中丞杨晴川登水峪寺二首》诗碑，形制大体相同，应该是一起刊刻，且一起镶嵌院墙上的，所以，编写《平谷文物志》时便以为是杨、徐二人一起游历水峪寺之唱和诗了。后又有些疑虑，杨兆"同中台"的"中台"，汉称尚书台为中台，即旧时一般对尚书之称，其官位甚至比杨兆还高些，而徐学古终其一生也未到尚书之职。到了明代，"中台"又指什么官职呢？作者对历代官职没有研究，一时未能查清。可体会"同中台"，似乎杨兆所同之人要比其职位低。实际上，徐在万历六年（公元 1578 年）前后任蓟州兵备道，杨兆在万历二年（公元 1574 年）至万历五年（公元 1577 年）以右副都御使总督蓟辽。徐职位当低于杨兆，故诗中才谦称"随中丞"，即有跟随其后意。"中丞"，在明代一般对副都御使之称，这符合杨兆身份。而杨兆，字梦镜，不知"晴川"是否为其别字？暂且存疑。总之，二人有可能工作中相逢了，且一起游历了水峪寺的。

同中台登水峪寺

关中　杨兆

其一

寺门瑶草绕垂杨，胜日登临烟水长。

风伯忽扶鹓鹊出，山灵徐涌玉虬狂。

人间栋宇浮天渚，坐上夔龙赋石梁。

燕塞相看同济巨，好将尘抱浣沧浪（图 90）。

其二

出入蒹葭带夕阳，石坛花气昼生凉。

万山回合昆仑近，一水环流琬琰长。

赤羽频年荒稼穑，天书此日净池潢。

碧空云尽月如练，夜夜清光照佛堂。

诗文笔优美，富有禅境。书法为行草书体，线条流畅，堪称书中佳作。对杨兆，民国二十三年《平谷县志》"卷六艺文志·金石"记载水峪寺诗石刻，并加按语："杨兆，字梦镜，陕西肤施人，进士。明隆庆五年（公元 1571 年），总督蓟辽龙王峪之战，亲冒矢石，以火攻却敌。明年，敌至马兰峪，复败之。万历四年（公元 1576 年），以密云旧城湫隘，疏请于城东建新城为重

图 90　明代杨兆《同中台登水峪寺》诗碑（其一）（摄于 2008 年 5 月）

障，从之。旋擢官入阁，士民立生祠以祀。卒谥襄毅。"（见《密云县志》）
肤施在今延安地区，旧有肤施县，民国时废延安府，将其改为延安县。密
志语焉不详，具体说来，杨兆为明嘉靖三十五年（公元 1556 年）进士，曾
任青州知府、绍兴知府、密云参政、都御使。军训严谨，驻边多次晋功，
升蓟辽总督，官至南京兵部尚书、工部尚书，北京兵部尚书、工部尚书，
加太子太保。清《延安府志》记其"风度凝峻，明达国体，才兼文武，朝
廷倚重者数十年。"晚年"乞骸骨归，未至家，卒"。时为万历十五年（公
元 1587 年），葬延安城北 5 里五家坡沟口。这是一座仅十几户人家的小
山村，由此改名杨家陵。墓地护以砖墙，遍植松柏。墓前竖有牌坊，上
书"一品名山""三朝柱石"御笔，还置以翁仲石兽碑刻。毛泽东同志等
1938 年 11 月从凤凰山搬来，这里成为党中央所在地，便改称杨家岭了。

　　杨兆于万历二年（公元 1574 年）为右副都御使，总督蓟辽，3 年有
余，至万历五年（公元 1577 年），转南京兵部尚书。由此基本可以确
定，登水峪寺诗作于万历二年（公元 1574 年）至万历五年（公元 1577 年）
间。顺带一笔，民国二十三年《平谷县志》"卷六艺文志·诗类"，还
收录《过水峪寺池边小酌》五律诗一首：

过水峪寺池边小酌

关中　萧如薰

禅关最深处，殿阁倚山隈。

翠柏千章暗，清泉一道回。

衔杯留夕照，坐石俯苍苔。

试证楞伽字，何劳客路催？

诗署名"关中萧如薰",《明史》有传:"萧如薰,字季馨,延安卫人。万历中,由世廕百户,历官宁夏参将,守平虏城。""徙镇蓟州。久之,罢归。再起故官,镇延绥。""(天启)五年夏,魏忠贤党劾其与李三才联姻,遂夺职。崇祯初卒。""如薰为将持重,更历七镇,所在见称。""蓟镇戚继光有能诗名,尤好延文士,倾赏结纳,取足军府。如薰亦能诗,士趋之若鹜,宾座常满。""如薰妻杨氏,故尚书兆女也。"

图91 明代徐学古《随中丞杨晴川登水峪寺二首》诗碑拓本(其二)

这里摘其大略,萧以世荫而累迁总兵。祖父、父、三位兄长,皆为总兵,一门将才。其虽为武将,却富文才,且为杨兆之婿。据《迁安县志》载:"万历三十八年三月,征西将军宁夏总兵官萧如薰改守蓟州。"萧来水峪寺,当任蓟镇总兵之时,或坐灵泉池边,待庖厨将菜馔置木盘放井内,顺流穿寺而至取用,还喝了小酒的,而这时杨兆已去世20余年。

再说水峪寺4通诗碑中,洛阳徐学古所作《随中丞杨晴川登水峪寺二首》2通诗碑(图91)。徐学古,据南开大学历史学院南炳文所撰《明代天津地区的河南籍官员》记述,其祖籍浙江杭州府仁和县,后迁至河南河南府洛阳县,嘉靖四十一年(公元1562年)进士。嘉靖年间，曾任蓟州兵备道。兵备道，为明制于各省重要地方所设整饬兵备之道员，掌监督军事，并可直接参与作战行动。此官职一般由按察使或按察佥事充任。嘉靖时共 45 年，他四十一年（公元 1562 年）进士，即使在嘉靖四十五年（公元 1566 年）任兵备道，步入仕途也不过 4 年，至多也就是"按察佥事"，而这个官职约为正五品，四五年时间恐怕很难由八九品升至五品，这"嘉靖年间"值得推敲。倒是万历初年更为可能，也就在杨兆总督蓟辽前后。经过 10 余年历练，徐升至五品较为正常。据《天津通志·旧志点校卷》资料，所点校者包括清康熙《天津卫志》、乾隆《天津府志》、光绪《重修天津府志》等，在"整饬天津道"目下记载："徐学古，字子友，河南洛阳县人，壬戌进士。万历六年任。""壬戌"即嘉靖四十一年（公元 1562 年），那科进士称作"壬戌科"，徐为第二甲赐进士出身第 55 名。他来整饬天津道，任兵备道员为万历六年（公元 1578 年），志书所记应该准确。而任蓟州兵备道，也当在此前后。

随中丞杨晴川登水峪寺二首

其一

祇园积翠散斜阳，危阙排空笑语凉。

白鸟青天泉一曲，吟风背日木千章。

栴檀清接霜威近，云锦明生舍利光。

夫子登临多胜事，应知兰若有鳣堂。

其二

苍藤古木几僧房，寺宇人传自宪皇。

胜地隔尘连石濑，灵花簇雨拂禅床。

朱幡摇映山青破，绿水流分酒碧香。

传说天骄归禹贡，指挥人是旧南阳。

诗写出了水峪寺的景物与诗人心境，书法行草书体，造诣较高。"白鸟青天泉一曲，吟风背日木千章"，那道灵泉至今还在日夜流淌，只是千章古树早已不在，但所存几张旧照可见一斑。典籍记述徐"气度豁达，才献（猷）风励，留心军务，扫除积弊"。"后转易州道，士民皆泣送"。徐为人做事，看来还是深为当时人所爱戴的。

兴善寺内，原还有一通五言诗碑，立于明万历二十三年（公元1595年）。碑中所刻诗，为武进吴之鹏作（图92）。《平谷文物志》《平谷石刻》等书，均写作"吴元鹏"，经研究拓本，并请教书法家刘建丰先生，确认为"之"字。吴之鹏资料不详。碑为花岗岩石质，高158厘米，宽67厘米，厚13厘米。方首抹角。碑首及四框饰以云纹图案。现为上宅文化陈列馆收藏。碑阳，阴刻楷书。首题"汝玉弟饮余水心亭因次石上韵以纪之"：

图92 明代吴之鹏五言诗碑拓本

汝玉弟饮余水心亭因次石上韵以纪之

亭开新凿沼，泉绕旧丛林。

边塞华夷界，天涯手足心。

千章云树合，一带夕阳深。

座上笙歌彻，遥知杂梵音。

万历乙未秋九月

武进吴之鹏书

诗碑落款为"万历乙未"，即明万历二十三年（公元 1595 年），吴之鹏作诗且书写。吴之鹏来兴善寺当晚于杨兆与徐学古，且一定看到了杨、徐诗碑，所写"千章云树合，一带夕阳深"句，明显是参照或受到了徐"吟风背日木千章"和杨"出入蒹葭带夕阳"等诗句影响。碑阴，额题"兴复水峪寺碑记"，阴刻隶书，镌刻于清嘉庆二十年（公元 1815 年）正月，当是对明碑的再利用了。碑文是一篇近千字的较长碑文，记述了水峪寺的历史及当时的现状、兴复的境况等。碑文撰写者为"文林郎知平谷县事石门方廷瑚"，清时知县为正七品，文林郎即为正七品文官所授之散官。方廷瑚，民国九年《平谷县志》"卷二·秩官志·历任官职"有记："方廷胡，浙江人，举人。嘉庆十七年二月任。"民国二十三年《平谷县志》又记作"方廷湖"。自书"方廷瑚"，此碑便修订志书之讹了。对于书丹之"陈景伊"，民国二十三年《平谷县志》"卷五·人物志"有传，记其为"清岁贡生"，未言明具体时间。此碑即是由其书丹，陈则是乾隆、嘉庆时人，也就补了志书之阙。

另外，兴善寺中还有 1 通《敕赐兴善寺记》碑，碑文为明代礼部尚书毗陵胡濙撰。碑已无存，碑文收录民国二十三年（公元 1934 年）《平谷县志》"艺文志"：

敕赐兴善寺记

明正统十二年十月　毗陵　胡濙

兴善寺，旧名灵泉寺，在蓟州平谷县灵泉山。北倚妙高峰，东临七合岭，南抵朝阳观，西傍磨鼓岭。泉清木深，峰峦峭拔，最为胜地。但历年既久，蔽翳于荒榛荆棘之中。

永乐年间，御马少监朴公实及中贵院宗堂，令僧泽聚往彼驻锡，剪荆除砾，宴坐其间。殿堂门庑，以次兴修。三十余年扶衰举坠，靡爱其力。以至方丈、僧寮、庖湢、库庾，装严像，设钟鼓，香花、幡灯、供具外，则缭以垣墉。久废重兴，勤劳万状。其木植、颜料、工用之费，皆朴公喜舍。

正统八年二月，少监朴公适蒙钦差，往彼经过，睹兹隆胜，踊跃欢忻。乃念僧泽聚能劬躬尽瘁，以废为兴。复捐己赀，助其不给，使勿坠其成业，而益广其欲为之志。于本年二月二十八日回还，以寺未有额名其奏。钦蒙圣恩，敕赐为"兴善寺"，以僧泽聚为住持。赍捧部符回还，缁素四众瞻仰赞叹。山川改观，草木增辉。此诚少监朴公、僧人泽聚愿力所感，机缘遇合，殆非偶然也。

少监以兹寺之兴，未有纪述，遂伐贞石，征余文以记之。余惟事之废兴系乎时，物之成坏关乎数，而尤在乎得人为难。然时与数至，人固自出。今少监与泽聚成此宝坊，其秉心也专，其用功也勤，成始成终，岂非时与数至而使然耶？
如是则可托以永久者，有不在区区世俗文字之末也。姑记其
略，俾来者有以考构兴之岁月云耳。

　　碑文撰于明正统十二年（公元 1447 年），重修为正统八年，公
元 1443 年，敕赐"兴善寺"额即为这一年，石额近年在兴善寺遗址发
现，"寺"字已无。村里人有说石额为"敕赐兴善禅林"的，即是敕赐
为"兴善寺"，估计刊刻时不会随便改动。看来，"兴善寺"之名为明
正统八年英宗皇帝所赐，而以前则称"灵泉寺"，得名或与那道灵泉有
关。"正统"即明英宗朱祁镇时年号，这期间皇帝是"敕赐"或"敕建"
了不少庙宇的，据说一次就曾"敕"了 40 座，并表示以后不再轻易"敕
赐""敕建"，而兴善寺或许就在这时所"敕赐"。所谓"敕赐"就是申
请经皇帝批准建立的庙宇且所赐庙宇名称者，所谓"敕建"就是申请经
皇帝批准让建立的
庙宇，二者还是有
所区别的，兴善寺
即是前者了。胡濙
所撰碑文收录进民
国二十三年（公元
1934 年）《平谷县
志》中，应是金刚
殿前面两通龟趺螭
首碑之一了，现已

图93　兴善寺三生石石刻（摄于 2008 年 5 月）

无存。胡潆,《明史》有传,官至少师,天顺七年(公元 1463 年)八月卒,赠太保,谥忠安。如此显赫人物能为兴善寺撰文,可见当时兴善寺一定是闻名远近,影响非同一般。

兴善寺遗址后部,当时千佛阁西侧,有座近 3 米高的山石,上面分别镌刻"三生石"和"今古云峰"字迹,皆为阴刻楷书(图 93)。"三生石",竖排,整个石刻高约 1 米,字体大小相近,高 30～40 厘米,宽 30 厘米。"今古云峰"居于"三生石"右侧,横排,整个石刻长约 1.1 米,字体高 30～35 厘米,宽 25～30 厘米。两幅石刻字体古朴苍劲,没有书写和刻石人名字及时间落款,经鉴定为明代之作。民国二十三年《平谷县志》"卷六·艺文志·金石"记载:"明,《敕赐兴善寺记》碑(存),礼部尚书毗陵胡潆撰,太常少卿、直文渊阁、永嘉黄养正书,右柱国太保成国公、凤阳朱勇篆,正统十二年十月。在县城东北二十里水峪寺内。""《云峰大禅师功行碑》(存),承旨讲经、赐宝藏圆融显密宗师、播阳道深撰,太常少卿、直文渊阁、永嘉黄养正书,右柱国太保成国公、凤阳朱勇篆,正统十二年十月。在县城东北二十里水峪寺内。"民国王兆元编写县志时,《敕赐兴善寺记》碑及《云峰大禅师功行碑》尚存。这两通碑都立于明正统十二年(公元 1447 年)。胡潆上面已简略记述。据有关资料,黄养正,浙江人,善于书画、工诗文,其书法著称朝野,凡朝廷召殿榜署及国子监题名多为其所书。正统八年(公元 1443 年),由礼部郎中升至太常少卿。土木堡之变前,曾谏英宗修善行富国强兵之策,未采用。正统十四年(公元 1449 年),瓦剌也先率军侵明,在奸臣唆使下,英宗亲征,黄力谏不从,只得护驾亲征。结果明军大败,也先率军冲进御营,从臣惊散,黄独毅然捍卫英宗,无所畏避，当场被乱军杀死。朱勇，安徽凤阳人，历掌都督府事，留守南京。永乐二十二年（公元 1424 年），跟从朱棣北征。明宣宗即位后，平定朱高煦叛乱，并征讨兀良哈。正统九年，出击喜峰口，击朵颜诸部。后因功加封其为太子太保。正统十四年，跟从明英宗出征北伐，在土木堡中伏击而死。道深，播阳当为湖南怀化最南端之通道县，今有播阳镇。海淀金山现存敕赐宝藏禅寺，道深为宝藏禅寺第一代开山祖师。因此，这两通碑撰写碑文、书写碑文及篆额人，当时都具重要地位和影响。而云峰大禅师，或住持于此时。所谓"功行碑"，即是记述其功绩和德行之碑。由此看来，"三生石"和"今古云峰"石刻，极可能与碑同时镌刻。"今古云峰"之"云峰"，即指云峰大禅师了。

兴善寺于 1942 年 4 月，遭日军焚毁，诸多建筑瞬间夷为平地。据峨嵋山村人、抗战中参加八路军的陈洪义所写《日本鬼子烧毁了水峪寺》回忆："我的家乡是平谷县南独乐河乡峨嵋山村东沟，著名的水峪寺原就座落在那里。四十八年前，我亲眼目睹了日本鬼子火烧水峪寺的罪恶行径。""据老人讲，最早来东沟落户的是我的祖太爷，从峪口中桥一担挑来我的曾祖父兄弟七个，在这里开荒种地，繁衍下来。到抗日战争时，已成十户人家，住在水峪寺东南的小山坡上。""1942 年旧历二月二十六（4 月 11 日）早晨，南独乐河的日本鬼子和伪军蜂拥而至，先放火烧了山顶上的娘娘庙、玉皇阁，又烧了半山腰的大悲阁，其中供奉的造型精美的千手千眼大佛及诸多天神、罗汉塑像毁于一旦。接着，他们又闯入寺中，恣意肆虐，疯狂纵火。一时间，五层殿堂及寺东的僧房浓烟滚滚，千百年造就的如来、卧佛金身及许多珍贵文物全被大火吞没……。峨嵋山村的乡亲们听说鬼子烧了大庙，聚众前来扑救，被鬼子兵拦截，人被毒打，水桶被砸。鬼子在庙里放完火，又杀气腾腾地围了我们的小村子，要我们交出'马猴子'（八路军），可大伙儿什么也不说。'不交出马猴子，房子统统地烧！'鬼子兵嚎叫着，分头点着了我们的房子，还不准我们拿房子里的东西。他们一面烧房，一面抓鸡拉牲口。抓到的鸡，用刺刀一开膛，烧过便吃。就这样，不到半天的功夫，水峪寺毁了，我们十家的草房也烧了个精光，只剩下我爷的一间半东屋算是没趴架。"陈洪义亲历了日军烧毁兴善寺及东沟小村的经过，这是日军在中国犯下的又一罪行！

兴善寺旧时农历四月十八为庙会，又称峨嵋山庙会，前后历时3天，四方众人纷纷来赶庙会。

峨嵋山村，明代长城从村北山上蜿蜒而过，且建有峨嵋山营寨，现残墙尚存（图94），此营寨明代《四镇三关志》有载。村旧有庙宇20余座，包括纪念性祠庙三义庙、药王庙、老爷庙、道教庙宇火神庙、马神庙、真武庙、紫云观、五道庙3座、龙王庙、虫王庙、回香庭、山神庙、三官庙、娘娘庙、玉皇庙、周家庙（五道庙）及佛教庙宇兴善寺、观音庙、地藏庙、南庵、菩萨庙、兴隆顶前观音庙。一村如此多大小

图 94　峨嵋山营北部残墙（摄于 20 世纪 90 年代）

庙宇，应与长城营寨有关。而兴善寺虽建于唐时，兴盛却在明时，现存诗文碑及刻石又均为明代太监、尚书及总督蓟辽的都御使、蓟州兵备道官员等所作。2016 年 1 月 13 日，对北京史深有研究的市文物局长舒晓峰，前来平谷考察明代长城，在区博物馆看到兴善寺照片等，引起很大兴趣，并明确提出兴善寺与长城关系之事，值得进一步探讨。

15 近畿福地丫髻山

　　丫髻山，在刘家店镇西北部，海拔 361 米。因双峰高矗，状若古代少女丫髻而得名。丫髻山山势回环，峰峦起伏，松柏茂密，苍翠葱郁。山后绝壁深谷，山脚村落拥抱，泇水绕村南流。庙宇亭阁坐落山间，丛林掩映，肃穆庄严。故丫髻山素有"近畿福地"之称，"北方泰岱"之誉，为京东名胜大观（图95）。

图 95　清康熙六十年（公元 1721 年）《怀柔县志》所绘丫髻山图

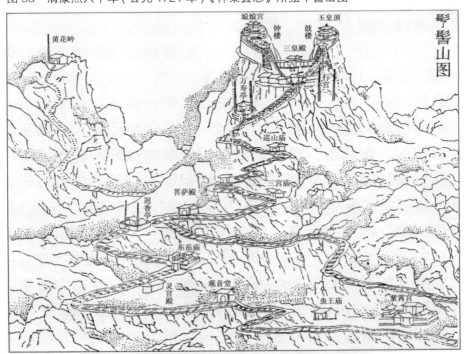

　　丫髻山主要供奉碧霞元君神。碧霞元君信仰是泰山信仰的重要组成部分，封号始于宋代。其职能由最初管理生长发育发展到小至一家人口的寿夭祸福，大到国家的治乱，威灵赫赫，庇佑九州，普遍受到人们崇拜，尤其华北地区人们的崇拜。因此，全国各地纷纷兴建元君庙。北京旧有"五顶""两山"之说，都是主要供奉碧霞元君神的。"五顶"在北京城区，即"南顶"，位于左安门外弘仁桥（元代称马驹桥），建于明成化年间（公元1465—1487年）；"西顶"，旧名护国洪慈宫，位于西直门外蓝靛厂长椿桥附近，建于明万历年间（公元1573—1620年）；"中顶"，位于右安门外草桥以北，建于明天启七年（公元1627年）；"东顶"，位于东直门外，俗称行宫庙，建于明代；"北顶"，位于德胜门外，建于明代。"两山"即京东丫髻山，京西妙峰山。妙峰山，位于北京市门头沟区境内，娘娘庙等主要庙宇创建于明代。可以说，丫髻山元君庙在北京地区是建造较早的一座。

　　我国道教兴起于东汉末年，随着道教的发展，到元代中后期，逐渐形成两大教派，即正一道与全真道。正一道以龙虎山为中心，主要从事符箓斋醮、祈雨驱鬼、为世人治病辟邪等宗教活动；全真道，由王重阳于金大定七年（公元1167年）在山东宁海全真庵创立，修行方术以内丹为主，认为修真养性是道士修炼唯一正道，北京白云观即属全真道。而丫髻山道教则为正一道。正一道在江西龙虎山设天师府，明时改为"大真人府"，丫髻山住持往往在大真人府兼有职务。如第十三代住持李居祥，为大真人府赞教厅兼丫髻山住持。丫髻山现在的格局，主要形成于李居祥之时；第十五代住持王显信，为大真人府知事厅兼丫髻山住持；第十六代住持张一茂，为大真人府掌事厅兼丫髻山住持。

丫髻山道教属于周祖灵宝派，其谱系为："思道洞本真，明香克理忠。洪良居士显，一嗣永承宗。德大传家久，清修福泽长。世肇因衍庆，慈风蓬业祥。"丫髻山住持第一至十二代住持，因相关史料缺乏，今已无从查考。自第十三代起始有部分资料记述，综合志书典籍、碑刻拓本及地方民间口碑资料，从清代康熙年间（公元 1662—1722 年）至新中国成立初期的 300 余年间，丫髻山住持共传承到第二十五代"久"字辈。经整理，大致可以看出其顺序传承：第十三代李居祥、耿居□，第十四代住持张士杰及王士照等 22 人。清康熙五十五年（公元 1716 年），康熙皇帝巡幸丫髻山时，赐张士杰为道录司觉义。道录司，为清代设置的掌有关道教事务的官署，张士杰相当于皇帝所赐的掌管道教事物的道录司基层官员；第十五代张显才、王显信、付显扬、李显叶；第十六代刘一邦、张一茂；第十七代张嗣广、邢嗣岩；第十八代为"永"字辈，姓名不详；第十九代赵承学、马承云；第二十代王宗然、刘宗培；第二十一代赵德化；第二十二代赵大安（刘家店镇辛庄子村人）；第二十三代丁传瑞（号子丰，密云县东邵渠人）、范传伦（号徐之，大华山人）、宋传宝、荫传秀、岳传玉（马昌营镇果各庄人）、岳传璧（号月如）、岳传玺（号秉泉）、彭传江、刘传博、张传书；第二十四代刘家全、王家义（号有三）、张家旭；第二十五代陈久东等，到"久"字辈，新中国就成立了。新中国成立初期，丫髻山道士被遣散还俗。从 13 至 25 代，基本各代都有道士名字，即使一个两个，只有第十八代道士名字空缺，一时未能查到。相信不久的将来，随着资料的丰富完善，一个完整的丫髻山道士辈分序列，定会建立起来。

对于丫髻山，相传唐朝初年即有道人结庐修炼，即在山上盖个简陋的小茅草棚子，里边修行。唐代毕竟是道教较为盛行的时代，有道人在此修行实属正常，但应该还没有正规的殿堂庙宇。有人曾认为丫髻山始建于唐贞观六年（公元 632 年），未见相关记载。今存清康熙四十八年（公元 1709 年）《丫髻山天仙庙碑记》拓本，碑记写到："怀柔，古白檀地也，其名昉于唐贞观六年。历代皆土城，至明成化三年始甃以石，遂屹然巨丽。其东南九十里，有山奕如双峰插天，因名丫髻，绵历数百年。"这里是说怀柔之名始于唐贞观六年（公元 632 年），而非丫髻山，或许当初有人对此误读了，也未可知。丫髻山应该兴于元，盛于明、清。清康熙五十四年（公元 1715 年），康熙皇帝所撰《丫髻山玉皇阁碑记》写道："距京师百里有山，曰丫髻，隶怀柔县。两峰高矗，望之如髻，故得是名。自元、明以来，号为近畿福地。"连康熙皇帝都称丫髻山"自元、明以来"。况且李居祥为第十三代住持，往上推 12 代，按一般 25 年一代计算，大致是 300 年上下，基本为元晚期了。而 1959 年平谷第一次文物普查登记表亦有记，称作"大庙"：地点，"北吉山乡北吉山村"。建筑概述，"根据群众说和碑文记载，该庙建于元朝，原有草殿一间，铁瓦庙三间，有一个回香亭。由康熙三十三年（公元 1694 年）扩建，至三十七年竣工，已用四年时间，兼修人李吉祥。山上山下有佛殿 100 间，有平常房 200 间，在 1947 年由群众拆毁"。附属文物，"石碑若干个，戏楼一座"。而戏楼"面宽与进深"为"宽三进二"，"近代梁架"。保存情况，"平常房子已经由群众居住，戏楼坚硬"。保护意见，"现由群众将庙拆毁，只有戏楼可以保存古迹"。这里所说扩建时间，当以碑刻及典籍所记为准，而"李吉祥"当为"李居祥"之误。所说"佛殿"，在这里当是人们一般对庙宇的概称，而非指佛教的庙宇。因为丫髻山为道教，即使建有庙宇供奉观音菩萨，亦称作"慈航道人"。所说"戏楼"，在刘家店镇凤落滩村西，正对丫髻山娘娘顶，毁于20世纪六七十年代的"文化大革命"之时。

因此，丫髻山兴于元，也就是说，元时西顶应该有殿堂类的建筑了。至明嘉靖时，明确说"旧有碧霞元君庙三间"。这就是清康熙六十年（公元1721年）《怀柔县志》所载："护国天仙宫，在丫髻山。山旧有碧霞元君庙三间，明嘉靖中，有王姓老媪发愿修建，以山高风烈，瓦易飘失，募化铁瓦，独身运至山上，往来迅速。人异之，施者渐众，殿以告成。"这王姓老妪应是后来所说河北香河王二奶奶，所建殿俗称铁瓦殿。庙宇的复建，使丫髻山香火愈来愈旺盛，逐渐受到皇帝重视，现存明时皇帝"敕赐护国天仙宫"匾额（图96），原镶嵌于西顶钟楼门楣上。此匾额专家认定为明嘉靖时物。清《光绪顺天府志·地理志·祠祀》记载丫髻山护国天仙宫，亦述"钟楼，有明时'敕赐护国天仙宫'门额"，可为参照。

图96　敕赐护国天仙宫匾额（摄于2007年4月）

丫髻山在清康乾时达到鼎盛。康熙三十七年（公元 1698 年），丫髻山第十三代住持李居祥撤铁瓦殿，改建大殿三间。据有关文献记载，清康熙年间，先后建造东顶玉皇阁、山门东侧御座书室、西小峰凉亭、玉皇阁下台基、坝墙、鼓楼、万寿亭、回香亭、东岳庙、紫霄宫等。可以说，丫髻山主要建筑均在康熙年间建成，形成丫髻山庙宇的宏大格局，从而受到皇家青睐。据记载，起码康熙四十三年（公元 1704 年）四月、五十五（公元 1716 年）年九月，康熙皇帝两次驾临丫髻山，题有多副楹联及匾额，为建东顶玉皇阁树立御碑，而且丫髻山设有康熙皇帝 60 大寿万寿道场；乾隆七年（公元 1742 年）九月、十二年（公元 1747 年）二月、十八年（公元 1753 年）十月，乾隆皇帝先后 3 次驾临丫髻山，欣然题匾赋诗；道光皇帝做太子时，奉嘉庆皇帝之命，10 余次来丫髻山"诣山瞻礼"。就在道光十六年（公元 1836 年），丫髻山失火，道光皇帝"特命禧恩估修"。翌年三月，道光皇帝亲奉皇太后"安舆祗诣升香"，且立御碑。此外，嘉庆皇帝也曾来丫髻山，是否上山需进一步研究，起码是住在了丫髻山行宫，时间在嘉庆十八年（公元 1813 年）九月，起居注有记。皇帝的相继驾临，极大推动了丫髻山道教的发展，扩大了丫髻山的社会地位和影响，使丫髻山达到鼎盛。清同治以后，尤其到了慈禧之时，国力衰微，内忧外患，清廷已无力移驾承德，丫髻山也渐渐被朝廷所冷落。

丫髻山兴盛了数百年，建造数十座大小庙宇，主要毁于 20 世纪四五十年代。近年进行修复（图 97），尤其是 2004 年，丫髻山文物建筑保护修缮修复工程列入北京市"人文奥运"文物保护计划，修缮修

图 97　丫髻山回香亭及山景（摄于 2007 年 10 月）

复了主要建筑紫霄宫、东大殿、东岳庙、回香亭、御碑亭、万寿亭、山门、三皇殿、碧霞元君祠等，保留明末清初建筑风格，重塑殿堂神像，重制楹联匾额，再现了昔日辉煌。近年，个别建筑遗址又有复建。

碧霞元君祠，一组古建筑群，包括山门、钟鼓楼、三皇殿、药王殿、玉皇阁、碧霞元君祠等（图 98）。

山门，为三座门，以卡子墙连接，中间一座高大，券拱形门洞。石券拱上镶嵌一方"敕建灵应宫"石匾，为明代遗物。两"髻"间为三皇殿，面阔三间，二层，上层供奉伏羲、神农、轩辕三皇泥塑坐像，亦称天皇、地皇、人皇。下层为药王殿，供奉药王孙思邈、扁鹊、韦慈藏泥塑坐像。二层前有走廊，可通东西两顶。山门内东侧，为写雾轩遗址。写雾轩即行宫，始建于清康熙五十六年（公元1717年），由直隶总督臣赵宏燮所建御座书室五楹，名写雾轩。当地人称为"皇上宝座"，并说这里有五间房子，坐北朝南，皇帝坐的龙椅、窗子上也都有雕刻，柱子是金龙盘玉柱，尤其这里用的家具以及装饰都是花梨紫檀。清康熙六十年《怀柔县志》所绘"丫髻山图"上，明确写有"行宫"二字，当指此。山门内西侧，为道士房，始建于清代。经清理，发现12间房屋遗址（图99），残墙上且有墨色壁画及书法作品，2014年已在原址复建（图100）。山门内东侧玉皇阁下

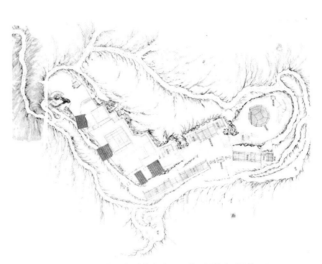

图98　清工部样式房所绘丫髻山顶草图

图99　经过清理的道士房遗址（摄于2010年10月）

图100 复建中的道士房（摄于2014年10月）

图101 丫髻山东顶玉皇阁遗址（摄于1961年）

为鼓楼，山门内西侧西顶下为钟楼。钟楼在西面，鼓楼在东面，与一般庙宇钟楼在东，鼓楼在西不同。究其原因，主要应是西顶钟楼建造在先，东顶鼓楼建造在后有关，而非其他。山门东侧，建有一座狐仙楼，坐北朝南，面阔三间，供奉狐仙爷、狐仙奶及狐仙女。

玉皇阁，在三皇殿东侧东顶上（图101），清康熙五十二年（公元1713年）由丫髻山第十三代主持李居祥创建。时为康熙皇帝60大寿祝禧，特赐内帑，并皇会布施银共5000两。据《光绪顺天府志》记载："康熙五十二年，恭遇皇上六旬万寿，命皇十子敦郡王、皇十二子固山贝子及御前太监魏珠，赏敕降香。诸王公大臣及旗民人等，延在京道官四十八员至山，启建万寿道场。于三月初一日始建，是夜圣灯涌现，散若金星，满山照耀，见者踊跃称瑞。至十八日万寿节，至山进香者二三万人"。

图102　丫髻山东顶玉皇阁遗址（摄于1987年）

玉皇阁坐北朝南（图102），十二面木构建筑，重檐攒尖顶，顶上冠以琉璃宝珠，脊饰仙人走兽。顶部和阁层檐面，均覆黄琉璃瓦。阁内中央以4根大木内柱作擎天柱，直贯到顶，支撑顶部。外以12根檐柱，支撑下檐。在外檐柱与内柱之间，有12根粗大明柱，支撑上檐，形如重檐金柱，与外檐柱环布成两个同心圆，组成柱网，分别寓意一年四季、十二个月及一天十二时辰。据说过去号称28根木柱，

图103　复建后的丫髻山东顶玉皇阁（摄于2014年10月）

图 104　丫髻山西顶（摄于 1947 年）

图 105　丫髻山西顶（摄于 1961 年）

图 106　丫髻山西顶（摄于 2011 年 9 月）

以象征 28 星宿。其中使用 24 根大柱支撑高阁，另有 4 根为玉皇大帝坐着，也就是支撑着玉皇大帝座椅。玉皇阁檐下饰斗拱，下檐五踩斗拱，上檐七踩斗拱。正南三间辟楄扇门，其余柱间砌矮墙，上置楄扇窗。上下檐间也辟楄扇窗，以便采光。门上悬挂"玉皇阁"匾额。阁内神台供奉玉皇大帝泥塑坐像，身穿九章法服，头戴十二行珠冠冕旒，手持玉笏，高达 3.6 米，神态威严。左右侍金童玉女，高 2.1 米。这组雕塑历史上为木雕像，近年修复时改为泥塑。

　　玉皇阁高踞山巅（图 103），翘角飞檐，结构繁复，气势雄伟，堪称丫髻山标志性建筑。而旧时西顶碧霞元君祠顶为黄琉璃瓦，东顶玉皇阁顶为绿琉璃瓦。近年复建都用黄琉璃瓦了，使丫髻山更为辉煌壮观。

碧霞元君祠，在三皇殿西侧西顶上（图104、图105、图106），有前后两进院落，前院由石牌楼、转角房、正殿碧霞元君祠组成；后院有斗姆宫。正殿坐北朝南（图107），面阔三间，进深五间，单檐硬山顶，上覆黄琉璃瓦，大脊饰螭吻，垂脊饰仙人走兽，檐下施大点金旋子彩绘。前出廊，槅扇门窗。门上悬挂"碧霞元君祠"匾额。殿内供奉5位娘娘坐像，

图107　丫髻山西顶碧霞元君祠（摄于2006年8月）

图108　碧霞元君祠内供奉的5尊娘娘神像（摄于2007年10月）

高 2.2 米，较为丰润。中为碧霞元君，右为琼霄元君、眼光娘娘，左为云霄元君、送子娘娘（图 108）。东西两侧分别侍立 3 位侍女。历史上殿内塑像为铜铸坐像，高约 2 米，1 尊铜像重约 1000 斤。铜像毁于 20 世纪 40 年代末。过去殿内有多方木匾，据文献记载，前殿外檐恭悬圣祖御书额曰"敷锡广生"，殿内恭悬皇上御书额曰"神霄朗照"。圣祖即康熙皇帝，皇上即乾隆皇帝。

另外，殿内西侧神龛内供奉王二奶奶塑像。相传王二奶奶为河北省香河县城东南乔各庄人，嫁到城南雀林院。王二奶奶乐善好施，会接生、看病，每天骑着毛驴为三里五村的乡亲驱病除灾。明嘉靖中，募化铁瓦，建成碧霞元君殿，修行成仙。后人在碧霞元君殿后斗姥宫中塑王二奶奶像，以为纪念。光绪十九年（公元 1893 年），京都顺天府东路厅香河县西小屯庄合会等人公立《天仙圣母碧霞元君灵感显应碑记》记载："有本邑王奶奶者，性有仙根，终归正果，皈依圣教，一视同仁。凡有圣慈之下逮，无不辅相以博施，普济之功大矣正矣！"正殿前东侧为转角房，正殿后为斗姆宫，2014年在其遗址上复建（图 109）。斗姥宫复

图 109　丫髻山西顶，后面复建中的即为斗姥宫（摄于 2014 年 10 月）

建后，王二奶奶塑像已由碧霞元君祠请至斗姥宫供奉。

斗姆宫后西北角，有急转陡峭的石阶，一座砖砌门楼，为丫髻山后门，旧时可由此下山，亦可由此去往黄花岭，清工部样式房所绘丫髻山顶图就有通往黄花岭方向的山路。黄花岭在丫髻山西北约5里处，建有真武庙，为供奉北方之神真武大帝之所，始建年代不详。现在岭上瞭望塔的地方，即为其遗址，至今残墙瓦砾尚存。庙南北长约15米，东西宽约15米。南设山门，为砖砌门楼，对开木门。山门前有平台，生长着一棵大松树，一棵大柏树，很高大，由于是在山顶，早晨太阳升起时，据说松柏树的影子可遮阴到山北密云西邵渠那儿。院内北面正殿三间，前出廊。殿内供奉真武大帝泥塑坐像，廊西侧有3口大铁钟，各高1.5米多，上铸铭文。殿内悬挂匾额。旧时每年三月三走会，走会人从丫髻山一直走到黄花岭。正殿前东西各有配殿一间，东配殿为狐仙堂（也称狐仙楼），供奉一仙女，即狐仙，为泥塑像。西配殿住人、存放杂物等。清代中晚期及民国时期，北京地区流行狐狸、黄鼠狼、刺猬和蛇四种动物崇拜，通称"胡、黄、白、柳""四大门"，分别住在京城供奉碧霞元君的"东顶""南顶""西顶""北顶"。"总门"就在丫髻山，据说黄花岭真武庙内狐仙堂，就是"总门"驻地。这"四大门"信徒，到时都要到丫髻山朝顶进香。

丫髻山西顶下，建有万寿亭。亭前为"四十八盘"，即四十八级石阶，阶口处左右两尊石狮，汉白玉石质，蹲坐于连体座上，应是清代遗物，是丫髻山唯一存在的1对石狮。过去在石狮子两边还有杉木旗竿1对，各有1尺粗细，打着铁箍，3丈6尺高，上有挂灯笼用的黄顶子。丫髻山半山间进香路右侧一座岩石上垒砌的高台上，2002年在原址复建巡山庙，供奉黄天化泥塑坐像，左侧一匹白马塑像。巡山殿东侧，旧有茶棚，为东厢房，西向，面阔三间，庙会期间舍茶。茶棚北面还有2间小房，一到庙会，道士们就在这里值班休息。2015年在遗址复建。沿山路下行，进香路右侧高台上为三官庙，供奉天官、地官、水官之所。三官是天官、地官、水官合称，三官信仰源于原始宗教中对天、地、水的自然崇拜。三官功能为，天官赐福，地官赦罪，水官解厄。因与人之祸福荣辱密切相关，故受到广泛崇奉。道教为我国本土教，常常把对中华民族发展起过重要作用的历史人物树而为神。而三官来历，说法不一，其中一种较为普遍的说法，三官就是我国远古三位部落首领尧、舜、禹，被道教封为三官大帝。因三官大帝的出生日是在三元日，即上元正月十五，中元七月十五，下元十月十五，所以三官又称"三元大帝"。三官庙清康熙时已建，现存建筑为1997年所复建，2004年进行整修。三官庙后面东侧，建有御碑亭。三官庙前面，进香路左侧，有五尊菩萨殿遗址，柱础等尚存。原建筑内供奉文殊菩萨、普贤菩萨、观音菩萨、地藏菩萨、大势至菩萨，像下各有坐骑，分别为青狮、白象、朝天吼、谛听、麒麟。2012年在遗址上复建。三官

图110 丫髻山眼光娘娘殿（摄于2015年10月）

庙西侧，为眼光娘娘殿遗址。原建筑相传为戏楼式建筑，坐西朝东，面阔三间，供奉眼光娘娘，专司一切眼疾，柱础遗址尚存。2015 年复建，为勾连搭式建筑（图 110）。

回香亭，在丫髻山半山腰，原为崇功祠，明天启年间（公元1621—1627 年）巡按御史倪文焕为大宦官魏忠贤所建生祠，熹宗朱由校赐名"崇功祠"，后因魏忠贤被黜而停建。因其基址宏壮，住持李居祥改建回香亭，内供奉存身娘娘。回香亭前后两进院落，前院有山门、东西配殿及灵官殿。灵官殿面阔三间，进深三间，殿内供奉道教护法镇山神将王灵官。王灵官，为道教中护法神，镇守山门。殿内王灵官为站像，泥塑，三目怒视，右手举鞭，脚踏风火轮，形象威武勇猛。后院正殿、东西配殿组成。正殿面阔三间，进深三间，单檐歇山顶。在丫髻山古建筑群中，歇山顶建筑仅此一座。正殿前出廊，槅扇门，木格窗。正殿前砌垂带踏跺的高大月台上，一派典雅庄重。殿内供奉的神像，与西顶碧霞元君祠供奉神像一样，亦为碧霞元君、痘疹娘娘、眼光娘娘、引蒙娘娘、子孙娘娘。

图 111　丫髻山回香亭东配殿内塑像（摄于 2011 年 10 月）

殿前置东西配殿，均为敞殿，东西各五间，进深二间。殿内塑有十殿阎王像（图111），其下为判官、牛头、马面等站像，下面为油炸、刀山、割舌、锯拉、杵捣等阴曹地府场景，对前世作恶之人的鬼魂进行惩处，以警示劝善世人。十殿阎罗等塑像一般应在东岳庙内，而丫髻山却在回香亭中，这是与其它庙宇不同处。

东岳庙在回香亭前，供奉东岳大帝之所。东岳大帝，即泰山神，掌管人类贵贱和生死的大神，为历代统治者所崇拜。东岳庙为一四合院式建筑，坐北朝南。南置山门，面阔三间，进深一间，门内两侧供奉道教护法神四大元帅。北为正殿，面阔三间，进深三间，前出廊。殿内神台上，供奉东岳大帝泥塑坐像，高2.8米，头戴冕旒，身着衮袍，手持圭板。在同一神台上，金童、玉女捧印等侍立左右（图112）。东岳大帝塑像前，东侧侍立手持笏板的两位文臣，西侧侍立手握金瓜与钺的两位武将，神情威严。正殿前东西两侧建配殿，供奉十二太保。贴着西配殿南山墙，建有一座小财神殿，面阔一小间，坐

图112　丫髻山东岳大帝及侍立的金童、玉女神像
（摄于2011年9月）

西朝东，门朝东开，供奉着财神爷、财神奶奶；东配殿南面与南倒座房之间的东墙中间，跨着墙在外面建一座狐仙庙，也是一小间，俗称狐仙楼，坐东朝西，门在院里墙的位置，朝西开，供奉着狐仙爷、狐仙奶奶。

紫霄宫，在丫髻山东侧山脚下，由前后四进院落组成，号称9道大门。前院为道士下院，正殿为经堂，第二进院落为过殿，第三进院落为一道平门，第四进院落当地人说曾设有皇帝宝座，即皇帝等上丫髻山朝山进香时休憩之所。当地人还说，过去紫霄宫山门二檩悬挂蓝地儿金字"圣旨"匾额。山门前一边一个上马石、下马石。山门内陈列两张条案，为皇家所赐，平民百姓犯有过错时，放在条案上惩罚，打死无罪。经堂内供奉全山神像画像。第四进院落正殿原有太师椅、条案等家具陈设。紫霄宫西跨院为斋堂，现已无存。近年修缮后的紫霄宫，分前后两进院落。前院由山门、转角房、东西厢房、过殿组成。进山门，在原道士诵经的三间经堂处，建一座照壁，南面中间镶嵌黑色花岗岩，镌刻"万古长青"四个金字。正殿为过殿，面阔三间，进深两间，殿内辟中国道教人物书画展，绘有老子、吕洞宾、王重阳、张三丰等历代道教代表人物画像。殿前为东、西厢房，各面阔十间，前出廊，现将东厢房辟作"丫髻山历史文化展"，西厢房辟作"中国道教文化展"，以图文并茂的形式，展示了丫髻山道教和中国道教的历史文化。最近，将两个展览移至太极广场丫髻山管理处西侧展厅。后院由正殿、东西配殿及东西盝顶组成，一座三合院格局（图113、图114），由于正殿等过去是皇家来人和王公大臣等朝山进香时休憩之所，所以使用青砖、青瓦、硬山顶，建造得有如古色古香的民居，现在改为神殿，而形制尚未改变。正殿面阔七间，中间三间为真武殿，供奉真武大帝泥塑坐像，两侧侍立金童、玉女。东配殿为文昌殿，供奉主管人间功名利禄的文昌帝君。西配殿为财神殿，供奉文财神比干、武财神赵公明泥塑坐像。

丫髻山山上山下旧时碑刻很多，有"丫髻山石碑数不清"之说。现存数十通碑刻及拓本，并在西顶下建有碑林（图115、图116）。

图 113　丫髻山紫霄宫后院（摄于 1982 年 8 月）

图 114　丫髻山紫霄宫后院（摄于 2011 年 9 月）

这些石碑，主要分为御碑、王公大臣碑和民间老会碑等。如康熙五十四年（公元 1715 年），康熙皇帝御赐《丫髻山玉皇阁碑记》，记六旬祝禧之事，盛赞丫髻山"自元、明以来，号为近畿福地"。雍正元年（公元 1723 年），新帝登基，百端待举，恰值康熙皇帝 70 诞辰，雍正皇帝按康熙时旧制，命人到丫髻山进香，并立丫髻山进香碑。此后，内务府到丫髻山进香成为定例。为此碑建有六角碑亭，黄琉璃瓦覆顶，名"御碑亭"。道光十七年（公元1837年），道光皇帝撰《重修丫髻山碧霞元君庙碑记》，记述："两峰高耸，象形而名，又谓之鸦髻，旧有碧霞元君庙，建自前明，我朝康熙年间规模益备。"康熙三子诚亲王胤祉也作有《丫髻山行宫碑文》，建有黄琉璃瓦六角碑亭（图117），名"万寿亭"。此外，还有大量老会碑刻。丫髻山后大虫峪，为明清时期道士墓，由西至东按辈分排列，墓前都竖有小石碑。20世纪80年代，道士墓被平，且在上面植了树木，那些墓碑多掩埋于地下。最近，发现一通墓碑露出半截（图118），经清理，碑

图115　丫髻山西顶下碑林（摄于1982年8月）

图116　丫髻山西顶下碑林（摄于2012年5月）

图117　丫髻山万寿亭（摄于2007年10月）

图118　丫髻山第十七代道士邢嗣岩墓碑（摄于2014年5月）

上自左至右竖着镌刻3行字迹："原命丙寅相五月十五日吉时受生，羽化讳嗣岩邢公之墓，大限丁未年五月十八日吉时□殁。"这个道士名邢嗣岩，属于嗣字辈，为第十七代。这些道士碑，无疑为研究丫髻山道士活动及丫髻山道士辈分序列，提供了新的资料。丫髻山还有3方敕赐匾额，明代"敕赐护国天仙宫"匾额上已谈及。"敕建护国玉清宫"匾额，2013年5月北吉山村一农家院施工挖出，可惜又砌在了墙下，好在当时拍了照片（图119、图120）。《光绪顺天府志》记载："康熙五十九年（公元1720年），又捐建鼓楼于三皇殿前之东，以配钟楼。"此额当制于此时。现镶嵌丫髻山山门上的"敕建灵应宫"匾额（图121），专家初步认定、《平谷文物志》等也记载为明代之物。但经与东顶鼓楼"敕建护国玉清宫"匾额比对，感觉形制类似，尤其"敕建"二字写法一致。所以，此额极可能与"敕建护国玉清宫"同时的清代匾额。况且，

图 119　清代敕建护国玉清宫匾额（左，摄于 2013 年 5 月）

图 120　清代敕建护国玉清宫匾额（右，摄于 2013 年 5 月）

图 121　敕建灵应宫匾额拓本

如是明代之物，《光绪顺天府志》不会漏而不记的。总之，这些碑刻，是研究道教文化和丫髻山发展历史及民俗文化的重要实物遗存。

丫髻山庙会，号称京东第一庙会，在京津冀地区具有广泛影响（图 122），始于明嘉靖年间（公元 1522—1566 年）。《光绪顺天府志》记载，当铁瓦殿建成，"每岁四月十八日，四方聚会五日。"至今已 400 余年。清初，庙会改为四月初一至二十日，南到天津、保定，北到承德，四方商民、花会，善男信女，来赶庙朝山。庙会兴旺时，每天朝山进香者多达两三万人。《丫髻山玉皇阁碑记》写到："每岁孟夏，四方之民会此祈祷者，骈肩叠迹，不可胜计。"至 20 世纪 30 年代还有游者撰文："京师东北百四十里，有丫髻山，……环山各县中，田氓野老，踵接肩摩；里媪村姬，顶礼膜拜。好事者结党支棚，盛茶水之

图 122 20 世纪 80 年代末丫髻山庙会情景

供；无赖子联朋华服，扮社火之剧，亦仿佛妙高峰也。"可见当时庙会盛况。参加庙会的，一是京城达官显贵，朝山进香；二是善男信女，许愿还愿；三是民间花会，来山助"善"，如开路、五虎棍、中幡、大鼓、高跷、坛子、小车、跑驴、旱船、吵子、什不闲、龙灯、狮子等，多来自京城和京东各县；四是民间香会、善会，如粥茶老会、献盐老会、拜席老会、巧炉老会、掸尘老会、燃灯老会、缝绽老会、盘香老会、诚意老会、龙灯老会、献茶老会等，一般有百年以上历史的方可称为老会。香会、善会中，以"一山善人"灯会最为著名。康熙时，丫髻山盘道上夜设灯笼，接济往来。乾隆二十四年（公元 1759 年），京城德胜门内涤见胡同袁士库夫妇捐募 108 盏灯笼，排列成"一山"二字，悬于西顶。并置山下地 175 亩，每年收租银 35 两，舍在庙内，为修补灯笼费用。后又有人组建善人灯会，以灯火组成"善人"二字，与"一山"二字排列，成"一山善人"四字。每当日暮，月色灯光，辉映山谷，虽数十里外，犹隐隐可辨。旧时丫髻山庙会，"每岁夏四月，往来奔走，为国家祝厘者，肩摩毂击焉。兼之赛禳有会，鱼龙百戏，众巧毕呈，士女交错，终是月无虚日"。"四方老少，男女贤愚，莫不奔驰，捧香顶烛，络绎不绝，解衣散钱，自朝乃暮"。即使到了20世纪三四十年代，丫髻山庙会依然十分红火。

数百年来，四方善男信女朝山进香，相沿不绝。一条老香道自然形成，民国二十四年（公元1935年），丫髻山第二十二代住持赵大安主持重修"盘道"。过去丫髻山朝山进香，直至20世纪90年代初，要经过北吉山村南北向的那道街，四月庙会时街两边摆着各种地摊，人确是摩肩接踵。至街北头西拐，先到紫霄宫。紫霄宫门前一边一块上马石，如今一块残了的上马石还散落紫霄宫门前不远处。由紫霄宫往西走约20米，道南面是姑子庵，北面是马王庙。马王庙靠北建在高台子上，前面有四五十步台阶。继续沿道西走，上山坡，近年所立的"诚则灵应"石碑北面，是原来菩萨殿旧址，后来复建时，改称慈航殿，为避开村民一棵大核桃树，向上移建20来米。由菩萨庙出来，沿香道顺着山坡略偏西南走，尽管山坡早已为北吉山村各家所承包，但老香道旧迹仍然可见，都以就地取材的石头所铺砌。铺砌的多为平缓路面，不时也有几步石阶联缀其间。走约二三百米，西南拐，路北边一片废墟，为龙王庙旧址。龙王庙三开间，泥塑龙王等坐像，没有复建。再往西南，上去就是20世纪90年代中后期修建的进山的水泥道。这里正是水泥道由西南上来、往西北上去的拐弯处。站这里，向上可仰望丫髻山全景，向下可俯瞰沿洳河湾而建的北吉山、凤落滩、北店等村景。沿水泥道上去，为东岳庙。东岳庙山门，就是俗称的南天门。庙前是二三米宽的石头甬道，也是老香道的一段，近年拆去，全面铺成了石头的广场。从东岳庙上去，过回香亭、御碑亭、四十八

图 123　丫髻山老香道（摄于 1982 年 8 月）

盘、万寿亭、碑场子，上到东西顶。下来，从回香亭后面下山往东，继续下走，有一座石桥，在现在慈航殿上面不远的山坡处。石桥约 3 米多长，4 米来宽，东西向，几块条石横搭桥墩上，是一座平桥或梁桥。沿山坡下山，略往东北，至紫霄宫北面。紫霄宫北面约 50 米处，有一眼水井，井筒干石垒砌，上面也甃着石头，早已毁弃。20 世纪 70 年代被填上了。老香道蜿蜒曲折（图 123），串联起山上山下所有大小庙宇，与清康熙六十年（公元 1721 年）《怀柔县志》所绘"丫髻山图"上的香道基本一致。2010 年，修丫髻山南侧山下太极广场、365 级祈福路，至 2014 年，除丫髻山东山坡那段老香道早已湮没于山土草丛外，山上其他走了几百年、磨得有些滑润、青石的老香道，均已被两侧护栏的青白石阶新香道所取代，一切自是焕然一新了。

由于丫髻山的影响，京城一些庙宇，还有专建丫髻山娘娘殿的。如朝阳门外东岳庙，于道光年间（公元 1821—1850 年）建丫髻山九位娘娘行宫，专供皇室女眷及年老体弱不能来丫髻山进香者祭祀，至今这个建筑还

图 124　丫髻山祈福圣地（摄于 2010 年 5 月）

在，在东岳庙后罩楼内，只是娘娘像已毁于 20 世纪 50 年代。崇文门外南岗子天仙宫，亦称斗姥宫，供奉碧霞元君和斗姥元君，相传为丫髻山娘娘的"娘家"，丫髻山庙会一开，这里马上开庙，从四月十五至十八日。刚从丫髻山下山的香客循例到这里谢香，现在天仙宫已荡然无存。

总之，丫髻山庙会（图 124）影响深远。1956 年停办，1987 年恢复。现在，丫髻山庙会随着丫髻山主要庙宇的复建，神像的再塑，红火依旧，并已列入北京市非物质文化遗产名录。

16 磕头沟里云岩寺

云岩禅寺，在刘家店镇磕头沟村西半山石崖上。

磕头沟村，为刘家店镇孔城峪村一个自然村，坐落孔城峪村东北 1.5 公里处。村西一道沟谷，谷里半山石崖上旧有云岩禅寺，以前进香人累了，常在下面沟口磕头烧香，沟由此得名。现在，磕头沟村仅 10 来户人家，30 多口人。

据文献记载，云岩禅寺始建于辽乾统（公元 1101—1110 年）初年，当时义琛禅师建有道院，名栲栳砖。明景泰年间（公元 1450—1457 年），御马监太监阮让捐资重建，景帝朱祁钰赐名"云岩禅寺"，且赐经一藏，并令僧德洽来寺住持。成化三年（公元 1466 年）再次进行修复。明末又废。清康熙年间（公元 1662—1722 年），僧来宽渐次

图 125　刘家店镇磕头沟正在清理中的云岩禅寺遗址（摄于 2015 年 5 月）

修整，再复旧观。1942 年底，云岩禅寺毁于战火。2015 年春开始清理遗址（图 125），准备复建。

云岩禅寺坐北朝南，寺前和东侧为石崖，以石砌筑坝墙（图 126），南侧坝墙上镶嵌一方刻石，风化日久，已漫漶不清，尚可看出"康熙十七年"等字迹。这或者与康熙时僧人来宽"渐次修整"有关，也许这高大坝墙就是来宽主持垒砌的，这方刻石极可能就是来宽镌刻的了。寺庙前隔沟谷，面对大山。寺西侧为山谷，十数丈石崖绝壁，雨季山水流下形成瀑布，秋冬可见瀑布痕迹（图

图 126　刘家店镇磕头沟垒砌在石崖上的云岩禅寺坝墙（摄于 2011 年 11 月）

图 127　刘家店镇磕头沟云岩禅寺前断崖，上有山水形成的瀑布痕迹（摄于 2007 年 5 月）

127)。寺后倚山崖峭壁。远远望去，整座寺庙就坐落石崖托起的高台上，景象颇为壮观。

云岩禅寺西侧北边辟山门，山门上镌刻着"敕赐云岩禅寺"字迹。山门南侧有西厢房三间，北与山门相接，作为厨房。在厨房与西配殿之间，形成一个南北向过道。要进入寺庙院内，须进山门后往南走，至西配殿南侧与南倒座之间，形成一敞门，由此往东即至院内。从现存遗址看，基本是这种格局，而且大致可以看出，南倒座房应是贴南部石崖所建，中间确实有一间似通道，比较宽绰，残墙尚在。院内，南为倒座房 10 间，中间一间为过道，过道两侧，有一间住和尚，一间供奉韦陀木雕站像，面向北，正对大殿。东有配殿三间，供奉 3 尊木雕像，为和尚祖师像；西有配殿三间，供奉 3 尊木雕坐像，其中中间为西方老祖。南面一间为狐仙庙，有狐仙画像，为一慈祥老人形象。

北为正殿，面阔三间，所谓"明三暗九"格局。顶为四面坡，俗称"四方八厦"，当是古建筑中的"歇山顶"了。正殿檐下悬挂木匾，上写"大雄宝殿"四个黑底金色大字。殿内供奉 3 尊木雕坐像，中间为释迦牟尼，下为莲花宝座；东为文殊菩萨，下为坐骑狮子；西为普贤菩萨，下为坐骑象。殿内两边有 18 罗汉木雕像。其中西侧伏虎罗汉戴着一顶虾米须草帽，当地相传是康熙皇帝一年四月十八日来进香，见一罗汉满头是汗，随手就把带来的草帽给那尊罗汉戴上了，说："我上山这么轻松，是你护我上来的吧？"等走时想摘，却摘不下来了。

寺东北角，有一山洞，叫"磕懒头"，一说磕头沟名由此而来。洞口有门窗，洞里供奉"圣母菩萨"塑像。现在山洞尚存，可见门窗痕迹（图 128）。洞顶有明、清年间老会朝山进香的墨书题记："京都前三门……会首于祥芝、白承吾、傅春□、杨瑞芝、崔芝、胡瑞云""通州北门……万历三十八年四月"等字样。正殿北面山崖有天然崖棚，宽约五六米，高约2米多，深约三四米，石壁上面也有墨笔题字，如"康熙十年""仓头庄"等题字。有的似是一首题诗："清虚日月度□□，僧家不比□□□。从来客至无□□，□勤只是一杯茶。"落款是"京都顺天府大兴县……庄会□此。"正殿北面及山洞东面石砬上，也有许多题字（图129），初步查看，最早的有"明昌"时字迹。而"明昌"为金章宗

图128　刘家店镇磕头沟云岩禅寺遗址东侧，贴石壁有砖垒的斜坡道，上去就是一开凿的石洞（摄于2011年11月）

图129　刘家店镇磕头沟云岩禅寺正殿北面山崖崖棚香客题字（摄于2011年11月）

时年号，在公元 1190—1196 年间。是否还有更早者，尚需进一步调查整理。这些题字，多是前来朝山进香者所题留。云岩禅寺北距丫髻山不过四五里远近，墨书中又写有"四月"等字样，或许是从京城、通州、大兴等那边来丫髻山朝山进香的各个老会，经过云岩禅寺时先来进香，这与上面传说的康熙皇帝来云岩禅寺进香相吻合。

东北洞前，为砖砌高台，过去建有二层楼，当地人称作槁，又称塔楼，以砖砌筑，方形，面阔一间，进深一间。一层供奉地藏王，二层供奉三皇。有木板梯，两边有铁链，可上二楼。槁下边，东配殿东面，还有四间房，称东四间。

抗战时期，日军在这一带掠夺开采金矿，就住庙里。还有一说日军派所谓"护山警"2 个班，住在这里，即所谓伪军。据说 1942 年底，日军到密云过阳历年去了，剩下几个伪矿警看守。这时八路军过来，将其歼灭，战斗中寺庙也被烧毁了。

云岩禅寺西边隔一道山梁的山谷内，有一座古塔，当地人称其为"和尚塔"，以砖砌筑，实心，底座为汉白玉。根据访谈时村里老人所述，其形制或为楼阁式塔。但是，一般辽金塔应为密檐式塔。塔约两丈多高，大约是三层，至多五层。和尚塔毁于 20 世纪 40 年

图 130　刘家店镇磕头沟西侧山沟和尚塔残存的辽代沟纹砖（摄于 2011 年 11 月）

代末 50 年代初，塔内发现一小水杯大的瓷罐，绿釉，罐底有字。在塔二层，每面都镶嵌一方塔铭，上面镌刻着字迹。现在，塔遗址尚存，散落一地辽代沟纹砖（图 130）。据此，塔应为辽代所建。清《钦定日下旧闻考》记载："乾统初，于栲栳砖立小院，前后访法者二百余人，（义琛禅师）后染末疾入定如眠，有红光发于顶面，照满一室，今塔尚存。"清康熙六十年《怀柔县志》卷三"人物仙释"记载："金华严祖师，法名义琛，玉田李氏子。幼丧母，事继母克尽孝。年十二，即辞家访道，遇高人，传清虚修炼之术。父访觅令还家，更习儒业，博通文史，诗赋超群。金寿昌五年，试中甲，荐名上不赴。志抛红尘，遂落发为僧。乾统初，蒙恩得度。后于栲栳砖立小院，精修净业，参访受法者前后二百余人，远近持供者无数。后染末疾，入定如眠，有红光发于顶面及脐上，光照满室，咸以为得道之验。今塔尚存。人呼为华严祖师塔云。"有些书籍，"乾统"写作"干统"，似将"乾"字简化了，此处应是"乾坤"的"乾"，不宜简化为"干"。"乾统"，即辽天祚帝时，为公元 1101—1110 年间，已是辽末了。"寿昌五年"，为辽道宗年号，此年号在"乾统"之前。而寿昌五年，即公元 1099 年。现存塔遗址，当初或为义琛禅师之塔了。塔遗址旁边，还有八棱的残经幢。

　　和尚砖塔西南二三百米远的山坡上，有一座白塔，当地人称之为"镇山塔"，像倒扣的坛子，一丈多高，白色，有如北海白塔，塔刹有一圆盘，上为塔尖。塔下建有地宫，辟一小门，人可进去。镇山塔毁于 20 世纪 60 年代。现在遗址处，散落着大量残砖，尤其一大半圆石盘，雕刻着精致的祥云图案，正是白塔上部塔刹部分的圆盘（图 131）。有几块较大的圆形砖，在地上摆了半个圆圈，应是

图131 刘家店镇磕头沟镇山塔塔刹圆盘残部（摄于 2011年11月）

塔身遗物，可大致看出圆形塔身约一米五六的直径。这座白塔与云岩禅寺是否有关，一时难以确定。其建造时间，大致在明清之际。

应该说，云岩禅寺在明代盛极一时，其影响要大于丫髻山，毕竟与皇家与太监有一定关联，且那个捐建庙宇的御马监阮让去世后，经皇帝允许，就葬于寺庙西侧不远处。不仅如此，庙内还有3通明代碑刻。

据记载，云岩禅寺3通碑刻，一是碑文收录在明万历三十二年《怀柔县志》和清康熙六十年《怀柔县志》的"敕赐云岩禅寺碑"，署名为光禄大夫少傅太子太师礼部尚书胡濙。这次为复建清理遗址时，清理出胡濙"敕赐云岩禅寺碑"，已残，为上半截（图

图132 刘家店镇磕头沟清理出的胡濙敕赐云岩禅寺碑（摄于 2015年5月）

132），下半截不知下落。碑文记述了御马监太监阮让，捐资和募众缘在旧址建造云岩禅寺及皇帝御赐"云岩禅寺"事。碑文"推太监历事太宗文皇帝、仁宗昭皇帝、宣宗章皇帝、太上皇帝、今上皇帝，列圣宠眷，思无补报，特兴兹寺"，说明太监阮让从小至老，历经5位皇帝。太监进宫一般很小，而从明永乐元年（公元1403年），至去世天顺四年（公元1460年），共57年，假如10来岁进宫，活了大概近70岁，历经成祖朱棣、仁宗朱高炽、宣宗朱瞻基、英宗朱祁镇、代宗朱祁钰及再次做皇帝的英宗朱祁镇。作为一个太监，一直受到几代皇帝赏识和重用，不易。

碑文撰写者胡濙，江苏武进人，建文二年（公元1400年）进士，授兵科给事中。永乐元年成祖即位，迁户科给事中。《明史·胡濙传》载："惠帝之崩于火，或言遁去，诸旧臣多从者，帝（指成祖）疑之。（永乐）五年遣颁御制诸书，并访仙人张邋遢，遍行天下州郡乡邑，隐察建文帝安在，以故在外最久。"即从永乐五年（公元1407年）起连续14年，胡濙在外暗访建文帝踪迹。永乐十四年（公元1416年）回朝，擢礼部左侍郎。宣德元年（公元1426年），进礼部尚书。"土木堡之变"，英宗被俘，加兼太子太师。天顺元年（公元1457年），英宗复辟，称病辞归。历仕六朝，卒年89岁。胡濙节俭宽厚，喜怒不形于色，能以身下人。对医学、文学颇有研究。明英宗正统十二年（公元1447年），胡濙曾为峨嵋山兴善寺撰写"敕赐兴善寺记"。而撰写"敕赐云岩禅寺碑"则在明代宗景泰六年（公元1455年），已是朱祁钰为皇帝了。二是住持德洽所立碑，内容与胡濙"敕赐云岩禅寺碑"大致相同。这次清理。未见此碑。但有一小块残碑首，具有明代碑刻特点，不知是否与此碑有关。

重要的是第三通碑，碑文收录在清康熙六十年《怀柔县志》的"重修云岩寺碑"（图133），署名兵部尚书商辂。此碑一直散落云岩禅寺遗址上，早断为两截。碑为青石质，螭首，额题篆书"敕赐云岩禅寺重修记"。年款为"庚寅秋九月重阳日"。

图133　刘家店镇磕头沟明代商辂所撰"敕赐云岩禅寺重修记"拓本

商辂（公元1414—1486年），明时一代首辅，浙江淳安人。于宣德十年（公元1435年），举乡试第一（解元）。第二年会试落第，遂入太学潜心读书达十年，深受国子监祭酒李时勉赏识。正统十年（公元1445年）以会试（会元）、殿试（状元）双第一，大魁天下，成为所谓"三元及第"。在明代近300年科举考试中，第一个"三元及第"的是黄观，商辂为第二人。黄观后被朱棣除名，所以又说商辂是明代唯一"三元及第"者，时年31岁。商辂为人平粹简重，宽厚有容。至临大事，决大议，则果敢刚毅，不为他人所动。历仕英宗、代宗、宪宗三朝，历官兵部尚书、户部尚书、太子少保、吏部尚书、谨身殿大学士，时人称"我朝贤佐，商公第一"。商辂与胡濙当同朝为官了。商辂著有《商文毅疏稿略》《商文毅公集》，纂有《宋元通鉴纲目》等。现在浙江淳安保存有商辂故居、纪念的庙宇等，且在街头立有雕像，影响很大。

重修云岩寺碑

兵部尚书　　商辂

云岩寺在怀柔县栲栳山，乃古刹也。

景泰初，御马监太监阮公让奉命提督沿山诸处马房，因见栲栳山峰峦秀拔，溪流澄彻，中有古刹，殿宇虽圮，遗址尚存，乃慨然以兴造为任，首捐己赀，徐募众缘，重建殿廊，庄严像设，广厦重墉，焕然一新。事闻蒙赐额曰"云岩禅寺"，兼赐护持、藏经及寺前故越府草场空地，与寺内永为长住，命僧德洽住持领众焚修。

太监先是宣德间随征迤北有功，升御用监太监，至是改任御马监。丙子冬，奉敕督军征剿湖寇。事竣，因留镇湖贵地方。明年，复进剿东苗，诛其首恶，余党悉平。天顺庚辰秋八月，以疾卒，枢还，蒙赐祭葬于本寺西庑之侧。

岁月滋久，殿廊颓毁，地土荒芜，多见侵于人。同事御用太监潘公瑛实睹其事，乃于成化丁亥六月，奏复前地，择贤而能者主之，令监工官覃芳再修殿宇，重建廊庑，由是寺获更新，田无失业。庶几僧众晨香夕灯，祝釐祈福，永有所赖。

且佛氏之教，本以劝人为善，而世人崇奉之者，亦以善心之发也。二公兴建于前，而修复于后，庸非一念之善，有以贯而通之乎？使后之人皆以二公之心为心，嗣而葺之，则寺以永存，化及一方，将贪嗔之念弗萌，而斗争之风自息，是重有禅于时者矣。潘公求予为记，而并及阮公履历者，不没其善，抑以使后来者有所于考也。

岁庚寅秋九月重阳日记。

如此重臣，为云岩禅寺重建撰写碑文，可见重建人的位置及寺庙影响非同一般。

碑文中，"天顺庚辰"为天顺四年（公元 1460 年），阮让于 1460 年去世。"成化丁亥"为成化三年（公元 1467 年），也就是阮让去世后的第七年，将云岩禅寺进行修复。撰文立碑为"庚寅"年，即成化六年（公元 1470 年）。

云岩禅寺遗址上，半掩着两个残损的龟趺碑座（图134），或一为商辂碑座，另一为胡濙碑座了。还有一个残损的须弥座，当是住持德洽所立碑座了。

图 134 刘家店镇磕头沟云岩禅寺残存的龟趺（摄于 2015 年 5 月）

17 老城八大灵塔

平谷老城西门内塔儿胡同有个罗汉院，院内有一座佛塔，坐北朝南，八角二层。上层为空心，供奉大肚弥勒佛泥塑坐像，高约2米，故俗称大肚弥勒佛塔。塑像背后有一洞，里边有红布包着的东西，当是塑像时装藏之物。下层为塔座，南侧有32步台阶，可见塔座之高大。这是当地故老眼中所见古塔之形状。

民国二十三年《平谷县志》"艺文·金石"载有《平谷县古塔内辽〈陀罗尼经〉石刻考》："平邑县治西北隅现存之塔，其上截曾经颓圮。系因其旧基而重修者，高三丈余，非如其旧。塔高出城头，势凌霄汉，为一邑之杰观也。惟《陀罗尼经》石刻，仍存塔之东西两壁间。共石二方，一尚完好，高一尺三寸八分，宽一尺九寸；一已残缺，高一尺五寸二分，宽一尺九寸八分。书法高古，刻工亦精。按《重修古塔志》所载，塔自唐开元年创建，辽及明迭次重修。但是塔建于唐代无可考。其石刻载有'《陀罗尼经》，唐开元朝沙门不空奉诏译'云云，志文即误以塔亦建于开元。又据石刻，既系重熙十二年记，足征是塔创建于辽时为确也。"

也就是说，这座古塔建造于辽时。而辽时之塔存留至今者多为密檐塔，由于没有实物及照片留存，也就不知此塔形制如何了。撰写此文时，随手找到1961年9月平谷县建设局《平谷县附近古建筑现况调查资料》，其中有一段记述："平谷城关喇嘛塔（塔名已无从查考），建于辽重熙十一年（公元1042年），至今年夏季，才因建房而拆去。在拆去前，塔身外表尚属完整，但结构上已有裂缝，则已无从查考了。"
这里所说喇嘛塔，即是县城塔儿胡同这座古塔无疑，因为老县城别无
它塔。因此，古塔形制当是与京城北海白塔类似的覆钵式塔了。

这座古塔名为八大灵塔，俗称白塔。明宏治初年，邑人张襘、张襰
两都宪髫年时，二人闲步郊外，其兄襘见野花满地，偶成一联云："野外
黄花金钉钉地。"弟襰遥瞩城郭即对曰："城中白塔玉钻钻天。"工对绝
伦，一时传为佳话。以此证
之，明时塔犹完好。《平谷
县古塔内辽〈陀罗尼经〉石
刻考》记载："又按，清代平
谷续志《地震记》云：'康熙
十八年七月，平谷地震，古
塔倾颓。'"后虽经重茸，据
说"因捐资艰窘，未能修复
原状"。当地故老所谈塔为八
角二层，上层空心，下层塔
座，南侧有 32 步台阶等，即
是其大致情景。罗汉院及古
塔，当一起于 1961 年夏拆毁。

1984 年 8 月，在塔儿胡
同施工中发现 1 通"大王镇
罗汉院建八大灵塔记"碑（图
135），碑高 70 厘米，宽 42

图 135　大王镇罗汉院建八大灵塔记碑拓本

厘米，厚 12 厘米。青石石质，方首抹角。碑阳额书"大王镇罗汉院建八大灵塔记"。正文阴刻楷书，字口清晰，保存完好。首题"无垢净光大陀罗尼经"。碑文 17 行，满行 26 字，楷书。年款"重熙十一年岁次壬午七月壬寅朔十七日戊午甲时建记"。说明罗汉院建于辽重熙十一年（公元 1042 年），为辽代中期，相当于北宋庆历二年。碑文主要镌刻的是《陀罗尼经》。这通石碑现为上宅文化陈列馆收藏。

陈列馆同时收藏 1 通"罗汉院八大灵塔碑"（图 136），碑高 136 厘米，宽 71.5 厘米，厚 13 厘米。青石质，方首抹角。撰文张轮翼，

图 136　罗汉院建八大灵塔记碑（摄于 2016 年 1 月）

其资料不详。碑文有些漫漶不清，其职务处看不真切，但开头为"武德郎"三字。"武德郎"，宋阶官名，徽宗政和（公元 1111—1118 年）中，定武臣官阶五十阶，第三十六阶即为武德郎，从七品，可知其品位不高。额提"罗汉院八大灵塔记"，楷书。年款"重熙十三年岁次甲申四月壬辰朔八日丙时建"。或许罗汉院八大灵塔为重熙十一年七月始建，至重熙十三年（公元 1044 年）四月建成，历时一年多。"罗汉院八大灵塔记碑"碑文记载："地有胜境，贤胜栖神，即罗汉院者矣。"其笔

下富有文采。"法清与天水赵文遂于开泰法师处，请到遗留佛舍利数十尊，用七宝石函（图137）葬塔基下。"不知开泰法师为何方高僧，住持何处。"经圆维那邑司塔主等尽请撰录，难拒众情，不得已而但述之尔。轮翼春秋八十有一。"张轮翼撰写碑文时，竟然81岁高龄了。而所谓"八大灵塔"，据当地老人所谈，应该是一座塔，而非8座塔，只是称作"八大灵塔"而已。

碑文记述建塔时，塔下以石函安葬佛舍利数十尊，故此塔应为舍利塔。而辽代塔下，一般建有地宫，此塔亦不例外。近年在塔儿胡同施工中，就发现一个石函，长62厘米，宽42厘米，高23

图137　大王镇罗汉院八大灵塔下舍利石函

图138　大王镇罗汉院舍利石函线刻图案拓本之一

图139　大王镇罗汉院舍利石函线刻图案拓本之二

厘米，汉白玉石质。函身三面线刻身着袈裟、手持经卷、法器的僧人像，另一面线刻两尊脚踏莲花的菩萨像，且以祥云托起一座寺庙建筑（图138、图139）。专家鉴定为辽金遗物，认为是"大王镇罗汉院舍利石函"。大致不错，更准确而言，结合碑文记载，可以断定：这即是塔基下安葬佛舍利的"七宝石函"，为辽代遗物。

　　碑文中所记"大王镇"，据平谷旧志载，"唐废平谷为大王镇，入渔阳县"。辽时仍是大王镇。至金大定二十七年（公元1187年）复为平峪县，即平谷县，属蓟州。这2通石碑及石函收录在《平谷文物志》及《平谷石刻》书中，对研究平谷历史文化，具有重要价值。

18 金章宗与双泉院

金代为东北女真族建立的王朝，贞元元年（公元 1153 年），海陵王完颜亮将都城由上京（今黑龙江阿城）迁至燕京（今北京），改称中都。传至金章宗完颜璟时，金代已至鼎盛时期，他以皇太孙身份继承祖父帝位，自幼对祖父的文韬武略耳濡目染，加之对儒家文化的融会贯通，在继行祖父"仁政"的基础上，效法北魏孝文帝实行的汉化改革，不断完善政治、经济制度，实现了女真族的彻底封建化。

金章宗在京城生活起居和处理朝政的同时，也常常到京郊打猎游玩，平谷地区即是其多次驾临之地。金海湖镇崅山上建有双泉院，金章宗与王妃等曾驻跸寺内，现遗址尚存。崅山又称茅山、元宝山，山上山下有老爷庙、马神庙、财神庙、火神庙、五道庙、龙王庙、玉皇庙、娘娘庙、灵官庙、望海观音庙、跶拉庙、双泉院等 10 余座庙宇，这应该与明代守卫将军石关

图 140　金海湖镇东上营村明代营堡残存的南门（摄于 2007 年 1 月）

的将军石营设此有关。将军石营，又称东上营，而中营、下营在天津蓟县境内。据《四镇三关志》载："永乐年建。"建有城堡一座，东西长150米，南北宽280米，设有南门和西门。南门为券顶门楼，高约3米，现残存一高2.2米、宽3.1米的门洞（图140）。西门处尚存大块条形基石。营内东南角，原有古炮台一座，炮台为砖石结构，5米见方。后因营而成村，名上营。为区别王辛庄镇上营和镇罗营镇上营，而称此为东上营。如今，这些庙宇虽然已毁，但大多遗迹可寻。

　　双泉院遗址坐落崌山半山间，东西宽约50米，南北长约20米。《日下旧闻考》记载："崌山在县东北四十里，峰峦峭峻，林谷深邃。有双泉寺，金明昌中建。"当年这里的环境应该很优美。双泉院依山而建，如《平谷文物志》所记，寺坐西朝东，原有正殿及南北配殿各三间，是一座三合院式建筑。经与村里人深入访谈调查及实地踏察，寺院山门东向，南侧为大坝沿，高约3米左右，南配殿就建在坝沿上。正殿及北配殿不知毁于何时，当地人亦未曾见过。在20世纪三四十年代仅存南配殿，以至村里人误以为是南倒座三间，且认为正殿坐北朝南。南配殿1948年拆毁。遗址西侧，有一盘石碾，碾滚尚存。寺东侧不远处，有两眼水井，东西相距约4米，传说井水一苦一甜，双泉院亦由此

图141　崌山双泉院遗址保存的水井与石臼（摄于2007年1月）

图 142　金海湖镇东上营村崌山双泉院遗址水井西侧散落的须弥碑座（摄于 2012 年 2 月）

得名。双井现存，井中有水，清凉可饮。井边，有一过去捣米的石臼（图 141）。这碾、这臼、这井等，当是旧时庙里僧人日常生活所用之物。井西侧，原有一通石碑，碑座倒置井边，为中间束腰、雕有莲花瓣纹饰的须弥座（图 142）。再西边，大约正殿前北侧原有一通石碑。

正殿北面四五十米处，坝沿上有一天然山洞，名朝阳洞。洞上部建有屋檐，上覆青瓦、滴水。洞高约三四米，洞深约四五米，洞内北部为石龛，供奉 3 尊铜像，中间一尊高约四五十公分，为观音菩萨；两边为站像，略矮。当地人相传，洞内旧有 8 尊铜佛像。洞前为一小院，西侧厢房二间，住一位老道，名勾长荣，河北三河县人，新中国成立后才去世；东侧二小间厢房，作为厨房及存放杂物。没有山门，前为大坝沿，从坝沿石缝里长出 1 棵大桑椹树，约 1 搂多粗。当地人称这山洞为"双泉寺朝

图 143　崌山朝阳洞，近年在洞口复建了屋檐及门窗（摄于 2012 年 2 月）

图 144　金海湖镇东上营村崞山金代双泉院残碑
（摄于 2007 年 6 月）

阳古洞"，看来洞与寺院为一体。近年复建（图143），且在复建东西厢房基础上，新建山门。洞东边约四五十米处，半山腰有 2 座和尚坟，南北东三面砌以围墙，西面空敞。围墙早已拆毁，坟墓尚在。

现存 3 通与双泉院有关的石碑，一是"重建双泉院碑"，已残损，仅存上半部，汉白玉石质，螭首圭额，额题楷书"重建双泉院碑"，碑文有"驾秋狝""皇妃"及"公主"等字迹，落款为"大金明昌四年"（图 144）。可知此碑立于公元1193 年，"明昌"为金章宗时年号，"皇妃"或为章宗元妃李师儿，"公主"是金章宗之女了。据意当是在明昌四年秋天，金章宗与皇妃及公主一起，来这里游猎。翻阅《皇帝全传》，"章宗"明昌四年九月，有"癸酉，如秋山"记载，即到秋山去。秋山在蓟州，今天津蓟县。当是章宗等从中都到蓟州秋山游猎，回来或去时途中或许驾临

图 145　金海湖镇东上营村崞山双泉院元代八思巴文碑额拓本

图 146　金海湖镇东上营村崤山"双泉禅寺碑石"残碑首（摄于 2008 年 6 月）

图 147　金海湖镇东上营村崤山明代古建双泉碑拓本

图 148　金海湖镇东上营村崤山明代古建双泉碑碑阴（摄于 2008 年 12 月）

双泉院了。有关专家研究，双泉院很可能就是章宗八院之一，也就是金章宗出行的行宫之一。碑文还有"辽时蒙赐院额"语，说明这座寺院始建于辽代，且寺额为皇帝所赐。

二是"崤山双泉禅寺碑石"，汉白玉石质，仅存螭首式碑首，碑阳额题八思巴文（图 145），碑阴额题楷书"崤山双泉禅寺碑石"（图 146）。此碑当为元代碑刻，碑阳正文当为八思巴文，可惜碑身已毁，内容与时间不得而知了。

三是"古建双泉"碑，碑为方首圆角，青石质，碑阳额题楷书"古建双泉"（图 147），碑文有缺损，大致是记述将军石营与当地人等捐资于明嘉靖二十五年（公元 1546 年）重修双泉院之事，落款为"大明嘉靖二十六年"。碑阴额题"重修碑记"（图 148），字迹不清，当是功德名录。

前两通残碑现存上宅文化陈列馆，第三通碑现存东上营村委会。通过这 3 通碑文，大略可知双泉院始建于辽，且寺额为皇帝所赐。金明昌四年、元代及明嘉靖

图 149　金海湖镇东上营村碣山复建中的双泉院，已改为坐北朝南，面阔五间，重檐歇山顶（摄于 2012 年 2 月）

二十五年曾进行重修。在金章宗时，双泉院或为其出行游猎的行宫之一，且于明昌四年驻跸于此。由此看来，这座寺院为辽代以来京东一处重要庙宇。而辽时契丹人有尊日东向习俗，那时所建庙宇多为坐西朝东，双泉院亦不例外。近年，地方在逐步复建双泉院，已改为坐北朝南，正殿面阔五间，重檐斗拱（图 149），已非旧有格局。

由于金章宗不止一次驾临平谷，便留下诸多与其有关的传说与遗迹。明嘉靖三年（公元 1524 年）《蓟州志》"卷之三·古迹"记载：平谷县"看花台，在城南五里，逆流河之西。相传金章宗看花于此，遗址尚在。三台，一曰望马台，二曰摩鼓台，俱在县东二十里；三曰发箭台，在县西北二十里。相传金章宗出猎，登此三台，以观逐兽。"今平谷西北有乐政务村，原名下箭务，相传因章宗在这一带打猎，以飞箭落下的地方而得名，民国年间改名乐政务。在金海湖还有金花公主墓，俗称小姐坟，相传为金章宗之女，死后葬在洵河岸边一座小山上。明嘉靖三年

（公元 1524 年）《蓟州志》"卷之三·古迹"记载："金花公主墓，县东三十里上马家庄，俗传金章宗女葬此。其墓两山相抱，从崖口凿石穴，施四铜环，棺木悬空，引海子水流入于内，其深莫测，至今捕鱼者或见之。"区档案局所存清雍正六年（公元 1728 年）《平谷县志》（手抄本）"地理志·古迹·陵墓"所记与此几乎相同。日本冈田玉山等编绘 1802 年出版的《唐土名胜图会》中，收录一幅"金花公主墓"图（图 150），以四根铁链悬吊着棺木，下为河水。韩牧苹先生在《金海记游》中写道："公主是金国章宗皇帝的女儿，生得聪明伶俐，容貌姣好，可惜她正当豆蔻年华，便自香消玉损，与世长辞了。章宗非常悲痛，便遣人凿山为

图 150　日本冈田玉山等编绘《唐土名胜图会》金花公主墓图（1802 年出版）

穴，以四铜环悬棺于内，引泃河水流经其下，做'金井玉葬'故事。"
而1959年4月平谷第一次文物普查登记表有记，称之为"金华公主墓"："墓
建筑在两山之间的一个大岩石山上，为一封土墓。岩石山东麓，有一石
洞入口，为长方形，高约4米。据县志上说，金华公主的棺木是悬吊在
石洞里的，洞底水深不可测，后人附会此洞即为金华公主悬棺处。老乡
们说，此洞是斜着向上深入的，尽头即为露在地面的封土墓。"当时"封
土尚完整，石洞内无任何迹象可以说明为金华公主悬棺处。现石洞下公
社正在修建水库。"金史专家经研究认为，金章宗没有金花公主，但在
金海湖一带关于金花公主的故事流传很广。1959年修建海子水库（后改
名金海湖）时，据说民工在洞内拾到金簪一根、红缨一束，应为墓主人
遗物。无论墓主人究竟是谁，这是一座古墓葬无疑。现在在金海湖大坝
内一山岗处，重建金花公主墓，成为金海湖一处重要人文景观。

　　崮山顶玉皇庙北不远处，有2座墓，东墓以石头砌筑基座，上为
墓冢，很高大；西墓为
土丘墓，较矮小。村里
人传说，为南宋牛皋、
金兀术之墓。二人交战
追杀至此，金兀术战败
而气死，牛皋得胜而笑
死。二墓现存，亦应是
古墓葬，尤其那座石砌
基座的古墓，非近人所
砌筑（图151）。崮山顶

图151　金海湖镇东上营村崮山顶古墓，相传为南宋
时牛皋墓（摄于2012年10月）

南部，在望海观音庙东侧山坡上，20 世纪 40 年代末，村里人曾挖到一座墓葬，挖出一把"亡命刀"，还有一个方盒，盒上有鳞片，一打开闪闪发光，有人说是印盒。据说明朝时在这里守营的是个姓殷的将军，村里人猜测或许是他的墓了。

站望海观音庙处，可远眺南面盘山，东上营村就在山角下，洵河从村南由东向西流过。村里人记得，过去在这里，天气好时，能够望见通州塔。通州塔名燃灯塔，矗立于大运河西岸，八角十三层，高 56 米，为典型的辽金密檐式塔。

19 金代横海军节度使巨构及巨氏家族墓

巨构，金代人，官至横海军节度使。去世后，葬于东高村镇东高村西北，平三公路西侧原金属公司院内。对于巨构墓，当地人俗称巨家坟。

巨构，《金史》有传。《金史》“卷九十七 · 列传第三十五”记载（图152）：

巨构，字子成，蓟州平谷人。幼笃学，年二十登进士第。由信都丞察廉为少石城令，补尚书省令史，授振武军节度副使。改同提举解盐司事，以课增入为少府监丞，再迁知登闻检院兼都水少监。

时右司郎中段珪卒，世宗曰：“是人甚明正，可用如巨构，每事但委顺

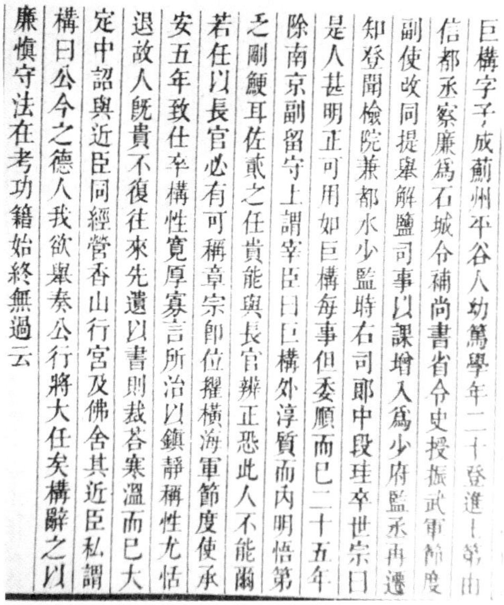
巨構字子成薊州平谷人幼篤學年二十登進士第由信都丞察廉爲石城令補尚書省令史授振武軍節度副使改同提舉解鹽司事以課增入爲少府監丞再遷知登聞檢院兼都水少監時右司郎中段珪卒世宗曰是人甚明正可用如巨構每事但委順而已二十五年除南京副留守上謂宰臣曰巨構外淳質而內明悟第乏剛鯁耳佐貳之任貴能與長官辨正恐此人不能爾若任以長官必有可稱章宗即位擢橫海軍節度使承安五年致仕卒構性寬厚寡言所治以鎮靜稱性尤恬退故人既貴不復往來先遺以書則裁荅寒溫而已大定中詔與近臣同經營香山行宮及佛舍其近臣私謂構曰公今之德人我欲舉奏公行將大任矣構辭之以廉慎守法在考功籍始終無過云

图 152 《金史》“列传”所记巨构传

而已。"二十五年，除南京副留守。上谓宰臣曰："巨构外淳质而内明悟，第乏刚鲠耳。佐贰之任，贵能与长官辨正，恐此人不能尔。若任以长官，必有可称。"

章宗即位，擢横海军节度使。承安五年致仕，卒。

构性宽厚寡言，所治以镇静称。性尤恬退，故人既贵不复往来。先遗以书，则裁答寒温而已。大定中，诏与近臣同经营香山行宫及佛舍。其近臣私谓构曰："公今之德人，我欲举奏，公行将大任矣。"构辞之。以廉慎守法，在考功籍，始终无过云。

区档案局所存清雍正六年（公元 1728 年）《平谷县志》（手抄本）"人物志·人物"记载："巨构，大定时第进士，累迁横海军节度使。宽厚谨慎，所至以镇静称。世宗尝曰：'巨构，外淳质而内明悟，鲜有及之者。'"后乾隆及民国县志均如此照录。而县志当摘录于《金史》，只是将"所治以镇静称"之"所治"写作了"所至"。另外，还将"巨构"写作"巨搆"。当然，古时"搆"与"构"通，且从《金史》。

巨构作为金代大定时进士，历经世宗、章宗两朝，深得皇上赏识。所迁横海军节度使，大致在沧州、景州等地，节度使总揽一方军民政务。至于巨构一生经历的详情，典籍记载略简，访谈当地老人亦知之甚少。

清雍正六年（公元 1728 年）《平谷县志》（手抄本）"地理志·古迹·陵墓"记载："巨构墓，今（或为抄写笔误，当为金字）节度使，在县南八里，有碑。"《平谷文物志》记述巨构墓："墓为南北向，占

图 153　清乾隆四十二年《平谷县志》"乡社村庄"关于东、西高村记载

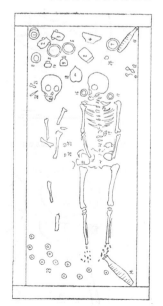

图 154　东高村镇东高村金代墓葬平面图

地面积约 400 平方米。原为一大沙丘，有龟趺、碑刻、石像生排列墓前，20 世纪 70 年代平整土地时埋入地下，墓地表遗迹无存，现为金属公司仓库。"作者至西高村与村里老人调查，告说巨家坟前，过去是一片石人石马，也就是墓冢前的石像生了。石像生分两排，东西相对侍立，中间为青石甬道。据说坟里埋的是"巨无霸"，且说埋的人是金脑袋。立着的石碑足有七八尺高，下面土掩着。他们记得石碑上好像写着的东、西高村，是"东、西皋村"，还有"巨无霸""东皋村西缘""节度使"等字迹。老人"东、西皋村"的记忆，估计不会有误。至于是否金代有"东皋村""西皋村"之称，石碑未曾出土，也就不得而知。翻阅清雍正六年（公元 1728 年）《平谷县志》（手抄本）"地理志·乡社·村庄"，已有关于"东高村""西高村"的记载（图153），起码那时两村就已如此称呼了。

　　1984 年秋，县金属材料公司院内挖暖气沟，在巨构墓东南 60 米处，施工时发现一石椁木棺墓。墓为东向，有两具尸骨，一具较完整，为仰身直肢葬；一具尸骨散乱，应为二次埋葬。当是合葬墓，且头东

图 155　东高村镇东高村金代墓葬出
土文物之双系罐

脚西（图 154）。清理出土随葬品 50 余件，其中铜器 6 件，有铜镜、铜带环、铜带扣；瓷器 14 件，有黄釉瓷洗、双系弦纹白瓷罐、双系弦纹直腹罐（图 155）、直腹折臂罐、双鱼瓷盘、荷叶白瓷碗、酱釉蒜头壶、鸡腿瓶、白瓷碗、白瓷罐等，并在瓷罐内发现谷子颗粒物；玉器 9 件，有白玉环、玉佩（图 156）、玉坠、水晶球等；淳化年古钱币 34 枚；木盒 1 件。

在石椁盖上，平放一方墓志。志文楷体，由于风化浸浊，有些漫漶模糊，但尚能辨识部分字迹，可读其大概。"先三代所未见，汉有巨武"，当是说远祖三代已不清楚了。根据有关资料，汉代确有巨武其人，为荆州刺史。南宋郑樵所撰《通志·氏族略》记述："巨氏，汉有荆州刺史巨武，望出平昌。"而"平昌"一般指平昌县，今四川巴中所辖。"荆州"，古称"江陵"，在长江中游、湖北省中南部。

图 156　东高村镇东高村金代墓葬出土文物之玉佩

志文"居常山"，"大族，五代之乱，浮阳君""遂"，或指巨氏曾"居常山"，为一方"大族"，即名门望族。常山，今有常山县，在浙江省西部，衢州所辖。而三国时蜀将赵云，亦称常山赵子龙，一般认为赵云是常山真定人，即今河北正定。"五代之乱"之五代，指公元907年唐朝灭亡后，依次更替的五个地方政权，即后梁、后唐、后晋、后汉与后周。公元960年，赵匡胤"陈桥兵变"，黄袍加身，取代后周，建立北宋，五代结束。这五个地方政权都位于中原地区，据此看来，巨氏所居"常山"，当不是常山县，即不在浙江。"浮阳君"，应是其祖上一个名字，即巨浮阳，而这时应在五代之时。"卅有一□进士第禄仕，五十年以正□□大夫□□郎□使致仕。有子八人，君其长也。"是说墓志主人的父亲31岁进士第，步入官场，50岁退休。生有8个儿子，墓志主人是长子。"补官□别贮院使将陵河仓使室"，是说墓志主人曾做过什么官或事了。"子□□□显校尉兼妫州县酒女曰娇娥适"，墓志主人有子，或做过校尉之类的低级小官，"妫州"在今延庆、张家口一带。有女，名娇娥，嫁给了什么人。"适"，旧时指女子出嫁。"浩君幼有大度，不修小节，喜宾客，重亲戚"，"与人有恩故人乐为之用常疏"，"或人怪其奢，曰'我父祖世称□□也'。"墓志主人平常为人大度，不拘小节，好客，乐善好施，以至人们说他太奢侈了。可见其大致为人。由"浩君"可知，墓志主人或名或号有个"浩"字。"荣显者耶？其立意宏远如此，故东皋□里□□一□。其园池亭榭，控御江山，为京东之胜□。君之□实居其多，方将濯尘缨于沧浪波栖迟"。这里出现"东皋"字样，或可与村里所谈"东、西皋村"相印证。也许当时金家在这一带建造了"园池亭榭"的类似私家园林之类建筑，成为"京东之胜"。

今北京辽时称燕京，为辽南京。金贞元元年（公元1153年），海陵王完颜亮将金朝都城从女真故地上京（今黑龙江阿城）迁至燕京，改称中都，即金中都，以后元、明、清相继建都于此。而东、西皋村在金中都之东，故有"京东之胜"之说。墓志主人退休后，晚年或主要生活于此。"以□余年，而天不与之寿其命也。夫君之生也，以皇统□□十月廿四日。其终也，以泰和三年十月十三日"。墓主人生于皇统□□十月二十四日，卒于泰和三年（公元1203年）十月十三日。"皇统"为金熙宗所用年号，"泰和"为金章宗所用年号。"月丁酉附葬于先茔礼也陇与"，是说墓志主人去世后，安葬于先茔之旁。后面还有四字句共12句的歌颂的铭辞。末尾有"泰和三年十□月初□日□□"，或为镌刻墓志乃至下葬时间，当在墓志主人去世后的十一月或十二月内。

通过对此方墓志（图157）解读，大致可知，此巨氏或为汉代荆州刺史巨武之后，来此极可能在"五代之乱"前后，即在唐末宋初之时。墓志主人之父中进士，或在金世宗与章宗之间。巨家坟，应为巨氏家族之墓。

图157　东高村镇东高村金代墓葬出土之巨君墓志拓本

若以后巨构墓碑或其他相关资料发现，再行具体研究。

巨构与墓志主人有什么关系？根据出土器物及墓志分析，大略推算，巨构 20 岁中进士，为金大定年间（公元 1161—1189 年）。承安五年（公元 1200 年）致仕，卒。如此算来，巨构最大为 59 岁，当生于皇统元年（公元 1141 年）。最晚生于金大定九年（公元 1169 年），至大定二十九年（公元 1189 年）才 20 岁，巨构历经世宗、章宗两朝，仅活 31 岁可能性不大。所以，巨构大致应生于皇统年间（公元 1141—1149 年），活了 50 多岁。而所出土墓志主人生于皇统年间，卒于泰和三年（公元 1203 年），最小 54 岁，最大 62 岁，墓志主人比巨构晚去世 3 年。所以，二人年龄大体相当，巨构应该不是墓志所写的"卅有一□进士第禄仕，五十年以正□□大夫□□郎□使致仕"的墓志主人之父，条件不符。如二人为一奶同胞的亲兄弟，墓志主人当为长兄，志文或会有所提及，以为光耀。细看字里行间一点没有，亲兄弟可能性不大。若说叔伯兄弟，倒有可能。当然，也不排除叔侄关系之可能。无论如何。即是葬在一块墓地，应该是本家无疑。文物志记述墓志主人"应是横海军节度使巨构同族人"，基本准确。也有说是巨构后裔者，或不妥。

阅览清雍正六年（公元 1728 年）《平谷县志》（手抄本）"选举志·科第"，发现"金"代下，除记述"巨构，大定时第进士，累迁横海军节度使"外，紧接着还记有："巨仲嘉，明昌时第进士，授永寿县令。"清光绪《畿辅通志》"卷三十四·表十九·选举二"在"明昌年"下，亦记"巨仲嘉，平峪县人，永寿县知县"。"大定"为金世宗所用年号，"明昌"与"承安""泰和"一起，均为金章宗相继所用的三个年号。而有金一代，典籍所记平谷仅此二人第进士。即是同为巨姓，巨构与巨仲嘉或有家族关联，志书未写明。近日看到沈仁国先生所撰《金明昌进士辑补》文，恰巧写到"巨仲嘉，宛平人"，并有"父巨构"之语，且引用相关资料："薛教授将仲嘉列入明昌中进士，未明言具体的登第年份。《寰宇通志》称仲嘉为金明昌间进士。《嘉靖蓟州志》称他是明昌二年进士，官至文林郎、永寿县令。"文中所说"薛教授"，当指薛瑞兆先生，著有《金代科举》一书，记述"巨仲嘉，平谷人，巨构之子，明昌间进士第，仕为永寿令（《光绪顺天府志》人物志·卷二五·选举）"。二人原为父子关系。此说县志未有记述。而《光绪顺天府志》"人物志·卷二五·选举"确是写到了巨构、巨仲嘉，但没有"父子"之说。不过，两位先生治学严谨，应该言而有据。只是沈先生说仲嘉为"宛平人"，当值得商榷。

现在，东高村、鱼子山等村仍有巨姓人家，即为金代巨氏家族之后。

大兴隆禅寺与元代八思巴文碑

　　王辛庄镇太后村，辖黑虎峪、牛角峪、牛金坨、东坡、秋儿峪、萧家院6个自然村，北、东、西三面环山，南部山口敞向平谷城。

　　旧时统称萧家院，民国时因山中有兴隆寺，改名兴隆庄。抗战时期化名太后，沿用至今。最早萧姓居住于此，因四周群山环抱，形如宅院，故称萧家院。萧家院地处萧家岭主沟西侧，楼子山东侧峡谷间。楼子山东麓龙泉沟上部有一泉水，名龙潭，早年自溢成溪。1958年，村人为开源引水进行爆破，以至破坏地质构造，造成水漏，后将余水以铁管引入水窖，供泉下人家饮用，现已干涸。泉东侧约二三百米处有一井，尚有水，因附近人家近年已搬迁，井遂废弃。当地人说，据传当年尼姑吃龙潭水，和尚吃井水。

　　龙潭上面旧有龙王庙，仅一间大小，庙内绘有龙王画像。潭有砖砌券拱形门，下两步台阶，下面是水，人们常钻进去打水。过去，每当天旱了人们就来这里求雨。求雨时，一般要敲着8面大鼓，震得山响。还有4人抬着高桌，桌上一尊佛像。人们围着龙潭，往潭里扔带来的点心。另外，一人背个纸盖子，上面画着王八形状，充作王八，人们从潭里打水往他身上泼。人们认为王八会憋雨，而来的人都带着柳条帽子，在地上跪着祈祷。求雨后时间不长，往往天就真的下雨了。

　　大兴隆禅寺原在龙潭南侧（一说在潭西台地上）三四十米处，坐西朝东，后下迁潭东重修，改为坐北朝南。其始建年代不详，据现存碑文记述，元至元二十七年（公元 1290 年）八月，第五代住持行泰驻锡，修葺古刹殿庑。至元二十九年（公元 1292 年），中书省平章政事铁哥之母代国太夫人李氏布施白金 2000 两，重修殿宇，自余杭迎大藏经 5000 余轴安奉。至元三十一年（公元 1294 年）正月，元世祖忽必烈在大都驾崩。四月，元成宗铁穆尔在上都即帝位。五月，元成宗以皇帝名义向各地佛、道、基督教寺院重颁护持圣旨，免除差发，告天祝寿。六月，以皇帝名义拟旨，宣谕军兵及州县官员人等禁约骚扰平谷兴隆寺等寺院。十月，元成宗自上都回到大都。元贞元年（公元 1295 年）春，平章军国重事、宣政院使答失蛮等四位使臣赍擎禁约骚扰的公告圣旨，在大都路开读。大德元年（公元 1297 年）七月，兴隆寺修建完工，彩绘焕然，交辉互耀。十二月，翰林直学士乔达撰大兴隆禅寺创建经藏记刻石，在兴隆寺立碑。大德三年（公元 1299 年）六月，禁约骚扰的公告圣旨刻石，在兴隆寺内立碑。

　　大兴隆禅寺东西宽和南北长各约 15 米，围有院墙，前为山门。院内只有正殿，面阔三间，前有廊，后有厦。这是佛教庙宇，当地人说主要供奉菩萨画像，两旁绘有十八罗汉像。山门内，左右各有一通石碑，均为龟趺座（图158）。还有一八棱经幢。1943 年农历 9 月 30

图 158　王辛庄镇太后村大兴隆禅寺遗址所存已凿成水槽的龟趺（摄于 2007 年 1 月）

图159　王辛庄镇太后村大兴隆禅寺遗址所存元代碑刻（摄于2007年1月）

日，寺庙被日军烧毁。庙址后来被盖为民房，现为耕地，已看不出一点庙宇旧貌。现存两通元代碑刻，立于原址西侧山脚下（图159），保存完好。

民国二十三年《平谷县志》记载："兴隆寺，在瑞屏山下，至县二十里，元大德元年建，宏（弘）治年间重修，今俗称萧家院。"又载："县治西北二十里，山势高耸，叠嶂环抱，中心砥平。西山下有龙潭，水势渊深。相传旧有尼庵，幼尼出行汲，忽内急而溺于潭侧，潭中龙因有人道之感，孕而生女，弃之山陬。邻村萧姓者怜而养之，长而聪慧。后入辽宫为后，主卒子幼，后即专政，遂有萧太后之称，至今其地名萧家院。中有僧庙，遗古碑一，皆蒙古文，土人莫之能识。"

所存两通元代碑刻，一为《大兴隆禅寺创建经藏记》，一为《大兴隆禅寺圣旨碑》。

《大兴隆禅寺创建经藏记》，元大德元年（公元1297年）立石。碑高220厘米，宽74厘米，厚17厘米，青石材质，螭首。碑阳篆额"大兴隆禅寺创建经藏记",正文阴刻楷书,首题"蓟州平谷县大兴隆禅寺创建经藏记",翰林直学士、奉训大夫乔达撰并书,桂阳路僧录镇国退堂佛光大禅师满聪篆额。碑文记述此寺创建经藏过程及藏经数目、来源。其中写道:"至元二十七载,岁在庚寅秋八月,泰公禅师复住蓟之瑞屏山大兴隆禅寺驻锡。……遂遣人于余杭迎大藏金文五千余轴,安奉于寺。""泰公",应是立碑的"本寺第五代住持龙泉长老行泰"。而施主(大檀越)为"中书省平章政事帖哥光禄之母代国太夫人李氏"等。这里所列"中书省平章政事帖哥光禄",帖哥位列宰辅,官居一品。帖哥即《元史》列传的铁哥,属同名异译。史传载铁哥母为汉族,未着姓氏。1962年北京龙潭湖附近出土的《铁哥公墓志》称"妣李氏,贞淑慈俭,内治有法,封代国太夫人",与经藏记碑所记吻合,

"元大德元年"立石,而非建庙。由碑文可知,大兴隆禅寺始建年代也应早于至元二十七年(公元1290年),因为龙泉长老行泰是"复住",且是"第五代住持"。据此大致推断:大兴隆禅寺早可至辽,因为萧家院据传辽代成村,极有可能成村后即建庙了。另外,此寺原坐西朝东,辽为契丹人政权,契丹人有尊日东向习俗,京西大觉寺坐西朝东,即为辽代所建,可为旁证。至晚不过金代中期,"大德元年"为元成宗铁穆耳年号,是在公元1297年,既然龙泉长老行泰是"第五代住持",一代按25年或30年记,上推5代,大致一百三四十年左右,即公元1160年前后,相当于金世宗大定年间,即金代中早期。中国社科院近代史研究所研究员、著名八思巴文专家蔡美彪先生所撰《平谷元兴隆寺圣旨碑译释》一文,其中也谈及此寺,认为创建当在辽朝末期至金朝前期,大体一致。

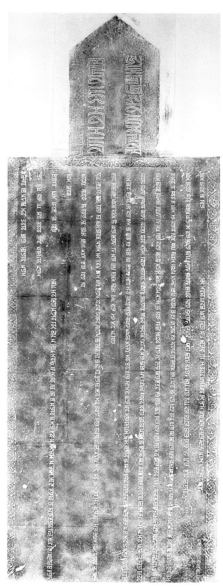

图 160　王辛庄镇太后村大兴隆禅寺遗址所存八思巴文碑拓本

《大兴隆禅寺圣旨碑》，俗称八思巴文碑，元大德三年（公元 1299 年）立石。碑高 240 厘米，宽 82 厘米，厚 22 厘米，青石材质，螭首。碑阳四框饰以波浪纹，碑额、正文皆为八思巴文（图 160），字口清晰，保存完好。碑阴：篆额，正文阴刻楷书，即元代白话文，模糊不清。

碑阴录文

碑额：皇恩特赐圣旨译本

正文：长生天气力里

　　　大福荫护助里

皇帝圣旨。管军的官人每根底，军人每根底，城子每的达鲁花赤每根底，官人每根底，经过的使臣每根底，宣谕通知圣旨成吉思皇帝的、月阔歹皇帝的、薛禅皇帝的圣旨里，和尚每、也里可温每、先生每，不拣甚么差发科配休出者，告天祝寿者道有来。如今依在先的圣旨的体例里，不拣甚么差发科配休出者，天根底祷告祝寿与者，么道。属大都路的蓟州平谷县瑞屏山里（兴隆）寺、净严、独乐、华严寺里每有的泰长老、兴觉两个根底将着行的圣旨与了也。这的每的寺里有的他每的房舍里每，使臣休安（下）者（铺马祗应）休要者，商赋地税休当者。但是属寺家的田园、土地、水、碾水磨、铺席、店舍、热水堂子不拣（甚么物件他每的），休夺要者。更，这泰长老、兴觉两个有圣旨么道，无体例的勾当休行者。无体例的勾当行

呵他（不怕那）圣旨俺的。

马儿年六月十二日上（都有时分写来）

大德三年七月日住持妙光寂（下缺）立石 都（下缺）

净严寺（缺）瑞屏庵山主（缺）

华严寺住持讲经沙门兴思

独乐寺监寺兴如 知客

银青荣禄大夫平章军国重事宣政院使领泉府卿答失（蛮）

通议大夫山北辽东道提刑按察使刘公□

管领鹰房相公答剌赤

开读使臣总管郭天禅（押）

本译文参照史学家蔡美彪先生所撰《平谷元兴隆寺圣旨碑译释》，而此圣旨宣谕军兵、官员使臣人等，禁约侵扰寺院。录此译文，以备研究者或读者参阅。在此圣旨刻石右下方，还刊有八思巴文小字一行，是圣旨书人"刘嗣正书"，这在现存八思巴文碑文中实为少见。圣

旨下面分别为"立石僧众题名"和"开读官员题名"。圣旨中提及"马儿六年"，为至元三十一年（公元 1294 年）。这样的蒙汉文圣旨碑，而且字口这样完好，在北京地区绝无仅有，即使全国也不多见，故此相当珍贵。国内一些专家在研究此碑，有关八思巴文碑刻书籍中，先后收录此碑拓本或论文。

大兴隆禅寺的修建与圣旨的颁发，涉及官居一品的中书平章政事。可见，此庙非是一般庙宇。或许最初在潭南侧时，规模也许比后来北迁要大。潭南庙址处，现为一家旧民房，至今大墙遗址尚存。当地人世代口口相传，应该不会有误，只是不知由于什么变故而北迁，更不知何时北迁了。

大兴隆禅寺虽已毁于日军之手，但碑刻、龟趺及一些建筑残件等尚存，这些都是重要文物，还有历代相传的关于辽太后诞生于此的传说以及金章宗出猎登台观逐兽的发箭台等，这些丰富的文化资源值得进一步珍视与挖掘整理，对于今后当地经济发展、文化建设，具有重要意义与价值。

21 平谷的孔庙

平谷孔庙，又称文庙、圣人庙，在老县城南门内大街路东，现在第二中学院内（图161）。

孔庙，供奉祭祀孔子之庙。孔子（公元前551—前479年），名丘，字仲尼，春秋时人，我国古代思想家、教育家。汉武帝"罢黜百家、独尊儒术"后，孔子便被历代帝王所尊崇。自唐代诏令州县建孔庙以来，明、清时达到鼎盛。孔庙为官方所立，几乎每个州府、县城都有，只是规模大小略有不同而已。

民国二十三年（公元1934年）《平谷县志》，收录了明嘉靖甲申年（公元1524年）《重修儒学记》、明嘉靖四十二年（公元1563年）《重修平谷县学记》、明万历六年（公元1578年）《重修儒学记》、清乾隆二十七年（公元1762年）《重修平谷县儒学记》、清嘉庆（公元1796—1820年）时邑人贾名伸《重修文庙记》、清光绪十六年（公元1891年）《重修平谷县

图161　在孔庙旧址处，现为平谷第二中学（摄于2014年5月）

学宫记》等多通碑文，这些碑文中所说"县学""儒学""学宫""文庙"，几乎都谈及修圣殿、展贤庑、易棂门、立礼门、拓明伦堂以及启圣祠、文昌祠、泮池等，而这些都是孔庙中重要建筑。尤其是贾名伸《重修文庙记》中写道："平谷县文庙，自乾隆己卯邑令张兰芳重修。"张兰芳在清乾隆二十七年（公元1762年），作《重修平谷县儒学记》。看前后记载，这里所一修再修的，应该就是孔庙。而碑刻中几处提及所谓儒学，即是县学，与孔庙应该建在一起。碑刻明确记述，平谷孔庙及儒学"建于至元间"。元至元年间（公元1264—1294年），为元代初期。元世祖忽必烈定都北京（元大都）以后，就建北京孔庙。其初衷，是蒙古族统治者入主中原，以此笼络尊崇孔子及儒家学说的汉人学士，进而巩固元朝统治。平谷孔庙与儒学，亦应建于此时。

　　平谷旧志记载，孔庙初建时"浅狭卑陋"，后多倾废，明、清两代多重建修葺：儒学在县治南，建于元至元间。明成化五年，知县郭铭重修。随后，明嘉靖二年、嘉靖四十年、万历六年等又进行重修。而明代平谷孔庙主要建筑为：大成殿三间，东西庑各五间，戟门三间，棂星门三座，明伦堂三间（在殿后），崇德斋三间（在堂东侧），广业斋三间（在堂西侧），启圣祠三间（在殿东北），敬一箴亭三间、文昌祠三间（俱在殿东），教谕公廨、训导公廨（俱在殿西），名宦祠（戟门外东），乡贤祠（戟门外西），射圃一所（在学东南，今废），社学（在县治西，今废）。

　　至清代，乾隆二十七年、嘉庆丙子年、道光三十年及光绪十六年等先后重修。清代平谷孔庙主要建筑为："大成殿三间，东西庑各五间，文昌祠三间，崇圣祠三间，名宦祠三间，乡贤祠三间，忠义祠三间，戟门三间，棂星门三座（以上俱拆卸重修）。明伦堂三间（倾圮无存，重行筑建），文昌三代祠三间（增修）。奎星楼（城东南隅旧有奎星楼，重行新而高之）崇德斋三间（在堂东侧），广业斋三间（在堂西侧），教谕公廨、训导公廨（俱重修）。"

图162 （左起）李琪、李杏村、邓拓、廖沫沙、王宪在平谷海子水库（摄于1961年）

至民国年间，孔庙大致格局为：坐北朝南，南北长约300米，东西宽约300米。南面没有正门，在正门位置建一座大影壁。1961年6月，北京市委书记处书记邓拓（图162）与廖沫沙等来视察，邓拓指着影壁风趣地说："看来平谷县未出过状元啊，瞧这回龙壁没有打开，所以我们今天还得走西门哟！"言外之意，一个地区出了状元，孔庙南门就打开了。庙门朝西，面阔一间。门外一片广场，门内1棵古槐，老干劲挺，枝叶繁茂。古槐主干中又生出1棵榆树，人称"槐抱榆"，堪称一奇。

进门往北，一座高大牌楼，上书"棂星门"三个金色大字。棂星门红柱、青瓦、五彩斗拱，柱下是汉白玉夹杆石，虽经数百年风雨，

图 163　孔庙旧照之一（摄于 1961 年）

仍极为壮观（图 163）。当年邓拓仔细观看这座牌坊，说与北京国子监牌坊形制相同，是古建筑中的珍品。棂星门下为泮水，一个椭圆形水池。泮水上并排 3 座砖砌券拱桥，汉白玉石栏。

旧有"五步三座桥"之说，是说泮水 5 步左右宽，上建 3 座桥。桥左右各有 2 棵古柏。桥北三间殿堂为聚贤堂，过去学校办公之所。堂前 4 棵古柏，堂左右各辟一月亮门。

　　进月亮门可至第二进院，即孔庙正院，青砖铺地，古柏森森。正殿大成殿，面阔三间，前出廊。殿前为月台，高约 1 米。月台下一边 1 通石碑，螭首，龟趺座。殿前设一座香亭。大殿东西有耳房各两间，东耳房为校长室。大殿内设雕花木龛，约 1 人高矮，罗幔中供奉着"大成至圣先师孔子之位"牌位。龛两边为颜回、曾子、子思、孟子 4 个牌位。大殿内悬挂着三四方"大成至圣先师"等大匾，以颂扬孔子，一般都是名人、县长或县内头面人物等所送。大殿东西厢房，应该是旧志说的"东西庑各五间"了，祀奉先哲先贤 100 余人，包括孔门弟子 72 贤人牌位。后来厢房辟作学生教室。大殿东侧还有忠义祠、崇圣祠。另外，庙内还有名宦、乡贤二祠等。

　　大成殿东侧有一便门，通向后边第三进院落，当地人说院内有五间正房，作为教室。没有东西厢房。或许是 20 世纪二三十年代以后

了，而《北京市平谷县地
名志》写道："殿后有孔
子家庙。"后院西侧为明
伦堂，是对过去妇女"孝
亲守节"的纪念与表彰，
后在此设县立完全女子小
学校。

图 164　孔庙旧照之二（摄于 1961 年）

孔庙东边建有一座
书院，名近光书院，书院中有藏书楼。在书院曾建立过大学堂和近光小
学。近光小学后来迁至孔庙，1946 年后改为城关完小。孔庙东南侧墙外
圣庙街旁置一石碑，高丈余，上书"文武官员军民人等至此下马"，以
示对至圣先师孔子的尊崇。

平谷孔庙共有殿堂建筑 50 余间（图 164），前后三进院落，地势
由南向北逐渐升高。院内古柏参天，碑碣林立。旧时春秋举行祭孔活
动，由县长带领文武官员，前来祭拜，而文人学士都在聚贤堂集合，
然后从两侧进入大成殿前举行仪式，因此又称聚贤堂为迎宾殿。过去
祭祀甚至以整头猪、牛等作为祭品，很隆重。孔庙经过"文化大革命"
浩劫及1976年7月大地震破坏，至20世纪80年代初建筑物已荡然无存。

附记　雍正《训饬士子谕旨碑》

雍正《训饬士子谕旨碑》，原在县学（文庙）内，现收藏于上宅文
化陈列馆。康熙四十一年（公元 1702 年）、雍正五年（公元 1727 年），
康熙、雍正皇帝都曾颁布训饬士子之文。平谷县学内，即为雍正皇帝

颁布，乾隆四十五年（公元1780年）刊刻。此碑为青石卧碑，碑高90厘米，宽178厘米，厚20厘米，四框刻有云纹图案。正文阴刻楷书，字口清晰，保存完好。碑文记述雍正五年，世宗训饬士子的一道谕旨。原刊于热河，后颁布于天下。"训饬"，即教训戒勉。训饬天下士子，不要徒尚虚文，邀取名誉。注重自厚其身，报效国家，而不在感恩奏谢之仪文形式。饬文语重心长，今天读来，仍不失教益之意。

　　刊刻者朱克闾，河南嵩县人，壬申（乾隆十七年，公元1752年）恩科举人，乾隆三十七年（公元1772年）十月任平谷知县，乾隆四十二年（公元1777年）续修《平谷县志》。至乾隆四十五年（公元1780年）依然在任，为平谷文化的发展做出了贡献。

　　录文（图165）：

　　乾隆四十四年九月二十九日，内阁抄出。大学士臣于敏中等谨奏：

　　臣等遵旨恭查，雍正五年，世宗宪皇帝训饬士子谕旨一道，敬刊

图165　雍正《训饬士子谕旨碑》拓片

于热河文庙。至国子监亦应敬谨刊刻，请交工部照例办理。其各直省学官应行一体，敬刊之处请交各督抚查照。各该省现在刊刻，钦依卧碑训饬士子文，体例酌量，敬谨妥办。谨奏。

乾隆四十四年九月二十九日，奉旨：知道了。钦此。

雍正五年三月二十四日，礼部奏：会试举人叩荷特恩，合词陈谢。奉上谕：

朕视天下万民皆为一体，况读书乡荐之人，异日俱可作朕股肱耳目。是以朕心待之，寔有一体联属之意。爱养培护，即如自厚其身。此皆出于中心之自然，并非欲邀天下士子之感颂也。今举子等以会试叩荷特恩，合词陈谢，是尚不能深悉朕一体相关之意，而存上下彼此之形迹矣。

朕待天下，惟有一诚。而崇儒重道之心，尤为笃切。但所崇者皆真儒，所重者皆正道。若徒尚虚文，邀取名誉，致贻世道人心之害，朕不忍为也。

尔等读书之人，实四民之所观瞻，风俗之所维系。果能诵法圣贤，躬修实践，宅心正直，行己端方，则通籍于朝，必能为国家宣猷树绩，膺栋梁之选。即退处乡间，亦必能教孝劝忠，为众人之坊表。故士习既端，而人心尚有不正，风俗尚有不淳者？无是理也。

尔等既感朕恩，即当仰体朕心，恪遵朕训，争自濯磨。或出或处，皆端人正士，为国家所倚赖。如此方为实心报效，不在感恩奏谢之仪文也。钦此。

乾隆四十五年正月吉旦

平谷县知县臣朱克阅、教谕臣翟绪祖、训导臣顾景敬刊

22 长春真人丘处机与延祥观

延祥观，著名道教庙宇，多种典籍有记。原在南独乐河镇南独乐河村西部，现在村小学的地方，即为其旧址（图166）。

延祥观又称老君观，为供奉道教最高神太上老君之所。清雍正六年（公元1728年)《平谷县志》(手抄本)"地理志·寺观"记载："延祥观，在北独乐河庄，至县二十里。元至元二十六年建（公元1289年）。"延祥观应在南独乐河庄，"北"字是手抄之误，还是原志刊刻之误？不得而知。近年村小学整理修葺，将院内倒地、散落的石碑（图167）

图166 南独乐河镇南独乐河村延祥观旧址，现为村小学。这是小学原来的大门，现在走东边门了（摄于2007年1月）

图167 南独乐河镇南独乐河村延祥观遗址散落的石碑（摄于2007年1月）

重新树立院内南墙下，其中1通《延祥观创建碑》，碑首为螭首及圭形额，尤其4爪龙爪，龙嘴已"咬"着了碑身，据此形制，应为元代碑刻（图168）。碑阳，额书"创建延祥观碑"6个阴刻楷书大字，说明此碑为延祥观创建时所立之碑。明嘉靖三年（公元1524年）《蓟州志》"卷之十二·寺观"记载：平谷县"延祥观，县东二十里。至元二十六年，通义大

图168　2015年1月9日下午，北京石刻馆刘卫东先生来南独乐河村小学考察所存石碑

夫、刑部尚书姚君祥立"。碑过去或垫在什么地方，多年踩踏，碑身不少字迹已被磨去，但"姚君祥"三字隐约可见，看来为立碑之人了。只是落款年号无存，只剩"己丑"二字。查阅"至元己丑年"，即"至元二十六年"，这与州志、县志所记吻合。而"至元"为元世祖忽必烈年号，故此，延祥观当创建于元朝初年。

相传全真派始祖丘处机曾来此，手抚1棵枯死柏树，连声说："可惜！"第二年，枯柏复活。《光绪顺天府志》"寺观"中对此有记："延

祥观，在县东北独乐河庄。初名元宝观，至元间，邱长春过此，观有枯柏，扪之复荣。有南塘老人张天度为作诗，玉谿老人赵铸为作记。《盘阴杂记》。赵铸《元宝观柏记》：岁丁亥，京东诸绅请长春真人醮于田盘山之栖云观，过平谷，饭于城东独乐村。元宝观中有柏，枯瘁岁久，师叹曰：可惜！起而摩之。明年春，其梢叶复生，郁茂如故。见者奇之。予一日托宿于州之通元观，道人李志平示予南塘老人誉长春子活死柏之诗，所谓非异人不能成异事，非异书不能表异迹也。志平欲传其传，乃书其事于石。"

翻阅清雍正县志"艺文志·文"，收录元代玉溪老人、荣禄大夫赵铸《玄宝观活死柏之记》碑文，记述长春真人抚柏之事。府志写作"元宝观"，赵铸碑文为"玄宝观"，究竟为何？"元"古代同"玄"，清代当为避康熙皇帝玄烨名讳，以"元"代"玄"了。所以，清代志书记载初名元宝观，无疑有所避讳。据元代赵铸碑文所记，延祥观初名当称玄宝观。这就是说，在创建延祥观之前，这里已有道观，名即玄宝观，丘处机来的应该是当时称为玄宝观的这座道观。而作记的赵铸，官至荣禄大夫。荣禄大夫，金始置，从二品下。如《金史·百官志》所记：文官，从二品，上曰光禄大夫，下曰荣禄大夫。他与丘处机及张天度或为同时代人，相互应该熟悉了解。作诗的张天度，三河县人，以南塘老人为号，据说与丘处机有旧谊。民国《三河县新志》"文献志"收录韩琛《游南塘记》，记述："南塘者，城南五里许不老淀也。旧志'南塘落雁'，系三河八景之一。"张天度自号"南塘"之南塘，当指此南塘。

诗文中所谈"长春子"，即丘处机（公元1148—1227年），亦写作邱处机，字通密，号长春子，登州栖霞（今山东栖霞县）人，年逾古稀时应聘请，率弟子西行万里，在今阿富汗境内与元太祖成吉思汗相会，谈治国之道。太祖称其为"神仙"，命其掌管天下道教，被奉为全真派始祖。丘处机弟子李志常著《长春真人西游记》，记述"丙戌正月，盘山请师黄箓醮三昼夜"。即在这时，丘处机去盘山途中，经过独乐河玄宝观。而"丙戌"当为成吉思汗二十一年（公元1226年）。府志记述赵铸所记为"丁亥"年（公元1227年），晚了一年。李志常跟随丘处机，所记应该不会有误。明代蒋一葵所著《长安客话》中记载"延祥观柏"时，则道："元至元间，有异人驻驭燕京长春观中，京东诸师北面执弟子礼，岁丁亥，请建醮于盘山。"清乾隆四十二年（公元1777年）《平谷县志》"人物志·仙释"亦如是记载："长春真人，不知何处人。元至元丁亥，驻于长春观中，因号长春真人。京东诸师北面执弟子礼，请醮于盘山栖云观。队仗过平谷，饭于城东独乐庄之延祥观。中有一柏，枯瘁岁久，了无生意。真人起而扪之，辄叹云：'可惜，可惜！'明年历春及夏，其柏复生，郁茂如故。"记述大同小异，只是这里将成吉思汗之"丁亥"年，误以为元世祖忽必烈之"丁亥"年，即至元二十四年（公元1287年）了，前后相差一个甲子。顺便谈一下府志句读："过平谷，饭于城东独乐村。元宝观中有柏，枯瘁岁久。"会让人以为丘处机就餐于独乐村中。作为道士，就餐乃至下榻于道观中更为合适，故应句读为："过平谷，饭于城东独乐村元宝观。中有柏，枯瘁岁久。"

即是延祥观创建于元至元二十六年（公元1289年），且在玄宝观基础上重新修建，那么玄宝观又建于何时？丘处机来时为成吉思汗二十一年（公元 1226 年），金朝 8 年后才亡。丘来之前，玄宝观已经建立无疑，尤其观中那棵柏树应该都不细了。如南塘老人张天度《复生柏》诗所写："山村老宿须眉白，根拨和云移小柏。殷勤拥护数十年，直干亭亭高百尺。"以诗家笔法，写那人栽植了柏树，悉心管护几十年，那栽树人都须眉皆白了。意即年轻时所栽，随着柏树早已亭亭直干，他也老了。所以，玄宝观至少建于金中晚期。至元重建时，始称延祥观，且树碑以志。"延祥"之名，据碑文"则天降之百祥，即其额曰延祥，取以为名"句，尽管缺上半句，但约略可以明白取名之意。"延"字，古有"引导、迎接""招请、接纳"之意。"祥"字，即

图 169 南独乐河镇南独乐河村延祥观 （摄于 1961 年）　图 170 南独乐河镇南独乐河村延祥观遗址所存古槐（摄于 2007 年 1 月）

是碑文所写"天降之百祥"意。组合一起，意为招请、迎接天上降下的百种吉祥。而道教庙宇一般称作宫观，所以这座重新修建的道观便称"延祥观"。

延祥观旧时建有山门、前殿马王殿、二殿观音殿及三殿主殿老君殿等建筑，毁于1984年，现仅存1961年所拍老君观照片1张（图169），并简略记述："南独乐河老君观，建于明代，清时经过重修，至今仍完整存在。"明代当为重修。老君殿前东南角，观音殿后，有1棵古柏，1搂多粗，就是县志记载的"复生柏"，也称"还阳柏"。柏树下1通石碑，镌刻着"邱祖哭活还阳柏"诗，即是张天度作的《复生柏》诗了。观内旧有多通碑刻，现在小学校内还遗存三四通。另有1棵古槐（图170），依然长势茁壮。

平谷境内的长城

平谷境内长城，为明代在北齐长城基础上所修建。

长城是我国古代人民留下的一项安定与和平保障的伟大的军事防御工程。据文献所记，最早修筑长城的是楚国，约在公元前 7 世纪。齐国也是春秋诸侯国家中修筑长城较早的一个国家，随后秦、燕、赵等国也相继修筑。秦灭六国，为巩固统一，将秦、燕、赵三国的北方长城连为一起，形成西起临洮、东至辽东的万里长城。之后，汉、北魏、北齐、东魏、北周、隋、辽、金、明各代，多有修建。从春秋战国时起，到明朝灭亡止，前后延续了 2000 余年。由于长城历史悠久，工程艰巨，气势雄伟，早就与埃及金字塔、印度泰姬陵等一起，被誉为世界奇迹，且已成为中华民族的象征之一。

平谷境内长城，专家认为为北齐时所创修，延用至隋唐，至明代进一步重修、加固和完善。近年在桃棚、魏家湾一带，就发现了一段明以前的长城，有可能是北齐长城。山东庄镇桃棚段明前长城，墙体长约300 余米，有 5 座敌台（图171）。经踏察，熊儿寨乡魏家湾村南约 2 里的

图 171　山东庄镇桃棚明前长城敌台遗址（摄于 2011 年 3 月）

山上，也有石砌的"边墙"。东边为九泉山，九泉山那边是桃棚村，边墙就从那边过来，经山口东侧山头，山顶有东楼堆子。再往西，过山口，上山至顶，当地人称西楼堆子。继续往西去，约四五里地，一座山脊像驴脊梁骨，当地人称刀棱背，还有边墙。再往西南就是萧家岭了。这一带的边墙，现在都成了石堎子，散落坍塌的石头随处可见。而东楼堆子南北、东西各约三四米，土及石头堆砌。在20世纪60年代，楼堆子东半个还有多半人高，石头所垒。西楼堆子也与此近似。这应是边墙间的两座敌台，又称敌楼。当地人称作"楼堆子"，应与此有关。在东楼堆子东边三四米处，当地人在边墙里拆出过一把大铁瓦刀。边墙是就地取材，完全以石头砌筑。对于边墙，当地也有萧太后拦马的一说，并说萧太后曾站楼堆子上望马。

应该说，北齐存在仅28年，时间很短，但确实修筑了长城。据《中国长城沿革考》记载：天保三年（公元552年），"自西河总奏戍筑长城，东至海，前后所筑，东西凡三千余里，六十一戍。其要害置州镇，凡二十五所"。《北史·斛律羡传》也记载：天统元年（公元565年），"自库推戍东拒于海，二千余里，其间凡有险要，或斩山筑城，断谷起障，并置立戍逻五十余所"。"天保"为北齐第一个皇帝文宣帝高洋的年号，而"天统"为北齐第五代后主高纬的年号。那时所修筑的长城，应该从平谷地区经过，我们周边邻县也有关于北齐长城的发现。隋、唐、辽、金及元，没有对长城大规模修建，但不一定不利用长城。如辽代时，平谷地区属于辽，说萧太后用这里的旧边墙拦马和萧太后登敌台上望马，不是没有可能。毕竟北齐至辽仅300多年，作为以石砌筑的边墙，应该是存在的，而我们现在的明代长城已经有600年了，一部分

已经坍塌，一部分尚保存较好。当然，这里的边墙是否就是北齐长城，

图172　熊儿寨乡魏家湾东西楼堆子及山口（摄于2012年1月）

需有关专家进一步考察论证。为明代以前长城，应该无疑，甚至魏家湾村南山口当初或为一座小的关口（图172），也未可知。

　　现存平谷境内明代长城，为蓟镇长城一部分。而蓟镇在明代沿长城设置的九镇中，距北京最近，为京师屏蔽。将军关与山海关、喜峰口、黄崖关、古北口等，都是长城沿线的险关要塞，极冲之地。平谷境内长城全长48.52公里（图173），属蓟镇马兰路、墙子路管辖。据《四镇三关志》等典籍记载：明洪武、永乐年间建关隘，嘉靖三十年建造边城，嘉靖三十六、三十八、四十四年、隆庆元年进行修缮，隆庆三年至万历元年建造空心敌台。此外，现存碑刻分别记录万历、天启、崇祯年间

图173　平谷境内明代长城（摄于2009年5月）

图 174　大松木顶三省界碑，为北京段长城起点
（摄于 2006 年 5 月）

修造边墙、营寨情况。

平谷段明长城，为北京段明长城的最东端，蜿蜒于东北部群山间，东起河北省兴隆县、天津市蓟县和北京市平谷区交界处的金海湖镇红石门村大松木顶（图 174），沿区界向西北延伸至黄松峪乡，经南独乐河镇，向北经山东庄镇、熊儿寨乡、镇罗营镇等 6 个乡镇 19 个村，至镇罗营镇北水峪村北山，出平谷区境，进入密云县、兴隆县境内。大致为东南至西北走向，城墙依山势而建，多处以险为障，以崖代墙。由于年代久远，墙体损毁严重，一般高 3 米至 5 米、宽 1 米至 4 米不等。墙体、墩台、垛口均呈梯形结构，上小下大，收分明显，增加了长城的坚固性。而关隘、敌楼处以条石作基础，大城砖垒砌，其余皆就地取材，以当地山石垒筑而成，人称"干碴边"，如将军关附近的边墙多采用将军石河中的鹅卵石，镇罗营玻璃台段边墙则采用当地花岗岩，这在其它地区很少见。而黄松峪水库东面长城南侧，有时可见一些很大的石块，与城墙所垒石块相差不多，且石头一样，极可能为当年修长城剩下的石头。也就是说，这里或为当年的采石场（图 175）。以石头垒砌的边墙石灰抹缝，墙芯以碎石块和黄土夯筑，上面以石片铺平。马道以石

块砌平，缓处为漫坡，陡处以条石砌筑台阶，在墙体内侧较陡处用大石块垒成梯阶，以便士卒马匹行走。

平谷段明长城有普通敌台和空心敌台（敌楼）107座（图176），其中金海湖镇47座，黄松峪乡14座，南独乐河镇6座，熊儿寨乡16座，镇罗营镇24座。另有烽火台6座，其中金海湖镇2座，黄松峪乡1座，镇罗营镇3座。

普通敌台，建于城墙上，相隔不远就有一向外凸出的台子，称敌台。其台面高度与城墙顶差不多，外侧砌有垛口，在敌人逼近城墙时，便于御敌。同时，也是巡逻放哨的地方。这种敌台全部以石砌筑，一般6至10米见方，高2至3米，极少几座为圆形，大部分骑墙凸出墙外。黄松峪关东侧就有一座圆形敌

图175　黄松峪乡黄松峪水库东侧长城南面的一些散落的大石块，极可能为当时的采石场（摄于2013年11月）

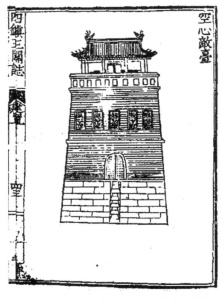

图176　明万历《四镇三关志》所绘空心敌台图

台，已残，直径8.5米，残高2.5米。

空心敌台，为16世纪后半叶明代蓟镇总兵戚继光所创建，其高出城墙，有两层、三层之分，可供守城士兵居住、储存粮食和武器，习惯称敌楼。平谷境内敌楼，一般基础为大块条石抹以白灰垒砌，上为砖筑，每侧3个瞭望窗口，一侧有门。多建城墙上，也有建城墙外侧或内侧。根据不同地理位置，所设敌台距离几十米至1000米不等。据《四镇三关志》记载："将军营下……边城六十九里，……空心敌台一十八座。""镇房营下，……边城一百四十五里，……空心敌台十座。"镇房营下的边墙应包括现在密云的一部分。四座楼山顶3座空心敌楼保存较为完整。四座楼山敌楼（图177），建于海拔1062米的四座楼山上，现存3座，最东

图177　熊儿寨乡四座楼山敌楼（摄于1982年8月）

图178　正在修缮中的熊儿寨乡四座楼山西部敌楼（摄于2008年6月）

端一座于 20 世纪 60 年代末，因建造通讯工程而拆毁。敌楼东西排列，敌楼间以石筑城墙相连，相隔一二百米，形制基本相同，均为方形。如西部敌楼（图 178），通高约 10 米，上口边长约 11 米，底边长约 12 米，基座以条石垒砌，中层建筑以砖砌筑，十分厚重。建筑为"井"字形格局，由 3 个砖券筒拱组成，中心室两侧隔墙，各辟 3 个门洞。整体建筑南、西、北三面各辟 3 个箭窗，唯独东面辟左右二窗，中间一门，与中心室相对，以便上下出入。近年，对这 3 座敌楼进行了修葺。

烟墩，又称烽火台、烽堠、烽燧，用以传递军情的建筑。一般建于高山之巅，长城两侧和营寨附近，是一个独立的建筑，台上有守望的铺房和燃放烟火的设备，建筑材料同敌楼一样，为砖石结构。这 6 座烽火台，坍塌残损较为严重。2015 年，对金海湖镇红石门段长城进行抢险修缮，同时对长城内侧一座石砌烽火台进行了修葺（图 179）。《平谷文物志》等书一直认为，保存较好的是镇罗营烽堠，建于镇罗营镇下营南侧山顶上，单体建筑，方形，通高 9.1 米，两层，上口边长 10 米，底边长 11.3 米。砖石结构，基础为大块条石，上为砖筑，"井"字形格局，内有两道隔墙，将其分为三室。北侧中间辟门，两侧各有一瞭望窗，东、南、西三面各辟 3 个瞭

图 179　金海湖镇红石门长城烽火台（摄于 2016 年 1 月）

图 180　镇罗营镇镇罗营烽堠（摄于 2006 年 11 月）

望窗。文物部门的相关书籍等一直称其为"烽堠"，这里遵从此说。作者曾对镇罗营上、下营深入调查，上营村人谈及此楼，说一直就叫烽火台。多年前去熊儿寨乡四座楼，记得那里

人好像称四座楼也为烽堠或烽火台。所以，山里人可能对这类的敌楼建筑都这么习惯性的笼统称呼，而非特指烽火台。作者以为这座楼子，或为镇罗营城堡附属建筑（图180），也许更合适些，用于平时站岗守卫及瞭望。在南水峪关、北水峪关守关营寨处，附近也建有类似的建筑。这里不排除有燃放烟火的设备与功能，可终与图 179 红石门长城那样的烽火台不同。

况且，此楼东南距最近的东牛角峪长城也有五六里，作为烽火台似乎与长城远了些，而红石门长城烽火台就建在长城内侧三四米处。作者不揣浅陋而阐述己见，仅供读者参考。

图 181　金海湖镇将军关城垣（摄于 1982 年 8 月）

图 182　修缮后的金海湖镇将军关城垣遗址（摄于 2006 年 6 月）

为便于防御，在长城沿线的两山之间、两河之间或山海之间，修筑了诸多关口，并派重兵把守。平时是长城线上进出的通道，战时则是进攻和防守的重点。平谷段明长城沿线，共建彰作里关、将军关（图 181）、黄松谷关、南水谷关、北水谷关 5 座关隘，今多毁弃，甚至已遗迹无存。

将军关，为明代万里长城进入北京段东端第一座重要关口，位于平谷区东北部，东与天津蓟县接壤，北与河北兴隆毗邻。历史上为咽喉要道，兵家必争之地（图 182）。据《四镇三关志》载："永乐年建正关水口，东西墩空，大段头山墩空，通众骑，极冲，迤西通步缓。"《畿辅通志》载："将军关，在州西北七十里，接密云县界。有把总驻守（《大清一统志》）。正关水口数十丈，前后俱宽，十马可并（《天下郡国利病书》）。一名将军石关，有城。关南十二里为上营，又名将军营（州志）。将军营下关、寨五：彰作里关、将军关、黑水湾寨、黄松谷关、峨嵋山寨，俱永乐年建（《四镇三关志》）。"清康熙四十三年（公元 1704 年）《蓟州志》"卷之三·赋役志·兵制"载："将军石关，旧属马兰路所辖。顺治十七年（公元 1660 年），改隶蓟营。原设守墩兵 99 名，节年奉，裁兵四十八名，实存兵五十一名。"民国三十三年《蓟县志》载："将军石在将军关村北之阳，石高三丈六尺，兀然矗立，形基壮伟，上刻'将军石'三大字，为明成化参将王杞书，关遂亦以此石之名名之。"1959年4月平谷县第一次文物普查登记表有记，地址，在"韩庄人民公社将军关"。规模与形制，"将军关原为长城的一个关口，出关即为口外。东西两面山上，修筑有石砌的长城，现高约1.50米，宽约1.20米，依山势蜿蜒曲折，一直延伸而去。东山顶上，还有一个方形砖砌地基，可能为当时瞭望台的旧址"。"将军石为一高约6米、直径约3米的大岩石，南面嵌有两块石匾，均刻'将军石'三字，一为明成化时刻，一为明万历时刻"。

将军关大部建筑毁于战火，就连将军石上的匾额，也在"文化大革命"中被毁，唯有巨石屹立（图183、图184）。现存关城基址，

图183 金海湖镇将军关将军石（摄于 1962年）　　图184 金海湖镇将军关将军石（摄于 2008年5月）

图 185　在长城沿线发现的石雷
（摄于 2011 年 3 月）

东西长 120 米，南北宽 80 米。关城内从防御角度设计的"丁"字街，在 20 世纪八九十年代还依然保持原有布局，近年进行新农村改造，多已无存了。关城楼东侧敌台遗址，东西长 20 米，南北宽 18 米，残高 8 米，基础为大块条石垒砌，上为砖筑，内侧建一石券门，可拾级而上。上有回廊式铺房，基础保存完好。券门左右墙体砌 10 个"U"形凹槽，间隔 2.9 米，以异形砖拼砌，上深下浅，极为平滑。这些凹槽不是面向关外，而是设在面向关城一面，其用途或说上下运送东西的溜道，或说雷石口，或说排水设施，尚无定论。2002 年，对将军关遗址抢险修缮，整治周边环境和修整登山步道。修缮中，发现部分墙体、敌台中间以石头垒筑，外以单层或多层城砖包砌。由此可见，此段长城曾多次修缮。同时，清理出石雷（图 185）、铁炮、炮弹、铁镐、铁铲、铁箭头及明崇祯七年分修边墙城志等文物。在其他段长城，如黄松谷关还发现铜炮（图 186）等重要文物。

黄松谷关，在黄松峪乡黄松峪村北，因附近山上松树繁茂而得名。据《四镇三关志》

图 186　长城防护的铜炮，现为区博物馆收藏

图187　黄松谷关旧址，现已建为黄松峪水库大坝（摄于2011年3月）

记载："永乐年建正城，河口平漫，通众骑，极冲，馀通步缓。"关口地势平缓，坐落两山之间，宽约百米，两侧建有敌楼，修黄松峪水库时拆毁（图187）。关口东南300米处原有关城一座，东西长约300米，南北约500米，设东、西、北三门，内有鼓楼等建筑，现已无存。后因关而成黄松峪村，且由此得名。

在长城内外，建有各种城堡，明代称为营寨，即是各种兵营，和长城构成掎角之势，一旦有急，互相支持，形成完整的防御体系。平谷境内共有将军石营（东上营）、峨嵋山营、熊儿谷营、镇房营、黑水湾寨、峨嵋山寨、渔子山寨、熊儿谷寨8座营寨。

如将军石营，又称东上营，建于金海湖镇东上营村。据《四镇三关志》载："永乐年建。"建有城堡一座，东西长150米，南北宽280米，设有南门和西门。南门为券顶门楼，高约3米，现残存一高2.2米、宽3.1米的门洞。西门处尚存大块条形基石。营内东南角，原有古炮台一座，炮台为砖石结构，5米见方。

又如峨嵋山营，建于南独乐河镇峨嵋山村北。据《四镇三关志》

载："永乐年建，缓。"从北至南依次分为上、中、下三营，上营为石筑营墙，东、南、西三面设有砖券门楼，

图 188　南独乐河镇峨嵋山营匾额拓本

南门上镶嵌"峨嵋山营"石质匾额（图 188），现为上宅文化陈列馆收藏。建筑毁于抗战时期，仅存北部残墙，长 120 米，宽 5 米，高 5 米。中营、下营没有营墙，但下营西南原有校军场一处。

再如镇房营，又称镇罗营，建于镇罗营镇，与密云县接壤。据《四镇三关志》载："原为猪圈头营，永乐年建。"《畿辅通志》载：镇罗关，在墙子岭关南（《畿辅舆图》）。县东六十里，有二城，东为新城，西为旧城。北去墙子峪三十里，有把总戍守。其东南接蓟州之将军关（《雍正志》）。一名镇鲁营（《方舆纪要》）。镇房营下关、寨五：鱼子山寨、熊儿谷寨、南水谷关、北水谷关、灰石口寨，俱洪武年建（《四镇三关志》）。1959 年 4 月平谷县第一次文物普查登记表有记，称为"镇房营"，地址在"大华山人民公社镇罗营村"。规模与形制，"该营分上、下二营，东西相距约在 100 米左右。营之四面有墙，为巨石堆砌。东西各设一门，南北无门。每营之直径为 200 米。下营（距西者）西门有石额，上书：'镇房营'"。附属文物，"下营西门外，有嘉靖四十五年（公元 1566 年）重修镇房营碑"。周围环境，"南靠山，北望山"。现存情况，"上营四墙已无存，只存残基。下营四墙尚完成（或为整字），

东门已无存"。《平谷文物志》记载，镇罗营分为上下二营，东为上营，西为下营。上营东西长 500 米，南北宽 300 米。有东、西、北三门，北门上镶嵌"镇房营"石质匾额，现为上宅文化陈列馆收藏。营墙为砖石结构，高 2.5 米，厚 4 米。墙基以大块条石垒砌，上为砖筑，唯东墙部分地段为山石垒砌。现仅残存一段东墙，残长 21 米，残宽 1 米，残高 3.8 米。南墙处原有一敌楼，日军曾在此驻守，已毁。南墙外山顶上有一烽堠，保存完好。下营在上营西侧，上营与下营东西城门贯通，中间相隔近百米长的马道。东西长 200 米，南北宽 250 米，由东向西逐渐变窄。有东西二

图 189　镇罗营镇镇房营之"北边雄镇"匾额（摄于 2007 年 6 月）

门。西门上镶嵌"北边雄镇"石质匾额（图 189），现为上宅文化陈列馆收藏。西门外有 30 亩衙门地、校军场等设施。现残存西墙长 26 米，北墙长 16 米，南墙长 21 米。这里文物志所记镇房营匾额位置与普查资料所记不一，似普查资料更为准确，因为调查人亲眼所见，况且下营西门外还有重修镇房营碑。如是，则文物志所记另一方"北边雄镇"匾额当在上营北门。

还有鱼子山寨，在山东庄镇鱼子山村西北。据《四镇三关志》载："洪武年建，通步缓。"东西长 200 米，南北宽 200 米，建有围墙，以山石垒砌，南北设门，北门无存，仅存南门楼。南门楼为一座过街

图 190　山东庄镇鱼子山崇光门（摄于 2011 年 2 月）

楼，已经多次重修。下为券拱门，南北贯通，以供出入，南侧上书"崇光门"3 个楷体大字。上为单层楼屋，面阔一间，硬山顶，上覆筒瓦，调大脊。过去楼内供奉关公坐像，泥塑，故称老爷庙。抗战时期，平（谷）密（云）兴（隆）联合县县委书记李子光等经常在此开会研究工作，故当地又称"子光楼"（图 190）。近年进行修葺，保存完好。

熊儿谷寨，据《四镇三关志》载："洪武年建正关河口，通单骑，冲，余缓。"《畿辅通志》载："熊儿谷口，在县东北。有寨（《畿辅舆图》）。距峨嵋山寨二十里，正关水口稍通人马，其余墩空止通单骑（《三镇边务总要》）。"近年修建的花峪水库那儿就是过去的河口，即关口处，明代长城由南往北蜿蜒而去。熊儿谷寨址在现在村委会北约 200 米处，东西宽约 350 米，南北长约 150 米，石筑寨墙，设有北门、南门及西面两道门，东面临山，不设门。当地人称"石头城"。对于寨门，当地也有只有南、北、西三门之说。这些门，没有城门楼，就是山里人家一样的简陋稍门。寨西面不远处，是九里山。东面所临的小山叫晾马山，山很矮，据说旧为拴马处。官兵从花峪回来，在此拴马休息。熊儿谷寨现残存一段北墙，长约 30 余米，高约 1.5 米，可见很大的条石块在墙上砌着；残存南墙墙基长约 5 米，高约 1 米。当地人相传，驻守的军队大约有 30 来人，头领是把总，并说把总就是武举以下的人做的官。而把总就住在城北部中间位置。据说那个地方过去有一座火神庙，老是着火，就拆了，盖为把总办公的地方了。

这些关隘、营寨虽多已无存，但名字或作为地名或作为乡村名保存下来，如彰作、黄松峪、南水峪、北水峪、峨嵋山、镇罗营、黑水湾、熊儿寨等，至今还在使用。

平谷境内的长城，作为明前长城和明代万里长城的一部分，早已成为国家级文物保护单位和世界文化遗产。长城边关征战地，今为胜迹壮河山了。

附记　猪圈头关与镇虏营考略

今平谷境内，近百里明代长城，东部从天津蓟县与河北兴隆交界处进入金海湖镇，经过黄松峪乡、南独乐河镇、山东庄镇及熊儿寨乡，北至镇罗营镇北水峪挂弓岭出境，进入密云、兴隆二县境内。据《平谷文物志》等记载，期间设彰作里、将军石、黄松峪、南水峪、北水峪 5 座关隘及镇罗营、峨嵋山营、东上营、熊儿峪营、黑水湾寨、熊儿峪寨、鱼子山寨、峨嵋山寨 8 座营寨，却没有猪圈头关与镇虏营。

清《光绪顺天府志》"地理志十二·边关"记载：熊儿峪口"又二十里至南水峪，（三镇边务总要：南水峪正关水口，平漫通骑，冲。）又八里至北水峪，（三镇边务总要：北水峪正关水口，并挂弓顶、卧狗岭三空通单骑，冲，徐通步。明孝宗实录：弘治七年（公元 1494 年）八月，整饬蓟州边备。都御史屠勋奏：故猪圈头关，平漫难守。关之三里曰北水峪，南八里曰南水峪，成化中各因山中增设，二关险要可守，但区画未备，请于二关内加修，增城垛，增立墩堡。从之。）"这里提到"故猪圈头关"，即是说过去有座叫猪圈头的关，由"关之三里曰北水峪，南八里曰南水峪"记述，可知其位置大致在今关上村处。据明万历四年（公元1576年）《四镇三关志》"形胜"所记："镇虏营，城堡一座，原为猪圈头营，永乐年建。"当初设猪圈头关，就应设营以守关，即是猪圈头营。看来以后是由猪圈头营而改名镇虏营，当时或许也将关改为镇虏关了。后来成村的关上的"关"，应该指的这座关。

　　何以称"虏"？《北京市平谷县地名志》记载：镇罗营"原称猪圈头营，建关后改称镇鲁营。明嘉靖二十三年（1544年），因在此拘押过俘虏，故又称镇虏营。清初因厌其名取谐音改为今称。"这里先以"在此拘押过俘虏"解释，后又"据考，明嘉靖二十三年北部朵颜卫部族两千余人越境犯关，经张守奎率领守军奋勇追杀，打死打伤朵颜军500余人，其余全部被俘，押在猪圈头营，从此朵颜卫部族再也不敢侵犯边关了。"所说朵颜卫部族，本元之兀良哈，元中叶以后，部分居朵颜山地区，遂名朵颜。本分三部，明初置泰宁、福余、朵颜三卫，称兀良哈三卫，因其中朵颜最强，也称朵颜三卫。所考未注明出自哪部典籍，一时也就难以核实。应该说，长期困扰大明朝廷、危及大明江山社稷的有两大边患，一是东南沿海一带倭寇的侵扰，一是北部边境蒙古鞑靼部、瓦剌部等的袭扰，称之为"南倭北虏"。而朵颜卫部族当属于"北虏"。《四镇三关志》多处写到"虏"字，如"洪武二十一年春三月，……出大宁征虏"，"成祖率征虏"，就连编纂者刘效祖在序言中也写"凡为关镇，计以御虏也。虏入，则关镇不宁；不入，则关镇宁"等等。所以，所谓"镇虏"的"虏"，应是"北虏"之"虏"，或更为确切。明代长城沿线，也有使用类似名字的，如北京怀柔区九渡河镇有座明代长城关口——镇虏关，《河北省明代长城碑刻辑录》载有"卢龙县天启七年'镇虏门'门额刻石"，即是例证。若以"拘押过俘虏"解释，未免过于简单，似有望文生义之嫌。

来关上村访谈，村里老人说，过去村东有道南北向城墙，南到南面的山上，山上有座空心楼子；北到北面的山上。城墙高约20来米，长约2里来地，都以大砖垒砌，村里人称作横城子。20世纪二三十年代起，村里人盖房垒墙，都去拆横城子的大砖。那时也没人管，慢慢就把横城子拆毁了，现在不少人家的院墙屋壁上还能见到那些或整块或半块的大砖。横城子北头的山上，即村北面，有一座方城，称作北城，约百十亩地。城不知什么时候就毁了，至今尚可寻到旧城遗迹，城址上早栽植了果树。这座城过去应该是与横城子连接一起的。

横城子东边约2里来地，还有一座城址，称为上关城。这座城比北城大，东西、南北各约三四百米，也是方城。村里老人说，这是过去修边墙修的。村里人说的修边墙即是明代修的长城。城址轮廓大致清晰，南墙、东墙遗址还在，基本是一道石塇子了。北墙早被毁了，中间一片较大的地方，据说过去是一座庙。西墙遗址，近年村里有人为卖石子儿，连墙几乎翻过个了。明代城址，五六百年遗物，还应自觉保护才是。而地名志记载关上，"明初设关，建城堡，属密云兵备道管辖，城外设村，以关命名，称上关。后迁至今址，改名新关城，后又演化为今名。"村以关而名了。1959年4月平谷第一次文物普查登记表有记，称为"上关旧城址"：年代，为明。地址，"大华山人民公社关山村东三里许"。规模与形制，"上关旧城，建筑在三面环山的盆地上，面积约一平方里，周有石砌围墙。城内亦以石围墙间隔成大小不等的方块，可能为当时划分的住居区。此处当是过去边塞守兵驻营地，逐渐发展而成村镇。后来可能为缺乏水源，而迁移至现在的关上村"。现存情况，"城内地面已全部开垦为耕地，除石砌围墙依然可看出村镇的轮廓外，余无所存"。《北京市平谷区长城资源普查资料汇编·平谷长城》记载：上关城堡，"位于镇罗营镇关上村，现为果树地，种有桃树、核桃树。此城堡三面环山，西面有出口，东、西、南面各残存一段墙基，外侧用大石块垒砌，内部碎石填芯。东墙基残长90米，西墙基残长90米，南墙基残长169米，北墙基基本无存。"前后所记，可两相参照。

村里老人对横城子记忆犹新，而对北城及东面的上关城却没有见过，或者毁弃很早。这里应是猪圈头关的关城，即是"猪圈头营永乐年建"，那么，其关也应建于此时。横城子处当是关口所在，南北山头间相距2里来宽的关口，所以都御史屠勋所奏"故猪圈头关，平漫难守"，是实情。老人听说过去这里是有大门的，当是关门，大致应在横城子经过的从南水峪来的这条路上。是关就要有关口，有关口一般就要有关门甚至关楼，这里也不会例外。

而清《畿辅通志》"卷六十三·舆地二十二·关隘一"载："镇罗关，在墙子岭关南（《畿辅舆图》）。……北去墙子峪三十里，有把总戍守。其东南接蓟州之将军关（《雍正志》）。一名镇鲁营（《方舆纪要》）。"民国三年《密云县志》"卷一之三·舆地·关隘"也记载："南水峪口，县东南九十里，在熊儿河口东北，有堡。北水峪口，县东南七十五里在南水峪口东北。其西四五里，曰镇罗关。又十里，曰镇罗营，原把总成之，今裁。"这里都提及"镇罗关"，也就是说清代称这里为镇罗关。《畿辅通志》还引用《方舆纪要》说"一名镇鲁营"。《方舆纪要》全名《读史方舆纪要》，为清康熙时顾祖禹历时 30 余年编撰而成，是一部中国的历史地理名著。明刘效祖万历四年（公元 1576 年）撰写的《四镇三关志》一直称作"镇虏营"。猪圈头关、镇罗关、猪圈头营、镇虏营、镇鲁营到底什么关系、为何如此而名？

猪圈头关，为明初所设无疑，其位置就在关上村一带。因关而设营，且以关名名营，便是猪圈头营了，上面已经说清。《四镇三关志》称其为"镇虏营"，说明万历四年以前，已经改猪圈头营为镇虏营了。而《光绪顺天府志》引明孝宗实录，弘治七年（公元 1494 年）八月都御史屠勋奏报时就称"故猪圈头关"，是否说明弘治七年（公元 1494 年）已经不称猪圈头关了。倘若此，地名志"明嘉靖二十三年（1544 年），因在此拘押过俘虏，故又称镇虏营"之说，就应商榷了。而奏报接着说到北水峪、南水峪，为明初所建，明成化时准备增设未果，至弘治时加修城垛，增设墩台及城堡。北水峪关如今仅存两侧敌楼基址，南水峪关原关城基址及校军场等尚存，可近年张家台村进行新农村建设，已在遗址处建为新民居，一切荡然无存了。看这道山口，北水峪、南水峪进出都要经过这里，从里面流来的两道水也在此汇聚，向西南山外流去，成为洳河的一个重要源流。而过去北水峪的水流下来，流向关上村里，再向南汇入南水峪的水。现在从村东直接南流，为后来改道所致。而南水峪那道水向西经过横城子，在那里应该有水口或水关，不然水无法下流，如将军关、黄崖关都有的。

　　因此，最初或是先在这里设关，也就把守了南北水峪的两个关口。后来随着那两个关的加强，这个关的地位也随之减弱，直至不仅实亡，甚至连名也不存了。故此，《四镇三关志》"形胜"记载墙子路，"镇虏营下，灰谷口寨，洪武年建，腰子石墩空，通单骑，馀缓；北水谷关，洪武年建，正关河口，并挂弓顶、卧狗岭三空，通单骑，冲，馀通步缓；南水谷关，洪武年建，正关河口，平漫，通众骑，冲，馀通步缓；熊儿谷寨，洪武年建，正关河口，通单骑，冲，馀缓；鱼子山寨，洪武年建，通步缓。边城一百四十五里，嘉靖三十年（公元1551年）建，三十六年、三十八年、四十四年修。空心地台十座，隆庆三年（公元1569年）至万历元年（公元1573年）节次建"。也就是说，镇虏营归墙子路管辖，而镇虏营下面又管着灰谷口、北水谷、南水谷、熊儿谷、鱼子山5座关寨。《四镇三关志》连南北水峪这样的小关口都写了，当时如果设镇虏关，一定不会忽略或遗漏的，极可能此时关已撤销。所以，弘治七年（公元1494年）御史屠勋所奏才称"故猪圈头关"。

　　至于镇罗关、镇鲁营之称，或在清代了。清代统治者为加强思想、文化的控制，从文人学者的文字中摘取字句，捕风捉影，罗织罪名，制造文字狱。正如龚自珍《咏史》诗中所写："避席畏闻文字狱，著书都为稻粱谋。"文人学者无所适从，只好谨小慎微，常常将涉嫌字眼改成其他字代替，后来连"胡""虏""夷""狄"等也成了避讳字，书中往往空格不刻。今人点校《读史方舆纪要》时，特意"说明"："《读史方舆纪要》最初写作时，凡遇'胡''虏'等字，皆直书不讳。后清廷禁令渐严，顾氏遂将书中'胡''虏'等字涂成墨点，或改成'狐''罗'等同音字。"因此，清人在《畿辅通志》《读史方舆纪要》等志书典籍中将明代的"镇虏关""镇虏营"的带有蔑称的"虏"字改写成"罗"字,这才有了镇罗关、镇罗营之称。《畿辅通志》引用《读史方舆纪要》的"一名镇鲁营"的"鲁"字,也不排除为避"虏"之讳而改。

在读《光绪顺天府志》引用《明孝宗实录》都御史屠勋奏报时,曾想清人是否也为避讳"镇虏关"而有意写作"故猪圈头关"呢?后查《大明孝宗敬皇帝实录》卷九十一的弘治七年(公元1494年)八月下,有这条奏报:"整饬蓟州等处边备,都御史屠勋奏:故猪圈头关平漫难守,关之北三里曰北水谷,南八里曰南水谷。成化中,各因山中增设二关,险要可守,但区画未备,请于二关内加修城垛,增墩堡,摘守关官军分守其中。因耕其隙地,以足军食。兵部覆奏,从之。"原文确是如此,进行比对,府志有漏字,如"关之三里曰北水峪",就缺个"北"字。当然,这里说北水峪关在猪圈头关北面也不甚妥,实际应在上关城东3里。

镇虏营两方匾额略考

作者在《平谷境内的长城》写道:"这里文物志所记'镇虏营'匾额位置与普查资料所记不一,似普查资料更为准确,因为调查人亲眼所见,况且下营西门外还有重修镇虏营碑。如是,则文物志所记另一方'北边雄镇'匾额当在上营北门。"终归语焉不详,再对两方匾额略加考据。

2016年1月28日,作者带此疑问专程来镇罗营镇上、下营村访谈。上营村老人谈及北门,说"北门上有'横批',写着四五个字,每个字四十公分大小"。具体是什么字,老人记不清了。而下营村三四位老人,众口一声,都说有"镇虏营"匾额(图191)和西门外南侧贴墙立着的石碑。82岁高文珍老人确切地说,"西门上的石匾那个'虏'字,不知啥时被后人给凿了，改成个'罗'字"。这或为清代时所凿，参见《猪圈头关与镇虏营考略》。尤其76岁高洪林老人十分肯定地说，他亲眼所见，下营城东、西两门上面，各有一个石匾，都刻着"镇虏营"仨字。

图191　镇罗营镇"镇虏营"匾额（摄于 2008年6月）

虽然至今未见下营东门石匾，但访谈所言足以证明，1959年普查资料所记不错，也就是上营北门上镶嵌的应该是"北边雄镇"匾额，下营西门上镶嵌的应该是"镇虏营"匾额，《平谷文物志》及《平谷石刻》所记正好相反，作者在《志书补遗》之《再谈镇罗营的营与村》文中，亦如此引用。

再说下营西门外那通石碑，现存区博物馆。碑高225厘米，宽97厘米，厚18厘米。青石质，碑首方形抹角，浮雕螭首圭额。碑阳正文多漫漶不清，但有"而工告完""大明嘉靖四十五年岁次丙寅冬十月吉旦立"字迹。碑阴为"题名记"，有"浚督修工程文武官员"字眼。可知此碑如1959年文物普查登记表所记为"重修镇虏营碑"（图192），重修竣工为明嘉靖四十五年（公元1566年）。

图192　镇罗营镇"重修镇虏营碑"（摄于2008年6月）

记得两村老人还说，上营过去住着当官的，有衙门府，所以，城墙外面大砖垒砌，里面巨石垒砌，建造得更高大坚固；而下营住着当兵的，城墙都是巨石垒砌，且垒得没有上营高大厚重。这可能是一个原因。还有，与关上老人访谈时，曾谈及上、下营，且说先有下营，后有上营，故上营建造得好。清《畿辅通志》所载"镇罗关"，"有二城，东为新城，西为旧城"。所谓"旧城"，当是明《四镇三关志》"形胜"所记"镇虏营，城堡一座，原为猪圈头营，永乐年建"之"城堡"，只是在明嘉靖时重修了。而这可能也是一个原因，且是根本原因。

24 烈虎桥为京东一座重要石桥

　　我国古桥大致分为索桥、浮桥、梁桥及拱桥（图193）等四大基本类型，平谷烈虎桥属于梁桥。梁桥又称平桥，是一种以桥墩和横梁为主要承重构件而建造的桥梁。

图 193　北京颐和园十七孔桥

　　烈虎桥，在峪口镇东樊各庄村西北 1.5 公里处。过去一直以为是明代石桥，近来翻阅清乾隆时《三河县志》，对烈虎桥有明确记载："烈虎桥，在樊各庄北，石渠木面，跨山涧水。"大意是说烈虎桥的桥墩是石头的，桥面是木板的。烈虎桥或为明代所建，但初建时当为木桥，起码至清康熙年间编写《三河县志》时还是木板的平桥或梁桥，最早是在这以后才改作石桥的。烈虎桥为清时京城通往京东丫髻山的必经之路，清康熙、乾隆、嘉庆、道光 4 位皇帝，或来朝拜丫髻山，或由此回驾京城皇宫，当皆从此桥经过。烈虎桥一直通行至今。

烈虎桥（图194、图195）南北走向，建在山间一条河道（即涧水）上，尤其夏季山水涌下，由此流泻而去。烈虎桥为3孔石梁桥，整体为花岗岩石质。桥面长12.5米，宽3.91米。桥面两侧各有6根方形望柱，桃形柱头。两侧望柱间各有5块石栏板。望柱与栏板均素无雕饰。桥两端各有一只石虎（图196），紧倚望柱，呈蹲踞状，以充抱鼓石。石虎通高89厘米，底座高17厘米，

图194 峪口镇东樊各庄村烈虎桥（摄于2002年10月）

图195 峪口镇东樊各庄村烈虎桥（摄于2008年5月）

底座长59厘米，宽39厘米。桥亦由此得名。二三年前，4只石虎丢失，至今仍下落不明。

桥面纵列3组石梁，每组7块，共21块大条石，组成整座桥面。每块条石长在2.5米至2.88米之间，宽在37厘米至54厘米之间。两块条石间的缝隙，各嵌两个腰铁（又称银锭榫，当地称之为"锁"），以衔接条石，使之连为一体。桥面两边，各有一条石，撑托望柱与栏

图 196　峪口镇东樊各庄村烈虎桥头石虎
（摄于 2008 年 7 月）

图 197　峪口镇东樊各庄村烈虎桥东侧迎
水面分水尖（摄于 2008 年 7 月）

板。桥面下有两座桥墩，每座桥墩由 8 层条石砌筑，桥墩高 3.1 米，两桥墩间距 1.6 米。桥墩东侧迎水面有分水尖（图 197），以斩劈山水，减弱激流对桥的冲击。桥两端建桥台。桥南北建有引桥，八字形，石垒砌。引桥各长约 5 米，承接南北通道。

桥旁原有石碑一通，记载建桥年代、工匠及监造者姓名。七八年前，在东樊各庄村尚见此碑散落街头，但已碎为几块，上面仿佛有烈虎桥之类的字迹。近年地方对烈虎桥周边环境进行清理整治，加以保护古桥。同时将路东移约 20 米，另建一座钢筋水泥桥，以通行人车辆。

烈虎桥造型古朴，保存完好，是京东较为重要的古桥之一。

25 瓦堂寺为平谷地区建造 最早的寺庙

在丫髻山诸多碑刻中，有清乾隆二十九年（公元 1764 年）所立"寅洞里丫髻山护国天仙宫地基碑"（图 198），尽管碑已无存，但拓本仍在，其中写道："丫髻山敕赐护国天仙宫地基四至：东至瓦堂寺，西至唐家峪，北至黄花顶，南至石门，四至分明。"这是清康熙二十八年（公元 1689 年）由丫髻山第十三代住持李居祥等所立，乾隆二十九年（公元 1764 年）第十五代住持傅显扬等"复勒碑刻铭"，也就是重新镌刻立碑。

丫髻山"四至"碑中写到丫髻山"东至瓦堂寺"，这至少应该说明两点，一是清康熙时丫髻山已有瓦堂寺，二是瓦堂寺清康熙时当归丫髻山管理。按说称"寺"应该属于佛教庙宇，与道教无关。在清康熙六十年（公元 1721 年）"丫髻山图"上，

图 198　寅洞里丫髻山护国天仙宫地基碑拓本

也没有标示瓦堂寺。那么，瓦堂寺究竟在什么地方，又是怎样的境况呢？

经实地踏查，瓦堂寺在丫髻山东麓，北吉山村北约 200 米处。

据文献资料，瓦堂寺建于东汉。明万历三十二年（公元 1604 年）《怀柔县志》"寺观"记载："瓦堂寺，在县东八十余里，创自汉时，名□泉寺，重修于正德己卯，改名曰瓦堂寺。"志中"艺文"收录王源所撰《重修瓦堂寺碑记》："距邑东南百里许，曰寅洞里，有寺名曰宝泉，系古刹也。□□汉时建武至莅今而年远矣。"清康熙六十年《怀柔县志》记载："瓦堂寺，在丫髻山东麓，旧名宝泉寺，明正德己卯重修，改今名，有刑部主事王源碑。"这里，"建武"为东汉开国皇帝刘秀的年号。两个空字也许是"自东"二字，连起来即是："自东汉时建武至莅今而年远矣。"也就是说瓦堂寺自东汉始建以来，至今年代很久远了。一般认为佛教是东汉初年传入我国，而瓦堂寺创自汉时，不要说在平谷，就是在北京地区乃至全国也算得较早的寺庙了。

瓦堂寺坐北朝南，南为山门，对开木门，木门大小用老话说，就是能过一驮水的驴驮子。山门前有几棵四五十公分粗的大松树。山门在低处，砌有盘道可登上北面高台。高台上原为两层大殿。前殿面阔三间，供奉如来佛及两尊站像，前殿西房山处有一棵 1 尺多粗的大松树。西侧一眼水井。后殿面阔三间，供奉真武大帝及 2 尊站像，还有龟蛇二像等。后殿东间空着，西间绘有狐仙画像。

相传因庙里和尚私铸铜钱，甚至欺男霸女，并在庙里设夹皮墙，以藏匿女人，被官方查抄，寺院便归丫髻山道士管理。后来有和尚回来，因庙内有一通石碑及庙里一个磬，上面都有关于此庙是佛教的字迹，要求追回庙里产权。道士就悄悄把石碑和磬推入井里，掩埋了。那眼井的地方，当地人说种地一直影影绰绰的不爱长草。至 20 世纪 40 年代末，只有前后两进殿，周围没有院墙。20 世纪 40 年代末推毁神像，拆毁庙宇。

现在，这片山前

图 199　刘家店镇北吉山村瓦堂寺遗址残存的龙纹瓦当，应为元末明初遗物（摄于 2008 年 6 月）

台地种有桃树等果树，瓦堂寺早已荡然无存，在遗址处尚可寻到散落的席纹砖、沟纹砖等建筑构件。如随手拾得一个瓦当，雕饰龙纹，具有元末明初特点（图 199）。即是说，这个瓦当极有可能不是 40 年代末瓦堂寺拆毁时的庙檐瓦当，而是以前遗物了。无论如何，瓦堂寺毕竟有方志记载建于汉代，应该旧有所本，不会无所凭依。而东汉为公元 25 年至 220 年间，瓦堂寺始建距今近 2000 年了。由此可以说：丫髻山不仅号称具有千年道教文化，而且具有近 2000 年建造庙宇的历史了。

明代工部尚书倪光荐与倪光荐墓

倪光荐墓，俗称倪家坟，在原平谷县城北门外西土岗，现为老邮电局旧址。

倪光荐，字达甫，号东州，平谷独乐社人。其父倪汝廉，为邑庠生，考校每居孝行首举，筮仕阳谷司训。继升徐沟县（故治在今山西太原市清徐县徐沟镇）学谕，嘉靖四十年（公元1561年）卒于家。后以子光荐贵，累赠通议大夫、通政使司通政使。倪光荐为嘉靖丙辰（嘉靖三十五年，公元1556年）进士，授直隶华亭县知县。时境内有岛寇，光荐抚绥安辑，民甚感戴，道路讴歌。满六载，征为户科给事中，迁通政使司左参议、通政使、工部尚书，万历十四年（公元1587年）八月卒于官。神宗悼伤，两次遣官谕祭："惟尔性资端重，志行雅淳，奋迹循良，蜚声谏议。"倪光荐历仕世宗、穆宗、神宗三朝，可谓三朝元老，神宗特赠太子少保。

关于倪光荐，清雍正六年（公元1728年）《平谷县志》"选举志·科第·进士"下有记："倪光荐，独乐社人，授直隶华亭知县，历给事中，升通政司左参议。"只记述至此，对其人其事其墓均无记述。其父倪汝廉，在"人物志·人物"中有传。至民国九年（公元1920年）《平谷县志》，亦只简略记述："倪光荐墓，明工部尚书，在县城西北。"

但始有倪光荐较为详实的传记了。民国二十三年（公元1934年）《平谷县志》载："倪光荐墓，在北门外，与金氏墓相望，有翁仲石兽。"

图200 平谷镇倪光荐墓（摄于1961年）

1959年4月平谷县第一次文物普查登记表有记，其"规模与形制，南向，为封土墓，现高约0.8米，直径约1米。附属文物，前有螭首龟趺碑二块，为皇帝谕祭倪光荐碑文。石华表、石马、石羊、石狮各一对。周围环境，南为平谷县城，东为金濂、金纯墓，附近四周为耕地。现存情况，碑座的龟首已无存，华表和石狮倒地，墓残"。从1961年所拍照片（图200）看，大致如此，那时墓还基本保存完整。与当地人访谈，墓为砖室结构，墓道南向。原有宝顶，墓前有碑，较为高大，碑阴刻文撰述了倪光荐生平政绩（图201），与普查资料所记基本一致。对此碑县志"金石"中有记述："御祭工部尚书

图201 平谷镇倪光荐墓前石碑（摄于1961年）

图202　平谷镇倪光荐墓前文官像（摄于2003年）

图203　民国二十三年《平谷县志》"卷一"封面

赠太子少保倪光荐墓碑，存，万历十四年九月。在县城北门外半里许。"墓碑所以规格高大，原来是"御祭碑"了。

墓前神道两侧所列翁仲、石马、石羊，1970年建县邮电局时将其拆毁，大部分石刻造像埋于地下。1998年5月，在平谷镇平安街村东田边，发现一尊整身文官石雕像，手执笏板，峨冠博带，呈肃立状，通高约2米，保存较为完好（图202）。经考证，雕像为倪光荐墓前遗物，从1961年所拍照片可约略看出右侧站立的石人即是此尊文官雕像，现为上宅文化陈列馆收藏。

县志"艺文"中收录倪光荐在明万历六年（公元1578年）所撰《重修儒学记》《重修岱岳行祠记》两篇碑文，两碑今已无存。另外，民国二十三年王兆元所编《平谷县志》"卷一"封面，志名集倪光荐书《平谷县修城碑》字（图203），楷书，清秀而不失力度。县长李兴焯题记："集明代太子少保、工部尚书倪光荐所书修城记碑字，碑现在县西门内关帝庙。"对此碑县志"金石"中记述："《平谷县修城碑》，存，张四维撰，倪光荐正书并撰额，嘉靖四十四年（公元 1565 年）四月。在城内关帝庙前。全文见艺文志。碑列赐进士出身、翰林院国史编修、文林郎、分校《永乐大典》、蒲坡张四维撰。"张四维是蒲州风陵人（今属山西芮城），擅长文辞，明习时事，风流脱洒，才智过人，《明史》有传。曾官至明代一代内阁首辅的张四维亲自撰写碑文，应该是倪光荐与其同朝为官有关。而今天能够看到明代一代尚书字迹，实属不易。

现在金海湖镇滑子村有倪姓人家，经与之调查，当为倪姓族人之后，即是倪光荐本家，但他们自称并非倪光荐之后。而志书所记倪光荐为"独乐社人"，旧时独乐社范围，滑子村当在其内的。

27 全都御使张襘、张襘

张襘、张襘，为明代人，生于今平谷镇岳各庄村。

岳各庄张家，历史上为名门望族。所存清光绪时所修张氏家谱（图204）记载，大致在明朝初年，据说是张道玄、张道明哥俩背着父母尸骨，从山东追风水而落户至此。老二道明，给村里先来的王家扛活，以维持生计。王家看这年轻人本分实在，就把一个瞎姑奶奶嫁给他，并给了村东几十亩地，作为陪送的脂粉钱。这地就在今迎宾环岛南面、法院北面的地方，张家祖坟就在这里。老大道玄修仙学道，待安葬好父母，大概就隐居去了，而不知所终。张家这一脉，故为老二道明之后。道明生有3子，老大张然为江西副使，老二张英为陕西苑马司承，不知具体是什么职位。家谱没记载，县志也没记载他们有何科考功名。想来是在外面做事，客老他乡而没有归葬。

图204　平谷镇岳各庄村张春宇所藏张氏家谱（摄于2014年8月）

老三张弼守候家中，生有4子，张驯、张云、张弘、张岩。张云于明正统九年（公元1444年）考中甲子科举人，官至大同府知府，当为正五品。家谱记载为"甲子科中举进士第陕西延安府知府"，恐有误，一是张云进士第县志没有记载，如中进士当不会遗漏；二是依县志记载为大同知府，说任延安知府大概是与第四代张铸所任混淆了。家谱记载其弟张岩为"辛酉科举人"。县志记载为明嘉靖辛酉科举人，当在嘉靖四十年（公元1561年）。县志记的张岩与家谱记载的张岩应该是一人，不会晚于张云100多年考举，只能是张云考举前后的辛酉年。翻阅历史年表，明正统六年（公元1441年）为辛酉年，当比其兄还早一科中举，开了张家仕途先河。

张云生有5子，张铸为明成化辛卯科举人，时在成化七年（公元1471年），官至陕西延安府同知；其弟张铠为为明成化甲午科举人，时在成化十年（公元1474年）。家谱记载张铠"戊戌科举人进士第，官至同知"。县志亦如此记载，"戊戌"为成化十四年（公元1478年）。查阅进士题名榜，这一科没有张铠，下一科即成化辛酉科却有张铠之名，时在成化十七年（公元1481年），看来家谱与县志或记有误。张铠为第二甲第92名，赐进士出身。对于所任官职，县志没有记述；其弟张镒为明弘治戊午科举人，时在弘治十一年（公元1498年），官至南昌府同知，县志未有张镒任同知记述。

至第五代，张家达到鼎盛。张铸生有2子张檜、张禬（图205）。2人于明弘治八年（公元1495年）一同考中乙卯科举人，长子张檜且乡试第一，为"解元"。不仅如此，次子张禬于弘治十二年（公元1499年）考中己未科进士，为第二甲第32名，赐进士出身；长子张檜于弘治

图205　张氏家谱记载张禬、张禬情况（摄于2014年
8月）

十五年（公元1502年）考中壬戌科进士，为第二甲第94名，赐进士出身。2人皆官至金都御使，张禬曾巡抚山西等地，张禬曾巡抚辽东等地。村人俗称其为大都统、二都统，村里有都统府，张家一时名震乡里。县志有2人传略。以后如张禬之子张文通、张文运皆为文林郎，张禬之子张文遴为陕西西安塞县知县，均为七品，鲜有显赫功名与高官了。

无论如何，从第三代张岩中为举人的明正统六年（公元1441年）开始，至张禬中壬戌科进士的明弘之十五年（公元1502年）止，61年间，岳各庄张氏家族3代人，共3人考中进士、7人考中举人，至极家族之盛。而清从入关算起，整个大清王朝260余年，平谷考中进士者不过1人，举人仅5人而已。

张禬、张禬作为一奶同胞兄弟，同为进士，且同朝为官，一时为世人所称慕。家谱记载2人一为山西巡抚都御使，一为辽东巡抚都御使。巡抚都御史又简称巡抚，明时专设巡抚为地方最高长官，清代正式以巡抚为省级地方政府长官，总揽一省民政、军事、吏治、刑狱等。各省巡抚大概为从二品，张檜、张襘应该未到此职，志载 2 人均为金都御

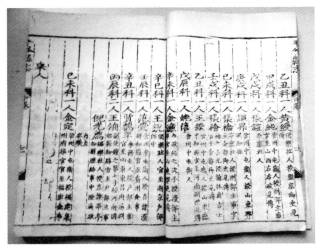

图 206　清乾隆四十二年《平谷县志》关于张檜、张襘的进士记载

使（图 206）。金都御使为明朝中央官职，主管监察的中央官署都察院所设置，分左、右金都御史，正四品。不知是否修家谱人一时漏写了"金"字，还是一辈辈就这么相传的？一字之差，一个是省级地方最高长官，一个则是由上面派往巡察地方，原本不一回事，这点县志记载不至有误。

至今张家后人，仍记得不少张檜、张襘轶闻。据说有个随从叫张彪，村东南 1 里多地确有张彪坟，这哥俩曾救他一命。一年夏天，哥俩正在县城圣人庙读书，就见进来一着道衣道帽的老头，扑通跪下了，说：二位学生救我！这哥俩问：咋救您呢？老头对着老大说：明天中午 12 点前，你把毛笔的骨头帽剥下来。过 12 点，咋打雷下雨，你手攥着笔管别撒就行。老头说完一转弯不见了。第二天，到时一眨眼那老头进来了，老大把毛笔的骨头帽剥下。这时老头没了，一只小

蜜蜂钻进了老大的笔管里，老大紧紧攥着。这时，天上又打雷又下雨，大概一个多钟头才雨过天晴。老大松开手，小蜜蜂突地钻出来，飞一圈，又变成老头。老头说，我叫张彪，二位学生如果以后需要我，一定尽力。张彪后来就成了他们的随从。

平时2人每天很早就起来，去圣人庙读书。一年冬天，阴云密布，鸡叫几遍了天还黑沉沉的，可2人准时来到学堂。先生问2人怕不怕天黑，2人说没觉得天黑呀，眼前的路清清楚楚的。先生好生奇怪，放学后送哥俩出了西城门，便登上城头观看。2人渐行渐远，先生发现总有两个灯笼跟着2人。先生想，这2个孩子将来必成大器。一天，先生发现只有一个灯笼了，料到哥俩准干啥坏事了。一问，原来放学时哥俩在城门洞碰到一个人，夸他俩学问好，最后说儿媳妇不成文，求他们帮助写个休书。老大也没多想，就好心地写了。先生一听，说读书人不能写休书，缺德。要到坟地趴坟圈（quàn）子，坟圈子都3年不长草！老大知道错了，先生说，你去找那人，就说写差了一个字，打官司要输的。老大要回休书，先生二话没说就扔火盆烧了。从此，每天早晚又有两个灯笼跟着他们了。而打灯笼的据说就是张彪，他是个狐狸精。

一天，先生被人请去喝酒。学生一看先生出门了，便纷纷跑到北边不远的城隍庙去玩。城隍庙有个阎王殿，都说阎王掌管着人的生死，惹不得。老大却不以为然，找来一张纸，提笔写道：阎王、阎王，发你去辽阳。你要不去，罚你五斗红高粱。写罢，将字条放在阎王像前的供桌上。这天夜里，先生梦到阎王前来求情，请大都统收回成命。先生一想，准是张家这哥俩干的。一问，老大赶紧将纸条从供桌上拿回，交给先生，先生又给烧了。从这以后，哥俩潜心读书，终于龙门高中。

这哥俩自小不仅勤奋好学，而且天资聪慧。民国二十三年《平谷县志》"卷六·艺文志·金石""平谷县古塔内辽《陀罗尼经》石刻考"记载："至明宏（弘）治初年，邑人张禬、张裧两都宪髫年时，二人闲步郊外，其兄禬见野花满地，偶成一联云：'野外黄花金钉钉地。'弟裧遥瞩城郭即对曰：'城中白塔玉钻钻天。'工对绝伦，至今传为佳话。"联语中的"白塔"即城内今塔儿胡同内的一座辽塔，早已无存。髫年，指童年。而"宪"字，在这里作形容词，古代将一个人的博闻多能称之为宪，意在赞叹哥俩小时即聪明好学，富有才华。

张禬、张裧均卒于官，不知为何未葬祖坟，而另选了墓地，就在洳河西岸约百米、体育中心北面约 200 米处（图 207）。民国九年《平谷县志》"卷一·地理志·古迹·陵墓"记有："张禬、张裧墓，明金都御使，在县西北七里，洳河西岸。"这里就这两座坟茔，俗称都统坟。

清雍正六年以后的县志，收录了 2 人传略。2 人分别于弘治十二年（公元 1499 年）和弘治十五年（公元 1502 年）考中进士，而弘治皇帝于弘治十八年（公元 1505 年）驾崩，因此 2 人主要应在武宗

图 207 平谷镇岳各庄村王长海老人指着洳河西岸约百米处的张裧、张禬墓地位置（摄于 2014 年 7 月）

图208　新建平谷体育中心西南侧一棵大柳树，为1956年农场栽植（摄于2014年7月）

（年号正德）朝为官。这时，刘瑾为明武宗朱厚照之宦官，贪婪专权，号称"立皇帝"，当权5年，排斥异己，陷害忠良，最终落个凌迟处死的下场，也是"多行不义必自毙"。志载张檜，"正德初，授兵科给事中，转左给事中。时逆瑾擅政，毒害正人。兵部尚书刘大夏，一时领袖。瑾尤嫉之，必欲置之死。檜独抗议申救，竟得谪戍"。写张襘，"正德初，权宦有恶都御使史强珍欲籍其家者，襘执不可，竟得谪戍，夺襘俸"。看来2人在朝与宦官刘瑾赶上了，而2人都刚正不阿，直言敢谏，确是受到了刘瑾的打击甚至迫害。志载所谓"卒于官"，或与此有关。

张檜、张襘之墓，东西并列，东张檜墓，西张襘墓。村里人说每座墓前1通交龙碑，下面是王八驮石碑的碑座，并说是皇帝给立的。看来是螭首龟趺座墓碑了。墓前有石供桌、石香炉等。20世纪50年代初，县里因建农场而墓毁。农场为浇地，1955年在南面打一眼水井，第二年有人在井旁栽了1棵柳树，距今已60年，长有1搂多粗（图208），仍然很茂盛。

28 明、清马坊遗址

　　北京历史地理研究专家尹均科先生曾撰《平谷大地凝聚着"古气"》一文，指出"平谷有千年的牧马场"。

　　先生开宗明义，自古幽燕多马。《左传》记载："冀之北土，马之所生"，意为冀州北部是出产马的地方。至公元 10 世纪以后，先后崛起于北方的契丹、女真、蒙古民族首领，相继率军南下，建立辽、金、元王朝，并建都幽燕之地。这些北方少数民族以游牧、射猎为生，善骑射，当他们占据了幽燕之地，便将原来大片土地改作牧场，以牧马羊。据史学家研究，平谷西部（旧属三河县）就是辽代以来的重要牧马草场。辽乾统七年（公元 1107 年）所立盘山"上方感化寺碑"记述，辽乾亨年间（公元 979—983 年）以前，上方感化寺已在蓟州（今天津蓟县）所属三河县北乡，建置一处庄园为庙产，有地 30 顷，平坦肥沃，其中 10 顷种小麦，以为祭祀及寺僧日用。辽大安年间（公元 1085—1094 年），朝廷派官员踏勘抛荒土地，见此说这是豪强奸民，且地契不明，便强行在这片土地周围树立为官府所有的标志，废为牧场，建起马厩，以放牧和饲养战马。至今英城、马坊一带还有庙宇被官方所平的传说，大概与此有关。

　　此后，这里作为京畿一处重要的牧马养马之地，相沿不废。至明时，今平谷境内牧马养马主要在马坊镇河北、峪口镇厂门口、大官庄等地，都有官府的牧地、草场、马厩及料仓，所牧养的马匹主要供军队使用。如清乾隆二十五年《三河县志》所载："旧志明设御马监，内监掌之，公廨墙垣皆极宏丽。又有南北马房，儿东马房在县北二十二里，儿西马房在县西北二十五里，为南马房；杨家桥马房在县北四十三里，官庄马房在县东北四十五里，张各庄马房在县西北四十五里，为北马房。又有牧马草场地。至国朝康熙十八年地震，公廨墙垣无存。"清代以后，这些牧马草场和马房渐渐荒废，且垦为农田。

志书所记"儿东马房""儿西马房"，翻阅清康熙十二年（公元1673年）《三河县志》（手抄影印本），在"建置志·市集"中记有"兔东马房集""兔西马房集"。最近河北三河县一位朋友发来新发现的西曹庄《重修三圣庙碑》，上写"三河有六马坊，西曹庄居兔西马坊"之语。作者专程前去查看此碑，因风化蚕食，字迹多有不清，一时未能查得立碑时间。"兔"字与繁体"儿"字有些类似，乾隆二十五（公元1760年）《三河县志》为民国时重印本，极可能重印印错了。也就是说，原本应该是"兔东马房""兔西马房"，而非"儿东马房""儿西马房"。三河朋友亦认同此说。

杨家桥马坊遗址，在峪口镇厂门口村北（图209）。

民国二十四年《三河县新志》载："杨家

图209　峪口镇厂门口村北杨家桥马坊遗址（摄于2007年5月）

桥庄在三河城西北五十里。……村东南厂门口街，系当时养马处，偶经其地，遗迹可稽。街南苜蓿园，为养马原料。街北有井，圆口，直径丈余，泉水甚旺，屡淘不干。传凿此井时，泉通海眼，水势太大，不可遏止，旁置龙王庙以镇之。井上有石刻，宋真宗年造，现已消毁。"当年的杨家桥庄，约在20世纪30年代中晚期至40年代初期，分为南北杨桥两个村庄。北杨家桥村东龙河由北向南折而向东流去，过桥头村南奔东南流去。这桥头村当为志书所记的桥头街。所谓厂门口街，现已成为厂门口村。

1959年5月平谷第一次文物普查登记表有记，称为"古遗址"：年代，为明代。地址，在"峪口公社南杨桥"。规模与形制，"南大街、厂门口、桥头中间，有一高台地，南北长约200米，东西宽约80米。现存实物，有沟纹砖、有平面砖，有石灰，四周有根基石。由实（物）来看，是明代遗址。往东50米左右，有马道。马道北有石桥，群众传说杨家所建。其桥被水淹没，而沉于底。杨家桥由此而得名"。称此为"古养马场遗址"。这里的"南大街"，当是今南杨家村。《平谷文物志》记载，杨家桥马坊遗址，"1983年11月第二次文物普查中发现。东至小河沟，南至民房，西至田间土路，北距村间土路约50米，东西长150米，南北长100米，占地面积15000平方米。""遗址分布在高近2米的台地上，南端文化层断面距地表0.8米处，有南北向马道数条，三合土夯筑，宽近2米，厚0.5米，土层中有大量碎砖瓦叠压。遗址西侧原有一大口井，现无存。1997年第三次普查时，地表及剖面仍可见碎砖瓦。"

平谷区第三次全国文物普查资料记载："2007年第三次文物普查时，杨桥马坊遗址南北长195米，东西宽132米，呈长方形。东至龙河河沟，南至民房，西至田间土路，北距桥头路约 50 米。遗址东部仍可见 0.5～1.5 米高台地，遗址上为耕地、民房、菜园。"

2014 年 3 月，至厂门口村调查及村北遗址踏察，与三普资料所记无大变化，只是"西至田间土路"的南北向土路，已于近年打为水泥板路，直通北面龙河的桥头桥。路边可见大块小块的三合土，最大一块长约 2 米，宽约 1 米，厚约 20 多公分。应是当年马坊内所打的地面，有如现在的水泥地面。因不便于种地，便被人们清理出来，堵在路边了。村里人谈及养马场，还有些传闻记忆。据说过去这里是放马的，四遭以青砖垒有院墙，门朝东开。南面有马道。那些青砖被村里人拆了盖房和垒院墙了，现在村西北一家的后院墙，还满是那些残砖所垒。当时放马是去东樊各庄那边的北山担山岭，听说前头的马已经走到担山岭了，后头的马还在马坊圈（juàn）里呢。近年人们在取土中，曾挖出两三个拴马桩，就是方形石柱，约 2 米多高，20 公分见方，头是圆形，有眼儿，以便拴马。街头还散落着些条石等构件，如一块带雕饰的条石，1 米多长（图210），宽约 50 公分，高约 80 公分。条石一面浮雕图案为龙的一部分，另一面为素面。这块条石早已断为两截，原长约 2 米，带龙头的小部分早不知下落。找到 2007 年 5 月所拍厂门口村街头散落的石

图 210　峪口镇厂门口村西部街头散落的半截"龙石"
　　　　（摄于 2014 年 3 月）

刻照片（图 211），与 2014 年 3 月所拍"龙石"比对，似是遗失的"龙头"部分。这些石构件当为养马场遗物。养马场西边约 300 米处，有 1 眼水井，以石头垒砌，圆形，直径约 3 米，村里人说驴下去可以凫

图 211　峪口镇厂门口村街头散落的石刻，与 2014 年 3 月所拍"龙石"比对，似是遗失的"龙头"部分（摄于 2007 年 5 月）

水。井西边有座小龙王庙。这应该是三河县志所记的水井，养马场用这眼井的水饮马。20 世纪 50 年代初，村里人在井口上横搭木板，上面安一水车，抽井水浇菜园子。老是抽水，井水不太冲（chòng），而井底下有泉眼，人们认为是海眼。有一年把井水窖（jiào，即抽）干了，人们下去挖井，想把井挖深些，以为水就冲了。大概在 20 世纪 70 年代初，水车因井帮塌陷而掉进井里，村里人也没再捞，随手把井填平掩埋了。

官庄马坊遗址（图 212），在峪口镇大官庄村西北。

《平谷文物志》记载，"该遗址位于大官庄村西北（当地俗称'城

图 212　峪口镇大官庄村北养马场城后头遗址及厂门口村全景（摄于 2014 年 3 月）

后头'）。1994 年发现。东、北至公路，南至场院、民房，西至土坑，东西长约 100 米，南北长 90 米，占地面积约 9000 平方米。遗址分布在高近 1 米的台地上，南侧断面有三合土夯筑土层，皆为白土。遗址东北部农田，仍沿用当年草场、马道等地名。1998 年第三次文物普查时地表随处可见散落的碎砖瓦及陶、瓷等残片"。

平谷区第三次全国文物普查资料记载："官庄马坊遗址，位于平谷区峪口镇大官庄村西北台地上，为明清时期马坊遗址。该遗址 1994 年发现，东临峪官路，南为民房，西为耕地，北临现状土路。东西长约 108 米，南北长约 120 米，占地面积约 12960 平方米。遗址分布在高 1 米的台地上。根据乾隆二十五年《三河县志》载和发现遗迹，应为明、清时期马坊遗址。2007 年第三次全国文物普查时，遗址为耕地。在遗址南边夯土层内仍可见瓦片、陶片碎片。"

2014 年 3 月，作者来大官庄村调查及村西北遗址踏察，大致如文物志与三普资料所记。现在人们还一直称这里为"城后头"，地表散落很多砖头瓦块，东面及北面的坡坎处（图 213），不仅掩埋

图 213　峪口镇大官庄村北养马场城后头遗址东面（正面）及北面（右边侧面）（摄于 2014 年 3 月）

着残砖碎瓦，还有掺着白灰的夯土。有人捡拾一块较为完整的大砖，竖着栽在地头，权作界砖。遗址东边约5里的地方，至今人们仍称之为"马道"，当年的马道为东西向；遗址东北约3里的地方，人们称之为"草场"，或为马场当年种养牧草之地。遗址南侧为民房，为大官庄村三队，是一个小自然村，五六十户人家，称作厂门口。杨家桥马坊有厂门口，即在南杨家桥村东南，现在的厂门口村；顺义张各庄马坊也有厂门口，在张镇村东北，顺平路南侧。

河北马坊遗址，在马坊镇河北村西台地上。

过去传说这里有城，这里且是城里，现在还可见三合土打的城墙（图214）。据说辽代萧太后在这里养马。村里的一些土地，叫的名字还跟养马场有关，如村北有"草栏地"、村东北有"草场"的名字等。村西2里，有一大坑，称"官马壕"，传为饮马所用。前边早立庄村有一个小自然村叫"菜园"，相传过去养马的人在那里种菜。1959年第一次文物普查资料对马坊遗址有简略记述：名称，古城。年代，辽建，明重修。地址，平谷县马坊公社河北村。规模与形制，本村西有一城址，西一里。其痕迹

图214 马坊镇河北村马坊遗址残墙（摄于2007年5月）

尚存，有沟纹砖、篦纹陶片、折唇陶器，有笨重的圈足的碗碴，有石灰加沙的根基。群众传萧太后养马场。附属文物，在城中央有废墟一块，据说是马王庙，尚存石碑一块，碑身倒卧于地。碑阳，我朝□□设京东，百余里地马旧□，设于马神庙。年深朽，又重修。……殿宇存焉，上雨旁风鸟便，瓦甓飘裂，加靖岁次……。碑阴，掌马坊太监□官赵公良、刘公印、王公增、高公恩，管马指挥佥事李洪、千□等字样。普查资料认定为辽代遗址，且说建有马王庙，并存在一通石碑。石碑内容尽管不完整，从其行文可大致看出应为明代所立。

在河北村村北，旧有一座道教庙宇三官庙。1959 年，第一次文物普查资料记载三官庙：名称，三官庙。年代，建于辽金，明清重修。地址，平谷县马坊公社河北村，坐北向南。规模与形制，前大殿三间，硬山脊，吻代（带）剑把，有垂兽，有四小兽，筒瓦顶。大式作法。通面长 11.30 米，明间 3.35 米，次间 3.20 米，进深 7 米。明窗修改，内部撤（彻）上明造，旋子彩画，五架梁，前后插今（金）柱。现为小学。附属文物，大殿前有石碑一块，螭首，龟趺方座，高 2.50 米，宽 0.80 米，厚 0.25 米。方座浮雕二龙戏珠。碑文重修碑，崇祯癸未年重修。群众传说转角碑，一夜间面向东南。周围环境，建于高台，四周依田地。保管和使用情况，小学利用。保留价值，无保留价值。调查日期，59 年 4 月 29 日。附注，后大殿三间，硬山清水脊代（带）兽头。小式做法。门窗改装，合瓦垄。长 10.50 米，明间 3.20 米，次间 3.10 米，进深 6.80 米，内部撤（彻）上明造，前有插今（金）柱，三架梁，彩画不清。东西厢房各二间，清水脊瓦顶。东西配房各三间，清水脊瓦顶。绘有简略平面图。

　　普查资料记载着"转角碑"，访谈时老人亦谈及此事：前殿东侧1通汉白玉石碑，螭首楷书，为重修时所立。碑正面朝东南，背面向西北，正是以八卦中"巽""乾"之位摆放，故称之为转角碑。据说把碑摆正了，自己还转过来。民国二十四年（公元1935年）《三河县新志》"艺文下·卷之十六·金石附"之"石刻古物"亦记载："三官庙转角碑，先面向西，后因地震面向东南，崇祯癸酉年立。在西马坊。"志书所记起码说明两点，一是村里人所谈不虚，所谓"转角"为地震所致，即碑由面向西而转向东南了。这里的"地震"，当指清康熙十八年（公元1679年）旧历七月二十八日平谷、三河大地震。崇祯癸酉年，为崇祯崇六年（公元1633年）。普查资料记作"崇祯癸未年"，为崇祯十六年（公元1643年）。孰是孰非，今已无从核实，但已是明代晚期无疑；二是志书所载西马坊，即是现在的河北村。此志"艺文下·卷之十六·金石附"之"金制古物"还记载："三官庙前大钟，高五尺，径三尺余，崇祯十年（公元1637年）造，在西马坊。"与村里老人所谈吻合。

　　三官庙毁于1973年，原庙内石碑碑首尚存，已断为两截，上半部（图215）高54厘米，下半部高50厘米，宽87厘米，厚34厘米。

图215　马坊镇河北村三官庙内残存石碑碑首上半部
（摄于2007年5月）

图 216　马坊镇河北村三官庙内残存石碑碑首下半部
（摄于 2007 年 5 月）

碑额篆书"三官碑记"四个大字（图 216）。从碑首看，整个碑身应该不小。而这个碑首，应该是三官庙转角碑碑首。三河西曹庄《重修三圣庙碑》所写"三河有六马坊，西曹庄居兔西马坊"之语，与河北村为西马坊并不矛盾。西曹庄在马坊镇南，与河北村相邻不远，二村旧时或同属西马坊之地了。

现存河北马坊遗址，占地面积约 2.5 万平方米。遗址（图 217）分布于台地上，原有 500 米见方的围墙，后毁于战火，现仅存南部一段残墙，长 38 米，宽 5.5 米，高 3 米，墙基为三合土夯筑，文化层中有大量碎砖堆积。现为农田，曾有大条石等建筑构件出土。1997 年第三次

图 217　马坊镇河北村马坊遗址（摄于 2007 年 5 月）

文物普查时，征集到 3 件从残墙南侧出土的汉代陶罐。而河北村马坊遗址，旧称西马坊，是今马坊镇域内最为重要的文化遗存。尽管现在没有哪个村落以此而名，可镇一直名此，只是省去了"西"字而已。这对于研究马坊镇名字的来龙去脉，无疑具有重要价值与意义。

明嘉靖三十二年《怀柔县志》收录明景泰六年（公元 1455 年）光禄大夫少傅太子太师礼部尚书胡濙所撰"敕赐云岩寺碑记"记述："云岩寺，在京都东北百余里顺天府怀柔县栲栳山前，年深倾圮。御马监太监阮公让因提督沿山一带马房，往来见此山峦环拱，聚气藏风，真堪为供佛道场。"清康熙六十年《怀柔县志》收录仕英宗、代宗、宪宗三朝、历官兵部尚书、户部尚书、太子少保、吏部尚书、谨身殿大学士商辂所撰"重修云岩寺碑"碑文，也有相关记述："景泰初，御马监太监阮公让奉命提督沿山诸处马房，因见栲栳山峰峦秀拔，溪流澄澈，中有古刹，殿宇虽圮，遗址尚存。"这里所记御马监太监阮让，与《三河县志》记载"明设御马监，内监掌之"相印证，或许阮让奉命提督的沿山诸处马房就与这些马坊有关呢。

仁义胡同

平谷老城，有条仁义胡同，据说是金、倪两家让出来的。

相传明朝时，金尚书、倪尚书的亲戚住在这里，两家只一墙之隔。一年夏天下大雨，泡倒了院墙。修墙时两家因墙基发生争执，各不相让，就都想到了京城做官的亲戚，各自修书，请为自己撑腰。两位尚书接到书信，便马上回复，不曾想内容竟然一样：

　　　　百里捎书为堵墙，让他一墙又何妨？
　　　　万里长城今犹在，不见当年秦始皇。

图 218　仁义胡同，北口与北门街相接（摄于 2010 年 4 月）

两家人见信都觉得十分惭愧，主动道歉，握手和好。修墙时，各自主动让出一墙之地，于是形成这条五尺宽的胡同，行走至今。而邻里见状，无不称赞，从此把这条胡同叫仁义胡同（图 218），其礼让行为，一直影响着乡里。

20 世纪 80 年代初，地方征集整理民间文学集成，就收录了这个故事，且收进了区文化馆所编的《平谷民间文学集成》一书中。最近，市有关部门与区文化、规划部门等要对这个故事的发源地进行挖掘、整理，要作者进一步整理这个故事，作者找到金家、倪家及仁义胡同附近人深入细致了解调查，又有不同但类似的说法。

一直在仁义胡同居住，已 93 岁高龄的郝士利（图 219）老人说，据说过去东边是金布政花园，西边是倪尚书花园，两家花园中间只隔一堵墙。有一天墙倒了，两家都说是自己的。争执不下，就都给在外为官的家人去信，不曾想回信都是劝家人"让他三尺又何妨？"结果各家都让出三尺，就成为了一条胡同，起名仁义胡同。并说过去老倪家住在胜利街安家胡同，老金家住在和平街北城根。金海湖镇滑子村为倪家大户，七八十岁的老人对仁义胡同记忆犹新，说过去胡同很窄，过不去人，倪家、金家各住两边。两边墙倒了，金家要往外占 1.5 尺，倪家不干。两家都认为朝里有人，打官司谁也不服谁。倪家就给京城的倪尚书写信，回

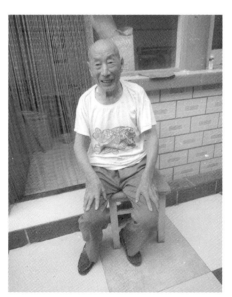

图 219　在仁义胡同居住的县城照相世家，93 岁的郝士利老人（摄于 2014 年 8 月）

信一首诗："两家诉讼为堵墙，让他二尺又何妨？万里长城今犹在，不见当年秦始皇。"于是，倪家主动让了二尺。金家一看，深感惭愧，也主动让了二尺。于是形成了这条胡同。倪光荐哥仨，倪光祖、倪光荐、倪光远，倪光祖生倪德贤，倪德贤生了 6 个儿子，大致在明代万历时到了滑子村这个地方，过去村西有老祖坟，立有万历二十六年（公元 1598 年）建庄的碑。到现在，滑子村倪家已传了十七八代了。如此说来，倪光荐应是倪德贤的叔叔，而滑子村倪家，不是倪光荐直系后裔。可旧县志所记倪光荐为"独乐社人"，过去滑子村应该属于独乐社的。金家有位退休干部金华，81 岁，现住东寺渠村，过去住老县城西门里铜井那个地方，那眼铜井据说就是老金家的。他说我们金家老祖就是金纯，都称金布政。老金家过去是从山东过来的。说起仁义胡同，两家当时都建房，谁也不让。管家就给朝里的老爷写信，结果回信一看，写着："千里捎书为堵墙，让他一尺又何妨？"倪家也写信，回信也是这个意思。两家一让，就让出了这条胡同。当时老金家在西边，老倪家在东边。并说过去老县城东西门、南门都有大街直接对着，唯独北门没有，就是这条胡同连着北门街（图 220），不是别的，说到底就

图 220　平谷镇北门街（摄于 1995 年）

是过去金家、倪家官宦势力大，县官管不了。北上营村也有金姓人家，他们也说是从山东来的，过去常说金布政、倪尚书，谁家打官司，找他们准赢。但对于仁义胡同，却不大清楚，也许迁到北上营村年久之故吧。

最近，王辛庄镇放光村贾光海先生来，带来一本很残破的贾名伸手卷。贾名伸为平谷清代唯一一名进士，曾向知县建议将自己整理的几条志书未载之事续入县志，其中一条是关于"仁义胡同"的事（图221）：

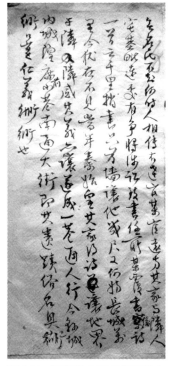

图221　清代进士贾名伸手卷中的"仁义胡同"资料

无名氏，不知何时人相传，有达官某宦远方，其家与邻人宅基毗连处有争。将涉讼，致书任所。某覆书，系诗一首，云："千里捎书只为墙，让他几尺又何妨？长城万里今犹在，不见当年秦始皇。"其家得诗，让地界于邻。邻感其义，亦让。遂成一巷，通人行。今县城内城隍庙前小巷，南通大街，即其遗迹。俗名臭胡同，□□仁义胡同也。

贾名伸所写，主要故事情节与现在流传的基本一致，只是没有达官及相争者名姓，说明早在清代或清代以前，这个故事就已经口口相传了，而贾名伸是目前所知这个故事的第一个采集及整理者。这条资料由于以前没有看到，所以，作者在编写《平谷史话》及《知平谷爱平谷干部培训读本》时，就没有写上。翻阅民国九年（公元1920年）和民国二十三年（公元1934年）的《平谷县志》，其中并没有记述此事，看来王兆元当年续修县志时没有采纳此条。而在这两部县志前面所绘县城图上，则明确标有"仁义胡同"。

　　这则故事尽管版本有异，但终究口口相传了数百年，而且仁义胡同至今尚存，只是胡同两侧多为近年所盖的砖瓦房，只有最后一座，显得很陈旧，不但有前院，还有一不甚宽绰的后院，两层很大的青石垒砌后墙基础，后墙东部即老宅东北角，竖嵌一方小石碑，镌刻楷书"泰山石敢当"字样，当为古代石崇拜的一种体现，有所谓镇宅挡煞之功。毕竟此宅连接北门街，正对县城北门。宅东侧为仁义胡同，东西两边也各有一条胡同，这里堪称要冲之地，立石以为镇宅亦在情理之中。胡同里，散落着一些大小条石等物。从这些遗物遗迹看，这里过去一定住着大户人家，世事沧桑，早面目全非了。当问及胡同里的人，都知道："听老人说，早先没有胡同，是两家让出来的。"胡同不是很深，可两边不是两家，起码十来家了，每家门前钉一红色门牌，写着"北门街"字样。胡同仅四五尺宽窄，与北门街相通。这一二年进行了环境整治，并在胡同墙上绘制有这个传说故事的图画等。

　　平谷西汉初年置县，老城原为土城，于明成化年间始筑砖城，并建四门。北门称"威远门"，至今北门楼上的巨大匾额还在。而北门外有倪光荐墓，旧有石人石马。倪光荐明代嘉靖丙辰进士，官至工部尚书，为三朝元老，深受皇恩，神宗特赠太子少保。这就是"仁义胡

图 222　金氏后人保存的明宪宗朱见深赐给金纯的诰命书

同"所说的倪尚书。与倪尚书前后也在外为官的平谷人有金纯、金濂父子，如金纯为山西右布政使，应早于倪光荐，即倪光荐在朝时，并没有赶上金纯。民国二十三年（公元 1934 年）《平谷县志》记载，金纯"营州中屯卫军籍，江南松江府上海县人"。这与金家人所说"从山东来"有异，值得进一步探讨。金氏后人至今保存着明成化十六年（公元 1480 年），宪宗皇帝朱见深赐给金纯的诰命书（图 222）。

安徽桐城有一长百余米宽两米的小巷，名"六尺巷"。桐城，清代"桐城派"文学发源地，以"文以载道"为主旨，号称"文都"。在清康熙四十年（公元 1701 年），这里发生一邻里纠纷。《桐城县志略》等记载：张文端公居宅旁有隙地，与吴氏邻，吴氏越用之。家人驰书于都，公批诗于后寄归，云：

一纸书来只为墙，让他三尺又何妨。

长城万里今犹在，不见当年秦始皇。

家人得书，遂撤让三尺，吴氏感其义，亦退让三尺，故六尺巷遂以为名焉（图223）。所谓张文端公，即张英，清代名臣，桐城人。官累至工部尚书、礼部尚书、翰林院掌院学士、文华殿大学士等。清官难

图223　安徽桐城六尺巷

断家务事，何况是高官显贵人家！谁知张公并不以势欺人，而是劝自家退让，成为美谈。

　　两则故事，如出一辙，大同小异，仅个别词句稍有变化而已。而流传一在北方，一在南方，都是讲要谦逊礼让，与人为善，与邻为善。当然，全国流传类似传说的不止这两个地方，大概不下十几二十处，共同承载着源远流长的中华民族的传统美德。而谦逊礼让友善，说到底就是一种和谐。如果能够上下和谐，邻里和谐，何愁国家社会乃至世界不和谐！

　　不过，在新中国成立后，区有关部门大概为规范街道名称，将"仁义胡同"改为"北门街"了。仁义胡同在和平街村，据说过去和平街村就叫仁义村。还是尊重历史，适当时机将胡同及村名改回旧名为好。毕竟"仁义胡同"的名字记忆着一段美好的故事，这个故事也早已列入北京市非物质文化遗产名录，而且正着手准备申报全国非遗名录。

30 文彭宦游平谷留诗篇

文彭，明中叶书画大家，与唐伯虎、祝枝山、徐祯卿并称"江南四大才子"的文徵明长子。

文彭生平资料缺乏，世人研究的亦不多，甚至连一本传记都没有。简言之，文彭，长洲（今江苏苏州）人，生于明弘治十一年（公元1498年），字寿承，号三桥，别号渔阳子、三桥居士、国子先生等，工书画（图224），尤精篆刻。因最早采用易于篆刻的青田石作为印材，成为印学流派开宗立派鼻祖。60岁前，除定期到南京乡试等，主要在家侍奉父亲，潜心艺事。如墓志铭所记："太史翁（指文徵明）乞休林下泛四十年，而先生日侍左右，奉翁登览名山，周旋觞咏"。"双钩淳化羲之帖，细读开元杜甫诗"，是其日常生活写照。

尽管文彭自幼聪颖过人，10岁能属文，长益超卓，视登科及第为囊中取物，怎奈一生竟十举而不获。直至嘉靖三十五年（公元1556年），年届花甲之时，才以贡生资格来北京礼部廷试，竟明经廷试第一，父亲不禁感叹："蝉联

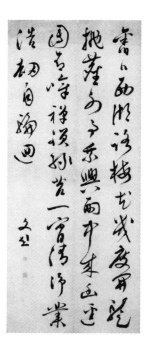

图 224　文彭书法作品

宦业承三世，辛苦传家有一经。"
不久，赴任嘉兴府学训导。约两年
左右，父亲去世，丁忧回籍。嘉靖
四十一年（公元 1562 年），服除，
复入京补授顺天府学训导。69 岁时
被擢拔为北京国子监学录。3 年后
赴南京任国子监博士，故世称文国
博、文博士（图 225）。万历元年
（公元 1573 年）去世，享年 75 岁。

图 225　文彭画像

文彭宦游京城前后达 8 年之
久，一方面收购古玩鼎彝、法帖名
画，"鼎彝款识，法书真赝，入手
辄辨"；一方面广交朋友，雅集聚
会，所谓"三桥在此，三公而下，无不倒屣迎之"。其隆誉可见一斑。
平谷距京师百余里，山清水秀，多有胜迹，金代以来，皇帝及文人雅
士游历不绝。文彭一定在京宦游期间，曾与友人相约而来。

据说文彭一生著有《诗文》16 卷，《五经讲义》4 卷，除收于《文
氏五家集》中《博士诗集》2 卷及一卷诗稿墨迹外，其余未见存世。那
么，《博士诗集》中，是否存有文彭写平谷的诗？此集手头没有，一时
难以查阅。便通过孔夫子旧书网，终于购得一本沈阳出版社影印的《四
库全书珍本初集》"集部·一〇五集"（图 226），收录了《文氏五家集》（图
227），共 14 卷，包括文洪《涞水诗集》2 卷，文徵明《太史诗集》4 卷，
文彭《博士诗集》2 卷，文嘉《和州诗集》1 卷，文肇祉《录事诗集》5 卷。

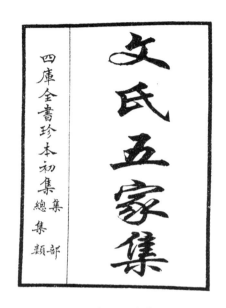

图 226　清《四库全书珍本初集》集部
　　　　105 集封面

图 227　文氏五家集扉页

原来文彭这 2 卷《博士诗集》，早被收进清代乾隆皇帝亲自组织、纪晓岚总纂的《四库全书》了。

　　"文氏五家"，即文氏五人。文氏祖上文宝，江西永新固塘人，生于宋嘉定时，后以宣教郎授湖广衡州（今衡阳市）教授。宋末，世乱致仕，留家衡山，今湖南省衡阳市衡东县大桥镇礼厚村。礼厚文宝五世孙文俊卿在明朝被授衡州卫千户，文俊卿次子文定聪为明太祖朱元璋的散骑舍人，文定聪之子文惠入赘苏州，从此在苏州长洲定居下来，为文氏苏州一脉始祖。文惠即文徵明曾祖父。祖父文洪，成化元年举人，官涞水教谕。父亲文林，五家集中未有诗文收录。文彭为文徵明长子。文嘉为文徵明次子，文彭之弟，亦为吴门派代表画家。明人王世贞评道："其书不能如兄，而画得待诏（文徵明）一体。"文肇祉为文彭长子，十试有司不售，就选上林苑录事。诗文草隶，仿佛其父。

　　阅览《博士诗集》，卷七为《博士诗集》上，卷八为《博士诗集》（图228）下，就在下卷发现有文彭写平谷的4首诗。其中，《平谷道中》2首，其一为：

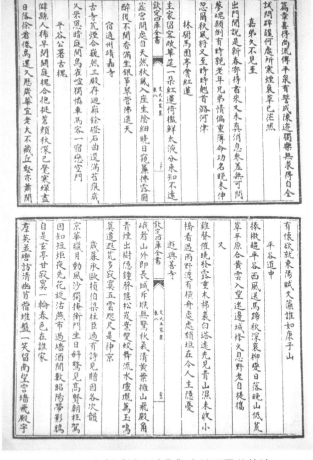

　　　捧檄趋平谷，
　　　西风送马蹄。
　　　秋深衰柳变，
　　　日落晚山低。
　　　荒草平原合，
　　　黄云入望迷。
　　　边城烽火息，
　　　野老自提携。

图228　文彭《博士诗集》中关于平谷的诗

这是一首五言律诗，收进 2001 年北京出版社出版的新编《平谷县志》"附录二"。有两处不同，一是诗题，新志为《平谷道中作》，多一"作"字；二是诗第一个字新志写作"奉"字，即"奉檄"，是整理之误，还是另有版本？不得而知。原诗"捧檄"，应与东汉人毛义有关。毛义有孝名，张奉去拜访他，刚好府檄至，要他去任守令。他拿到檄，表现出高兴的样子，张奉因此看不起他。后来毛义母死，毛义也就不再出去做官。张奉才知他不过为亲所屈，感叹自己知其不深。自此，就以"捧檄"为为母出仕的典故，后人多有引用。如唐骆宾王《渡瓜步江》诗就有"捧檄辞幽径，鸣榔下贵洲"句；明徐渭《谢督府胡公启》诗有"徒知母在而喜，顽然捧檄之情；务拟身教所先，遵以齐眉之敬"句，即是例证。查阅清雍正六年（公元 1728 年）、乾隆四十二年（公元 1777 年）及民国二十三年（公元 1934 年）《平谷县志》，均未刊此诗，当是编修新志时首次收录。而新志诗题下写"文彭"为"清"代人，似值得研究。

《平谷道中》诗又一首：

> 鸡声催晓发，露重木棉裘。
>
> 白塔远先见，青山湿未收。
>
> 小桥看过雨，野渡有横舟。
>
> 处处颓垣在，令人生隐忧。

诗中之"白塔"，应指老县城西门内塔儿胡同罗汉院之塔。民国二十三年（公元 1934 年）《平谷县志》载明弘治初年邑人张襘、张禴两都宪鬓年时，在郊外成"野外黄花金钉钉地，城中白塔玉钻钻天"联，就称其为白塔。而文彭来平谷时正值深秋，且才下过雨，西风，落日，荒草，颓垣，一派苍凉境界。

另外还有两首七言律诗，一是《平谷公署古槐》：

> 僻县人稀早闭关，庭槐合抱挺苍颜。
>
> 秋深已觉寒蝉尽，日落徐看倦鸟还。
>
> 久历岁华宜老大，不藏丘壑亦萧闲。
>
> 有怀欲就东阳赋，文藻谁如康子山？

这是吟咏县衙里的一棵古槐，古槐挺着苍颜，想自己也已"老大"了，是个"不藏丘壑"即单纯无心机之人，咏物而抒怀了。"东阳赋"，明初文学家宋濂《送东阳马生序》，是送给其同乡浙江东阳县马君则青年的赠言，叙述了自己早年虚心求教和勤苦学习的经历；康子山，即元代书法家康里巎巎，字子山。康里为元代属钦察汗国，今属哈萨克斯坦。曾任礼部尚书、奎章阁大学士。《元史》有传。文彭以此二典，意或在自比与自励吧。

一是《游兴善寺》：

> 峨眉山外即长城，斥堠无惊秋气清。
>
> 黄叶拥山飞殿角，青烟出树隐钟声。
>
> 偃松岌嶪双蛟舞，流水玲珑万玉鸣。
>
> 莫道遐荒多寂寞，五云咫尺是神京。

兴善寺在峨嵋山下，清雍正六年（公元1728年)《平谷县志》记载：
"兴善寺，在峨嵋营东二里，至县二十里。唐咸通三年（公元862年)
建，正统八年（公元1443年）重修。寺之东北一里许灵泉山下，有泉
出焉，经流于寺。今俗称水峪寺。"明清时，兴善寺内外乔木阴阴，
山花簇簇，四时有景，入夏尤佳。岩泉之胜，莫能殚述。兴善寺为京
东胜景，文人雅士多有吟咏。

通观文彭写平谷的4首诗，应该是居京宦游期间来平谷时所作。
具体哪年已不可确考，但一定是那年深秋无疑，且是骑着马来的，所
谓"西风送马蹄"了。到县城时，天色已晚，走进了县公署。在县里
当小住不止一日，不仅走在了平谷道上，而且游览了兴善寺等名胜。

31 康熙十八年平谷、三河大地震

地质上，平谷地区有一条断裂带，屡屡发生大小地震。历史上，尤以清康熙十八年（公元 1679 年）地震为最。

清康熙十八年七月二十八日，公元 1679 年 9 月 2 日，平谷、三河发生 8 级地震，震中马坊烈度 11 度，波及至北京、天津、河北、山西、陕西、山东、辽宁等省市，而震区为平谷、三河、通州一带。

民国二十三年（公元 1934 年）《平谷县志》刊《平谷县地震记》，翔实记载：

> 清康熙十八年七月二十八日巳时，忽地底如鸣巨炮，又似数千马飒沓而至。始而庐舍摇荡如舟在风浪中，继则全然倾圮，压毙者无算，其生者亦咸破颅折体。倾又闻"地且沉"，争登高以避。盖地裂丈余，黑水兼沙从底涌泛。有骑驴行道中，遂裂而坠，杳无形影。
>
> 邑东山多崩陷。海子庄东南有山长里许，名锯齿崖，参差峙立，形如锯齿，盖地震摇散而未崩陷者，其它断如刀切而存其半者，皆崩而陷入地中者也。又大辛寨庄南有砖井歪斜，人呼为扳倒井，亦地震移动之所致。
>
> 是时，城乡房屋塔庙荡然一空，遥望茫茫，了无障隔，黑水横流，田禾皆毁，人多无食，阖境人民逃亡逾半。至八

月初六日，帝遣员到县放赈，每户银一两。九月十五日，又
给压毙之男女每名棺殓银二两五，并将本年钱粮蠲免。

嗣经部查明，计地震所及，东至奉天之锦州，西至豫之
彰德，凡数千里，平谷、三河极惨。自被灾以来，或一月数
震，或间日一震，多日尚未宁静，诚亘古所稀有之灾也。

在此志"艺文志·琐记"中也有相似记述："清康熙十八年（公元
1679 年）七月，平谷地震极重，城乡房屋塔庙荡然一空。遥望茫茫，
了无障隔。"所记大致可见地震惨状。

清乾隆二十五年（公元 1760 年）《三河县志》收录时任三河县知
县任塾撰《地震记》，所记具体细节与《平谷县志》所记多相似处，其
中还写道，"巡抚金查明三河、平谷最重，香河、武清、宝坻次之，蓟
州、固安，又次之。最重者应将本年地丁钱粮尽行蠲免，次者应免十
分之三，又次者应免十分之二。具疏题奏，奉旨依议。"这里写到灾
情最重的包括平谷，而没写通州，中国地震应急搜救中心高继宗先生
在 2009 年第 2 期《城市与减灾》杂志撰文《任塾略掉通州误后人》，
清康熙十八年（公元 1679 年）七月二十八日"京师发生大地震，灾区
广及顺天府所辖的 5 州 19 县以及直隶的部分州县，其中灾情最重的
是顺天府的一州二县，即，通州、三河和平谷。八月初九日（9 月 13
日），康熙令户部：'通州、三河等处重灾地方，分别蠲免钱粮具奏'。"

应该说，这次地震是我国地震史上一次罕见的大地震，若不是发
生在巳时，即那天上午 9 时至 11 时，初秋时节大多人应在田间劳作，
而是发生在黑夜，其后果将会更为惨烈。地震引起朝廷高度重视，《皇

帝全传》在康熙皇帝中记载：康熙十八年"秋七月，……庚申，京师地震，诏发内帑十万赈恤，被震庐舍官修之。壬戌，召廷臣谕曰：'朕躬不德，政治未协，致兹地震示警。悚息靡宁，勤求致灾之由，岂牧民之官苛取以行媚欤？大臣或朋党比周引用私人欤？领兵官焚掠勿禁欤？蠲租给复不以实欤？王公大臣未能束其下致侵小民欤？有一于此，皆足致灾。惟在大法而小廉，政平而讼理，庶几仰格苍穹，弭消沴戾。用是昭布朕心，愿与中外大小臣工共勉之。'……九月庚戌，以地震祷于天坛。"康熙皇帝一方面以国库银两赈济灾区，一方面深深自责，且查找致灾原因，并到天坛祈祷，祈求上天保佑。

对于这次大地震，不仅志书有载，而且现存的一些碑刻也有相关记述，如东高村临泉寺内"重修临泉寺记碑"（图229），记载于大清

图229 东高村镇东高村临泉寺重修临泉寺记碑（摄于2007年8月）

康熙四十三年（公元1704年）对临泉寺进行重修，碑中记述"寺建于辽之咸熙间，历金、元、明迄今，亦有年矣。其间兴废不一，旧碑修其略，己未岁地震倾圮。"且不管辽代有无"咸熙"年号，只要知道临泉寺建于辽代就够了，而这里的"己未岁"即康熙十八年，临泉寺在地震中被毁。另外，同样建于辽代的大辛寨净严寺，建在石砌高台上，二层殿宇，前殿供奉一尊石佛，人称"自来佛"。石佛坐莲花座上，下有八角石柱，最

下为石座（图230）。莲花座上也镌刻着康熙十八年大地震的事。1959年4月平谷县第一次文物普查登记表也有记，名为"石释迦佛"，记其年代为"辽造，清康熙重整"，地址在"平谷县大辛寨庄"。规模与形制，"石佛带须弥座，高约2.50米。佛螺髻袈裟。须弥座八角束腰部分很高，上下枋浮雕荷叶荷花和莲实。束腰西面刻文'辽保大元年造'，东面刻'康熙时地振毁，诚心正佛，康熙二十四年（公元1685年）重立'等文"。周围环境，"大辛寨庄南之耕地上"。现存

图230 王辛庄镇大辛寨净严寺石佛
（摄于1961年）

情况，"佛身已为人打裂，残石浮存于上"。保留价值，"须弥座有文字，对地址有明确记载，对了解辽代地理有参考价值，石佛亦应保存"。"保大元年"，即公元1121年，净严寺建成后第二年便造了这尊佛像。现存1961年所拍石佛照片，照片旁有文字写道：该处原为净严寺庙基，建于辽代。解放后才被拆去，至今尚存释迦佛石像一尊，但拆庙时已被局部毁坏。石像墩座上有一碑文，兹抄录如下：

　　京都平谷县大辛寨庄因十八年七月二十八日巳时地振
　　圣像悔变士姓　诚心整

　　　　　　　　　　　信士俞应魁
　　　　　　　大清康熙二十四年十月二日重立

　　两处录文都将"地震"写作"地振"，看来佛像的须弥座确实是如此镌刻的，而非抄者笔误。据说就因佛像底座记载有康熙时大地震情况，故被北京有关部门运走，不知下落。而康熙时大地震记载，无疑为震后所补刻了。

　　至于志书所记因地震所致的"锯齿崖"（图231、图232），现在已成为京郊名胜金海湖的重要一景；"扳倒井"，在王辛庄镇大辛寨村南，早已湮埋于地下。但对这两处地震遗迹，民间另有传说。

图231　20世纪60年代初锯齿崖（摄于1961年）

图232　20世纪80年代金海湖初建时的锯齿崖

　　锯齿崖：大宋年间，辽兵在锯齿崖北面摆了一个阵，说如果宋朝有人能破此阵，便永远不再侵犯中原。穆桂英率领兵马日夜兼程，来到了新开峪。忽然，一阵黑风吹折了穆字大旗。穆桂英赶忙勒住缰绳，喝令三军停止前进。这时，山上下来一位樵夫。穆桂英下马施礼："请问老公公，此山是什么山？"樵夫说：

"此山名锯齿崖。"穆桂英听了，倒吸一口凉气，心中暗忖：穆者木也，锯能降木也。急传号令，三军绕路而行。三军过后，穆桂英正要上马，只听一声巨响，马头和马身被切为两半，马身不知去向，马头挂在了半山腰。马死后，黑风夹着石块齐向穆桂英袭来。穆桂英见事不妙，急忙脱下战靴，只穿着一双绣花鞋，坐土遁走了。到如今，还能看见崖上有马头的痕迹，还可看到东面的半山腰有个洞，从洞口往里走十几步，一双战靴状的石块还摆在那儿。后来，穆桂英从东边绕到辽兵背后，与三军汇合，识破了辽兵摆的八卦阵，大败辽兵。

扳倒井：大辛寨村有一眼井，与众不同，平常的井筒儿都直上直下，可这眼井井筒却仄歪着。人们都叫它扳倒井，相传是唐王征东时留下的。那是1300多年前，唐王李世民御驾亲征高丽国，行至大辛寨一带时天色已晚，便安营扎寨。唐王正坐帐中观看兵书战策，忽听外面吵嚷声不停，便起身走出大帐，抬头一看，不远处围着许多兵丁，正争抢着什么。原来这里有一眼井，井口小，打水人多，争抢起来。忽听谁说：这井要是能扳倒，让水自已流出来就好了。唐王心中一动，于是喝令兵丁后撤，晃着膀子走到井边，蹲下身，双手攥紧井沿，随着"嘿——"的一声大吼，那井真的就慢慢仄歪了，水哗哗地流出来。从此，那眼井就一直仄歪着了。

民间赋予了锯齿崖、扳倒井美丽动人的故事，一直流传至今，与志书所载相互补充，有着各自的价值与意义。

附记 旧志清康熙十八年大地震记述考略

上面说到“清乾隆二十五年（公元1760年）《三河县志》收录时任三河县知县任塾撰《地震记》，所记具体细节与《平谷县志》所记多相似处”，任塾所撰《地震记》（图233）原文如下：

康熙十八年己未，七月二十八日巳时，余公事毕，退西斋假寐，若有从梦中推醒者，视门方扃，室内阒无人。正惝恍间，忽地底如鸣大炮，继以千百石炮。又四远有声，俨数十万军马飒沓而至。余知为地震，蹶然起，见窗牖已上下簸荡，如舟在天风波浪中。跣而趋，屡仆，仅得至门。门启，门后有木屏，余方在两空间，砉然一声，而屋已摧矣！梁柱众材交横门屏上，堆积如山，一洞未灭顶耳。牙齿腰肱俱伤，疾呼无闻者，声气殆不能续，因极力伸右手出寸许。儿□辈遍寻余，望见手指动摇，亟率众徙木畚土，食倾始得出。举目则远近荡然，了无障隔，茫茫浑浑，如草昧开辟之初。从瓦跞上奔

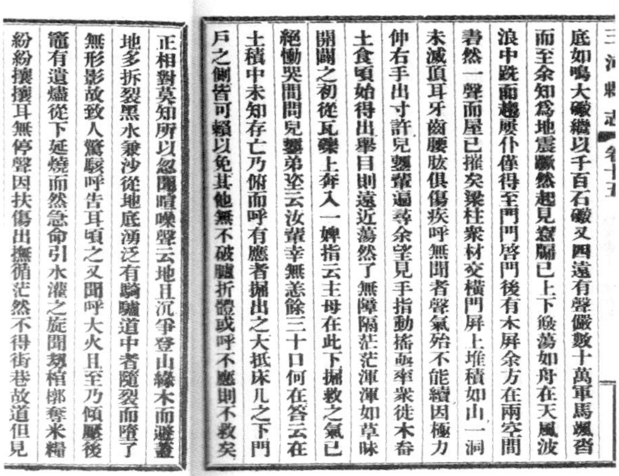
底如鳴大礮繼以千百石礮又四遠有聲儼數十萬軍馬颯沓
而至余知爲地震蹶然起見窗牖已上下簸蕩如舟在天風波
浪中跣而趨屢仆僅得至門門啓門後有木屏余方在兩空間
砉然一聲而屋已摧矣梁柱衆材交橫門屏上堆積如山一洞
未滅頂耳牙齒腰肱俱傷疾呼無聞者聲氣殆不能續因極力
伸右手出寸許兒嬰輩遍尋余望見手指動摇亟率衆徙木畚
土食頃始得出舉目則遠近蕩然了無障隔茫茫渾渾如草昧
開闢之初從瓦礫上奔入一婢指云主母在此下掘救之氣已
絕慟哭間問兒嬰弟姪云汝輩幸無恙餘三十口何在答云在
土積中未知存亡乃俯而呼有應者掘出之大抵床几之下門
戶之側皆可賴以免其他無不破腦折體或呼不應則不救矣
正相對莫知所以忽聞喧噪聲云地且沉爭登山緣木而避盡
地多拆裂黑水兼沙從地底湧泛有騎驢道中者隨裂而墮了
無形影故致人驚駭呼告耳頃之又聞呼大火且至乃傾壓後
竈有遺燼從下延燒而然急命引水灌之旋聞刼棺掠奪米糧
紛紛擾擾耳無停聲因扶傷出撫循茫然不得街巷故道但見

图233 清乾隆二十五年（公元1760年）《三河县志》所载任塾《地震记》一页

入一婢，指云主母在此下，掘救之，气已绝。恸哭间，问儿□弟坐云："汝辈无恙，余三十口何在？"答云："在土积中，未知存亡。"乃俯而呼，有应者掘出之，大抵床几之下，门户之侧，皆可赖以免。其他无不破胪折体，或呼不应，则不救矣！

正相对莫知所以，忽闻喧噪声云"地且沉"，争登山缘木而避。盖地多拆裂，黑水兼沙从地底涌泛。有骑驴道中者，随裂而堕，了无形影，故致人惊骇呼告耳。倾之又闻呼"大火且至"，乃倾压后灶有遗烬，从下延烧而然，急命引水灌之。旋闻劫棺椁，夺米粮，纷纷攘攘，耳无停声。因扶伤出，抚循茫然不得。街巷故道，但见土砾成丘，尸骸枕籍。覆垣欹户之下，号哭呻吟，耳不忍闻，目不忍睹。历废城内外，计剩房屋五十间有半。不特栌梁松栋倏似灰飞，即铁塔石桥亦同粉碎。登高一呼，惟天似穹庐盖四野而矣已。

顾时方暑，归谋殡孺人。觅一裁工无刀尺，一木工无斧凿，不得已为暂藁埋毕，举家至晚不得食。仿佛厨室所在疏之，获线面一筐，煮以破瓮底，盛以水筲，各就啖少许。次日，人报县境较低于旧时，往勘之。西行三十余里，及柳河屯，则地脉中断，落二尺许。渐西北至东务里，则东南界落五尺许。又北至潘各庄，则正南界落一丈许。阖境似甑之脱坏，人几为鱼鳖，岂惟陵谷之变已耶？

八月初一日，銮仪卫沙必汉奉上谕，着户工二部堂官一员，查明具覆，施恩拯救。阁臣会议具请奉旨，着侍郎萨穆哈去。初六日，萨少农到县，散赈城南穷民五百二十九户。十六日，户部主事沙世到县，散赈乡村穷民九百四十一户，户各白金一两。十八日，又传旨通州、三河等处，遇灾压死之人查明具奏。九月十五日，工部主事常德、笔贴式武宁塔到县，散给压死民人、旗人男女大小共二千四百七十四名口，又无主不知姓名人二百三名口。内孩幼不给，旗民死者另请旨，并无主不知姓名地方官料理外，将压死男妇一千一百六十八名口，人给棺殓银二两五钱，伊亲属具领讫。又先是八月初九日，上谕通州、三河等处地震重灾地方，分别豁免钱粮，具奏随奉。巡抚金查明三河、平谷最重，香河、武清、宝坻次之，蓟州、固安，又次之。最重者应将本年地丁钱粮尽行蠲免，次者应免十分之三，又次者应免十分之二。具疏题奏，奉旨依议，三河地丁应得全蠲。钦哉！皇恩浩荡，如海如天，民始渐得策立，骨肉相依。其不幸至于流离鬻卖者，十之一二而已。

计震所及，东至奉天之锦州，西至豫之彰德，凡数千里，而三河极惨。自被灾以来，九阅月矣，或一月数震，或间日一震，或微有摇抗，或势欲摧崩，迄今尚未镇静。备阅史册，千古未有，不知何以致此？虽然九水七旱，天所见于尧汤之世者，岂关人事哉！

文中一二字刊刻不清，以"□"代替。第二段"盖地多拆裂"之"拆"字，或为刊刻之误，似应"坼"字，言"坼裂"似更为贴切。如《后汉书》"志第十六·五行四"："建光元年九月己丑，郡国三十五地震，或地坼裂，坏城郭室屋，压杀人。”即如此记述。看两县关于地震所记，细节确实多有相似甚至相同处，尤其“有骑驴行道中，遂裂而坠，杳无形影”与“有骑驴道中者，随裂而堕，了无形影”，怎如此之巧两地同时有人骑驴而坠落地缝？按常理即使在同一地点、同一时间、同一件事，不同人笔下也不会完全一样。既然任塾《地震记》为其任三河知县所震时记，且夫人就死于震中，当是亲历，故所记应该为实。而《平谷县志》编纂于民国二十三年（公元1934年），已在200余年之后，所谓“相似”或“相同”无他，只能是从中摘录了。

为此，专门到区档案局查阅旧志。现存平谷最早志书为清雍正六年（公元1728年）续修，作者在故宫见过此版本，档案局为手抄。三卷，目录及内容均未谈及康熙十八年（公元1679年）大地震。乾隆四十二年（公元1777年）《平谷县志》，依然三卷，内容与雍正本大同小异，只增补一些相关内容，也没有那次地震记载。民国九年王兆元编《平谷县志》，是继乾隆四十二年（公元1777年）志后所续修。此志四卷，在卷三“人物志”后特列“灾祥

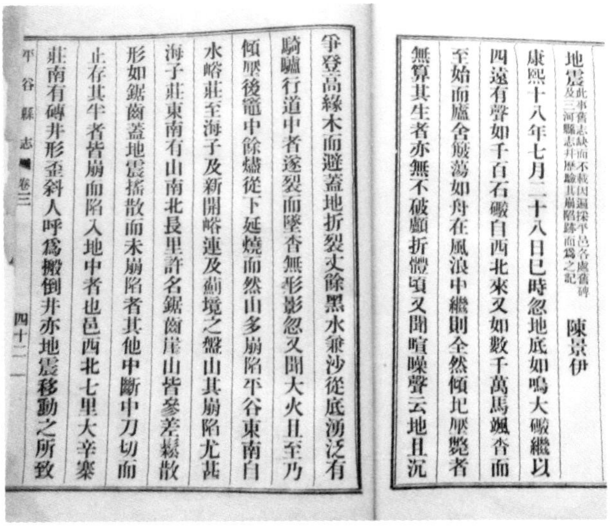
地震（此事舊志缺而不載因遍採平邑各處舊碑及三河縣志并歷驗其崩陷跡而為之記） 陳景伊
康熙十八年七月二十八日巳時忽地底如鳴大礮繼以
四遠有聲如千百石礮自西北來又如數千萬馬颯沓而
至始而廬舍簸蕩如舟在風浪中繼則全然傾圮壓斃者
無算其生者亦無不破顱折體頃又聞喧噪聲云地且沉
爭登高緣木而避蓋地折裂丈餘黑水兼沙從底湧泛有
騎驢行道中者遂裂而墜杳無形影忽又聞大火且至乃
傾壓後竈中餘燼從下延燒而然山多崩陷平谷東南白
水峪莊至海子及新開峪連及薊境之盤山其崩陷尤甚
海子莊東南有山南北長里許名鋸齒崖山皆參差鬆散
形如鋸齒蓋地震搖散而未崩陷者其他中斷中刀切而
止存其半者皆崩而陷入地中者也邑西北七里大辛寨
莊南有磚井形歪斜人呼為搬倒井亦地震移動之所致
平谷縣志 卷三 四十二

图234 民国九年（公元1920年）《平谷县志》卷三关于地震的记载

志"，有"地震记"一目（图234）。正文"地震"题下两行小字，当为题记："此事旧志缺而不载，因遍采平邑各处旧碑及《三河县志》，并历验其崩陷迹，而为之记。"这就是了，看来编志人确实摘录了乾隆二十五年（公元1760年）《三河县志》任塾《地震记》的具体记述，另外也进行了平谷地区有关地震资料的调查及征集整理。题记下署名"陈景伊"，民国二十三年（公元1934年）《平谷县志》有传，称其"博学，擅文词，操行高洁，为邑中名士，兼工书画"，志前并收录其两幅书法作品。新编《平谷县志》"文化·方志工作·旧志编修"亦载，"清末则又有陈景伊修纂的《续平谷县志》（抄本一册）"。作者未曾得见陈之续志，而新志写陈为"清末"人，据现存清嘉庆二十年（公元1815年）"兴复水峪寺碑记"，明确写有"邑廪膳生员陈景伊书丹"；大清道光二十四年（公元1844年）重修文峰塔所撰《平谷县东高村重修塔记》，亦署名"邑岁贡生陈景伊"。因此，陈当是清乾隆、嘉庆、道光时人了。

就地震资料来源等，题记做了实事求是的说明。民国二十三年（公元1934年）王兆元再编《平谷县志》，以《平谷县地震记》为题，经精简删略而收录，且去掉了"题记"，读来很容易让人以为骑驴人坠入地缝等都是平谷发生的事了。这里无意苛求王兆元等，震后不一定没有具体资料，因为朝廷也要派人调查、赈灾，大概是没能保存下来，特别是续修雍正、乾隆志时，相距时间较近也未能记录此事，多少有些遗憾。而后来陈景伊、王兆元等热心搜集整理相关资料，编入志中，以不使遗漏，实属难能可贵。尤其王兆元曾编修两部县志及一部志料，完善了县志体例，丰富了志书内容，功莫大焉。

32 北京地区保存较为完好的 一座文峰塔

我国古塔随着佛教的传入而兴起，逐步发展，由最初的存有舍利的舍利塔，发展到登高眺览、瞭望敌情、导航引渡、装点河山等公用价值，与佛教愈来愈远。这是就其作用而言。从造型来说，有楼阁式塔、密檐式塔（图235）、亭阁式塔、花塔、覆钵式塔（图236）、金刚宝座式塔、过街塔和塔门、宝箧印经塔等。平谷文峰塔，无疑属于装点河山的楼阁式塔。

平谷文峰塔，在东高村镇东高村东南约500米的塔山上。作为文峰塔，大约起源于14世纪，亦称"文风塔""文笔塔""文兴塔""风水塔"等，多为明、清两代县官主持建造，根据所谓"风水"学说而建，同时也有振兴一方文化之意。

图235　北京通州燃灯塔（摄于2009年12月）

图236　江苏扬州瘦西湖莲性寺白塔（摄于2007年9月）

就平谷而言，据统计，明代近 270 余年间，共考取进士 16 人，到清代仅嘉庆元年贾名伸 1 人，文化教育明显大不如前了，确实需要振兴。作为文峰塔，一种标志性和观赏性的建筑，早已脱离了佛教建塔的目的。而平谷文峰塔始建年代不详，清道光二十四年（公元 1844 年）重修。过去有文峰塔为辽代所建等猜测之说，今据其形制、作用及塔铭判断，此塔最早应不会早过明代，至于以前是否有塔、什么形制，则另当别论。

文峰塔坐北朝南（图 237、图 238、图 239），为三层六角楼阁式实心塔，砖石结构，通高 8 米。全塔由塔基、塔身、塔顶组成。塔基约 20 平方米，高约 0.3 米，二层，为条石所砌，素无雕饰。塔基四面中间下层前，垒一石阶，整体形成三步石阶。塔身，建在石基上，三层，楼阁式，以青砖砌筑，白灰勾缝。以砖叠涩出三层短檐（图 240）。一层

图 237　东高村镇东高村文峰塔（摄于 1982 年 2 月）　　图 238　东高村镇东高村文峰塔（摄于 20 世纪 80 年代末）　　图 239　东高村镇东高村文峰塔（摄于 20 世纪 90 年代末）

图 240　东高村镇东高村文峰塔二层塔檐（摄于 2008 年 7 月）

图 241　东高村镇东高村文峰塔塔顶（摄于 2008 年 1 月）

南北正面，各辟一券拱形假门。由于为砖砌实心，故文峰塔不能登临观赏。塔顶，为六角攒尖顶，塔刹结以巨大宝珠（图 241）。

在塔身二层南、北两面中间，分别镶嵌一方石刻塔铭。南面塔铭为：

平谷县东高村重修塔记

邑城南有泉山焉，与城相对。稽县志，其址旧建浮屠，堪舆家以为"文峰"。国初以来，已久倾圮。

壬寅冬，邑君侯三原曹公莅任，下车后创修书院，文风改观。遍览合邑形势，谓是塔不可不有也。因商之东高村各绅士，□本村秋□捐钱为修费用。命国学生纪禄董其事，于甲辰之二月告成。

遥而望之，秀峰耸峙，□然壮观。诚有如堪舆家之所云，都人文之□不于此，而兆其瑞哉！然此皆吾君侯之赐也，故特镌石以志之。

邑岁贡生陈景伊撰文

邑庠生张廷佐敬书

大清道光廿四年甲辰二月榖旦　立

　　文峰塔下的小山原名泉水山，《光绪顺天府志》记载："城南八里曰泉水山。"建塔后俗称塔山，沿用至今。这里简称为"泉山"。当时是查阅了县志所记，在原旧址复建此塔。"浮屠"，佛教用语，即指佛塔，在这里当泛指塔意。塔名为"文峰"，清初以来，塔早就倒塌了。"壬寅"，即道光二十二年（公元 1842 年）。查阅民国九年（公元 1920 年）《平谷县志》"卷二·秩官志"，清道光时"知县"记载："曹濯新，陕西人，进士，二十二年任。"这年曹濯新来平谷任知县。"三原"，即三原县，今陕西省咸阳市下辖县，在陕西关中平原中部，因境内有孟侯原、丰原、白鹿原而得名。看来曹知县到任后，是着手抓了兴修书院等文化之事，而修文峰塔亦为振兴平谷文化。"甲辰"，即道光二十四年（公元 1844 年）。曹公壬寅冬到任，塔于甲辰二月告成，应该是历时一年。撰文为陈景伊。陈景伊上文有述，当历经清乾、嘉、道三朝了。书丹为张廷佐，张自署"邑庠生"，明、清时期称州县学为"邑庠"，所以秀才亦称"邑庠生"，张当是秀才了。"榖旦"，指晴朗美好的日子，旧时常为"吉日"之代称。

　　北面塔铭为：

　　　　谨将修塔捐资费用开列于左：

　　　　合□共捐钱七百六十二千八百一十文，修塔共费用钱八百六十四千六百五十文。除□完傢伙，存砖二□，共卖钱三十二千九百二十文。

　　　　以上除捐钱，下欠费用钱六十八千九百二十文。下短钱文，国□纪录自垫。

自修塔之后，示谕临近各庄人等知悉，勿许在塔北、塔西开掘石块，惟恐于本村有碍。如有任意开掘者，□□村□人赴县报官，伏乞诸位台量可也。

塔阴永志。

大清道光甲辰年二月榖旦　立

所记捐款及修塔费用，尤其镌刻着不许在塔旁开掘石块，无疑起到了一定的保护文峰塔及周边环境的作用。不然，滥开滥采，或早面目全非了。

两则塔铭铭文《平谷文物志》有录，当初编志统稿时，面对送来的一堆书稿，未能与拓本、与碑刻、与典籍逐字逐句一一核校。后对心存疑虑的词句，作者多次至塔前观摩铭文，一再校对。终因塔铭镶嵌于塔身二层之上，且多年风雨蚕食，有些早已漫漶不清，致使个别字辨识不出，只好代之□符号，以为存疑。

文峰塔自清道光时重修，距今已170余年。文峰塔造型典雅古朴（图242），近年虽略

图242　东高村镇东高村文峰塔（摄于2008年7月）

有修葺，尤其 2016 年 4 月再次进行修葺，并整理塔基，增建青白石护栏，平整周围地面，但主塔基本为道光时遗存。我国保存至今的文峰类塔实物不多，平谷文峰塔为北京地区保存较为完好的一座，具有重要的文物价值及研究价值。

33 清代丫髻山行宫

清代丫髻山行宫，在丫髻山东 4 里处行宫村北部，且村以行宫而得名。

行宫所建时间，或说建于清初，皇帝往东北谒陵此地为中途一站；或说建于乾隆时期。究其根底，目前都没有确切文献依据。综合文献等考证，行宫当建于清乾隆之时。据清康熙六十年（公元 1721 年）《怀柔县志》"卷二"记载，在怀柔县城南门外建有一座行宫，建于康熙四十九年（公元 1710 年），康熙五十三年（公元 1714 年）复奉旨增建。既然这座行宫志书有载，那么，康熙皇帝于康熙四十三年（公元 1704 年）首次驾临平谷，如果这时已经建有行宫，志书一定不会只记载那座行宫，而遗漏这座的，况且这座行宫要早于那座行宫。故宫存有《丫髻山陈设铺垫一应等项清册》，这是关于丫髻山行宫陈设铺垫的翔实登记，应该事无巨细无一遗漏。这份清册造于嘉庆二年（公元 1797 年），即是嘉庆皇帝登基不久，乾隆皇帝做太上皇还健在，由此可以肯定地说，丫髻山行宫应该在乾隆时已经建造，甚至可以说，乾隆皇帝于乾隆七年（公元 1742 年）、十二年（公元 1747 年）、十八年（公元 1753 年）先后 3 次来丫髻山、道光皇帝做太子时 10 余次来丫髻山进香以及道光十七年（公元 1837 年）亲奉皇太后来丫髻山拈香，都驻跸于此（图243）。对于嘉庆皇帝，文献明确记载：嘉庆十八年（公元 1813 年）九月十五日驻跸于丫髻山行宫。

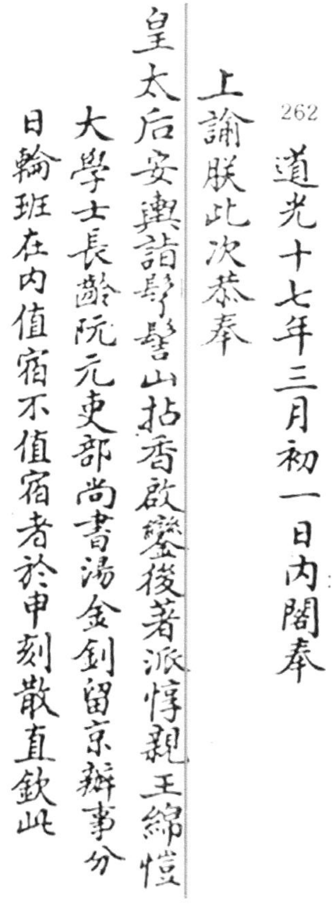

这里将《丫髻山陈设铺垫一应等项清册》进行文录，以为人们研究参照：

丫髻山陈设铺垫一应等项清册

看守丫髻山内围千总吴国相委署千总王廷禄呈造

行宫内陈设铺垫字画对帐幔紬毡帘锡铁木器等项清册，计开：

大宫门三间，铁恭恭门灯一对，铁锁钥二把，随皮包。

垂花门一座，铁恭恭门灯一对。

大殿五间，青缎边绫里红毡帘二架，青缎边竹帘二架。蓝布边里竹雨搭十架，俱破坏。紫花布夹雨搭一架。

明间，上挂御笔"岩苍树古"本文匾一面。

东次间里面西，樟柏木包厢床一张，上铺白秋毛毡一块，绣金龙石青色洋毡一块，青缎面座褥一件，石青缎面靠背一件，黄妆缎兀单一件。右设，黑漆金花木瓜盘一件，黑漆座。

（右侧竖排影印文字）

皇太后安舆诣丫髻山拈香启銮后着派惇亲王绵愷

上谕朕此次恭奉

道光十七年三月初一日内阁奉

大学士长龄阮元吏部尚书汤金钊留京办事分日轮班在内值宿不值宿者于申刻散直钦此

262

图243　嘉庆、道光两朝上谕档道光十七年（公元1837年）内容页

黑漆金花冠架一件，随座。棕竹扇一把，窦光鼎字，方琮画。左设，紫檀嵌三块玉如意一柄，双绿穗，珊瑚豆。黑漆金花痰盒一件。黑漆金花香几一件，上设铜掐丝珐琅炉瓶盒一份，铜匙筋紫檀座圣字号。宝座背后，贴御笔横披字一张。南北板墙，贴御笔斗方字一张，董杰斗方画一张。东板墙，贴徐杨画一张，面南门上挂香色春紬硬板帘一架。北板墙，贴王敬铭山水绢画一张，下设黑漆绣墩二件（图244）。

图244　收集的散落街头的行宫石构件（摄于2007年5月）

北小间，如意锡盆一件，凉暖锡夜净二件。虬耳铜炉一件，楠木座。花梨木香盒匙筋瓶一份，铜匙筋。柏木压纸一件，板墙上挂月白春紬夹幔一架。

东稍间，夔龙门上挂石青紬刷一件，门里挂沉香色春紬夹幔一件，随石青紬刷一件。面南，樟柏木包厢床三张，上铺白秋毛毡一块，上挂香色春紬夹幔一架。面北，樟柏木包厢床三张，上铺白秋毛毡一块，青缎面座褥一件，石青缎面靠背一件，黄妆缎兀单一件。右设，黑漆金花活腿书桌一张，黑漆金花分方笔筒一件。雍正款大官釉起线花瓶一件，花梨座。白玉墨床一件，紫檀座。乾隆款盛京石砚一方，南漆紫檀匣盛。玛瑙卧犬笔山一件，牙座。银晶水盛一件，白玉匙牙座。左设，黑漆金花木瓜盘一件，随座。彩漆香几一件，上设铜掐丝珐琅炉瓶盒一分，铜匙筋紫檀座清字号。东板墙，挂孙佑《桃园图》一轴，随画别。座褥上设紫檀嵌三块玉如意一柄，双绿穗，珊瑚豆。楠木琴桌一张，上设定窑三足炉一件，白磁红花玉壶春一件，紫檀座。青绿面环瓶一件，花梨座。地铺黑春毛毡一块。

西次间，南北设黑彩漆凳子四张。西板墙中嵌表盘一分，御笔对子一副。

西稍间，上挂香色春紬夹帘一架。假门，贴傅雯指水墨绢画一张，石青紬刷一件。迎门西墙，贴御笔字挑山一张。柏木别凳一张，随红猩猩毡套。东板墙表盘下，柏木别凳一张。西板墙贴钱维城宣纸画一纸，楠木琴桌一张，上安铜掐丝珐琅三足环耳盖炉一件，高丽木座。宣铜夔耳英络瓶一件。欧磁蕃草瓶一件，高丽木座，内插花梨嵌三块玉如意，双绿穗，珊瑚豆。面南，设樟柏木包厢床三张，上铺白秋毛毡一块，红糙毡一块，黄妆缎旧座褥靠背二件，绿漆痰盒一件。紫檀嵌三块玉如意一柄，双绿穗，红牙豆。罩上挂香色春紬夹慢一架，石青春紬刷一件，擦脚黑毡二块。

东净房，蓝布边里红毡帘一架，蓝布边竹帘一架，排插上挂。蓝布夹慢一架，茅葫芦一分，凉暖锡夜净各一件。乳耳铜炉一件，楠木座。柏木镇纸一件。

西净房，蓝布边里红毡帘一架，蓝布边竹帘一架。

三卷房九间，青缎边凌里红毡帘二架，青缎边竹帘二架，蓝布边里竹雨搭六架。

明卷中间，上挂御笔"韵松轩"匾一面，挂屏字一张、对字一副。面南樟柏木包厢床三张，上铺白秋毛毡一块，绣金龙黄色洋毡一块，青缎面座褥一件，石青缎面靠背一件，黄妆缎兀单一件。右设，黑漆金花冠架一件。彩漆香乎一件，上设铜掐丝珐琅炉瓶盒一分，铜匙筋紫檀座邑字号。黑漆金花木瓜盘一件，随坐。紫檀嵌三块玉如意一柄。左设，榆木炕案一张，上设，青绿三足鼎一件，紫檀盖，牛油石顶，花梨座。乾隆款大官釉瓜楞双管瓶一件，楠木座。青绿蕉叶花觚一件，紫檀几座。黑漆金花痰盆一件。

东西夔龙门，挂香色春䌷硬板帘二架。

东稍间，前檐面北，设樟柏木包厢床三张，上铺白秋毛毡一块，绣花卉绿色洋毡一块，青缎面座褥一件，石青缎面靠背一件，御笔字一张。西板墙，贴钱维城画一张。左设，紫檀嵌三块玉如意一柄。黑漆金花冠架一件，黑漆金花木瓜盘一件，黑漆座。右设，黑漆金花香几一件，上设铜掐丝珐琅炉瓶盒一分，柏木别凳二张，随红猩猩毡套。

中卷东间，东墙挂御笔"秋桂"画一轴，随锦囊。楠木琴桌一张，上设古铜长方象足鼎一件。雍正款哥窑天盘口纸插瓶一件，紫檀座。青绿双环蕉叶尊一件。

后卷东间，两边安别凳四张，随红猩猩毡。楠木璧纱厨四扇，前面贴梁诗正绢字四张，傅雯指黑绢画四张。东墙贴方琮画一张。

中卷西间，黑漆金花铁梨木案一张，玻璃门花梨木方龛一座。如意观世音菩萨一尊，铜胎楠木座。上挂观世音菩萨一轴，墨胎。御笔对字一副。两边设铜镀金满达轮一对。铜镀金八宝一分，烧古铜色青绿五供一分，俱紫檀座。铜镀金灵芝花一对，样烛二支，红白拜毡二块。地铺黑毛毡一块。

后卷中间，面北贴御笔对字一副，御笔字一张。樟柏木包厢床三张，上铺白秋毛毡一块，绣金龙黄色洋毡一块，青缎面座褥一件。石青缎面靠背一件，黄妆缎窝单一件。右设，黑漆金花冠架一件，黑漆金花香几一件，铜掐丝珐琅炉瓶盒一分。左设，黑漆金花木瓜盘一件，紫檀嵌三块玉如意一柄。西边门，上挂香色春绸夹帘一架，石青绸夹刷二件。

西小间，挂香色春绸软帘一架，假门上贴傅雯绢画一张。石青绸刷一件。面东，樟柏木包厢床一张，上铺白秋毛毡一块，青缎面座褥一件，石青缎面靠背一件，擦脚黑毡二块。

西钻山门，上挂香色春绸软帘一架。迎门西墙挂御笔字一轴。楠木琴桌一张，上设青绿三足小鼎一件，紫檀盖座，顶嵌玉。青绿蕉叶花觚一件，花梨座。乾隆款大官釉双管瓶一件。罩口，设榆木椅子四张。面南，樟柏木包厢床三张，上铺白秋毛毡一块，青缎面座褥一件，青缎面靠背一件。左设，黑漆金花冠架一件。右设，黑漆金花木瓜盘一件。罩上挂香色春绸夹幔一架，地铺黑毛毡一块。前檐挂蓝布边里竹雨搭一架。

东净房，青布边蓝布里红毡帘一架，青布边竹帘一架。排插上挂蓝布夹幔一架，茅葫芦一分，随蓝布毡套。凉暖锡夜净各一件，锡里净桶一个。花边夔耳铜炉一件，黄杨木香盒匙筋瓶一分，铜匙筋。柏木镇纸一件。

后照房七间，青缎边刷凌里红毡帘二架，青缎边竹帘二架，蓝布边里竹雨搭十四架。

明间，两边门上挂香色春绸硬板帘二架。

东次间，松木床六张，上铺白秋毛毡一块。

西次间，松木床六张，上铺白秋毛毡一块。

东稍间，门上挂香色春绸软帘一架。面南。松木床三张，上铺白秋毛毡一块，青缎面座褥一件，石青缎面靠背一件。地铺黑春毛毡一块。

西稍间，门上挂香色春绸软帘一架，松木床三张，上铺白秋毛毡一块。罩上挂香色春绸面石青绸刷飘带夹幔一架。地铺黑春毛毡一块，擦脚黑春毛毡二块。

照房后，六角亭子一座，前檐挂黑漆金字"山意足"木匾一面。

西边净房，挂蓝布边里红毡帘一架，青布边竹帘一架。茅葫芦一分，锡里净桶一个。

西所后殿五间，青缎边刷凌里红毡帘二架，青缎边竹帘二架，蓝布边里竹雨搭十架。

东次间，门上挂香色春绸硬板帘一架。楠木色别凳六张，随红毡套。

东稍间，松木床三张，上铺白秋毛毡一块。青缎面座褥一件，石青缎面靠背一件。柏木香几一件，上设铜掐丝珐琅有盖炉瓶盒一分。

西次间，柏木琴桌一张，黑春毛拜垫毡一块。

西稍间，门上挂香色春紬硬板帘一架，面南杉木床三张，上铺白秋毛毡一块，挂香色春紬面石青紬飘带夹幔一架，随石青紬刷一件。

前金窗靠西山，松木床一张，上铺白秋毛毡一块。

铺地黑春毛毡一块，擦脚黑春毛毡二块。

西净房，茅葫芦一分，锡里净桶一个。

西厢房五间，蓝布边里红毡帘一架，蓝布边竹帘一架。松木床三张，上铺黑春毛毡二块。

穿堂七间，蓝布边里红毡帘四架，蓝布边竹帘四架。松木床十二张，黑春毛毡四块。

西书房三间，青布边里红毛毡帘二架，蓝布边竹帘二架。松木床六张，白秋毛毡二块。

东净房，蓝布边里红毛毡帘一架，蓝布边竹帘一架。排插上挂蓝布夹幔一架，茅葫芦一分。凉暖锡夜净各一个，虬耳炉一件，打色木座。紫檀筋瓶盒一分，铜匙筋。

东厢房三间，蓝布边里红毡帘一架，蓝布边竹帘一架。松木床六张，上铺黑春毛毡二块。

值房四座，蓝布边里红毡帘四架，松木床十四张，上铺黑春毛毡八块。

门房二座，蓝布边里红毡帘二架，松木床十二张，上铺白春毛毡四块。

东西朝房二座，蓝布里红毡帘二架，松木床十二张，上铺白毡四块。

茶膳房二座，松木床二张，铁顶火四块，本处撤存御笔本文挂屏一件、挂对一副、紫檀木黑漆金花香几一件、文竹如意九柄、包帐慢紬帘黄丝㡇单二件，包如意锡盒黄布㡇单一件、装座褥靠背松木大柜二个、柿黄油松木一字高桌二十张、别放膳桌柏木凳一张、柿黄油松凳子四张、铁引灯四个、铁火炉大小八个、十二幅蓝布㡇单四个、五幅方㡇单十个、豆绿彩漆金花痰盒四个、竹丝嵌玉如意五柄、红金漆痰盒二件、大理石插屏一对、白玉索子磬一架紫檀架、白玉鱼鸟磬一架紫檀架、青玉连环盖瓶一件、官釉三足炉一件、官釉纸插瓶一件、乳釉四孔瓶一件、青花白地木瓜盘二件、青花白地双管瓶一件、红花白地撞罐一件、均釉水盛一件、三彩磁海棠笔筒一件、□丝玻璃□一件、古铜螭耳熏炉一件、紫檀夔龙冠架一件、哥窑元水盛一件、冬青釉水盛一件、雕填漆果式盒十件、红木匣一件内盛澄泥砚六方俱紫檀嵌玉盒盛、墨二匣每匣二十定楠木匣盛、□锡章字册页一册锦面页、茅箱一件、红木匣一件内盛伊犁回部图一分金川得胜图一分台湾图一分安南图一分、楠木匣一件内盛谐奇趣图一分、楠木匣一件内盛黄河源图一分。

嘉庆二年十一月

　　这是故宫陈设铺垫档案的节录，从中不仅可以看出行宫具体陈设，而且可以大致看出行宫建筑，尽管不能看出如何布局。清代丫髻山行宫主要建筑有：大宫门三间、垂花门一座、大殿五间、东净房、西净房、三卷房九间、东净房、后照房七间、照房后六角亭子一座、西边净房、西所后殿五间、西净房、西厢房五间、穿堂七间、西书房三间、东净房、东厢房三间、值房四座、门房二座、东西朝房二座、茶膳房二座，规模不小。另外，现有清工部样式房所绘丫髻山行宫草图（图245）一幅，上面对每一座建筑分别写有字迹，或许还有绘图时间，由于看的不是很清楚，也就很难据图对照了。但可以看出草图的布局，东西略窄，南北略长，平面呈长方形。四周有围墙，基本是以中间建筑为中轴线，分为东、中、西三路。中路三个院落，按上述登记来说，就是大宫门与垂花门组成第一院落，东西两路也

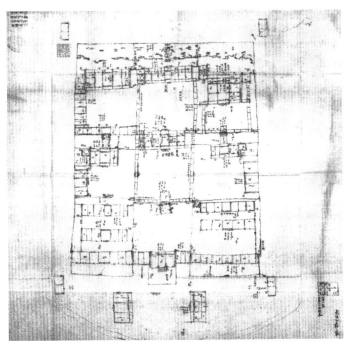

图245　清工部样式房绘丫髻山行宫草图

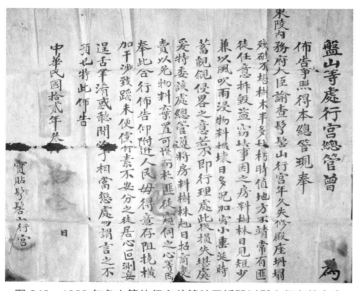

图 246　1923 年盘山等处行宫总管关于拆毁丫髻山行宫的布告

对应各分三个院落，东西路第一个院落各有两排建筑，不知是否为东西朝房；第二个院落，中间是大殿五间，或许是皇帝召见群臣及皇帝休息之所。东西院落不知做什么了；第三个院落，当是后照房了，后面直接建造到了山脚，且建造了假山，其中当有一座六角亭。东西院落也有相应建筑。行宫四角各有一座建筑，当为警卫、瞭望之用，所记的"值房"吧。南面门前两侧，各有一座建筑，是否为"门房"呢？当然，可以肯定地说，大殿等主要建筑以及陈设的紫檀等家具，一定为皇上所居住和使用。至于陈设在册的松木床等，一定为看守执勤人等所用了。

至清晚期，随着国势颓微，对丫髻山行宫当疏于管理。尤其清朝被推翻以后，清室更无力管理了，以至民国十二年，即 1923 年，时盘山等处行宫总管竟发布布告（图 246），拆毁丫髻山行宫。布告内容为：

盘山等处行宫总管曾　　　　　为

布告事照得本总管现奉

东陵内务府大臣谕查丫髻山行宫年久失修殿座坍塌

残破不堪树木半多枯朽时值地方不靖常有匪

徒任意拆毁盗窃情事因之房料树株日渐短少

兼以风吹雨浸物料损坏日多况加宵小垂涎时

蓄觊觎侵略之意若不即行理处此后损失堪虞

爰特委该处总管遵将房料树株克日招商变

卖以免物料弃置可惜而杜匪徒窥伺之心等因

奉此合行布告仰附近人民毋得意存阻挠横

加干涉致蹈未便傥有素不安分之徒居心叵测妄

逞舌笔□淆惑听闻必予相当惩处勿谓言之不

预也特此布告

中华民国十二年三月十三日

实贴丫髻山行宫

这张布告据说是位女官所书写，先盖好下面满汉两种文字的大印，然后直接在上面书写。书写完就张贴在了行宫门前。当时看守行宫的张文秀待张贴人一走，随手将布告揭下来，收藏在家中，现传至重孙张久成手里。

由布告可以看出，丫髻山行宫归盘山行宫总管。而盘山行宫又名静寄山庄，在盘山南麓，清乾隆九年（公元 1744 年）动工，十九年（公元 1754 年）竣工，占地约 400 公顷，是清代北京以外规模仅次于承德避暑山

图247 行宫前御道（摄于2007年5月）

庄的第二大皇家行宫园林。乾隆皇帝驻跸20余次，嘉庆皇帝驻跸七次。道光十一年（公元1831年），裁撤盘山行宫，所有陈设运往避暑山庄，直至清末尚有园官看守，现仅存遗址。

丫髻山行宫也仅存遗址（图247）了，经过实地深入调查，当年看守行宫的后人还在，大致知道行宫位于村北部，坐北朝南，南部过去东有宝仓湖，西有宝库湖，一条小河从东向西流来，将两湖连在一起。小河为季节河，夏天雨季水多，其它季节慢慢就干涸了，而湖中常年有水。两湖应是建造行宫时取土所致，顺势而改造为湖了，且有行宫防火的作用。河上建一座小桥，两岸有石墩，上面横搭木板。一般皇帝来时才搭上，平时把桥板撤走。行宫四周设围墙，围墙四角各设一座小房，当地人称堆子房，也就是为行宫站岗、警卫之所。行宫后面建有后花园，砌有假山等，建有一座六角亭。

当问及行宫建于何时，后人脱口而出：乾隆三年，即公元1738年。这当是一辈辈口口相传了，也印证了前面的推断。客观地说，乾隆皇帝登基时，大清王朝已是兴盛时期，尤其乾隆皇帝非常崇拜祖父康熙皇帝，甚至处处效仿，比如南巡就是。康熙皇帝喜欢丫髻山，乾隆皇帝也喜欢丫髻山，还作有诗篇。乾隆初年，搞大规模行宫建造，这也是皇帝出行的需要，全国有一批行宫都在这时兴建，像盘山行宫建于乾隆九年。到嘉庆时，在危机四伏的政局下，嘉庆皇帝诏罢贡献，黜奢崇俭，行宫也就很少建了。所以，丫髻山行宫应该建于乾隆初年。人们都说，这里是先有树，而后有行

图248　带有装饰与使用价值的石构件
（摄于2007年5月）

宫。原来这地方过去是寅洞村的胡家墓地，皇家看中了这块地方，就让胡家把墓地迁走了。盖行宫时，那些生长了多年的松柏树没有砍，有意保留下来。行宫里有一棵大柏树，后来放倒时人站这头，看不到那头的人。据说这棵柏树锯了20口棺材板，可见柏树何等粗大。至于盖行宫的砖瓦据说来自山东临朐，汉白玉石则来自北京房山石窝了（图248）。

过去行宫设内营外营，内营看守行宫里边，外营看守行宫外边。旧有兵房五六处，住着15个兵丁，归"大老"管。村里人至今记得，旧有"里七外八"之说，即是宫里由7户人家看管，宫外由8户人家看管，这也与15个兵丁相对应。也许就是这15个兵丁，后来成为了15户人家。而这15户人家，就慢慢演变成了今天的行宫村。据村里老辈人相传，在上世纪20年代初，村里仅仅20多户人家，经过八九十年发展，现在行宫村已有60多户人家了。由此可以说，行宫村成村于清朝末年，是由看守行宫的人落户于此。当然，当初这15户人家也并非都落户这里了，有些姓小人少势弱的就搬走了了，如牛家、苏家就

搬走了，而赵家搬到镇罗营镇上镇去了。到清末时，看守行宫的就剩4大家了，姓李的两家，姓张的一家，姓戴的一家。而行宫外面有所谓"风水圈儿"，也就是皇家"禁地"，或说保护范围，南北、东西大约各2里，南面栽植的是柳树，其余三面栽植的都是松柏树。其四至是：北至龟山山顶，西至张家坟，南至柳圈，东至红石河。圈儿内有耕地400余亩，由这15户分种。这15户过去都在旗，由外边迁来，如张姓从盘山营房迁来，李姓从古北口外迁来，戴家也从盘山迁来。

到民国初年，行宫看管也不像清朝存在时看管得那么紧了。看守人看到行宫西北角佛堂里挂着一只大钟，滴答滴答会走，很好奇，就把那钟拆了，一看里边是砖垒的，啥也没有。拆了，挂钟也就毁了。还有一件事，佛堂里有一尊银佛像，那时看守行宫是四家轮流看守。一天，来接班的人一看银佛像没了，就问，那天交班的吞吞吐吐地说："我偷着卖了，家里没吃的，买粮食了。"那人也怕查出来挨办，就想法弄个锡的佛像给摆那儿了。民间所传与陈设档可以相互印证，如有"西次间……西板墙中嵌表盘一分"和"中卷西间……如意观世音菩萨一尊，铜胎楠木座。上挂观世音菩萨一轴，墨胎"记述，说明行宫里确实有钟表，确实供奉着观音菩萨像，证明当地人所谈不谬。

在行宫东南约一二百米处，有管理行宫的衙门，管理的头儿当地人称之为"大老""二老"，即大老爷、二老爷的意思。最后的大老爷叫吴鹤松，是大兴县人。张久成手里至今保存一张张家购置衙门房基文约，上面清楚写着吴鹤松的名字，文约上有吴本人亲笔画押。

现在，行宫的地方已经盖起了十几家民房，一些人家的房子上还有不少当年行宫的大城砖、青瓦、柱础、条石等遗物。如后花园一

图 249　丫髻山行宫前保存的东井（摄于 2007 年 5 月）

块假山石，现在就墁在看行宫的戴家后人戴连存家门道做了过门石，还有行宫内一把罗圈椅的椅圈，也在戴连存手里保存着。现在，除残存一些砖瓦石构件外，前面那两眼水井还保存完好。水井大约五六丈深浅，以石砌甃，井口上蓬盖两块大青石，凿出圆井口（图 249）。由于多年使用，以至井口被打水的绳子磨出多道深深浅浅的沟痕，其中西边那眼井，足有 30 多道沟痕。过去在外面，外村人见了行宫的人，就会问你们村水井有多少道沟？细心人是一道道数过的，要是答不上来，就认为你不是行宫人。

丫髻山行宫即是乾隆时所建，那么，之前雍正皇帝继承皇位后，未曾出过紫禁城大门，无需说了。康熙皇帝是在康熙四十三年、五十五年先后两次驾临丫髻山的。当地人说，丫髻山紫霄宫后院、东岳庙山门内东侧倒座房、东顶玉皇阁下山门内写雾轩都有皇上"宝座"，并说这就是皇上行宫。应该说，紫霄宫后院现存正房 7 间，东西厢房各 4 间，有一定规模，康熙皇帝来时应在此下榻休息；而东岳庙宝座或为皇帝上山途中临时休憩之地。至于玉皇阁下写雾轩，据康熙六十年《怀柔县志》明确记载："康熙五十六年，直隶总督臣赵宏燮建御座书室五楹于殿门之东。"志中所绘丫髻山图，在那里明确标有"行宫"二字，而民间也一直将写雾轩称作行宫。建写雾轩要晚于康熙皇帝前两次来丫髻山，而写雾轩建成后，康熙皇帝是再也没来丫髻山，且 5 年后就驾崩了。所建行宫也只能虚位以待，留与后人了。其实，即使皇帝来，也往往下榻一二夜，而不是像在承德避暑山庄似的，一住几个月。比如《康熙起居注》所记："二十一日丁丑，上驻跸罗家桥。二十二日戊寅，上驻跸丫髻山。二十三日己卯，上驻跸密云县。"另外，《皇帝全传》记载：康熙四十三年，"夏四月癸酉，命侍卫拉锡察视河源。己卯，上幸丫髻山，遂阅永定河、子牙河。丙申，上还京"。由此可见一斑。既然后者为康熙四十三年，那么，前者或许就是康熙五十五年了。而康熙皇帝在丫髻山行宫应该是审阅河流图纸，还进行办公了。

34 诚郡王允祉与允祉墓

诚郡王胤祉，为清康熙皇帝第三子，后为避雍正帝胤禛讳，而改为允祉。1996 年紫禁城出版社出版冯其利所著《清代王爷坟》一书，记述了诚郡王允祉生平：

今北京市西城区西四把角的名刹广济寺院内，大雄殿月台前并存两统汉白玉制座碑。东侧的一方是"康熙三十八年（1699）四月初八日皇三子多罗诚郡王、臣胤祉奉敕书"的"御制弘慈广济寺碑"。这方已有二百九十余年的碑文，系精通书法的诚郡王允祉所书。

允祉为清圣祖（即康熙）第三子，生于康熙十六年二月二十日，母荣妃马佳氏。员外郎盖山之女。康熙三十七年三月封诚郡王。其实，允祉在封诚郡王之前，作为皇三子"凡行围、谒陵皆从"。康熙二十九年与皇太子允礽同被召至塞外行宫。康熙三十二年山东曲阜孔庙落成，命与皇四子胤禛往祭。康熙三十五年再征噶尔丹，允祉统率镶黄旗大营。封诚郡王之后，四十三年命勘察黄河三门峡的中流砥柱。四十六年三月，清圣祖幸其邸园，侍宴。尔后"岁以为常，或一岁再幸"。四十八年皇太子允礽复出，允祉晋封诚亲王。康熙五十三年十一月，由允祉主持编辑的《律历渊源》成书。五十九年十二月封允祉第三子弘晟为世子，六十年命允祉偕皇四子胤禛、皇十二子允祹往祭盛京三陵。

皇四子胤禛即皇帝位后，命允祉守护景陵。雍正元年以允祉、允祐皆工书故，命书景陵碑额。尔后数年，对允祉的打击纷至沓来：雍正二年削弘晟世子；六年六月允祉被锢于私第，并降为郡王，弘晟交给宗人府禁锢。雍正八年复封诚亲王不过两个多月，五月怡亲王之丧，允祉迟至早散，被削爵，禁于景山永安亭。雍正十年闰五月十九日，允祉郁郁而终，享年五十六岁，照郡王例殡葬。乾隆二年十二月追谥曰隐。允祉嫡福晋一人董鄂氏，都统勇勤公鹏春之女，侧福晋一人田氏，妾九人。

允祉去世后，安葬在峪口镇东樊各庄村东北，俗称三王爷坟。清乾隆《三河县志》"卷六·乡闾志·坟墓"记载："清，诚郡王墓，在县西北五十里樊各庄。"只简略记述一笔。

《清代王爷坟》书中写有这座王爷坟，题为《平谷县东樊各庄乡峪口村的王爷坟》。峪口早在1990年就已改乡为镇，况且以前为峪口乡，这里将村与乡（镇）颠倒了。书中所记王爷坟大致情况：

诚郡王府坟地在峪口村，周围占地二顷数十亩，大致分为四处：宫门、下宫门、北坟地和大西北坟地。宫门即诚郡王允祉墓地，坐北向南，西边与小猪山为邻。建有宫门三间，宫门与红墙相连接。院中享殿三间，享殿后边月台之上为大宝顶一座。乾隆二年十二月给允祉追谥之后补建碑楼，乾隆三年六月立驮龙碑一方。宫门里植有柏树，外边栽有松树。"下宫门"位于小猪山西南，为允祉第七子贝子弘璟墓地。弘璟卒于乾隆四十二年三月十日，享年七十五岁。"北坟地"在小猪山西边偏北，是贝子弘璟第三子镇国公永珊、永珊第三子镇国公绵策的墓地，他们父子在嘉庆二年七月和嘉庆五年九月相继去世，宝顶两座，墓前有两方座碑。镇国公绵策去世后，允祉第十子弘晃后裔、绵导第二子奕果过继为嗣，承袭不入八分辅国公。嘉庆十二年十二月授头等侍卫，道光二十一年六月因病告退，同治九年正月初八日卒，享年八十岁。他的墓地建于下宫门东南。"大西北坟地"，距西边的营房较近，有三座宝顶。正坟是不入八分公奕果的长子、体仁阁大学士、不入八分公载龄。载龄在光绪九年十一月卒，享年七十二岁。正坟东南是承继子、不入八分公溥元墓。西南是黜宗室、原封不入八分公毓彭之墓。毓彭在1928年时为清东陵守护大臣，军阀孙殿英盗墓后，毓彭被溥仪黜宗室。《爱新觉罗宗谱》甲册毓彭的内容全被删掉。估计毓彭光绪十六年（1890）生人，1928年时39岁。1985年8月我到峪口村调查，听说毓彭字寿卿，是峪口村张良顺的祖母奶大的。峪口村照应坟地户以富姓为首，富家又分为东富家、西富家。当差的有谭、郭、刘、申等姓。

　　早在毓彭守护东陵时，这时的柏树已被陆续卖掉。毓彭被黜后数年，宫门、下宫门被盗发。这时发现地宫石门由青石制成，石床上停灵三口。1958 年文物普查时，宫门的驮龙碑尚在。

2005 年区文化委所编《平谷文物志》基本收录了冯书内容，在"1958 年文物普查时，宫门的驮龙碑尚存"，后接着写到："1997 年第三次文物普查时未发现。墓已毁，地表建筑无存，仅存部分石构件散落于东樊各庄村。"

应该说，冯书所记大致写清了诚郡王和其墓地的基本情况，但所说"峪口村"恐为"东樊各庄村"才是。而所说"富"姓当为"付"字，至今村中仍有五六十户付姓人家。近年作者几次到东樊各庄村，与村里老人调查，所谈与冯书可互为补充：

王爷坟，在村正东约 200 米处，坐北朝南，墓地占地面积大约 200 亩。有宝顶 3 个，三王爷 1 个宝顶，三王爷宝顶的略偏西北不远处有 2 个宝顶，是三王爷儿子或孙子的，称为贝子、贝勒。三王爷坟北靠珠子山，东山为凤，西山为龙，龙凤戏珠。珠子山不是圆的，是经过人工土堆的。宝顶外有一圈红墙，南有两个角门，角门前一座交龙碑，有碑亭，俗称碑亭子。一到碑亭那儿跺脚，就会有传音，嗡嗡响。亭子四面，有 4 个门，四角是翘的。亭子里有一通汉白玉石碑，碑上的字是乾隆皇帝御笔，碑两边是龙，中间是字，全是寸楷，其中有"多罗诚郡王"等字。1959 年，北京来人，住了几天，在碑四面搭上脚手架，在碑上粘上纸，将碑文拓了下来。拓完了，要把碑放倒，村里出壮工，在碑东面堆一堆土，从西面用小撬慢慢一撬，碑就往东倒了。在碑身上凿几个眼，二三寸深，用小锤儿来回搜，碑断为三截，拉到北京，盖人民大会堂了。亭南有一座小山，横着不大，俗称螃蟹山。再往南是坨头寺小山，山上过去有庙，庙前有 3 棵柏树，如 3 支香，而那小山就像一个香炉。

没破坏以前，这里都是松柏树，螃蟹山上有一棵八乍松，几搂粗。珠子山前，三王爷宝顶西边，有一道东西向的柏墙子，一溜的柏树。柏墙子南边有几根石柱子，也是东西向一溜排列。三王爷宝顶坟前边有宫门，称为上宫门，石头砌筑，木门，2 米多高。再往西，也就是柏墙子西边是下宫门，也是石砌木门，这是西边宝顶的宫门。上宫门边挂着大麻花鞭子，无论谁进去，打死白死。下宫门西边，有一道南北向的沟叫杀鸡沟。当时杀鸡沟以西论家法，以东论国法。杀鸡沟是墓里墓外的分界。当地看坟的一个老爷，官居六品。过去这里归三河县老八区，三河县新官上任，到时要来拜访，因为县官才七品。这看坟的，月月有俩人去北京当班，北京有恭亲王爷，现在协和医院那地方。平常这里总有值班的。

再说三王爷坟院墙里边，没有其他建筑，就一个大宝顶，宝顶四周都是台阶，又叫礓磜，台阶有 10 来步。宝顶建在平台上，平台是方的，一边约有 10 来米宽。宝顶约 3 米多直径，3 米多高，圆顶，以砖一直磑到顶，券顶是汉白玉的，外边没有门。墓早年被盗，盗墓的人从宝顶南边第二步台阶下去的，有 2 米深，正在宝顶的大门楼处。门楼是小瓦瓦的，门楼前有一道墙。宝顶早已修好，扒地沟放进棺材，再砌墙。门楼上边是一块"玉儿"的石头，有 2 米宽对开大门，石头门。是"小青子石"，村里人用来凿油磨，一扇门可以凿 3 副油磨。盗墓的人把一扇门凿了一个豁口，钻进去了。宝顶里边有一台儿，周边是水，台上摆着 3 口棺材，这就是所谓"金井玉葬"了。3 口棺材是油的宝材，里边不坏，棺材底铺有 2 寸厚的松香，盗墓时是从棺材前边的迎板进去的。一进大门，看是方的，顶上是发券，里边是大理石，铁锔子连上。1959 年拆宝顶时，跟村里要了几个小工，给村里 900 块钱，作人工费。几个小工清除渣土，清理出的铁锔子卖了。当时北京来一吊车，把拆的石头都装车运走，去修人民大会堂。这是 1959 年六七月拆的。

在珠子山后边，即往北，有王爷坟，称浦公爷坟。过去一般与皇帝是哥们的就称王爷，王爷的儿子就称为公爷。浦公爷坟是一个土坟头，前有两通石碑，是汉白玉的，上面有团龙，西边那碑是满文。

西边的宝顶要小些，没有院墙，就是平地 2 个宝顶，前边也没有碑亭。宝顶直径约 3 米来的，基础是砸的三黄土，约十几公分至 20 公分厚，2 米五六高，砖碹的。里边分三段，中间隔两道墙，墙上盖的是顺义二十里长山的石头，称长山石。东西向长些，南北向窄些。两道墙也是长山石垒的。墙上一边一洞，称小窑窗，可看到里边放的棺材。所以，拆西边这两个宝顶，发现不是汉白玉，他们不要。

这里主要就这 3 个宝顶，没有其他坟头。当然，后面的浦公爷坟也应该是在王爷坟之内，也在这 200 亩地里头。到 1959 年底，这里就基本为平地了。在三王爷坟围墙外，有五间大享殿，坐北朝南，顶覆绿琉璃瓦，垂脊有走兽，大脊有螭吻。大殿前有东西厢房各三间。大殿平常没人进，只是在节日上供时人才进去。在大殿前边就是上宫门。当差的一般都在朝房里睡觉，几更几点梆子、锣一齐敲响。大殿是 1933 年拆的，连大树也一起放了。树、地、大殿等据说归毓寿卿了，听说是溥仪的侄儿。卖的地便宜，10 亩地合 1 亩地的钱，全是荒场子。村里有些人家借钱买地，结果到了 1947 年土地改革时，这些人家都划成了富农。墓地散落的部分石构件，现在村街头可以看见，如村里一队水井沿砌着的条石，就是墓地遗物；而井边立着的青石石柱，就是三王爷宝顶前西侧，那道柏墙子南边的石柱子了（图 250）；还有带有雕刻的较为精致的券拱形石构件（图251），也是墓中之物；甚至有的人家还用墓地散落的砖石建房做基石、垒屋墙了（图 252）。

图250　东樊各庄村东北清康熙皇帝三子胤祉墓拆毁后，一些石构件散落街头，立着的石柱及水井边的条石都是墓地之物（摄于 2007 年 9 月）

老人随口还谈了一些关于三王爷的轶闻，颇有传奇色

图251　东樊各庄村东北清康熙皇帝三子胤祉墓拆毁后，一些石构件散落街头，这似是券拱形石构件（摄于 2007 年 9 月）

图 252　东樊各庄村里有的人家以散落的王爷坟砖石建造房屋（摄于 2007 年 9 月）

彩：据说三王爷天生力气大，曾与大象比过武。大象一伸鼻子，三王爷伸手就拽住了。大象使劲往外拽，三王爷咋也不松手。最后一看，三王爷的朝靴底子的线都绷断了。有一天，三王爷闲着没事，过一小河，河上没有桥，就垫着一块石头。一个卖切糕的推车过来，到这儿两手一端车把，踏着石头就过去了。三王爷一看，就说买切糕，随手掏出一串钱。卖切糕的要接，三王爷说，你要把铜钱夺过去就买。卖切糕的抬手就夺，二人夺来夺去。后来三王爷说，给你吧！将手一攥，结果一把铜钱全攥碎了。有一个小伙儿，长一脑袋秃疮。他跟人学铁匠，脑袋刺痒没空儿挠，时不时就拿小锤儿往脑袋上当当地捶捶。一天他对侍候三王爷的人说，都说王爷有劲，能不能赏我脑袋两巴掌？侍候三王爷的人回去一说，三王爷一笑：还真有不怕死的？带来！那小伙儿来了，三王爷正在府上坐着，抬手一巴掌，那小伙儿一下蹿起来。接着，三王爷搂头盖脑地两巴掌。再看，那小伙儿脚下踩着的方砖，愣被打进地里半截。

作为康熙皇帝三子，被封为诚亲王，很受父皇赏识和器重，常陪父皇外出。又具文才，奉命编辑《律历渊源》《古今图书集成》等典籍，

图253　丫髻山清康熙三子胤祉丫髻山行宫碑（摄于2004年碑亭复建前）

精于历法、数学，书法又好。康熙五十三年（公元1714年）所立"丫髻山行宫碑"（图253），即为其奉敕所书。此碑现存于丫髻山西顶下万寿亭内。万寿亭，清康熙六十年《怀柔县志》所绘"丫髻山图"绘有此亭，现存建筑为2004年在原址复建。亭为六角形，下为石砌基座，重檐攒尖顶，顶及檐面覆黄琉璃瓦，上置宝珠。亭六面砌筑砖墙，饰以红色。亭南面辟券门，下面石基砌垂带踏跺。现在亭前石阶旁石头为后来所堆砌，并非复建时所有。碑亭檐下施小点金旋子彩绘，悬挂"万寿亭"匾额。亭显得典雅庄重。"丫髻山行宫碑"通高247厘米，宽96厘米，厚31厘米。汉白玉石质，螭首龟趺。碑阳、阴边框及两侧均浮雕戏珠龙纹，额题"恩光普照"，首题"丫髻山行宫碑文"。碑文楷书，记述了时值康熙皇帝六十大寿之际，丫髻山出现的祥瑞之景及书写的颂词。后为避四弟雍正皇帝胤禛讳，改胤祉为允祉，接连受到排挤和打击，直至被削去爵位，遭到禁锢，郁郁而终，做了政治斗争的牺牲品，其才学没有得到充分发挥。死后所葬墓地，世事变幻，今已荡然无存。唯丫髻山所立行宫之碑，可见其文字之力与书法之功了。

附记 马坊镇打铁庄南北宫

在平谷境内，还有王爷坟，在马坊镇打铁庄村南，俗称南、北宫。南宫为允祕之墓，北宫为弘畅之墓。

清乾隆《三河县志》"卷六·乡间志·坟墓"记载："諴（xián）亲王福地，在县东北二十里，马房。"諴亲王即允祕，生于清康熙五十五年（公元 1716 年）五月。雍正十一年（公元 1733 年）正月，雍正皇帝谕曰："朕幼弟允祕，秉心忠厚，赋性和平，素为皇考所钟爱。数年以来，在宫中读书，学识亦渐增长。朕心嘉悦，封为諴亲王。"允祕先后管理粘杆处、御书处，授以镶蓝旗蒙古都统，署理宗人府事务，充玉牒馆总裁等。乾隆三十八年（公元 1773 年）十月薨（hōng）逝，享年 58 岁。其园寝俗称南宫，坐西朝东。由东至西：神桥（桥下有河）、碑楼（内立驮龙碑）、南北朝房、西侧三开间宫门。院内，享殿三间、月台、台上置大宝顶，后为圆弧形"跨栏"墙。地宫石券，金井玉葬。阳宅建于南宫东北，三进院落。照应坟地 10 户，吃钱粮月米，也有过 10 来亩养身地。

图 254 马坊镇马坊中学院内石雕，据说为王爷坟前之物（摄于 2007 年 6 月）

弘畅，允祉长子，生于乾隆五年（公元 1740 年）十一月，初封不入八分公，后降袭诚郡王。在御前行走，担任护军统领，以及宗人府右宗政、领侍卫内大臣、盟长等。乾隆四十二年（公元 1777 年），因理东陵事务独持定见，事速工坚，一度晋封亲王。乾隆六十年（公元 1795 年）正月薨逝，享年 55 岁。弘畅墓在其父园寝北侧，故称北宫，规模与南宫接近。

南、北宫及附近地共六顷，广植松柏树、白皮松，周围栽植杨树。墓已毁，仅存部分石雕（图 254）、石构件等，现为原址（今马坊中学）保护。仅将此简略补记于此，不再另行细述。

且由墓志话查家

查为仁墓志

马坊镇北石渠村旧时属于三河县，查阅清乾隆二十五年（公元 1760 年）《三河县志》，"卷六·乡间志·坟墓"记载："查赠公墓，名曰乾，赠奉政大夫、两淮盐运同知，即查氏七烈国英妻周氏之孙，在县之石渠。""查孝廉墓，名为仁，赠奉直大夫、刑部贵州司员外，即曰乾子，七烈中周氏之曾孙，在石渠。"这里所写"石渠"，即今北石渠村。

这里查曰乾、查为仁为父子。所谓"赠奉政大夫、两淮盐运同知""赠奉直大夫、刑部贵州司员外"，并非二人居官至此，只是说二人仅有此名号而已。当然，志书所记，也不尽然，查为仁墓确在北石渠村，而查曰乾墓则在北石渠村北、隔河相望的洼里村。现在，上宅文化陈列馆藏有查为仁墓志（图 255），全文为：

皇清例授承德郎议叙六品莲坡查君元配
金安人继配刘安人墓志铭

召试博学鸿词翰林院编修仁和杭世骏撰文

赐进士出身翰林院编修掌京畿道监察御史加二级钱唐陆

图 255　查莲坡墓志铭拓本

秩书丹

赐同进士出身工部屯田司主事掌河南道监察御史加二级
仁和戴章甫篆盖

吾友查君莲坡殁后三年，岁壬申八月二十日，将卜葬于
三河县北石渠之原，两安人祔焉。其孤数千里走书币，请铭
于予，辞不获。谨按状：

君讳为仁，字心毂，一字莲坡。其先江西临川人。明万历间讳秀者，北迁顺天宛平。子讳忠，中万历己酉顺天乡试副榜，是为君高祖。忠生国英，国英生如鉴，如鉴生日乾，是为君考。封承德郎，赠朝议大夫，即慕园先生也。慕园生三子，君为长。年十七，□学官弟子。辛卯，举顺天乡试第一，以习贯误书被斥，系于狱。越九年，乃解。

当在西曹益励于学，口诵手录，继晷焚膏，忘其身居狴户中也。时吴门谈汝龙、甘肃布政朝琦亦在系，相与精研诗学，倡予和汝，作金台诗会。其外与会者，皆都下名彦，一时传诵，为之纸贵。

庚子，放归里，与仲弟为义、季弟礼，分灯课读。筑澹宜书屋，遍访江吕南藏书，贮其中。闻有善本，虽重赀□，亦不惜。丹黄甲乙，交相雠订，时有"三查"之目。辛酉，丁慕园先生艰，毁瘠苦次，观者动容。癸亥，复丁马太恭人艰，亦如之。而孺慕之诚，至老愈笃。甲子，拓街南陈地，构古春小茨，为王太恭人承欢处。凡服□□戏，可以娱亲者，无不备及。

暇则与里中耆旧，作沽上五老会。先是，会稽释元弘，高僧也。君□□□□□□颜，其居曰"花影庵"，称佛弟子。晚乃益逃于禅，殁之前数日，犹作小楷，书高、王《观世音经》，并《心经》，受□欲作《金刚经》，而未逮也。不意一夕秉烛，正检阅几上残帙，忽头眩体痿，执卷而逝。

君享年五十六，生康熙甲戌年十一月初七日丑时，卒乾

隆己巳年六月二十八日巳时，以捐赈奉旨议叙授六品。元配
山阴金安人，甫婚一岁，先君二十九年而殁，年二十六岁，
生康熙丙子年正月十七日巳时，卒康熙辛丑年二月二十五日
子时，遗有《芸书阁倡和草》。继配宝坻刘安人，性柔稳，
知书善琴，孝于姑，和于先后，抚诸子，无间己出，家事克
勤为多，后君一年而殁，享年四十六岁，生康熙乙酉年四月
初四日申时，卒乾隆庚午年六月初六日戌时。

子二：长善长，侧室曹氏出，天津府廪膳生，娶大兴严
氏。次善和，刘安人出，天津县附学生，娶海宁陈氏。

女七：长，曹氏出。次二，侧室蔡氏出。次三，刘安人出。
次四，殇，刘安人出。次五，张氏出。次六，刘安人出。次七，
侧室陆氏出，殇。婚嫁皆名族。

孙一：维城；孙女二，善和出。

君性伉爽，与人交不设城府，遇事无稽疑，随至随
应。里中以事纷争交讦者，君入座，片言剖晰，众帖然
服。平生以友朋为性命，推襟送抱，宾至如归。急难，求
无不应。或怵以□患，亦不计。吴县徐君兰以事，并妻孥
安置天津。君存问赒恤，略无顾忌。及殁，亲视含殓，抚
其后人。兰临危与君遗书，有"倘他生再托人道，必投君
家为子"语。尤笃于宗族，其孤贫不能婚嫁丧葬者，皆力
为之经画。至于施棉衣，设火会，捐常平仓谷，凡属乡党
善举，曾不少吝。

著有《莲坡未定稿》二十二种，已刊行、其未刊者又若

干卷（图256）。铭曰：

一第而斥生不逢，
九年励志阛土中。
学淹经术周弗穷，
等身述作畴能同。
地当渤海鱼盐通，
骚坛树帜风雅宗。
闭门投辖今孟公，
四方学者如云从。
晚乃学佛参苦空，
白莲结社伊蒲供。
写经未毕掷笔终，
花影去来原无踪。
北石之渠田盘东，
卜兆更旁先人宫。
松楸郁郁千岁隆，
我铭贞石藏新封。

图256 查为仁《莲坡诗话》

志题之皇清，为清时人对清朝之正式尊称。例授，清制封典，朝廷按照定例授予官爵，授予本身者为例授。承德郎，文散官名，金代始置，清时正六品概授承德郎。

志文为杭世骏所撰。杭世骏（公元1695—1773年），字大宗，号堇浦，别号智光居士等，室名道古堂，仁和（今浙江杭州）人。雍正二年（公元 1724）举人，乾隆元年（公元 1736 年），举鸿博，授编修，官御史。乾隆八年（公元 1743 年），因上疏言事，遭帝诘问，革职后以奉养老母和攻读著述为事。乾隆十六年（公元 1751 年），得以平反，官复原职。晚年主讲广东粤秀和江苏扬州两书院。工书，善写梅竹、山水小品，疏澹有逸致。生平勤力学术，著述颇丰，著有《道古堂集》《榕桂堂集》等。书写的陆秩与篆写志盖的戴章甫，记载不详，但有一点，陆、戴与杭 3 人均为杭州人。

墓志铭作于乾隆壬申年（乾隆十七年，公元 1752 年）八月，杭应查为仁两子查善长、查善和"数千里走书币"之邀，"谨按状"所撰。"状"当指行状，或行述，亦谓之事略，叙述逝者世系、生平、生卒年月、籍贯、事迹之文章，常由逝者门生故吏或亲友撰述，以便撰写墓志或为史官提供立传之据。也就意味着志书原始资料，由其家人提供。而杭与查平生过从甚密，故称"吾友"，对查应该很是了解。因此，志文应该更具真实性。

查氏北迁至曰乾

查氏渊源，《宛平查氏支谱》（图 257）记述：查氏出自姬姓，一脉迁至浙江海宁。后一脉至宋徽宗崇宁二年（公元 1103 年），"因避党祸，始迁抚州临川"。临川，位于江西省东部，东汉始建县。现为临川区，抚州市所辖。当时查家居于紫石村。故称"其先江西临川人"。传至第七十三世查朴，生三子，长子查钟，次子查秀，三子查锡。明万历年间（公元 1573—1620 年），查秀北迁顺天府宛平，为宛平始祖，这时已是明代晚期了。

图 257 《宛平查氏支谱》封面

查氏北迁，初居京师。"值明季闯贼之乱"，即李自成起义打进京城之时，查氏"遂迁榆垡，聚族以居"。这里之"榆垡"，旧归宛平县。而宛平县于1952年由河北省划归北京市，且撤销建置，所辖之地先后划入丰台、京西矿区（门头沟区）、房山、大兴、海淀、石景山等。榆垡即划入大兴，今设榆垡镇。查秀生二子，长子查忠，次子查庆。查忠中万历己酉（万历三十七年，公元1609年）顺天乡试副榜。所谓"副榜"，是科举考试中的一种附加榜示，又称"备榜"，即于录

取正卷外，另取若干名之意。乡试副榜起于明嘉靖时，清因之，每正榜5名取中1名，名为副贡，不能与举人同赴会试，仍可应下届乡试。查忠即为此。查忠生二子，长子国英，次子国才。国英为人端方诚悫，至性孝友，生二子，长子如鉴，次子如镜。国才无子，遂将如镜过继为嗣。如鉴40岁仍无子，及任江都（今江苏省扬州市江都区，旧为江都县）县丞（县丞，明、清时为正八品，在县里地位一般仅次于县令或县长）时，才生日乾。而津门及平谷马坊查氏，即由日乾（图258）始。

日乾单传，有姊而无兄弟。其父如鉴，生于明天启癸亥年（天启

图258　清蒋缨、朱岷等合绘《慕园先生携孙采菊图》局部之查日乾，绘于乾隆三年（公元1738年），查时年已71岁）

三年，公元1623年），卒于江都县丞任上，"以勤死官"，时为康熙己酉年（康熙八年，公元1669年），年仅47岁，以致日乾3岁而孤，家境困顿。后如鉴以孙礼贵，诰赠通议大夫，晋赠资政大夫，一种哀荣了。日乾与母亲刘氏寄居仪征，随任知县的姊婿马章玉一起生活，母亲对其以育以教。及长，奉母来津，投盐商张霖门下。本天津关书办，"分领十万两，霸占长芦馆之利"，后"领本行京师盐一万引，而张霖与查日乾一万官引"。这里之"引"，当指商人运销货物的凭证，或称执照，也就是获得了京师食盐之"专卖权"。由于"带卖私盐，约行十万引之盐，每年得余剩一二十万不止"，终于在康熙四十四年（公元1705年）事发，日乾"因帑案波及就系"。"帑"，即国库公款。日乾入狱4年，至康熙四十八年（公元1709年），母"刘太君""冒暑历险，匍匐热河，三叩九重至钓鱼沟。值驾临幸，太君口奏：'乞赐矜全，孤子留养。'圣主悯然曰：'母老矣，且归，尔子不得死也。'少顷，宫眷车至，见太君诘其由，太君具以实告。具嘘唏嗟叹，劝慰良厚"。至九月，法司以大辟（即秋决）议奏，奉御批："查日乾追银已完，念其母年老，待养无人，从宽免罪。"日乾方幸免于难。对此，日乾在《重筑于斯堂记》中记述："不意甫数年，涉入帑案，平昔之经营，尽入于官，身几不保。又赖先慈叩阍，蒙恩得释。"雍正元年（公元 1723 年），受长芦盐运使莽鹄立之召，陈长芦盐务诸弊，并为之厘正，故称有经济才。又性好乐施，雍正时津门两度被水之灾，皆倡捐赀，设厂煮粥。并曾筹划环城堤岸的修筑，乐助育婴堂等。日乾又具贾而好儒之风，著有《春秋臆说》《史腴》。

日乾生于康熙丁未年（康熙六年，公元 1667 年），字天行，号剔人，又号慕园。墓志记其"封承德郎，赠朝议大夫"，当因子为仁例授承德郎之故，父因子而得封。朝议大夫，文散官名，清代从四品概授朝议大夫。而《宛平查氏支谱》又写作"以子礼贵，诰赠通议大夫，晋赠资政大夫"。或是先有前之封赠，后随查礼官位之升而再次封赠，也未可知。日乾卒于乾隆辛酉年（乾隆六年，公元 1741 年），享年 75 岁。

为仁辛卯科场案

日乾生有三子，长子为仁，次子为义，三子为礼。为仁，字心毂，号蔗塘，又号莲坡，生于康熙甲戌年（康熙三十三年，公元 1694 年），卒于乾隆己巳年（乾隆十四年，公元 1749 年），享年 56 岁。《宛平查氏支谱》收录《莲坡府君小传》（图 259）记述："君生六龄，有老僧于松见而奇之，曰：'此儿有异骨，当为世传人，惜多坎壈耳。'"墓志"辛卯，举顺天乡试第一，以习贯误书被斥，系于狱。越九年，乃解"。辛卯，为康熙五十年（公元 1711 年）。小传亦记："辛卯，举顺天乡试第一，坐试卷讹，逮君西曹，越九年而解。"文字大同小异，

图259　《宛平查氏支谱》所录《莲坡府君小传》

尽管语焉不详，却是说莲坡18岁时，应顺天府乡试事。乡试，为我国古代科举考试之一。明、清两代定为每3年一次，在各省城（包括京城）举行，考期为八月，各省主考官均由皇帝钦派。中试为"举人"，第一名为"解元"。中试举人原则上获得了选官资格，凡中试者均可参加次年在京师举行的会试。"顺天乡试第一"，即为仁乡试获得了"解元"。但是，就此事使日乾、为仁父子双双入狱，牵扯到一桩科场作弊案。

据人研究，此案株连人士众多，且各有背景。清初禁用铜器，铜商金、王两家勾结权贵执金吾陶和乞出售、私运黄铜，被御史赵申乔查出，送官没收，遭铜商衔恨。辛卯年，赵以左都御使、天津监临主考身份来津主持乡试。考之前，这些铜商们便散布乡试榜首必是盐商大户子弟、监临受贿、舞弄弊端等言论。考后说查某虽考试，但"目不识丁"，贿买而来等，并密告京师。赵为官忠直不阿，深得康熙皇帝信任。面对密告，康熙皇帝一笑置之。但对盐商查某，则派人调查。天津财经大学叶修成教授研究认为："据《圣祖实录》所载，赵申乔参革铜商之事发生在康熙五十三年。而查为仁乡试科场案则早在康熙五十二年刑部等衙门即已作出了判决。"这种"说法错位了时空，不符合历史事实"。也就意味着，科场作弊案与参革铜商之事本无关联。

真实情境如何？经叶先生考据：《圣祖实录》康熙五十年九月二十日所载："今据顺天府府尹屠沂、内场监试阿尔赛等来文，以本生卷面大兴与册内开宛平不符。榜发十日，本生尚未赴顺天府声明籍贯有无情弊，难以悬定，据实题明，乞敕部查究实情。"士子履历，应试者亲自填写。为仁籍贯为宛平，卷面却书大兴，两不相符。籍贯之误，唯一可能的解释便是，代笔之人邵坡在场外作完文章，然后将文章通过书役传递进入考场。邵坡对于为仁籍贯可能不甚熟悉，误书为大兴。为仁誊写代作之文时，径直照抄而未加更正。放榜后，为仁不仅"尚未赴顺天府声明籍贯有无情弊"，而且随父"远避浙江"，此当系科考作弊心虚之故。叶先生之言在理。《圣祖实录》还载，康熙五十二年二月二十五日，刑部等衙门会同审议，对此案作如下判决："顺天乡试中式第一名查为仁之父查日昌（即查日乾），倩人为伊子代笔，贿买书办，传递文章。事发后，又脱逃被获，应斩监候；查为仁中式情弊，虽由伊父主使，而通同作弊，又相随脱逃，希图漏网。其书役龚大业，收受贿赂，传递文章，俱应绞监候；代查为仁作文之举人邵坡，应革去举人，杖徒；失察之监察御史常泰、李弘文，应罚俸一年。"不仅如此，案后，康熙皇帝怀疑五十一年壬辰科会试中式进士内亦有冒籍、替代者，于是亲自复试于畅春园，革去进士5人，是为会试复试之始。清代设立会试复试之制，实因为仁乡试科场案而起。

由此看来，为仁科场作弊无疑，墓志所谓"习贯误书"，当为"隐笔"，即指"籍贯"之误，或后人为长者讳所致。自清代以来，此案众说纷纭，后世竟有人以为为仁冤屈，甚至有为仁"复试得雪，赏还举人""释之出，赐还举人"之说。若为仁真的冤屈，真的"赐还举人"，墓志定当直书且特书，而不必语焉不详了。《莲坡府君小传》写到："如此落籍三十年，及议叙授文林郎加承德郎。时君已渐老，无意仕进。"如果当初即"赐还举人"，又何必 30 年后再"议叙授"之？无论如何，最终日乾并未被斩，为仁亦未被绞。刑部档案记载："查日昌妻马氏，情愿捐银二万两，为夫赎罪。"《宛平查氏支谱》"世系"及"墓志"中，在查日乾处，有"配马氏，浙江山阴人""配山阴马氏"之载，刑部档案应该是实。

日乾写于康熙辛丑年（康熙六十年，公元 1721 年）的《重筑于斯堂记》记述此事："更不自揆，又罹文网。父子拘幽，计穷力竭，以为今难以望幸免矣！讵意至己亥秋及庚子春，俱得邀恩释放。计在请室者，前后共有十二年。"也就是说，在康熙己亥年（康熙五十八年，公元 1719 年）秋及康熙庚子年（康熙五十九年，公元 1720 年）春，父子相继获释。而日乾在狱中已 8 年，加上之前的"帑案"4 年，共 12 年。获释时日乾已 53 岁，老母于康熙癸巳年（康熙五十二年，公元 1713 年）夏去世，如《慕园记》所记："天翁早失怙，事母至孝。适遭颠蹶，而母太夫人逝世。虽含殓无亏，终不得亲历窀穸。""窀穸"即墓穴，日乾在狱中不久，老母便去世了，故"深为抱痛"。便在宛平榆垡查氏祖茔旁，建造别业慕园，主要建筑有"有怀楼""致严亭"等。"筑以庐舍，树以花木，三年居处，以补前缺。"日乾在此守孝 3 年。其又号慕园，当由此来。今有研究者，道慕园在平谷，似将宛平与平谷混淆了。

为仁（图 260）在狱中情景，新编《红桥区志》记述："先下部狱，不久'长系请室'（获准脱械，监外板屋服刑），地点在三合（应'河'字）县马坊镇北石渠村稗子沟（百草沟）。"

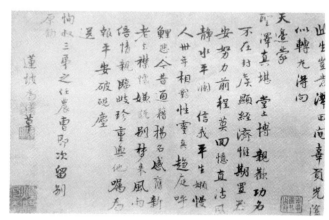

图 260　查为仁手迹

看来墓志所谓"西曹羁栖地，君独日手一编，深自刻厉作为诗古文，必根柢于经史，所业日益上"，亦当指为仁在百草沟了。他口诵手录，用心于学，以致忘记自己"身居狴户中也"。这里之"西曹"，为刑部别称；"狴户"，指狱门。狴为传说中的走兽，古代牢狱门上绘其形状，故又用作牢狱代称。为仁与同在狱中的吴门谈汝龙、甘肃布政朝琦等名士精研诗学，作金台诗会，相互唱和。"蒙恩矜释"后，"万事颓落"，"百不关虑"。且筑书屋，遍访藏书，存贮其中。闻有善本，不惜重赀购买。与两弟"分灯课读"，"攻苦有加，著作各成帙，时称'三查'"。尤其为仁，一生主要精力都致力于读书及写作，《莲坡府君小传》所记，"一夕，方读书。忽头眩体痿，执卷而逝"。在读书时去世，年仅 56 岁。为仁"所著三十二种（墓志为二十二种），梓者半之，又未成书若干卷"，主要有《莲坡诗话》3 卷等，《绝妙好词笺》被收入《四库全书》。

津门水西庄纪略

　　且说日乾平日"能自振拔，卓然贤豪之列。侨居津门且二十年，南北交游间，无不知有天行也。"为仁亦如是，"赠君素豪，交游遍海内。""四方闻人过沽上者，争识之。"于是，在南运河畔，日乾"流连水次，有会于心，乃选材伐石，辟地而构园焉。既成，亭台映发，池沼萦抱。竹木荫苁于檐阿，花卉缤纷于阶砌。其高可以眺，其卑可以憩。津门之胜，于是乎毕揽于几席矣。"这是与日乾交往20余载、海宁陈元龙82岁时所作《水西庄记》句。为仁作《水西庄》诗，亦有小序："天津城西五里，有地一区，广可百亩，三面环抱大河，距孔道半里许，其间榆槐柽柳之蔚郁。暇侍家大小过此，东其水树之胜，因购为小园。垒石为山，疏土为池，斧白木以为屋，周遭缭以短垣，因地布置，不加丹垩，有堂有亭，有楼有台，有桥有舟。其间姹花袅竹，延荣接姿，历春绵冬，颇宜觞咏，营筑既成，以在卫河之西也，名曰水西庄。"从中可见水西庄（图261）之大概。

图261　清田雪峰绘《水西庄修禊图》，绘于清道光二十七年（公元1847年）

《宛平查氏支谱》收录陈诗，题为《天行久客天津，年七十矣，新搆一园，曰水西园，辱招游赏，停舟竟日，赋谢》。日乾生于康熙六年（公元1667年），至乾隆元年（公元1736年）为虚岁70。即是其70岁时"新搆一园"，也就意味着水西庄当建成于乾隆元年之前三五年内，但又不会建成太久，比如十年八年，恐怕就称不得"新搆"了。陈官至文渊阁大学士兼礼部尚书，雍正十一年（公元1733年）归老，加太子太傅衔，人称"陈阁老"。作《水西庄记》落款为"雍正癸丑九月"，即雍正十一年，起码此时园已建成，甚至极可能就在这时建成，而请"今予已大耋乞归"之"阁老"撰文以记，也未可知。

图262　清乾隆皇帝为天津水西庄题"芥园"碑文拓本

随着时间推移，水西庄又有扩建。一次在乾隆四年（公元1739年），为仁兄弟3人新辟"屋南小筑"，又称舍南小筑，为父亲暮年娱息之所；二次在乾隆十二年（公元1747年），为仁扩建"小水西"，供其晚年栖息之地；三次在乾隆二十二年（公元1757年），为义在水西庄东侧建介园。乾隆皇帝南巡驻跸，适逢紫芥盛开，赐名"芥园"（图262）。查氏父子情高度旷，身居湖海，而爱养人才，款接名流，海内词客纷纷慕名而来。一时间，宾客众多，"斗韵征歌，日常满座。北海风雅及亭馆声乐，宾客之盛，咸推水西庄"。从而形成一个诗人群体。有词咏道："津门好，诗酒兴飞扬。风雅吟成沽上集，烟波人访水西庄。花月醉千场。"是其真实情景的写照。为仁、为义兄弟相继主持水西庄诗坛 10 余年，清李斗著《扬州画舫录》所记"先是论诗，有'南马北查'之誉"，"南马"指马曰琯，"北查"即查为仁。不仅如此，就连乾隆皇帝六下江南，其中 4 次驻跸于此，并为之题名赋诗（图 263），使水西庄达到鼎盛。

图 263　清乾隆御碑（摄于 20 世纪 30 年代）

旧时《天津县志》记载水西庄，有"揽翠轩、枕溪廊、数帆台、藕香榭、花影庵、碧海浮螺亭、泊月舫、绣野簃、一犁春雨诸胜"。这些大小景观，以水渠、池塘相连接，巧妙借景，其间点以观赏的花草树木，如诗如画，意境幽深。水西庄经查氏近百年，三四代人精心营造，终成"津门园亭之冠"（图 264、图 265）。自道光时水西庄开始窳败，至清末几乎荡然殆尽。作

图 264　天津水西庄旧景（约摄于 20 世纪 30 年代）

图 265　天津水西庄牌楼（摄于 20 世纪 30 年代）

图 266　天津红桥区清代水西庄遗物石狮（摄于 2003 年 7 月）

图 267　天津红桥区清代水西庄遗物石狮（天津 龚铁鹰摄于 2016 年 1 月 20 日）

者 10 余年前津门访友，在天津自来水公司门前见一对高大的石狮子，当地人指说是水西庄遗物（图 266、图 267）。如是，一代名园，实物大概仅此而已！

查氏百年寿地

墓志载："辛酉（乾隆六年，公元 1741 年），丁慕园先生艰"，"癸亥（乾隆九年，公元 1744 年），复丁马太恭人艰。"丁艰，又称丁忧，指遭逢父母丧事。也就是说，父曰乾、母马氏两三年内相继去世，为仁为之守孝。本来，查氏为津门盐商巨贾，作者 20 世纪八九十年代多次访谈北石渠及洼里查氏后人，记有"查半城"之语。当年查氏"北迁顺天宛平"，在榆垡建有别业，且祖茔更在于彼。不曾想，自日乾始，查氏一脉皆选百年寿地于平谷马坊一带（旧时归三河县）。就此请教查氏后人，皆道"风水好"。《宛平查氏支谱》收录《慕园府君三河百草沟寿域记》，江西雷安伯写于乾隆三年（公元 1738 年）四月，全篇尽是堪舆家语，印证了查氏后人所言。日乾且作《百草山庄记》："平谷之西北二十里，为百草沟，三河之所辖也。乾隆三年（公元 1738 年），余卜兆于此，以为他年息影之地。既而绕其旁，筑团焦（一般指圆形草屋）数间，春秋佳日，尝过从焉，遂名之曰百草山庄。山庄之外，流水环匝，杂树成行。有桥焉，偃而委，可以通舟舆。有泉焉，仰而喷，可以涤烦渴。游鱼瀺灂，时鸟互鸣。就高荫以垂纶，面深林而振策，致足乐也。"此记写于乾隆五年（公元 1740 年）正月，第二年五月日乾去世了，享年 75 岁，便安葬于此。

百草沟，俗称稗子沟（图 268），在马坊镇洼里村西三四百米处，是一道小河，过去 10 来米宽窄，膝盖深浅，水四季不绝。由北向南，经过村西及南，东南流，入金鸡河。至今查家人谈起来，仍津津乐道于这里的"风水硬"。说洼里村南、金鸡河北，有个陈家台，据说是陈家最早来这里的。金鸡河上有座陈桥，在那里烧过一窑砖。村西有条

图 268　马坊镇洼里村西之百草沟（摄于 2015 年 12 月）

土埂子，是一条龙，奔向金鸡河喝水。皇上知道了，就命人在龙头的地方烧窑，把风水破了。百草沟至今依然存在，沟两边栽种了不少的杨树，沟西侧过去就是大片的查家墓地。而这里为查家主坟，因查日乾墓在此。

查日乾墓，坐落百草沟西面北部，一圈方形围墙，以石头垒砌，南面辟敞门，约1米多高。查家人记得，墓地有许多树木，其中不少是白皮松，1搂多粗。1941年1月续修《宛平查氏支谱》时，有"三河树木清单"，"慕园府君茔，树木计开洼里庄：花墙内，白皮松十九株，黑松五株，柏树三十株，杨树一株，榆树一株；坟前，杨树十七株，槐树四株，柏树十二株；坟后，杨树十一株，柏树三株，榆树五株；坟左，杨树十七株，榆树十二株，柏树三株；坟右，杨树十八株，柏树五株，松树一株，榆树一株"。据说墓是灰土加黏米浆夯筑，圆形，约3米多高，3米多直径。墓早年被盗，20世纪60年代末70年代初之"文化大革命"时平掉。墓穴上面蓬着方松木条，里面摆放着3口棺材。查家人记得，墓前没有墓碑，里边有碑。而里边之碑，一般应是置于棺木前的墓志。

查为仁墓，坐落于马坊镇北石渠村头东南约1里处，杈子庄村北面。北石渠村北与洼里村相距约2里，两村中间为金鸡河。墓为灰土夯筑，约3米来高，3米多直径。东北四五米处，还有2座小墓。据为仁之后查禄恒记忆，2座小墓分别为慧琴、凤雅之墓，2人是为仁的2位小妾，富有文才，著有《百花图》，还帮助为仁写了不少书。墓前没有石碑，墓地有几十棵白皮松等，约1搂粗细。小时查禄恒在杈子庄上小学，经过这片墓地，还捡拾地上的松子吃。《宛平查氏支谱》"三河树木清单"亦记载，"莲坡府君茔，树木计开洼里庄：白果松七株，小

图 269　查为义所绘《兰竹图》局部

杨树二十二株"。新中国成立后，这些树被权子庄的人陆续放了，墓在
20 世纪 60 年代末 70 年代初"文化大革命"之时平掉。墓志现存上宅
文化陈列馆，可翻阅支谱，有《莲坡府君小传》，不知为何未收录此志。

　　查为义墓，坐落百草沟查日乾墓西南约 300 米处。《宛平查氏支谱》
"世表"记述："为义，字履方，号集堂，又号砥斋，太学生，历官安
徽太平府通判、江南淮南仪所监制通判、署淮北盐运分司，卓异，加
四级。诰授中宪大夫，旌表孝子。工画兰竹兼写意花卉（图 269），著
有《集堂诗草》。生于康熙庚辰年（康熙三十九年，公元 1700 年）七月
初二午时，卒于乾隆癸未年（乾隆二十八年，公元 1763 年）九月初十
日戌时。……葬于三河留水渠，在慕园公茔之南阡里许。"此墓亦为
灰土夯筑，圆形，约 3 米多高，10 来米直径。支谱"三河树木清单"
记载，"集堂府君茔，树木计开洼里庄：松树十七株，柏树五株，小柏
树三百二十株，小榆树十一株，杨树二株"。墓早年被盗，"文化大革
命"中平掉。墓穴中摆放着 3 口棺材，据说出土了帽花、金簪等。支
谱收录了《集堂府君墓志》，落款为"河间纪昀撰"，即为义墓志为清
朝大学士、《四库全书》总纂修官纪晓岚所撰，已佚。

御史坟，坐落查日乾墓东南约 300 米处，与查为义墓并列，在其东边约 300 米处。墓为灰土夯筑，周遭以砖砌筑，圆形，约 3 米多高，10 来米直径。"文化大革命"中，与查日乾墓、查为义墓一起平掉。查家后人已说不清安葬的是哪位先人，只一辈辈口口相传称之为"御史坟"。查阅《宛平查氏支谱》，作者认为有可能是为仁长子善长之墓。支谱"世表"记述："善长，字树，初号篷槎，又号铁云，廪生，乾隆癸酉年（乾隆十八年，公元 1753 年）举人，甲戌（乾隆十九年，公元 1754 年）进士，历官刑部贵州司员外、礼部主客司郎中、湖广道监察御史刑科掌印给事中、巡视天津爪仪漕务、庚戌（乾隆五十五年，公元 1790 年）科武会试同考官、乙酉（乾隆三十年，公元 1765 年）科武乡试同考官，诰授中宪大夫。著有《铁云诗稿》。生于雍正己酉年（雍正七年公元 1729 年）正月十六日申时，卒于嘉庆戊午年（嘉庆十五年，公元 1810 年）十一月二十二日戌时。……葬三河县百草沟之东南。"善长诰授中宪大夫，当官居正四品。曾任湖广道监察御史刑科掌印给事中，有"御史"之名。所葬墓地，位于其祖父日乾之墓东南，再者，支谱对西侧为义墓写作"在慕园公茔之南"。支谱所记，与百草沟墓地实际基本吻合。

查礼墓，坐落马昌营镇马昌营村南 200 余米、村小学教学楼西北百余米处。《宛平查氏支谱》"世表"记述："礼，字恂叔，号俭堂，一号铁桥、鲁存，太学生，历官户部陕西主事、广西庆远府同知、太平府知府、四川按察使司按察使布政使、四川宁远府知府，川北道松茂道、四川按察使布政使、兵部侍郎兼都察院右都御史、湖南巡抚，恩赐花翎。国史有传。诰授资政大夫。工画墨梅（图 270）。著有《铜鼓书堂遗稿》，未付梓者有《经案茶铛集》《嘉祐右经考》《唐人行次

图 270　查礼所绘指画

考》《皇朝摹印可传录》《味古庐箴铭文小集》《榕巢词话》《桂海随笔》。生于康熙乙未年（康熙五十四年，公元 1715 年）六月二十七日申时，卒于乾隆壬寅年

（乾隆四十七年，公元 1782 年）十二月二十九日丑时。……葬三河县马昌营。"查阅《清史稿》，"列传·一百十九"有查礼传。升迁巡抚，官居二品，国史列传实属正常。支谱"三河树木清单"记载，"俭堂府君茔，树木计开马昌营：小柏树三百株（新种），小槐树四株（新种），小杨树四十株（新种）"。看来 20 世纪 40 年代初，查礼墓地没有大树，皆为新栽植的小树。查礼墓是一座大宝顶，约 3 米多高，四五米左右直径。四遭青砖垒砌到顶，顶部灰土夯筑。大宝顶东北约 10 来米处，一座小坟，为灰土夯筑，村里人称作"小宝顶"，应为查礼小妾墓。这片墓地约 10 来亩大小，没有其他坟墓。墓地较高，向西逐渐低洼，约三四百米处一道小河，由西北向东南流去，俗称南河。1964 年"四清"运动中，墓拆毁。拆下的青砖，大部分拉到村第四生产队场院盖牲口棚了。墓应该早年被盗，拆毁时据说出土一些朱砂、铜钱等，一些衣物一着风立马儿糟了。墓内一方墓志，被运到四队库房。后弄到一个

机井房，做了启动器的垫座。1984 年集体解散后，一村民搬到家里予以保护。近年，家里人将其捐给文物部门。

这里仅写了 5 座主要墓葬，其实远不止这些，据《宛平查氏支谱》所记，按其顺序计：有慕园府君茔（查日乾墓，洼里）、莲坡府君茔（查日乾长子查为仁墓，北石渠）、集堂府君茔（查日乾次子查为义墓，洼里）、俭堂府君茔（查日乾三子查礼墓，马昌营）、铁云府君茔（查为仁长子查善长墓，洼里）、介园府君茔（查为义长子查溶墓，洼里）、梅舫府君茔（查礼长子查淳墓，洼里）、东轩府君茔（查为仁次子查善和墓，北石渠）、修年府君茔（查善和三子查鹤墓，梨儿杨村）、友庵府君茔（查为义之孙、查彬次子查璨墓，王各庄）、相庵府君茔（查彬三子查玮墓，英城）、声庭府君茔（查璨长子查筠墓，洼里）、㧑庭府君茔（查彬之孙、查默勤次子查以谦墓，洼里）、考庭府君茔（查彬长孙、查默勤长子查以观墓，天井）、大老爷茔（洼里）、三老爷茔（洼里）、四老爷茔（洼里）、十老爷茔（王各庄）、六老爷茔（未写明）。这是 1941 年元月北迁第十三世裔孙查禄百、查禄昌编写支谱"三河树木清单"所记，共 19 座墓，上下四代，分布于马昌营镇、马坊镇两个镇的 7 个村。有 5 座墓由于只以"老爷"之称，不知具体名号，也就难以核实墓主人身份与辈分了。

查家人去世了，相继安葬这里。在这些村附近，查家陆续置了不少土地。查家一些后人，就在这里守着这些土地生活。如北石渠村，居住着长门为仁之后；洼里村，居住着三门查礼之后。二门为义之后，散落于北京、河南、青海等多地。现在北石渠、洼里还有不少查氏后人，与北京、天津、河南、青海等地属于《宛平查氏支谱》北迁一脉的查氏子孙常有联系，外面的人也回来祭祖寻根，且在 1941 年所修支谱基础上，对查氏谱系再次进行续修。洼里村查家后人记得，查家有一座大院，临街一间门道，二间门房。门为对开木门，门槛两边摆放着石鼓。大门上面，悬挂着乾隆皇帝的御题匾额，可惜在 20 世纪60 年代"四清"时劈烧火了。

自从查家百年寿地选择了这里，查家便一直雇人帮助看坟，俗称"坟奴"。如洼里村查日乾墓，由周家看。周家从山东搬来，亦给老查家当厨子，过去周家人见着查家人要磕头的；查为义墓，由李家看。李家一说从山东来，一说从三河县黄庄来，李家人自己也说不清了。而马昌营村查礼墓，由东陈各庄村周家看管。

另外，北石渠村西半里处，有一墩台，为过去查家所修。说那里是个船地，这座墩台就是船篙，村里人也有称其为"镇水塔"者。高约 5 米，下面 2 米以石头砌筑，上面 3 米以砖垒砌，方形，约 2 米见方，石头以上略有收分。上为平顶，空心。西面有几块砖，砖上用朱砂写着一些字迹，如在一块砖上，写有核桃大的"六字真言"：唵嘛呢叭咪吽。这是大明咒，即大慈大悲观世音菩萨咒，源于梵文。村北为金鸡河，过去直接奔村街里流过来。修了这个墩台，河水就往北一拐而东流了。从村后东流，村东边的庄叫东撞，河水没撞东撞村，却往英城流，英城叫"西撞"。金鸡河流入洵河，洵河往西一流，正撞英城街里。作者 2007 年来村访谈，老人 80 来岁了，记得自其小时以来，洵河河道往西移了五六十米，英城搬了不少人家。过去北石渠村真有一道石渠，水冲走了。相对于北石渠村，还有南石渠一说，即今石佛寺村。据说石佛原来在北石渠，因村里穷，建不起庙，就被请到南石渠（也有一夜跑到石佛寺去了之说），在那里修建了石佛寺，村亦以此而名，并说石佛背后刻着"南石渠、北石渠"的字呢。墩台毁于20世纪50年代。这也是与查家有关的一点轶事，谨记于此。

附记　《清史稿》"列传·一百十九"查礼

查礼，字恂叔，顺天宛平人。少劬学。乾隆元年，应博学鸿词科。报罢入资，授户部主事，拣发广西，补庆远同知。举卓异，上命督抚举堪任知府者。巡抚定长、李锡秦先后以礼荐。十八年，擢太平知府，母忧去。服阕，补四川宁远。三十三年，擢川北道。三十四年，调松茂道。小金川用兵，总督阿尔泰檄礼治饷。将军温福师进巴朗阿大营，以礼从，令修建汶川桃关索桥，逾月工竟。上嘉之，命专司督运西路粮饷。三杂谷土司为小金川煽惑，颇怀疑惧。礼谕以利害，众感服。时温福出杂谷脑，遣提督董天弼分兵自间道出曾头沟。军需局以储米半运杂谷脑，曾头沟军粮不足，礼坐夺官，仍留军效力。师克美诺，温福令礼与天弼清察户口地粮，总兵五福自美诺移军丹坝。总督刘秉恬奏礼虽文员，颇强幹，谙番情，命署松茂道，代五福驻美诺抚降番。

三十八年，木果木师溃，礼偕游击穆克登阿赴援。至蒙固桥，闻喇嘛寺粮站陷，士卒狼顾。会松茂总兵福昌至，遂复进。遇伏，礼率督兵击之，擒砦首，余寇惊遁。美诺已陷贼，阿桂驰援，以达围垂陷，檄礼驻守，寻命真除。三十九年，阿桂师再进，令礼专任卧龙关路粮饷。阿桂秉上旨，以南路阴翳，设疑兵牵缀，奇兵自北山入。礼请自楸坻至萨拉站开日尔拉山，山高五十里，冰雪六七尺，故无行径。礼登高相度，以火融积冻，凿石为磴。不匝月，通路二百余里。自楸坻达西北两路军营，视故道皆近十余站，省运费月以钜万计，特旨嘉奖。

图271　清人所绘《查礼平金川图》（局部），查礼清乾隆年间以道员随征金川，专司督运，因平定金川有功，擢四川布政使，后又升任湖南巡抚，惜未到任即卒

郭罗克掠蒙古军牲畜，杀青海公里塔尔，富勒浑令礼及游击龚学圣捕治，得盗二，还牛马五百余，盗渠未获。富勒浑以礼行后粮运渐迟误，奏促礼还。四十一年，金川平（图271），礼留办兵屯，拊循降番，叙功，赐孔雀翎。上遣理藩院郎中阿林、知府倭什布、参将李天贵出黄胜关，捕郭罗克盗渠，未得，皆坐夺官，仍令礼往捕。礼调三杂谷土兵四千，先令裹粮疾进。礼至，宣布上意，郭罗克酋玛克苏尔衮布来谒，问盗渠所在，诿不知。礼执送内地，责其弟索朗勒尔务捕盗。四十三年，玛克苏尔衮布病死，上责礼失抚驭番夷之道。四十四年，擢按察使。瞻对番劫里塘热砦喇嘛寺，礼往按，得盗，寘于法。

四十五年，迁布政使。寻擢湖南巡抚。入觐，四十六年，卒於京师。子淳，大理寺少卿。

36 刘克用《〈璇玑图〉诗读法》

民国二十三年（公元 1934 年）《平谷县志》"卷五·人物志·列传"记载：

> 刘克用，字辅臣，岁贡生，文家庄人。著有《历代帝王年号通纪》，并推衍苏若兰《〈璇玑图〉诗读法》，创为七图，藏于家。
>
> 岁丙辰，礼部尚书纪公昀序其书，谓璇玑七图可与宋、元间僧起宗、明康万民鼎足而立。又言其为人古貌古心，如韩文公所称吕医山人云。

志载刘克用为文家庄人，文家庄即今天的刘家河村，民国初年又称东文家庄，而将峨嵋山村一部分称作西文家庄，峨嵋山村另一部分隶属于蓟县，称峨嵋山村。1946 年 3 月，将峨嵋山村由蓟县划归平谷，与西文家庄一起统称峨嵋山村。

刘为何时贡生？民国志未有记述。阅览清乾隆四十二年（公元 1777 年）《平谷县志》，在"选举志·贡荫·岁贡"中记载："刘克用，文家庄，四十三年贡。""四十三年"，为乾隆四十三年（公元 1778 年），似乎超越了此志年限。说此志为乾隆四十二年所修，是基于知县朱克阅所作序言，所署时间为"乾隆四十二年岁次丁酉桂月"。"丁酉"，即乾隆四十二年。"桂月"，两层含义，一是传说月中有桂，故是月亮别称；二是指农历八月，此时桂花盛开，故称。这里之"桂月"，显然指农历八月。作序可以在修志中，亦可以在修志完成后。况且志书内容即使在修改过程中，亦不是不可以增补，序言也并未说下限截止于乾隆四十二年。所以，记述中有超越乾隆四十二年者，实属正常。

《璇玑图》，据《辞源》解释，东晋列国前秦苏蕙创作的一种回文诗图。《晋书·九十六·列女传》记载："窦滔妻苏氏，始平人也，名蕙，字若兰，善属文。滔，苻坚时为秦州刺史，被徙流沙。苏氏思之，织锦为回文旋图诗以赠滔。宛转循环以读之，词甚凄惋。凡八百四十字，文多不录。"《璇玑图》据说分为五

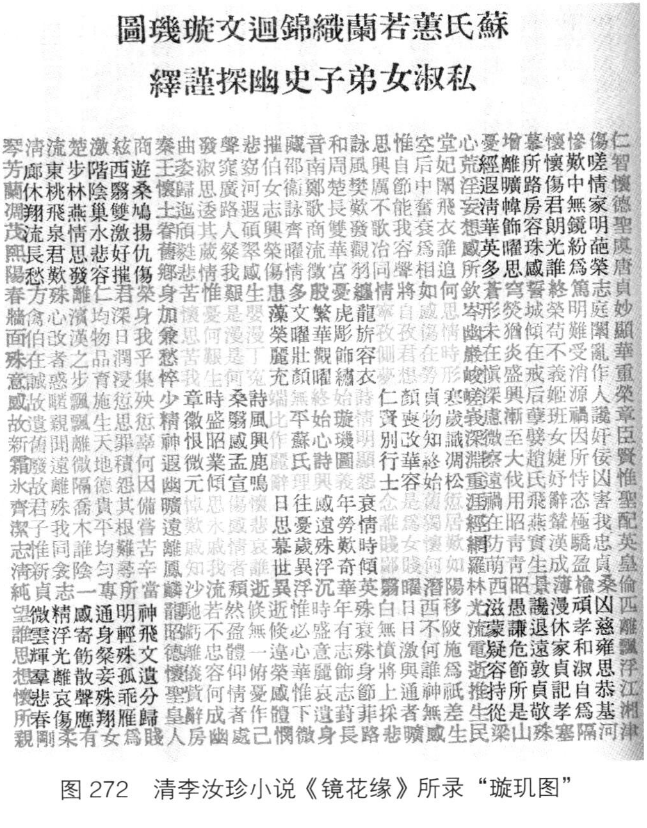

蘇氏若蘭織錦迴文璇璣圖
私淑女弟子史幽探謹繹

图272　清李汝珍小说《镜花缘》所录"璇玑图"

色，最早的五色已不可考，纵横各 29 字，中央空一字，纵、横、斜、正、反读等均可成诗。后人感其妙，遂于图中央加一"心"字，成为至今广为流传的 841 字版本。

清代小说家李汝珍所著长篇小说《镜花缘》，第四十回结尾处说太后武则天"因见苏蕙织锦回文《璇玑图》，甚为喜爱，时刻翻阅，竟于八百言中，得诗二百余首，欢喜非常，即亲自作了一篇序文。"随后在第四十一回中，不仅收录一幅 841 字的《璇玑图》五色读本（图 272），而且录有序文：

前秦苻坚时，秦州刺史、扶风窦滔妻苏氏，陈留令、武功苏道质第三女也。名蕙，字若兰。智识精明，仪容秀丽，谦默自守，不求显扬。年十六，归于窦氏，滔甚爱之。然苏氏性近于急，颇伤嫉妒。

滔字连波，右将军于真之孙，郎之第二子也。风神秀伟，该通经史，允文允武，时论尚之。苻坚委以心膂之任，备历显职，皆有政闻。迁秦州刺史，以忤旨谪戍敦煌。会坚克晋襄阳，虑有危逼，藉滔才略，诏拜安南将军，留镇襄阳。

初，滔有宠姬赵阳台，歌舞之妙，无出其右，滔置之别所。苏氏知之，求而获焉，苦加箠辱，滔深以为憾。阳台又专伺苏氏之短，谗毁交至。滔益忿恨。苏氏时年二十一。及滔将镇襄阳，邀苏同往，苏氏忿之，不与偕行。滔遂携阳台之任，绝苏音问。

苏氏悔恨自伤，因织锦为回文，五彩相宣，莹心耀目。纵横八寸，题诗二百余首，计八百余言，纵横反复，皆为文章。

其文点画无缺，才情之妙，超古迈今。名《璇玑图》，然读者
不能悉通。苏氏笑曰："徘徊宛转，自为语言，非我佳人，莫
之能解。"遂发苍头赍致襄阳。滔览之，感其妙绝。因送阳台
之关中，而具车从盛礼，迎苏氏归于汉南，恩好愈重。

　　苏氏所著文词五千余言，属隋季之乱，文字散落，而独
锦字回文盛传于世。朕听政之暇，留心坟典，散帙之次，偶
见斯图。因述若兰之多才，复美连波之悔过，遂制此记，聊
以示将来也。

大周天册金轮皇帝制

　　读者基本可读出大意，故对序文不多解释，只对其中两个较为陌生
的词语予以简释：一是"苍头"，在这里指奴仆。一是"坟典"，即"三
坟""五典"的并称，后转为古代典籍的通称。"三坟"，即伏羲、神农、
黄帝之书；"五典"，即少昊、颛顼、高辛、尧、舜之书。终究这是小说
家言，武则天是否真有其事其文，另当别论，起码是具体且丰富了《晋
书》所记，有助于我们进一步了解《璇玑图》的来龙去脉、始末缘由。

　　清乾隆时总纂《四库全书》的纪昀（字晓岚），《清史稿》称其"学
问渊通。撰四库全书提要，进退百家，钩深摘隐，各得其要指，始终
条理，蔚为巨观"。而"四库全书提要"即《四库全书总目》，又称
《四库全书总目提要》，在"卷一四八·集部·别集类一"就有"《璇
玑图诗读法》一卷"，写道："僧起宗以意推求，得三四五六七言诗
三千七百五十二首，分为七图。万民更为寻绎，又于第三图内增立一
图，并增读其诗至四千二百六首。合起宗所读，共成七千九百五十八

首。合两家之图，辑为此编。……起宗不知何许人。王士祯《居易录》载，赵孟頫妻管道昇《璇玑图》真迹，已称起宗道人云云。则其人当在宋、元间也。"看来，僧起宗宋、元间人，为纪昀所推测，而万民即明代康万民。今人李蔚先生曾著《诗苑珍品璇玑图》一书，研究认为，从初唐编纂的《晋书》所记，至宋、元朱淑真、管道昇两个抄本，都是 840 字图，流传时间很长。841 字图则流传于明、清。并从康万民《织锦回文图》书中所记及起宗录其读法赠仇东之事，证明其为明人无疑。包括《辞源》等工具书，均定其为宋、元间人，盖出于《四库全书》。是王士祯之误，致《四库全书》误，进而导致今日之诸误。即使大学问家，也不免为手头资料所限，确需仔细甄别深入研究才是，以免贻误后人。这是后话。

看来，明代康万民、僧起宗所据，应是 841 字图。直至民国年间，流行的亦应如是。民国二十三年（公元 1934 年），谭正璧编著、蔡元培题写书名、光明书局出版的《中国文学家大辞典》，收录了"苏蕙"词条：

苏蕙（约公元三五〇年前后在世）

苏蕙，字若兰，始平（一作武功）人，苻秦时陈留令苏道质的季女。生卒年不详，约晋穆帝永和中前后在世。善属文。年十六，嫁扶风人窦滔为妻。滔仕秦为安南将军，因蕙才色殊异，很是敬爱。滔有宠妾赵阳台，善歌舞，为蕙所捶，因进谮谤。其时诏命滔留镇襄阳，蕙不愿同往，乃携阳台到任。蕙悔恨自伤，因织锦为回文，五彩相宣，莹心眩目，名约《璇玑图》，命人送至襄阳。滔大为感动，遂送阳台至关中，具舆从迎蕙于汉南。夫妇恩爱逾初。

（《晋书》"列女传"作窦滔为秦州刺史，被徙流沙，苏氏思之，织锦为回文旋图诗以赠滔云云，与此不同。此从唐武瞾《璇玑图》序）

《璇玑图》共八百四十一字，反读，横读，斜读，交互读，退一字读，叠一字读，皆成文章，得四、五、六、七言诗三千八百余首。惟玩其词义，不免迁就字句，殊多勉强。原诗为一图，用五色织成，普通传本久已失其真相。近人汪元放标点《镜花缘》，用五色墨覆印此图，始返其真。

谭氏所记，与《晋书》及武则天序有所不同，认为《璇玑图》诗不免迁就勉强，并认同李汝珍《镜花缘》841 字图。这应代表了当时文人学者的一般态度。

《镜花缘》所录《璇玑图》为五色图本。李汝珍，今大兴人，约生于清乾隆中期，略晚于贾名伸，但基本是同时代人。贾名伸原配夫人刘氏，为刘家河（即文家庄）刘克勤之女。刘克用为刘克勤之弟，即为贾名伸叔丈，推衍《〈璇玑图〉诗读法》也当在乾隆时期，所用图本应该是流行的 841 字图。

放光村贾光海先生来，带一手卷请作者看。纸已略显发脆，边角不仅有些窝卷，而且已然有些破碎，甚至前无封面，后无封底，根本不知原为何卷。贾先生说这可能是贾名伸手稿。贾名伸即为放光村人，清嘉庆元年进士，亦是清代平谷唯一一名进士，官由"国子监学

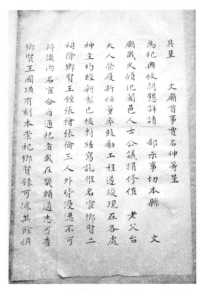

图273 贾名伸倡修县文庙呈请手稿

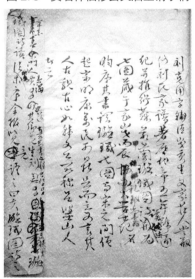

图274 贾名伸所写刘克用小传及
纪昀序文草稿

正加一级"至"户部司务",贾先生即是进士家族之后。粗略翻阅,卷为手写,真行草书具有,字里行间多有修改或批语,内容有倡议重修县文庙(图273)、为人代写的状纸、地契、建议补修县志及草拟补修资料等,这些应该是贾名伸手笔。就修志来说,清康熙、雍正、乾隆时均作修撰,贾名伸曾阅览县志,并为之题诗多首。所看极可能为乾隆时本,建议补修当为此本中所缺。至民国初年,官方未在续修。所书写的资料,在王兆元所编民国九年、特别是民国二十三年(公元1934年)《平谷县志》中,主要资料均收录其间了。

补修资料里,有"刘克用"一条(图274),手稿与志载比对,略有不同:

刘克用,字辅臣,岁贡生,文家庄人。<u>尝创修《刘氏家谱》</u>(县志无此句),著(县志有一"有"字,即"著有")《历代帝王年号通纪》,并推衍苏若兰《〈璇玑图诗读法》，创为七图，藏于家。

　　岁丙辰，礼部尚书纪名（县志为公字）昀序其书，谓璇玑七图（县志在"图"字后有一"<u>可</u>"字）与宋、元间僧起宗、明康万民可（县志无此字）鼎足而立。又言其（县志在"其"字后有一"<u>为</u>"字）人古貌古心，如韩文公所称吕医山人者（县志无"<u>者</u>"字）云。

刘克用即是贾名伸叔丈，根据刘家人由过去春节时挂在墙上的"名堂"整理的简略"刘氏家谱"记载，贾名伸之妻为刘克勤之女（图275）。刘克勤之父名显德，刘克用之父名显文，显德、显文为亲哥俩。也就是说，刘克勤与刘克用为一爷之孙，常说的叔辈哥么。故此，作为进士贾名伸，向县里举荐其写作成果且亲拟小传，亦在情理之中。传稿后，有署名纪昀为《〈璇玑图〉诗读法》作的序文，志载"礼部尚书纪公昀序其书"当指此。序稿（图276）为：

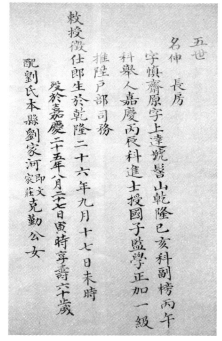

图275　清嘉庆元年（公元1796年）进士贾名伸所编家谱，有"配刘氏，县刘家河即文家庄克勤公女"语

辛酉春，门人贾○○来谒。道其乡先生刘君○○有所著书二种：《历代○○○》《璇玑图诗读法》。求序。余□览，竟读之，曰夫璇玑图诗之迷，其句读也久矣。

唐申诚尝作释文，今不传。宋、元间僧起宗始创为十图，得三、五、七言诗三千

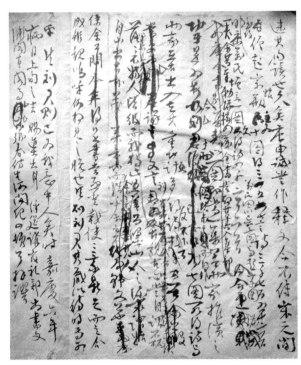

图 276　纪昀序文草稿

七百五十二首。至明康万民增立一图，更得诗四千二百六首。万民因以己所立图与起宗图合一，编成一卷。余昔奉敕编辑四库全书，尝取其书入集部别集类，以一图即当一集，盖两家推演之功，于是为著。

今刘君于两家□皆未之见，而自作七图，所得诗与两家互有出入，去其重者，计多得诗又不下数百首。○○又言，刘君古貌古心，尝自谓磊落落，不妨人皆彼而我独此。盖吕医山人之流，余意其人，不纯为韩文公也。使余得是书，当亟□

载，使三家鼎足而立，合成□亲。

呜呼！何相见之晚也，夫则刘君其藏以待时□可乎？夫刘君则已为我意中人矣！

时嘉庆六年病月上旬之吉

赐进士出身、经筵讲官、礼部尚书、文渊阁直阁事、年家乡春□生、河间纪○顿首拜撰

序稿极其潦草，且多处涂抹修改，特请善于行草的书法家刘建丰先生帮助辨识。能够确定的字写上，不能辨识，哪怕有些怀疑的字，便以"□"代替，且完整展示原件，留与读者与方家辨识。序稿中"贾○○"当是贾名伸，"刘君○○"为刘克用，"《历代○○○》"当指刘克用所著《历代帝王年号通纪》，"○○又言"即"名伸又言"，"河间纪○"即"河间纪昀"。

这应是纪昀序的草稿。纪昀主持编纂《四库全书》历时 10 余年，已在乾隆四十八年（公元 1784 年）全部完成，所以序中随手引用了其中的资料，用以观照刘克用书的价值与意义。这或是序的草本，应出自贾名伸之手，即为贾名伸所草拟，且一再修改，而后送与纪昀审定或参考。此序写于嘉庆六年（公元 1801 年），稍后至嘉庆九年（公元 1804 年），纪昀为其祖父作《尔锡公传》，当依据其房师宋澍所撰《第三世尔锡公行略》，而"行略"无疑也由贾名伸提供原始资料。贾名伸会试中举时，房师是宋澍，总裁是纪昀。也就是贾名伸试卷经考官宋澍选出，加批语后推荐给总裁纪昀而取中。故此，贾名伸与宋澍、纪昀以师生之交往实属正常，请求为故去的先人作传，为长辈著述作

序，借一代文宗之名而彰显先人与长辈。序有"门人贾〇〇来谒"句，是以纪昀之口吻，称其为"门人"，即门生弟子。

志载"岁丙辰，礼部尚书纪公昀序其书"，"丙辰"即嘉庆元年（公元 1796 年）；序稿为"辛酉春"，"辛酉"即嘉庆六年（公元 1801 年），时间有出入。错不在编志者，贾名伸所撰"刘克用"小传草稿即是"岁丙辰"。名伸为嘉庆丙辰进士，才授国子监学正。按常理，初步仕途，应该是身微言轻，且作为学生，与二人才始交往，大概不会贸然因事索求的。所以，作序时间以嘉庆六年似更为宜。

当初贾名伸建议补修县志时是草拟了补修资料，且一并交给了县里，其中就有刘克用的"《年号通纪》及《璇玑图》一本"。平谷历史上不一定没有个人著书立说者，也许只是没有被修志者发现而及时记述，刘克用当是第一个被载入者，可惜所著二书未能流传到今天。纪昀之序，尽管过简，终对刘克用其人其书，使我们可窥略一二。

37 一代诗人李锴

李锴生平

李锴，祖籍铁岭，汉军正黄旗，为明朝辽东总兵李成梁之李氏家族之后。李锴生于清康熙二十五年（公元1686年），其父李辉祖时任四川布政使。与李锴相交甚笃的陈景元所作《李眉山生传》，写其"生眉山"，故其常用字即眉山。

李氏家族自明至清，权势炙手可热，联姻多为满族勋贵。李锴竟成为大学士索额图之婿，"家世贵盛"。而他15岁（虚岁）时，补授本旗官库笔帖式，当为低级文职官员，2年后去职。后去南河效力，工竣议赐七品顶带，也算不得什么要职。况且，就家境而言，17岁时父亲去世，18岁时岳父索额图因参与皇太子之争，被圈禁宗人府，饥馑而死。这一切，不仅使他失去了依靠，也一定对他的生活和仕途产生影响。

他性友爱，兄伊山、祈山仕不遂，去伊山戍所看望。当祈山罢官还，无宅，竟把自己房屋相与。终因性情淡泊，不慕荣利，好游历山水，而辞官隐退。"移家潞河（即通州），潜心经史，凡六七年"（桐城方苞《二山人传》）。后携妻买田，于康熙六十年（公元1721年）在盘山麃青峰下隐居。他曾自述："及长，十九走天下。中岁至盘山，乐之，遂卜居麃峰之阴。（《焦明子传》）"那年李锴36岁，因"养疾乎盘山"，喜欢上这里，并认识了僧人藏山，托"藏山为眉山购萝村，定居鹰峰北"。即在萝村买了地方，盖了简单的屋舍，便隐居下来。

在萝村期间，《清史稿》记载其"乾隆元年（公元1736年），举鸿博，未中选"。清代在科举制度之外，设博学鸿词科，不限制秀才举人资格，凡督抚推荐者，皆可赴京考试，中试者便可任官。这年他51岁，应试了，但没考上。"乾隆十五年（公元1750年），诏举经学，大臣交章论荐锴公"。他已65岁，又年迈有病，早无意仕途，故请辞。

乾隆二十年（公元1755年），李锴70岁时，离开人世。关于去世时间，也有乾隆十一年（公元1746年），即61岁之说。陈景元所写《李眉山生传》，结尾即为"岁丙寅（即乾隆十一年），年六十有一矣"。"生传"，为活着的人作传，也就是在李锴61岁时，陈景元给他写了传，而非这年去世。还有乾隆十八年（公元1753年）之说，主要是乾隆《通州志》"卷之八·人物·流寓"李锴传所记："癸酉（乾隆十八年，公元1753年）六月五日，卒于通州寓舍，年六十有八。"今人郭成、郭伟所作《清代"辽东三老"之一陈景元生卒年考》一文，引用李锴《哭陈石闾》七律诗："北宋南施次第推，百年风雅久虺隤。不从隆古争雄长，谁信文坛有霸才？紫气虚瞻函谷关，大招歌上郭生台。漫言三老辽东旧，郢技空存质已摧。"且明确说此诗作于乾隆十九年（公元1754年）。翻阅《东北历史名人传》将"辽东三老"一起记述，写到《奉天布衣陈景元》时，也引用了这首诗。由此亦说明，李锴69岁时，不仅在世，而且还有精力为老友去世作悼诗呢！

李锴一生，著述颇丰。其所著《尚史》收入《四库全书》，诗集在世时就已刊行于世。当时的散文大家、桐城派领袖方苞为之写《二山人传》，著名书画家、"扬州八怪"之一的郑板桥也有"落魄王孙号豸青，

图 277　成亲王永瑆所书李锴《睫巢集》诗

文章无命命无灵。西风吹冷平冲阁，何处重寻孔雀屏"（《绝句二十一首·李锴》）赠诗，就是乾隆帝第 11 子、嘉庆帝之兄、书法与翁方纲、刘墉、铁保并称"乾隆四家"的成亲王永瑆更亲笔书写李锴《于阗采花》《杨叛儿》诗（图 277），端正清丽、劲俏流畅的墨迹流传至今。尤其永瑆落款时有"书英煦斋所赠李眉山《睫巢集》中诗"语，可略窥李锴诗在当时之影响及诗集之流行。不仅如此，据学者研究，朝鲜李德懋《清脾录》（成书于公元 1778 年）记载："清阴先生玄孙潜斋益谦日进入燕，逢豸青山人李锴铁君，相与啸吃慷慨于燕台之侧。"其后不久，《睫巢集》传至朝鲜，朝鲜文人对其诗歌给予较高评价。而咸丰时诗人魏燮均曾作《望盘山追怀李铁君先生》诗："吾乡有高士，隐在盘山陲。毕世忌荣禄，当年工赋诗。余生嗟已晚，不及举家随。今望苍苍色，徒兴往哲思。"足见其影响之深远。

典籍辑录

李锴虽为隐士，却朝野相闻，生前身后，诸多典籍有记。

《钦定盘山志》，"卷七·流寓"（图 278）：

李锴，字铁君，号眉山，奉天铁岭人。以门功当袭职，病不就，好佳山水。晚卜筑萝村，课耕获以食。地居鹰峰之阴，又自号鹰青山人。山人通敏，工诗古文词，精力尤殚于经史，著述甚富。年七十卒，生前自筑圹于山居之旁。

《清史稿》"列传·二百七十二·文苑二"：

李锴，字铁君，汉军正黄旗人。祖恒忠，副都统。湖广总督辉祖子。锴娶大学士索额图女，家世贵盛，其于荣利泊如也。性友爱，兄伊山、祈山仕不遂，锴省伊山戌所，累月乃归。祈山罢官还，无宅，以己屋授之，并鬻产为清宿逋。尝一充官库笔帖式，旋弃去。乾隆元年，举鸿博，未中选。十五年，诏举经学，大臣交章论荐，以老疾辞。少好山水，游踪所至，务穷其奇。苦嗜茗，为铁铛瓦缶，一奴负以从。客江南，尝月夜挟琴客泛舟采石，弹大雅之章，扣舷和之，水宿者皆惊起，人莫测其致也。锴既以屋让兄，乃筑室盘山鹰青峰下，闭户耽吟，罕接人事。岁一至城中，一二日即去。居盘山二十载而殁。诗古奥峭削，著《睫巢集》。又著《原易》及《春秋通义》《尚史》。

图 278　清乾隆《钦定盘山志》所载李锴传

辽宁铁岭《李氏谱系》：

李锴，辉祖公之三子也。字铁夫，又铁君，号眉山，又号豸青山人，别号焦明子。生于康熙丙寅年（康熙二十五年，公元1686年）十月二十日戌时。由监生于庚辰年（康熙三十九年，公元1700年）补授本旗银库笔贴式。康熙壬午年（康熙四十一年，公元1702年）缘事去职。康熙丁亥年（康熙四十六年，公元1707年）南河效力。工竣，议赐七品顶带。雍正乙卯（雍正十三年，公元1735年）辞官隐退，携妻买田于豸青峰下，筑斗室曰"睫巢"，隐居二十载。其诗文著称一时，古奥峭削，自劈（或为辟字）门径，高者可比杜甫，次者不愧孟郊。所著有《焦明赋》《含中集》《睫巢集》十卷、《原易》三卷、《春秋通义》十八卷、《尚史》七十卷（一说为一百卷），《尚史》被收入《四库全书》。乾隆丙辰年（乾隆元年，公元1736年）举鸿博，未中选。乾隆庚午年（乾隆十五年，公元1750年）诏举经学，大臣文（一作交）章论荐锴公，公以老疾辞。卒于乾隆乙亥年（乾隆二十年，公元1755年），年七十岁。

民国时谭正璧编撰、蔡元培题写书名之《中国文学家大辞典》：

李锴（公元一六八六——一七五五年）

李锴，字铁君，一字眉山，汉军正黄旗（亦作奉天铁岭）

人。生于清圣祖康熙二十五年，卒于高宗乾隆二十年，年七十岁。性友爱，泊于荣利。祖恒忠，副都统。湖广总督辉祖子。锴娶其妇翁为大学士索额图，家世显贵，锴远避之。兄伊山、祈山仕不遂，锴省伊山戍所，累月乃归。祈山罢官还，无宅，以己屋授之，并鬻产为清宿逋。尝仕为官库笔帖式，旋弃。乾隆元年（公元一七三六年），荐试"博学鸿词"，罢归。后诏举经学，大臣交章论荐，以老病力辞。雅好山水，足迹遍天下。曾客江南，舣舟采石，既夕江月上，鼓棹中流，命琴客弹大雅，扣舷以应其节，水宿者皆起视，以为狂。又尝北游，犯雨雪独行豂谷中，豺虎迹纵横，亦不顾。苦嗜茗，为铁铛瓦缶，使奚负以从。晚年，筑室盘山鹰青峰下，闭户耽吟咏。居二十载而殁。锴诗古奥峭削，自辟门径，高者可比杜甫，次亦不愧孟郊。著有《睫巢诗集》十卷，《睫巢文集》十卷，《原易》三卷，《春秋通义》十八卷，及《尚史》七十卷，（均《清史》列传）并行于世。

主要典籍文献，对李锴记述大体一致，但也有些不尽相同。

鹰峰萝村

李锴隐居的盘山，为畿东名胜。

清雍正六年（公元 1728 年）《平谷县志》记载："盘龙山，在县东三十里，高二千余仞，周百余里。势磅礴而盘桓，峰峦叠耸，崒然排空，亦胜概也。邑名盘阴以此。"自古以来多有文人雅士游历，至清时，乾隆帝更多次驾临，且在南麓建造行宫静寄山庄，并命人纂修《盘山志》。这一切，无疑助推了盘山的影响。而性情淡泊、不慕荣利、好佳山水的李锴，"晚卜筑萝村，课耕获以食。地居廌峰之阴，又自号廌青山人"（《钦定盘山志》）。《钦定盘山志》"卷三·胜迹"明确记有"獬豸峰，在黑龙潭东南三里"。这獬豸峰，为盘山北部山峰之一。南山村之东罗庄南一道山沟，称龙潭沟，一年四季水流不绝，小岭村就守在沟口。里边三四里地处，有大龙潭，又称黑龙潭（图279）。李锴曾写《望大龙潭》诗："冷翠转深黑，望之如空天。森沉白日底，傲睨群峰前。险势开阴峡，飞流注大川。苍龙不作雨，常得抱珠眠。"20世纪60年代，在大龙潭上面修了一座小水库，现仍蓄水使用。而大龙潭往里，略偏西南可达盘山顶挂月峰。

　　对于"獬豸"，辞书解释为"古代传说中的异兽，能辨是非曲直"。《康熙字典》对"廌"字解释："又通作豸，《异物志》，东北荒中有兽，名獬豸，一角，性忠，触不直者。"因此，"廌"即古代同于"獬豸"了。李锴

图279　龙潭沟里、小水库坝下的大龙潭（摄于2015年1月）

所"构草舍","地居髀峰之阴,又自号髀青山人",即是以"獬豸峰"之名而自以为号了,故《李氏谱系》记载其"又号豸青山人"。

李锴在髀峰下,"卜筑萝村,课耕获以食",即在萝村这个地方定居下来。那么,萝村又在哪儿呢?现在南山村,由大小14个自然村组成,包括石塘峪、东河、东罗庄、新房子、小岭、上店子、下店子、黑峪、白土岭、岭后、会庄子、罗城子、魏家河东、魏家河西。新房子刘家原在东罗庄那儿,据刘姓人说,是他们从山东先来到那里,后来李眉山要葬那儿,就让刘家迁走了。刘家搬到东罗庄西北1里多地的刘家老坟地那儿住,后来地震等房子塌了,就搬到这儿重新盖房子。人们一来二去这里就叫"新房子"了。而管新房子习惯又称西庄,原来那村称东庄,也就是现在的东罗庄。如此说来,东罗庄就是当年李锴隐居的萝村了。即在新房子村东,旧又称萝村,久而久之,就演变成了东罗庄。

《钦定盘山志》载,李锴"生前自筑圹于山居之旁"。"圹"即墓穴,指坟墓。乾隆《通州志》卷八李锴传有"建生圹于村之阳"语,是说生圹建于萝村之南。极可能当初墓地周围没有人家,村子就在墓地之北,现在墓地处已经成为村中心了。无论如何,这一切恰可证明,东罗庄就是李锴当年隐居的萝村无疑。

李锴隐居萝村,构筑了简陋的屋舍,并为之作《髀青山堂记》:

奋起乎冯翊之区,龙翔而马逸者,盘之山也。其阳,衰虚而骨露,其势竦,其气道,其名亦颇著。至其阴,冈岭岩壑,则奔放而委蛇焉,势固少杀,而其气若有所激,如莫年烈士矍铄未肯下人者。以其在阴也，名亦遂不著。一山也，而显晦异矣。

　　枕北山之麓者，曰"萝村"。其西南，石齿嵯巇吐纳云日者，曰"鹰峰"。北俯小溪，数里清泚。溪左，则双阜叠峙，长松匝焉举，夭矫欲飞。町疃小壤错其间，山氓耕之，大抵皆硗确也。村之北，有废陆，荒绝虚无人，木盛草随，乱石阬塞，侧肩俛首乃可入。入数十武，一坡隆起，陟而望之，中坦幅削，如风台百尺，耸立尘表。予曰：卜地树堂，谁能舍此？

　　遂与二三伧把锄握斧，共宣乃力，拔茸剔繁。旬有余日，顽石徙矣，薾木作矣，群阴辟矣，廓然清明，日月照灼，于是山环水萦，云行霞起，沙之粼粼，石之齿齿，山鸟之嘲啾，山花之靡靡，莫不献色呈声，毕效其下。而吾堂亦适成，予睇视久之，喟然叹曰："嗟乎，小人斥，而君子立；秽私去，而神明出，有如是。"

　　夫客过而落之，曰："悠哉，此堂也。顾何以名之？"予曰："名者，实之著也。兹山之不著，何予堂之有？"客曰："虽然，幸卒畀之。"曰："苍然而业业者，非鹰峰乎？适带吾堂南，请畀之以此。"

　　时辛丑秋九月望日也。

这里的"鹰青山堂"，当是《钦定盘山志》"晚卜筑萝村"的"卜筑"之物，《清史稿》"筑室盘山鹰青峰下"的所筑之"室"，《李氏谱系》

之所"筑斗室",方苞《二山人传》之所"构草舍"。李锴在辛丑年（康熙六十年，公元1721年）秋天九月十五，为建成的斗室高兴地作了这篇《虞青山堂记》。

李锴将所"筑斗室"名为"睫巢"。睫指"蚊睫"，亦作"蟁睫"，蚊虫的眼睫毛，常用来比喻极小的处所。语出自《晏子春秋·外篇下十四》："公曰:'天下有极细乎?'晏子对曰:'有。东海有虫，巢于蟁睫，再乳再飞，而蟁不为惊。臣婴不知其名，而东海渔者命曰焦冥。'"晋张华《鹪鹩赋》也有"鹪螟巢于蚊睫，大鹏弥乎天隅"语。从而形成了"鹪巢蚊睫"的成语，后以此极言细微。鹪，通"焦"，指焦螟。李锴曾作《焦螟赋》："昔张司空著《鹪鹩赋》，喻其细也。而晏子对景公曰:'有虫巢于蚊睫，再乳，而蚩蚊不为惊，名曰焦螟。'然则物之细者，唯焦螟为极其致，是用广其意，以赋之。"李锴以"睫巢"而喻所筑斗室，别号"焦明子"亦由此典故而来。

李锴与妻子一起，在这里过着简朴平静的生活。"杂山甿以耕，其尤贫者授之田，而无所取。疏材果实，与众共之，其声远闻。（方苞《二山人传》）"他和山里人一块儿耕作，对特别穷困的给他们田种，也不要什么报偿。树上结的果实，与大家一起享用。所以，远近的人都知道他。还结交了一些朋友，结伴登山玩水，吟啸畅谈，如《赠藏山上人序》中所写，"二人者不设主宾，不计日，相思便来，兴尽便返者，三十年矣"，就是生动写照。

终老萝村

李锴前半生，从出生四川，到青年时游历天下，中间曾做了短暂的笔帖式等。康熙五十一年（公元 1712 年）寓居通州，即是他在《睫巢集》"诗·卷三"《黔石图歌》所序："壬辰，予徙潞。"寓居数年，已然 35 岁。康熙六十年（公元 1721 年）36 岁时归隐萝村，至乾隆二十年（公元 1755 年）去世，他在这里也恰恰生活了 35 年。萝村南面的盘山，就作了他人生的分水岭。

　　《李氏谱系》记载，李锴"娶索氏"，生"子一，浚德。女四"。4 个女儿陆续出嫁，其中次女嫁给湖北巡抚刘殿衡之孙、翰林刘嵩龄之子，三女嫁给湖广总督石文晟之子。他是携妻归隐萝村，妻子、儿子一定先他而去。乾隆《通州志》卷八李锴传写其妻"先一年卒"，依通志李锴卒于 68 岁，夫人在李锴 67 岁时去世。夫人生于康熙二十六年（公元 1687 年），小李锴 1 岁，也就是说夫人去世时 66 岁，共同生活三四十年，在那个时代也算得白头偕老了。李锴所经历的大事小情，许多都在他笔下有所记述。可翻阅李锴诗文，关于夫人之事没一点记述。其子又极可能未成年而早逝，他写有《哭浚儿》诗："眼中无复有我子，号哭三月此心死。天乎哀哉，有如此！"悲怆之情倾泻于字里行间。谱系写浚德，只有"锴公之子也"，莫说卒年，连生年及是否娶妻、生子都没有。所以，李锴在《题殉砚说后》写道："夫先大夫亦诒一石予小子锴，锴亦无子，死之日欲留石天地间。"一种无可奈何的悲凉之感。因此，毕宝魁先生所编《东北古代文学概览》写李锴："诗人当是中年丧妻，女儿早嫁，儿子又夭折，他的后半生基本上是孤身一人生活的。"说中年丧妻也是一种揣测，毕竟谱系未写，他自己也没有谈及。但是，说他后半生基本孤身一人生活，或是实情，因为诗文中多有流露，如《落叶》诗："西风吹故林，一叶一秋心。生理或未尽，暮愁相与深。因知白发者，中有老怀侵。独立斜阳外，君听感倡音。"《夜》有"感时又见清秋暮，吊影其如永夜何"的诗句等，都可以读出其孤独的心境。

晚年境况，《与王兰谷书》记述："锴善役心，素患虚赢，今五十裁过三，且如八十翁。加之属者头屡眩，每发辄欲卧，不则仆。""老病增剧，进退失据。"53岁身体就如80岁人了，也许有些诗人的夸张，但身体大概确实不好。《与陈亶公隐君书》里写道："今老矣，不复出户庭矣。食鼎不实其腹，耳足且缀矣。憧憧往来，没齿无与复何所几乎？"年岁大了，不爱出家门了，吃东西牙也没了。不仅如此，他在萝村的生活，尤其晚年，应该是较为艰辛的。《与王兰谷书》曾写道："贫蒌日甚，谋生愈拙。米未必如珠，入我甑且甚於珠；薪未必如桂，供我爨且贵于桂。"《乞米东邻僧》也言："起来烟火断山厨，乞米东邻亦太迂。龙树久知离里碍，鹿门犹恨有妻孥。古情质直忘宾主，法界虚空灭有无。一钵斋粮聊给日，慈悲能济范莱芜。"生活中有时没米了，还要向邻僧乞讨。诗写景寄情记事，当是其真实生活情景的反映。

在萝村，李锴的隐居生活其实也不尽是孤苦凄凉，应该还是有充实与快乐的一面。他不仅研究经史，还写作诗文。与村里人甚至一起做活，亲手嫁接果树。看到夏至淫雨而忧心，"不识皇天意，空怜小麦秋"。"烟火迟方举，云霓湿未收。"看到粮食丰收，欣然写下《喜麦熟》诗："野色开千顷，炊烟起万家。夏衣饥不典，邻酒薄能赊。帝力信何有，民生良可嗟。无端种瓜叟，起舞葛巾斜。"当然也感受着乡村人的淳朴民风，《孤村》："一杖全吾道，孤村见古风。理看生育遂，俗尚有无通。瘠土民无逸，山田岁不丰。侧身空谷底，天意放愚公。"

有时隔山去看望朋友，或者与朋友一起登山踏水，与邻人一起饮酒赋诗。如《雨后病起赴邻家饮》："霜树争开锦，秋沙不惹泥。病翻嫌伏枕，晴即乐扶藜。理得形原赘，机忘物已齐。邻家邀痛饮，醉影咨东西。"有时想起友人，心头不免怀念一番，《怀友人》："射虎将军后，蹉跎坐白头。寸心持报国，多病习伤秋。霜雪苍鹰疾，关河老骥休。西风吹望眼，独倚仲宣楼。"怀念友人，也抒发了自己蹉跎的情怀。想念友人，竟然心有所感："壬子正月十日之夜，予梦东郊死，觉而怪之。翼日乙巳，东郊果暴卒于旅次。嗟乎，天生刘君，果何为也？怀才负气而终老，不偶暴骨殊乡，首丘莫正，何其酷也！"并作《妖梦行哭东郊刘子（有序）》诗以纪。无论如何，他在萝村（图280、图281），感觉"鹰峰之下，部屋数间。长为太平幸民，咏歌盛德。保先人之遗烈，终于生之天年。幸甚，幸甚"！而所插这幅画作，为《李锴独树图像》，境界深远空旷，只见一道溪水从远处曲折淌来，李锴身着灰白色长衫，脚穿青布鞋，坐在溪边一棵大树下。身躯略向左倾，左臂支撑，左手按地，左腿回收倚展地上。右腿半弓，右脚踏地，右手团于袖内，轻抚右膝。头部稍有谢

图280　清代画家徐璋所作《李锴独树图》

顶，头发尚黑，胡须花白，飘然于胸前。面容略显清癯，额头几道皱纹，双目凝视前方，一派祥和宁静。左侧树干粗壮，但已中空，似是当地村头常见的古槐。在树皮剥落而树干裸露处题语："独树图，廌青山人李锴自题，时年六十有五。"下钤"眉山"印。字原为李锴自

图 281　清代画家徐璋所作《李锴独树图》局部

题，像绘于乾隆十五年（公元1750年）。据有关资料，此像为清代肖像画家徐璋所作，现藏故宫博物院。由此画图，可再现李锴萝村悠然隐居之某一瞬间情景。

随着时光老去，他也日渐衰老，心境也愈加苍凉，甚至不由得想到了死亡。65岁时《赠藏山上人书》："今藏山筑生藏涧之东，眉山亦为生圹廌峰下。他日者两两入化，为云为水，是所以终投契之。"他很旷达，不忌讳生死，更像藏山僧人那样，事先也为自己营造"生圹"，安排好身后事。这里他多次赠书信且为之写诗的藏山上人，大他15岁，堪称忘年之交。他曾写《法天禅师生塔铭并序》："法天禅

图 282　乾隆《钦定盘山志》"卷二"西甘涧图

师，名云恒，又自号藏山，渔阳平谷人。九岁，薙发盘山万松寺。年二十余，修白业于西甘涧。遂不出山，与盘相终始五十年。""薙（tì）发"即剃发，"白业"为佛教语，谓善业。看塔铭小序，藏山上人竟是平谷人！而其修行于西甘涧，《钦定盘山志》"卷五"记载："西甘涧净土庵，明僧常慧创建，国朝康熙中重修。""卷二"绘"西甘涧"图（图282），并记述："峰势回转，见幡影出树杪，清泉一道横其前，垒石为小桥以度，则西甘涧之佛庐在焉。其屋宇朴略，犹之东涧也。""卷首五"收录乾隆皇帝所作《西甘涧》诗："峰回路转涧泉

图 283　盘山西甘涧净土庵遗址（摄于 2016 年 1 月 20 日）

图 284　盘山西甘涧净土庵遗址东北百余米处之石塔、石坊（摄于 2016 年 1 月 20 日）

潺，山寺萧条只数间。随分枕甘还漱介，便宜白足是高闲。"镌刻于桥南约 200 米处一方巨石上。2016 年 1 月，作者驱车盘山，踏着崎岖山路及冬日残雪，酷寒中寻至西甘涧，净土庵早已荡然无存，但小桥尚在，桥那边几步沧桑的石阶，掩埋于落叶与尘埃中。这应是当年藏山每日走上走下的石阶，且地形地物大致未变（图 283）。细观"西甘涧"图，感觉亦基本写实。东北百余米空场处，存有 2 座石塔，一座石坊。中间石塔，上刻"传曹洞宗第三十一世法天恒公和尚塔"（图 284、图 285）。法天，不就是藏山么？原来这就是藏山生前所造、坐化后即安葬于此的生塔！所谓"今藏山筑生藏涧之东"即指此，李锴所记不虚。

　　李锴不仅为自己造好生圹，而且亲自请友人书写墓表等。《上济斋夫子书二》："故不胜大愿，愿有请焉。锴栖迟廇峰之下二十余年矣，出入起居，日与相狎，精魂神气，遂与此山较然为一。生之所乐，死必归之。锴之所归，舍廇峰无他山矣。今树片石，生为墓表，其标题之者，舍我夫子无他人矣。倘蒙垂许，则千载以还，廇峰之下传廇青李锴其人者，实由夫子之藉重也！"不久，他告诉友人王兰谷："今且老矣，精力消亡，肺病日甚，耳目手足不复为心役。比者手树八松于生藏前，德济斋先生为我书墓表九字，且泐石，日作身后计者。盖自知来日无多，行将就化故也。""比者"，即"近来"。他在生圹前栽植了8棵松树，树立了墓碑。"墓表"犹墓碑，"泐"(lè)，同"勒"，雕刻之意。德济斋《清史稿》有记，清康亲王昭梿所著《啸亭杂录》（图286）"卷二"也记有"德济斋夫子"。德济斋，名德沛，为清代郑亲王济尔哈朗之后，济尔哈朗

图 285　中间石塔即为藏山墓塔

图 286　中华书局 1980 年版清昭梿著
《啸亭杂录》

为清太祖努尔哈赤三弟舒尔哈齐第六子。德沛生于康熙二十七年（公元1688年），卒于乾隆十七年（公元1752年），享年65岁。其年少时应袭公爵，而让其弟，自己去西山读书。雍正十三年（公元1735年），授镇国将军及兵部侍郎。乾隆时历任甘肃巡抚、湖广总督、闽浙总督、两江总督。虽屡任封疆，但操守廉洁且注重教育和培养人才。每到一处务立书院，聚徒讲学。因其字济斋，故时有"德济斋夫子"之称。李锴与如此王公贵胄交往应该不浅，或与其父及岳父有关，更应与其才学影响有关。

李锴于乾隆二十年（公元1755年）去世，关于他的去世，当地传说：乾隆老师（村里人一直这么说）从盘山回来，经过大龙潭，热了，想凉快凉快，问身边的人到啥地方了？告说"龙潭"。"有龙么？""有龙。""这里还有龙？"正说着，就从潭里浮出条小长虫。"这不是碜（chěn）蛇吗？哪儿是龙！"话音未落，小长虫一拨棱就下去了，随后伸出一只龙爪，有龙潭那么大。乾隆老师害怕了，从背后抽出背着的箭（也有说宝剑），啪一箭射去，潭水立马就红了。这时，眼瞅着从潭里冒出一股烟儿，到天上变成锅盖大的一片乌云，紧接着刮风打雷下雨，夹杂着冰雹。身边的人赶紧跑，乾隆老师也跟着跑。结果那雹子不砸别处，就砸他身上，回来就死了。当时山坡上有放羊的，还砸死了不少羊。这个传说极可能因年深日久，历代口口相传，而逐渐打上了神话色彩。透过传说，"肺病日甚"的李锴，或许就在70岁那年夏天，因着了风雨而离世。

至于去世之地，乾隆《通州志》卷八李锴传记其"卒于通州寓舍"。就家境而言，李锴作为湖广总督、后至刑部右侍郎李辉祖之子、大学士索额图之婿，结婚前后应该生活于京城。后以屋让兄，在通州生活数年，如乾隆《通州志》所记"遂侨居通州，潜心经史"。及至"筑室盘山鹰青峰下"，"山人每岁往来盘山、通州所，酬酢无势力交"。记述虽如此，可终是"岁一至城中，一二日即去"。即是他36岁隐居盘山后，自此很少去其他地方。尤其晚年，身体不好，更应主要生活于萝村。故此，他去世于其他地方的可能性不大。当地所传他在龙潭沟被雹子砸死之说，也间接说明他就去世于萝村。

萝村遗迹

李锴隐居萝村30余年，萝村及周边应该处处留下了他的足迹。但我们今天能够看到的遗迹，主要有两处，一是倒影潭，一是墓地。

倒影潭，在南山村新房子村南约百十米处。东来一道溪水，到水潭这儿打个旋儿，继续向西北流去，汇入豹子峪石河，就是郦道元《水经注》所记汇入沟水的那道"盘山水"。这里是由南面的山缓缓延伸而来，至此深入地下。东来之水千百年奔流不息，竟穿石而过，从而穿凿出这个石潭。石潭约10来米大，作者来时尚处晚冬，若是夏季水涨，当比这儿大得多

图 287　南独乐河镇南山村东罗庄西约 1 里、新房子村南倒影潭（摄于 2015 年 1 月）

图 288　龙潭北面巨石上镌刻着"倒影潭"三个楷体大字（摄于 2015 年 1 月）

了。潭东侧是凹形的较小的入口，一年四季，水流不绝。即使到了冬天，水渐少，也不会枯涸，清澈的潭水里还蠕动着绿草（图 287）。潭北面一人多高一块巨石，是与盘山石一样的花岗岩石，立面本身很平整，约在 1.5 米见方

内，镌刻出"倒影潭"三个楷体大字（图 288），每个字约 50 厘米见方。右下方为名字落款，"李"字清晰可见，下面两字风化得有些模糊，但隐约可以看出就是"眉山"二字。书刻取法魏晋，用笔浑穆，法度森严。看去较为含蓄内敛，似与隐者相合。潭东边约 1 里是萝村（今东罗庄），再往东一二里是东河，再往东三四里是石塘峪，这道水就从石塘峪上面的山里流下来。当年的地理环境应该比现在要好，水一定比现在丰富得多。水多且流急，才会将潭冲击成这样，冬天亦如是。如方苞《二山人传》所记，李锴与石东村"每严冬大雪，携手步西潭，以杖扣冰，相视愉怡。见者咸诧，而不知其何以然"。西潭即倒影潭，在萝村西故。二人纯粹率真，相忘于天地之间。其形其貌其质，跃然纸上。他为之一再作诗，如《雨后观倒影潭》《同藏上人避热倒影潭》。那首《将自田盘归，与藏公坐倒影潭话声闻事，久之乃别》诗："流水自生听，谁知理入微。藏公真静者，于此

发清机。心耳无边际，声闻有是非。语余分手去，潭底白云飞。"
读来富有禅意，似唐代王维诗意蕴。

他为之还专作一篇散文《倒景潭記》：

　　萝庄之东有水，曰"响雪濑"。响淙淙隐石壁中，而坳
淳罅溢，莫测其所出。西流，裁里许而绝。夏秋雨，乃及乎
庄之南，雨止随涸。

　　庄之西，石瓃斗坼，双流汇之，荡跌而为潭。潭开圆镜，
深三四尺，周数十武。峡石云卷，惊湍雷震，虽旱不竭。溯而
东，则又里许而绝。盖源于响雪之水，伏流以续焉者。

　　吾乐之，尝独往。客至，辄与之偃仰盥颊，或晞发落日
下。静而挹之，则细而斑者，裛而苍者，洞然而洼、谽然而
张者，与夫天回月游，云行鸟飞，靡不回光倒景，反射乎其
中。而清波莹如，未始有一物在。

　　夫河发乎昆仑，潜行乎蒲昌，积万三千里，而后出积
石，以达于海，乃所谓神矣。斯水也，虽洪纤不侔，其致一
也。故记之，以著其神。

文中"景"，古同"影"。濑（lài），湍急的水。淳（tíng），
水积聚而不流动。瓃（wěi），山峡中两岸相对如门之处。斗，古同
"陡"，高耸状。坼（chè），裂开。武，半步，泛指脚步。面对此潭，
再读其文，就会感觉遣词造句极其精道传神，如"瓃"字用得恰到好
处，潭东侧水流入口处，确是两岸峭石壁立，形似石门。文笔清丽优

美，景物幽雅怡人，简直可与唐代柳宗元《小石潭记》媲美。文在，潭在，石刻在，有朝一日，或为天下一景，也未可知。

李锴墓，村里老人称之为"大坟"。过去在东罗庄西庄头，现在村中南部。李锴生前选风水好的地方，自己营造了墓地，所谓"自筑圹于山居之旁"。东罗庄主要都姓张，当初就为看坟从东北迁来，俗称坟奴。李锴墓是一座圆形土冢，上面为三合土夯筑，底下四遭以石头砌筑，就是河套的鹅卵石。直径约5米左右，高约3米多。他没有后人，大概后来坟也没人添了。而坟头土往下流，就会越来越矮，墓最初应该比人们说的要高。坟前没有香炉，也没有供桌，在坟南面三四丈远的地方，有方汉白玉卧碑。据说20世纪30年代有人盗墓，那时村里有连庄会，即几个村子的保卫人员有事联防。以放二踢脚（一种爆竹，俗称炮仗）为信号，连庄会的人一来，抓住了两个，其中一个是小辛寨的，结果被村里人发现而没盗成。村里老人曾口口传说，坟里有三缸油，据说过去讲究点长明灯，缸里还有灯捻儿。后人能说出墓内情景，或为帮助李锴下葬人所说，或墓已早年被盗。

李锴墓造在一块平地上，北面是高约1.5米的坝坎，越往北地势越高，北面三四百米是山，墓对着山的主峰。东西也是山，南面地势开阔，愈来愈低，石塘峪水由东向西从墓前流过。南部是起伏群山，走过去就是盘山。这里四面群山环抱，一水中流。村里人说，5道山脊都朝向墓地，确是风水宝地。墓毁于1975年前后，墓穴亦为三合土夯筑，圆形，平底，周遭光滑，深约3米，直径约3米，上面蓬着10来根檩条粗细的方形柏木。墓毁，随之就填平了，后在上面又盖了房子。

墓已无存，经一再寻找，在街头一石墙上，找到了碑首，村里人称为"碑帽子"。碑首石质细腻，有些发青，应该不是汉白玉。碑首如古建筑"四出水"的五脊四坡式庑殿顶（图289）形状，长1.33米，高0.35米，宽0.38米。碑首下部有凹槽，当是放置碑身处。问及碑身，村里人说好像二三年前被人卖了。过几日再来，终于在一家小柴棚角落里，发现了碑身。清去杂物，拂去尘土，以

图289　南独乐河镇南山村东罗庄街头散落的李锴墓碑碑首（摄于2015年1月）

图290　李锴墓碑碑阳（摄于2015年1月）

水冲净，上书"廌青山人李眉山之墓"（图290）九个大字。字口极其完好，出乎意料之外。这也证实了李锴给友人王兰谷书所写"德济斋先生为我书墓表九字，且泐石"之语。经测量，碑身宽1.12米，高0.66米，厚0.23米。碑身当时倒在坟地附近，20世纪70年代有人抬回家里，一直小心保护着。碑阴及碑两侧均有刻字，如乾隆《通州志》卷八李锴

传所记："铲石树表，勒简亲王题'鹰青山人李眉山之墓'九个大字于碑阳，慎王书客星山人陈蛊公梓志于碑阴，陈石间景元铭作汉隶、石东村永宁小记作大篆勒左右碑侧。"与墓碑完全一致。现将李锴墓碑碑文抄录：

碑阳：

鹰青山人李眉山之墓

此为行书，9 个大字，当为简亲王德济斋手书。字取法于唐代李邕和宋代米芾，用笔清健，结体开张。

碑阴（图 291）：

图 291 李锴墓碑碑阴（摄于 2015 年 1 月）

鹰青山人李眉山先生生藏志

鹰青山人李锴，字铁君，号眉山，奉天铁岭人，司寇蒲阳公季子也。髫龀通四声，辨小篆。长更倜傥，初筮仕，辄罢去。山人勤读书，不事生产；好游览山水，常历楚、蜀、晋、魏、齐、鲁、吴、越，南薄海，北绝大漠，东涉辽，有所会心，辄沉吟延伫，或穷险极幽，撷拾放失。遇有道者，必质所疑，叩精理。晚游盘山，爱其幽邃，买田徙居，筑斗室曰"睫巢"，著《焦明赋》以见志。癖嗜茶，所至，奚负铛以从，每茶烟起，樵者咸识之曰："山人在是也。"山珉窭甚，畀以田，不课租。果蓏孰，恣取，不设禁，兼周其之。乾隆丙辰，慎郡王暨少司马德公沛，举山人应博学鸿词试，不合，又罢去。山人谨持躬然，慷慨尚气节。乡里不平事，得一言辄冰释。孝子朱暾贫不举，二亲丧，典粥济之。与长州刘震、吴县陈淇友契，其殁也，各经纪其丧，归刘榇于吴。嗟夫，山人上古处者乎？山人方颐修髯，庄凝如画。工诗、古文、草书，旁及术数，著《尚书》《春秋解》及《尚史》，共数□（或为百字）余卷，藏于家。自伤年近六十，未有子，预为生圹。因余友祝君游龙走书数千里，属余为志，祝君非妄许人者。□本所传，志其略。

乾隆七年岁次壬戌三月朔浙东客星山山人陈梓拜撰

慎郡（允）禧书

志文一些重点词语，略作简释：司寇，古代刑部尚书称为大司寇，刑部侍郎称为少司寇。筮（shì）仕，古代称初次做官为"筮仕"。窭（jù），贫穷。畀（bì），给与。课（kè），古代的一种赋税，这里作动词用，不课租，即不用交纳地租。蓏（luǒ），草本植物的果实。孰，古代通"熟"。乾隆丙辰年，即乾隆元年（公元1736年）。慎郡王，应是爱新觉罗·允禧（公元1711—1758年），康熙帝第二十一子。原名胤禧，因避雍正帝讳改胤为允。允禧能诗善赋，书画兼长，著有《花间堂诗抄》8卷、《紫琼岩诗抄》3卷等多部诗文著作。允禧所书为核桃大小的行楷，取法魏晋，结体端庄，法度完备，用笔有晋唐人意。陈梓，上已谈及。

碑右侧（图292）：

图292　李锴墓碑右侧（摄于2015年1月）

　　大清乾隆六年，辽东李君年五十四生圹成。是日，长至永宁记。

　　永宁，即结庐盘山南、方苞《二山人传》中的石东村。此为小篆，用笔瘦硬，结构严谨，气息高古。

碑左侧（图293）：

　　李君眉山，居盘
阴，乐山水，静貊生
死，不欲□。因择地
置灵冢，为身后计。
元为之铭，其辞曰：
霓为□兮云为衣，盘
之乐兮于己归。左苍
兕兮右神虎，排阴阳
兮当门户。山中人兮
长太古。

　　乾隆壬戌三月石
闾陈景元书

图293　李锴墓碑左侧（摄于2015年1月）

此为隶书，取法《汉
礼器碑》，又参以篆意。
当是李锴在《二陈生传》中所写石闾"世争购之"的"尤工古隶"之笔了。

　　在碑文抄录中，请青年书法才俊刘建丰先生帮助辨识、解析。一
时未能拓片，个别字实在难以识别者，暂以"□"代替。一方墓碑，
竟是简亲王德沛为其书写墓表之题，慎郡王允禧为其书写生藏志，与
李锴齐名、号称"南陈北李"的陈梓为其撰写生藏志，"辽东三老"
之一的陈景元为其生圹撰书铭辞，堪称集一时之盛。这方墓碑，具有

文物、历史、书法、文学等多方面重要研究价值。由此亦可知，李锴生圹成于乾隆六年（公元 1741 年），这年他 55 岁（虚岁），为之写有《生圹成作》诗：

> 封树何妨踵旧文，王孙裸葬太空群。
>
> 固应无物还天地，或不将身玷水云。
>
> 蔓草任荒江总宅，青山聊识鲍昭坟。
>
> 鼠肝虫臂他年化，絮酒知谁吊铁君？

潜心经史

李锴隐居萝村，一边与山里人一起劳作，一边潜心研究经史。耗费 16 年时间，编成一部《尚史》，被收入《四库全书》"史部·别史类"中。纪晓岚在《四库全书总目》"卷五〇"提要写到：

《尚史》，一百七卷（兵部侍郎纪昀家藏本）

国朝李锴撰。锴，字铁君，镶白旗汉军。卷首自署曰襄平。考襄平为汉辽东郡治，今为盛京辽阳州地，盖其祖籍也。

康熙中，邹平马骕作《绎史》，采摭百家杂说，上起鸿荒，下迄秦代，仿袁枢纪事本末之体，各立标题，以类编。凡所徵引，悉录原文。虽若不相属，而实有端绪。锴是编以骕书为稿本，而离析其文，为之翦裁连络，改为纪传之体。作《世系图》一卷、《本纪》六卷、《世家》十五卷、《列传》五十八卷、《系》六卷、《表》六卷、《志》十四卷、《序传》

一卷。仍于每段之下，各注所出书名。其遗文琐事不入正文者，则以类附注于句下。盖体例准诸《史记》，而排纂之法则仿《路史》，而小变之。

　　自序谓始事于雍正庚戌，卒业于乾隆乙丑，阅十六载而后就。其用力颇勤考。古来渔猎百家，勒为一史，实始于司马迁。今观《史记》诸篇，其出迁自撰者，率经纬分明，疏密得当，操纵变化，惟意所如。而其杂采诸书以成文者，非惟事迹异同，时相抵牾，亦往往点窜补缀，不能隐斧凿之痕，知镕铸众说之难也。此书一用旧文，翦裁排比，使事迹联属，语意贯通。体如诗家之集句，于历代史家特为创格，较镕铸众说为尤难。虽运掉或不自如，组织或不尽密，亦可云有条不紊矣。至于"晋逸民传"中列杜蒉、狼瞫、鉏麑、提弥明、灵辄，"逆臣传"中列赵穿而不列赵盾，"乱臣传"中列郤芮、瑕吕饴甥，"嬖臣传"中列头须，"鲁列女传"中列施氏妇，予夺多所未允。又诸国公子皆别立传，而鲁、宋、蔡、曹、莒、邾六国则杂列诸臣中。"叛臣传"中如巫狐庸叛楚入吴，吴、楚两见；公山不狃叛鲁入吴，吴、鲁两见，已为重出。而屈巫见於楚，不见於晋；苗贲皇见於晋，不见於楚，又复自乱其例。如斯之类，不一而足。亦未能一一精核，固不必为之曲讳焉。

纪昀提要中对《尚史》即给予充分肯定，指出其主要内容、编写特点，同时亦不避讳不足，直言笔下，难能可贵。知之甚深的陈景元在《李眉山生传》谈及《尚史》，"凡八十余万言，贯左国之离析，补龙门之遗失。讫秦嬴，始于黄帝。班掾以下，莫能及也"。评价极高。提要中谈及李锴《尚史》序传，最近，购得一册已被虫子嗑透的《尚史》残本，恰是收录《〈尚史〉序传》那册，序传写道：

> 时读旧史，有蕴而隐精，凿而佚疏，而互紊，而乖迕者。辄香群书研几之，匹夫挟移山之愚，矻矻十有六年，成书七十卷。始雍正庚戌，讫乾隆乙丑。又三年戊辰，而具录成裹，藏之盘阴牿牛精舍。

即是说，这部《尚史》在萝村写成。始于雍正庚戌（雍正八年，公元1730年），讫于乾隆乙丑（乾隆十年，公元1745年），辛勤伏案16年而成。后又以3年时间，至乾隆戊辰（乾隆十三年，公元1748年），誊录成帙，藏存于盘阴牿（gù）牛精舍里。李锴曾为之作《牿牛精舍记》：

> 鹰青主人筑室，于鹰峰之下。
>
> 室洁而约，虚而衍，畜几榻者各一，他一切屏。主人孰视而有所感焉，曰："当其无有室之用。"老氏已前言之矣，反而准之，于我心亦若是。夫在《周易》之"离"曰："畜牝牛"，"大畜"之六四则曰："童牛之牿。"
>
> 噫，畜牝牛几榻，畜也牿童牛，屏一切也。虽然室犹有闲，足其宬而已矣。心则随入，而无不畜，是又畜之大

者乎？然其初功，则自牺牛始，爰命之曰"牺牛精舍"。

这部《尚史》完成，陈氏生传记述"素贫，不得刊布"，是说李锴因贫困而当时没有刊刻面世。时隔不久是否就刊刻了呢？看《尚史》残本（图294），为乾隆三十八年（公元1773年）悦道楼刻本。李锴耗费16年心血写就的70卷《尚史》，在他去世18年后，而得以刊刻面世，且很快就传到纪晓岚手里。因为就在这年，纪始主持编纂《四库全书》，并将其收录其间，提要明确写着"纪昀家藏本"。

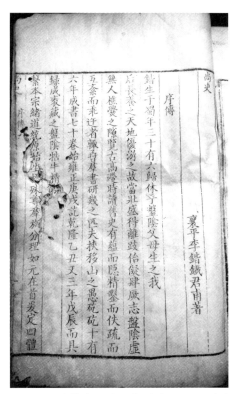

图294　清乾隆三十八年（公元1773年）悦道楼刻本《尚史》残本

方苞《二山人传》记述李锴，当"乃尽以先世产业属二昆"后，便"移家潞河，潜心经史。凡六七年，邻里未得一识其面"。他从通州而至盘阴，直至终老。因此，有些经史著作如《原易》《春秋通义》极可能撰写于通州，具体如何需日后另行研究。

文采众家

李锴一生，潜心研究经史的同时，精心写作诗文。就文章而言，其数量与影响亦不及诗，生前自己是否结集，他未有记述。谭正璧所编文学家辞典记有《睫巢诗集》十卷、《睫巢文集》十卷，这《睫巢文集》不知是否是其文章结集？暂且不论。晚清盛伯熙、杨雪桥所编《八旗文经》，为八旗文章总集，在满族文学史、文化史中占有重要地位，其中收录李锴文章71篇。后有人发现一册《李铁君文钞》，其间6篇为《文经》所未收。民国时金毓绂又得1篇，共78篇，辑

图295 辽沈书社1985年影印民国时金毓绂所编《辽海丛书》第六集《李铁君文钞》影页

为《李铁君文钞》(图295)。金氏叙言："曩者长洲沈氏撰国朝诗别裁集，谓先生著有《豸青山人集》，或即诗文集之总名。其后，盛伯熙祭酒与吾邑杨雪桥太守合纂《八旗文经》，最录先生之文凡七十一首，未言采自何书。八九年前，陈慈首孝廉于燕京书肆，购得先生文钞一册，作宋体书，遂赠于袁公洁珊。余假而读之，所钞凡二十六首，中有六首为《文经》所无。一、寿知蓟州事钱容斋序，二、周七峰诗序，三、明常开平祠堂记，四、东园菊谱记，五、千像寺石碣记，六、重建东竺庵碑记。所得虽少，亦硕果之仅存矣。钞本与《文经》同者，仅二十首，不及《文经》所录三之一。兹以《文经》著录之文为主，而以钞本之六篇附益之，又别觅得菊谱序一首，都七十八首。其各体次第亦依《文经》，名曰《李铁君先生文钞》。于是先生之文，乃得与诗集并传焉。"我们现在能够看到这78篇文章，金氏功莫大焉。最近，翻阅乾隆《钦定盘山志》，在"卷六·寺宇"

中，收录李锴所撰《山神庙碑记》一篇，当在78篇之外了。所记山神庙，在暗峪龙泉寺东，即今南山村村委会东面不远的地方，距李锴隐居的萝村西面三四里处，早已无存。

当然，李锴诗中一些小序甚至一些诗题，记事、记情、记景，未尝不可作小品文看的。尽管这些小序没有作为散文单独列篇。《三器歌·粤鼓》诗序，即如是：

> 广州波罗江上南海神庙，有铜鼓二。大者面五尺，脐隐起。高州林霭得之，峒户以献节度使郑絪絪，寘诸庙；小者杀大者五之一。从浔州滩涌出者，每岁二月上壬，土人击以乐神。民有疾祷于庙，亦击之。三川百粤，亦皆有鼓。
>
> 相传鼓初成时，悬于庭，宰牲置酒，子女繁会，出金银钗叩之，纳诸主者目。曰："都老有雠怨，相攻则鸣鼓集众。蜀鼓直牛千苗，民得之，雄视一方。蛮俗如此，而制铜为鼓，则莫知其所由来。
>
> 考之《南齐书》，广汉什邡人段祚，以醇于錞于献始兴王鉴，高三尺六寸六分，围三尺四寸。圆如筒，色黑如漆，甚薄。上有铜马，以绳系马，去地尺余。灌之以水，又以器盛水于下，以芒当心，跪注錞于。以手振芒，则其声如雷。今鼓制与錞于等，而来自粤，盖蛮仿錞于而为之。
>
> 或以为伏波平交，诸葛渡泸，皆制鼓。是殆不然，伏波毁鼓为马，非铸鼓也。

这些文章，从时间及内容看，主要应写于盘阴，广义上可归入散文。具体分类，有赋、论、说、序、记、传、表等10余种，可谓诸体兼备。毕宝魁先生所著《东北古代文学概览》，对李锴设专章论述，称其散文"风格多样，能兼采众家之长，韩愈、柳宗元、欧阳修等人的散文风格在他的散文中都有所表现。各体中皆有佳篇名句，但成就最高的是记、传两体"。所言客观得体。记体，如《梅子邬记》《牿牛精舍记》《樗斁小记》《氿泉记》等多篇，因其长期生活于清幽环境中，笔下景物自然带有清幽优美韵致。而上面所录《倒景潭記》《鹰青山堂記》二记，堪称记体之代表，亦是其整个散文之代表。

就其人物传记看，《马山人传》《孝僧传》《杨成义传》《李处士传》等，无不以热情笔调，歌颂了小人物之优良品质。尤以《焦明子传》和《二陈生传》为佳。

焦明子传

焦明子者，东海人。其先人客蜀，而生焦明子，故焦明子生而即为客。及长，十九走天下。中岁至盘山，乐之，遂卜居鹰峰之阴，而后焦明子不为客。

焦明子雅好山水，虽旅游必寀入之。尝舣舟采石，既夕江月起，鼓棹中流，命琴客弹大雅，扣舷以应其节。水宿者皆起视，以为狂。又尝绝大漠。五月，闻山坞桃花开，时马已出，即骑牛往，或沮之以多虎。焦明子笑曰："少见多怪，此间虎固以人为怪也。"

既家于盘，种树莳果蓛以自给。苦嗜茗，为铁铛瓦缶，使奚所至负以从。茶烟起水石边，樵采者咸知其为焦明子也。然性褊狭，又钝拙，见事迟，以故深畏与人接，而人顾乃好近之。尝为《焦明赋》以见意，人遂号之曰焦明子。

嗟夫，焦明者，巢于蚊睫而蚊不惊，细之细者也。夫以天地视盘山，岂仅一二蚊睫比，而栖迟其阴者，又恶足视夫焦明也哉？

《焦明子传》为李锴自传，文辞简约，形象鲜明，月夜鼓棹中流、弹琴叩舷的细节，写景练字，生动传神。李锴不为世俗所羁、质朴率真的性格跃然纸上，使人想起明末张岱《金山夜戏》的情景。

二陈生传

石间、橘洲者，陈氏兄弟也。

石间，貌类贾大夫，而精炼有器识。又倜傥尚气，给捷于口，荦荦乎具依隐玩世之概，故狎于物，亦迂于物。善书画，尤工古隶，世争购之，非所好不得也。

橘洲，初工琴，以其道与古戾去绝，不复弹。性恬退，虽处约萧然内足，然迂疏懒慢，如虚舟御风，颓唐行意。

诗曰："戚戚兄弟，莫远具尔。"若二人者，远者其性，而尔者其情乎？橘洲好古唯恐后，祛俗惟恐不力。客集，尝独吟以自适，有不得辄默，世每讪笑之。橘洲得之于天者既殊，终不乐与世接。中岁将家盘山，事樵隐。石间则雅，不好山水，每闻欲山栖者，辄蹙额曰："予肉腥，毋喂虎也。"

《二陈生传》寥寥数笔，道出陈氏兄弟迥然性格，尤其结句幽默诙谐，语言极具生活化。

李锴其他如书信、赋、论、说、序等文章，无不真挚质朴，写眼中所见，心中所想，意中所念，情中所思。时婷女士在《李锴散文研究》中，总体评价其散文，一是文体多样，形式丰富，且形式不拘一格。每种文体之下根据内容不同又别出分类，这在汉军八旗散文创作中不能不称为蔚然大观；二是思想内容丰富，不仅涉及满汉各旗的文人骚客、日常郊游活动、民间奇闻异事，还记载了一些政治事件，说明他虽身在草野，却从未放弃过对国家政治生活的关心，其不喜"入仕"，但也不讲求"出世"；三是艺术特点鲜明，写景叙事清丽生动，议论说理紧密推阐，在散文创作中自觉运用史家实录笔法，让散文除了丰富的艺术旨趣外，也可作史料参考。其冲淡清远、自然典雅、疏野旷达的文章特色，在当时的文坛自成一家之风。

当然，毕宝魁先生也客观指出："李锴出身于渐趋没落的名门世家，这样的家庭环境为其读书求学创造了良好的条件，但并未能为其步入仕途，高步青云提供方便。所以，他虽经刻苦努力成为学识广博的学者，却未能获得相应的社会地位。他本来就很有个性，在自身德才兼备而不为社会所重的矛盾中，又产生了怀才不遇的孤独感和深沉的忧患意识。这种强烈的忧患意识一直贯穿在他的整个文学创作之中。因此，当我们看到他在作品中表现出旷达超然的神态时，依然可以体会到其骨子里的忧患意识与愤激，感受到具有悲剧性的灵魂的号呼。这是在分析作品时应该格外注意的。"所言甚是。

诗追杜甫

就其诗而言，他一生应该写了不少，但前期似乎留存不多，主要是一些游历祖国各地的寄情山水名胜等之作。更多的，是他卜居盘阴之后，友人唱和、身边景物、眼中人事、所思所感，大事小情，大景小物，哪怕一声鸡鸣、一支杨柳、一朵野花、一场小雨乃至一缕凉意等等，几乎无不可入诗。他在这里隐居30余年，简直就是诗意的栖居！生前曾亲手将诗结集，金毓绂在辑《李铁君文钞》时叙言："铁岭李铁君先生，为辽东三老人之一，以诗鸣于雍、乾之盛。所著之诗，初名《含中集》，后易名《睫巢集》，刊行已久。近年吴兴刘氏，更取而覆刊之。嗣以其版归沈阳，传本既多，几于家有其书。"由此也可以看出，李锴是以诗名于当世。金氏研究认为，"《含中集》止此（指《含中集》卷五），《睫巢集》于此下尚有第六卷及《后集》一卷，皆于写定《含中集》以后所作"。金氏并对含中、睫巢两集进行校录，"《含中集》所载之诗，有七十六首为《睫巢集》所未收，此即为先生重订是集时所刊落"。应该说，虽然他的诗已享有盛名，但自己却要求甚严，对诗随时修改删剪，还是"诺门人之请，自订其三十年所作诗都为一集，将命之以雕"。他在《睫巢后集》（图296）自道："野人居草泽，甚无事，遇物而

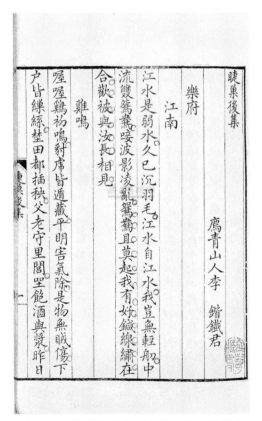

图296　《睫巢后集》清乾隆十年杜甲刻本

孚，辄行歌以遣兴。然老眊得便随手弃，所记录者，岁不过四五千言。初诵之若可喜，经时自恶其恶，又削其三之二焉。所存既寡，其造诣且不逮。"可见其严谨审慎之一斑。

就时间看，《睫巢集》刊刻于乾隆六年（公元1741年），按金氏之意，《含中集》当结集于此之前，写作自然亦在此之前了。经整理，《睫巢集》分为六卷，收录计532首诗。而《含中集》有77首《睫巢集》未收。《睫巢后集》结集于乾隆甲子年，即乾隆九年（公元1744年），刊刻于乾隆乙丑秋，即乾隆十年（公元1745年）秋，所收录诗歌主要为《睫巢集》后之作，也有边刻边写甚至属明时间为"乾隆十年十月之八日"的最新之作，共收录208首诗。至于乾隆十年（公元1745年）十月之后至乾隆二十年（公元1755年）所作，未见结集刊刻。按常理，他一定也写不少，大概未曾整理，多已散佚了。

近日，发现《上海图书馆藏明清名家手稿》书中，影印《睫巢集》1页（图297），为《题谢

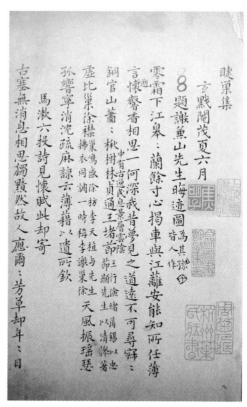

图297　上海古籍出版社 2006 年出版
《上海图书馆藏明清名家手稿》
中《睫巢集》影印页

兼山先生晦迹图》诗。影印旁释说：《睫巢集》三卷，此稿起于乾隆壬戌夏，止于戊辰秋，刻本大多未收。乾隆壬戌，为乾隆七年（公元1742年）；乾隆戊辰，为乾隆十三年（公元1748年）。手稿即是"刻本大多未收"，或是《睫巢后集》之外的另一三卷本《睫巢集》，时间比《睫巢后集》延续3年。即乾隆十年（公元1745年）十月至乾隆十三年（公元1748年）秋的主要诗作，当收录其间了。

看影印页第一首诗，《睫巢后集》有录，比对略有不同，影印页诗似为修改手稿，如诗题《题谢兼山先生晦迹图》，影印页"孙"下面有"子"字，但被圈去。"薄言怀馨香"句，"怀"处旁以小字写个"溯"字。"萧萧楸树林，贞通王堵节"句旁小字写有二句，一点示意加在"林"字之后："中有古逸民，息景层云阴。"在诗题右侧，上句"夏六月"下，有一方阴文印章，上为"焦明子"三字，当是自用印。顺便题外说一句，有研究者认为"作焦明是错误的"，意应"焦螟子"。看来李锴自己一直就这么写，印也这么刻，还自作《焦明子传》。影印页右侧仅半首诗，《马漱六投诗见怀赋此却寄》，《睫巢后集》未录。几经联系协商，上图同意将全部手稿扫描发来。细看手稿，仍名为《睫巢集》，基本以年度顺序编排，装订为两册，内容似没有明确的三卷之分。上册手稿有247首诗，其中154首为《睫巢后集》收录；下册手稿有186首诗，其中2首为《睫巢后集》收录。这意味着全部手稿有433首诗，其中156首为《睫巢后集》收录，277首为《睫巢集》《睫巢后集》乃至《含中集》所未收。

另外，李锴隐居盘阴萝村之后，集杜甫不同诗句，组合为新诗，计23题30首，皆为五言诗，编作《集杜》一卷（图298）。现存清乾隆时《集杜》刻本及清末民初富察恩丰辑抄《八旗丛书》所录《集杜》，而《八旗丛书》

抄本现存美国哈佛大学，李锴对杜甫之诗应该深有研究，说李锴诗追杜甫或步其后尘，实不为过。

由于上图所存《睫巢集》二册，收录诗作下限至乾隆十三年（公元 1748 年）秋，李锴诗所缺则为最后 7 年之作。而诗与李锴、陈景元并称“辽东三老”的戴亨《庆芝堂诗集》中，在卷五《答寄李眉山》诗下，附录李锴《寄赠戴通乾》诗二首，现存李锴诗集及手稿未见有录。曹春茹、王国彪所著《朝鲜诗家论明清诗歌》一书第六章第三节“论李锴诗歌”中，亦收录李锴一首佚诗，《送别折冲侄孙东归，得十六韵》，作于乾隆六年（公元 1741 年）春。《清代“辽东三老”之一陈景元生卒年考》文及《东北历史名人传》书中分别引用李锴《哭陈石间》诗（见上）。这是一首七律，据说作于乾隆十九年（公元 1754 年）。但不知出自何处，或是目前所见李锴最晚一首诗，但愿李锴还有更多诗作留存人间。

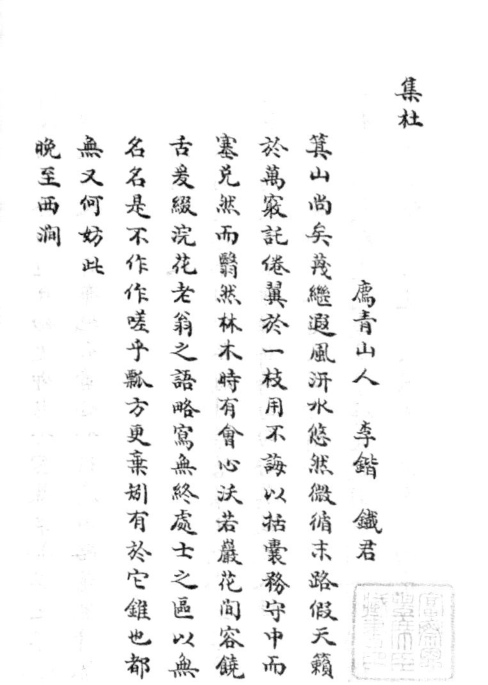
集杜
廌青山人 李鍇 鐵君
箕山尚矣䖍繼遐風沂水悠然微循末路假天籟
於萬竅託倦翼於一枝用不誨以括囊務守中而
塞兌然而翳然林木時有會心沃若巖花間容饒
古叟綴浣花老翁之語略寫無終處士之區以無
名名是不作作嗟乎瓢方更棄胡有於它錐也都
無又何妨此
晚至西澗

图 298　美国哈佛大学所藏富察恩丰辑抄本《八旗丛书》之《集杜》卷页

如此看来，李锴之诗，生前编辑有《睫巢集》六卷、《睫巢后集》一卷，再有上图所存《睫巢集》手稿二册、《集杜》一卷以及《含中集》余稿等，收录诗达 1128 首。应该说，目前能够收集到的李锴之诗，基本囊括其间了。

李锴之诗未收录《四库全书》，但《四库全书总目》"别集类存目"有录。纪晓岚在其提要写到：

> 《睫巢集》·六卷、《后集》·一卷（江西巡抚采进本）
> 国朝李锴撰。锴有《尚史》，已著录。
> 锴卜居盘山，优游泉石以终。故其诗意思萧散，挺然拔俗，大都有古松奇石之态，而刻意求高，务思摆脱，亦往往有劖削骨立，斧凿留痕；较王世贞所谓高叔嗣诗，如"空山鼓琴，沈思忽往，木叶尽脱，石气自青"者，则犹有一间之未达。盖可以著力之处，精思者得之；不容著力之处，精思者反失之也。
> 第一卷皆拟古乐府，古人音节既不可得，乃诘屈其词，以意为之。题下所注，如《朱鹭》下注曰：建鼓殷所作，栖翔鹭於上，或曰：鹭鼓精。此吴兢《解题本》说也。《临高台下》注曰：趋帝乡而会瑶台也，借寓游仙，已非原解。《雉子斑》下注曰：《关雎》之类。则纯非古题之意，又不知其寓意所在。卷中大抵类此，殊不可解也。

李锴"诗古奥峭削，自辟门径，高者可比杜甫，次者不愧孟郊。(谭正璧《中国文学家大辞典》)"当世及后世对其诗多有评述，不再赘述。上面文中已引录一些诗作，下面将所写盘阴萝村附近的诗再适择录，以窥一斑。

图 299 南独乐河镇南山村龙泉寺毗卢殿山门、石阶等遗址（摄于 2007 年 1 月）

图 300 南独乐河镇南山村龙泉寺毗卢殿、山门、石阶已于 2015 年复建（摄于 2016 年 1 月 21 日）

上巳日龙泉寺看花作

> 禊事阑亭歇，
>
> 幽情野寺偏。
>
> 松云横一杖，
>
> 花雨洒诸天。
>
> 日午阳和足，
>
> 山深造化全。
>
> 百年浑遣兴，
>
> 随地得悠然。

上巳日，即农历三月三，古代定三月初三为春禊，是被除灾祸、祈降吉福的节日。魏晋时，士大夫在被禊的同时，还举行水滨宴会，谈文作赋，饮酒取乐。饮酒时，将酒杯置于流水之中，酒杯随水流动，到谁的面前，要饮酒吟诗，称为"曲水流觞"。龙泉寺，在萝村西约二三里处，今南山村委会所在地，毗卢殿旧址、柱础等遗迹尚存，2015 年在旧址复建（图 299、图 300）。

三泉寺

此地经临几劫灰，日高鸟鼠遍香台。

横陈灌木谁亲植，无赖黄花春自开。

老衲忘情人事废，乱泉如语客心哀。

暮山飒飒飘风雨，不见明昌射猎回。

（寺有金人碑，记章宗秋猎事）

三泉寺，位于金海湖镇东马各庄村东北。清雍正六年（公元1728年）《平谷县志》"地理志·寺观"记载："三泉寺，在上马家庄东北，至县三十五里，金承安二年建。"建有山门及前后两进大殿。毁于20世纪50年代，现存1通"三泉寺故英上人禅师塔碑"，为金代遗物。近年在旧址正进行复建。"金承安二年"，为公元1197年。"承安"，即金章宗所用第二个年号。这方"塔碑"，当是一方塔铭，碑文模糊不清，但其大意是记述英上人禅师生平事略，未见记述章宗秋猎的字迹。倒是金海湖镇东上营村崛山半山间有双泉院，《日下旧闻考》记载："崛山在县东北四十里，峰峦峭峻，林谷深邃。有双泉寺，金明昌中建。"遗址尚存。所存"重建双泉院碑"，虽已残损，可碑文尚能看出"驾秋狝""皇妃"及"公主"等字迹，落款为"大金明昌四年"。"明昌"，金章宗所用第一个年号。"明昌四年"，为公元1193年。碑文大意，当是在明昌四年秋天，金章宗与皇妃及公主一起，来这里游猎。这与诗末所记"寺有金人碑，记章宗秋猎事"吻合。三泉寺距西边双泉院三四里远，都在萝村东北附近，有可能李锴同时游历了这两座寺庙，回来写诗时有些细节记忆混淆了，也未可知。

独乐河

> 茫茫独乐河，汉水今不流。
>
> 河边沙草色，还系边城秋。
>
> 独行嗟为谁？老妇蒙白头。
>
> 提篮拾草子，聊用充乾糇。
>
> 野雁生有匹，群鸟各以俦。
>
> 嗟为良人弃，弃水今不收。
>
> 长城何高高，阴火明戍楼。
>
> 宁为戍儿妇，或有梦魂投？

　　清雍正六年（公元1728年）《平谷县志》"地理志·山川"记载："独乐河，在县东北二十里，或伏或见，断续无常，西流入于洵河。"独乐河，今称黄松峪石河，北魏郦道元《水经注》有记。诗塑造一个弃妇形象，直写世情民生。前人评李锴诗说"高者可比杜甫"，可以此诗为例。

独游石塘峪

> 每爱盘空曲，白云深复深。
>
> 谁为高士传？不识古人心。
>
> 绝迹许长往，好山唯独寻。
>
> 一瓢毋我恩，天籁在风林。

　　石塘峪，为南山村所属最东边的一个自然村，在萝村东五六里的山洼中（图301）。当然，过去也称这道山沟为石塘峪。一道水从山间流淌下来，向西经过萝村南，再向西约1里，便至新房子村南的倒影

图 301　南独乐河镇南山村石塘峪全景（摄于 2015 年 1 月）

潭。今沿这道水右岸山脚一条水泥路，由山外曲折通向山里，就称石塘峪路。此诗及《春尽日看桃花石塘峪》诗或写于四五十岁壮年间，还有一首《石塘峪》，中有"孤策狎清旷，萧晨纡远步""败垣立缺齿，老屋饱撑柱"句，当写于诗人晚年了。

　　浏览诗集，他多次写到石塘峪，其他如藏山修行的西甘涧等等，亦如是。不同时年，不同季节，不同境况，不同心境，即使面对同一物象，诗人亦有不同情怀。"垂老临高可若何？百年强半付蹉跎"，"青山白发两如何，一室乾坤独癯歌"，"野老一甘成寂寞"，"浊醪亦足慰蹉跎"。"性喜疏散，不耐束缚"的他隐居盘阴，终日以诗文相伴，是将真诚的生命融注其间了。这些诗文就是其生命的真诚写照，更是其真诚的心路历程。可以说，李锴学识渊博，品格高尚，声望于朝野。其诗文对东北文学影响至今，故被列为"辽东三老"之首。其诗文不仅具有文学价值，更具有历史、地理、社会、民俗等诸多价值，需要我们深入研究、整理与挖掘。

38 王札·王札诗与王札墓

　　王札，清雍正六年（公元 1728 年）《平谷县志》"选举志·贡荫·岁贡"记载："坊廓人。见传。"翻阅此志"艺文志·文类"，确有王札小传：

　　　　王札，字又季，赋质颖异，胆略过人。为诸生时，喜谈经济，尤爱习技勇。由选拔历任襄阳令，适值滇氛充斥，羽檄交驰，王师抢攘，接应裕如。吏绩既著诠，陟随颁刺秦省渭州。又值王辅臣之变，慷慨激烈，单骑往谕，利害详明。辅臣首肯，而贼党已露刃以加矣！
　　　　忠愤之志见于吟咏，其至秦诗曰：
　　　　　　满怀忠愤到秦州，缓步无人境内游。
　　　　　　未到中军陈教化，先观儿稚列戈矛。
　　　　　　辞严正谕君恩重，色赧难禁反侧羞。
　　　　　　宁使一身甘鼎镬，不教万里系宸忧。
　　　　其临难诗曰：
　　　　　　丈夫有泪不轻弹，说到文山心亦酸。
　　　　　　慷慨一时忠未易，从容三载果犹难。
　　　　　　披肝沥胆精呈碧，引颈戮身血示丹。
　　　　　　虽愧吾生今日晚，同留正气在南安。

　　事闻上嗟悼，遣官谕祭，赠按察司副使，荫一子洽璜入监，授广东雷州府遂溪县知县。

乾隆四十二年（公元1777年）《平谷县志》（图302）基本照录。民国二十三年《平谷县志》关于王札之事记述较此翔实。简言之，王札，顺治戊子（顺治五年，公元1648年）拔贡。"滇氛充斥"，当指平西王吴三桂在云南欲谋反事。"王辅臣之变"，指王辅臣与"吴逆约叛"事。秦州，大致在今天甘肃天水一带地区。王札遇难于顺治

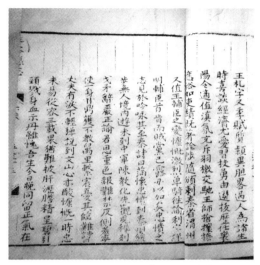

图302　清乾隆四十二年《平谷县志》关于王札的记载

十四年（公元1657年）正月二十九日，"次年滇黔平，平庆道请甘抚题褒死事之忠。赠陕西提刑按察使司副使，荫一子入监读书。闰三月初九日，札遗骸归平谷。帝遣顺天府尹徐世茂谕祭，并入忠义祠以祀云"。"广东雷州府遂溪县"，遂溪县今天依然存在，隶属于广东湛江市，在雷州半岛北部。提刑按察司，为设立在省一级的司法部门，主管一省的刑名、诉讼事务。同时也是中央监察机关都察院在地方的分支机构，对地方官员行使监察权。提刑按察使在明代与清代与布政使并为巡抚所制。按察副使为正四品。"荫一子洽璜入监"之"监"，指

国子监，为国家最高学府，学习的学生称作"监生"。

王杋之诗，雍正志王杋小传中仅引用 2 首。而民国二十三年《平谷县志》"卷六下·艺文志·诗类"中，则收录共 4 首，题为《秦州临难诗》，这 2 首为其三和其四首。其一为：

> 无端反侧笑螳螂，漫自当车攘臂强。
> 愤蓄寸心推祖逖，怅怀棉力愧冯唐。
> 徒思指日回天短，妄想乘风破浪长。
> 不为时穷忧在面，惟羞国耻负君王。

其二为：

> 壮心如许促行程，爱割牵衣妻子情。
> 才别泾泉歌易水，思来陇右斩洪鲸。
> 功成愿借舌锋利，事济何须宝剑鸣？
> 只有一身酬圣主，那缘竹简望题名。

一二首诗小传未录，无从比对。只看三四首，民国二十三年志与雍正志竟多有不同处。其三："宛入无人境内游""来至中军陈教化"，改了 4 个字。其四：三至八句，"慷慨定须留正气，从容莫愧戴儒冠。披肝沥胆成仁易，跋扈强梁饮恨难。目下自知身首异，千年魂怨卦台寒。"这首诗几乎被重新改写。诗应王杋至秦及临难前所写，匆忙中记事明志述怀。雍正六年距其顺治十四年遇难仅 60 余年，而雍正志此事极可能抄录康熙六年志，康熙六年（公元 1667 年）距其遇难仅 10 年，王札遗物包括诗等手稿应在王札后人之手。因此，雍正志所录之诗，极可能为原稿。民国二十三年志收录之诗，不知为何人所改，又出自何处？

至于王札墓，雍正志、乾隆志及民国九年志，均相沿袭，未有记述。民国二十三年《平谷县志》"卷一·地理志·古迹·陵墓"始记："王札墓，清陕西靖宁州知州，入忠义祠。在峰台庄南里许，高坂上有谕祭碑。"所谓"谕祭碑"，在王札清康熙十四年正月"帅甲士百人赴秦州谕逆"遇难后，康熙皇帝"嗟悼，遣官谕祭"之碑。

王札墓在南独乐河镇峰台村南面，俗称的南台子上。村里老人记得，有一通石碑，约 2 米高，是王八驮着那石碑，碑上面雕着龙。看来碑下面为龟趺座，上面为螭首。碑上刻着什么字村里人记不得了，这应该是"谕祭碑"。坟前还有石供桌、石香炉等。那是一片坟，有 2 亩地大小。志书记载"王札，坊廓人"。而志又载"坊廓社，在城"，即是说王札是县城的人，或说城关人。而峰台村王沛田老人说，王札就是峰台人，为他们祖上。或许是王札在外为官，家安县城也未可知。但以前的家当在峰台，不然遇难后不会随意安葬峰台村的。

老人听上辈人口口相传，说王札出征时死外面了，没脑袋，给安了个金的。运回来时，一片云彩始终遮着他的灵柩。而那通石碑下面的王八冲着甘营，甘营那边缺水，便找来看风水的，看完了，甘营来人就把王八脖子砸断了。听说是王八盖子上有个方坑，里边有水，说把甘营水给吸过来了。王八脖子一砸，那坑就没水了。

王札墓早已无存。

晚清使臣徐寿朋

民国二十三年《平谷县志》"陵墓"记载，徐寿朋墓"在城北三里，保阳人，清光绪年出使韩国大臣，任外务部左侍郎"。虽然县志所记过简，但大略可知，徐寿朋为晚清一位重要使臣。

徐寿朋，字进斋，原籍浙江绍兴，后入籍直隶清苑（今保定地区），以廪贡生纳赀京官主事。据说与时任平谷知县吴大照为同乡，于光绪二十一年（公元1895年）举家迁入平谷。因其"谙习外情"，即熟悉外国情况，曾佐津海关办理交涉。光绪二年（公元1876年），以道员充任美日使馆二等参赞。时华人多被虐杀，徐佐使臣郑藻如索偿，词铮义屈。未竟，改任秘鲁使馆参赞，摄行公使事。而秘鲁也时发生虐遇华工之事，徐与秘鲁朝廷争辩理论，多所补救。

由于徐寿朋久驻国外，办理交涉，常服远人，得以晋秩二品。还国，至李鸿章督畿辅，辟居幕府。疏荐其练吏治，熟邦交。光绪二十四年（公元1898年），任安徽按察使。不久，命以三品京堂充大韩帝国全权议约大臣。韩国原为附属国，中国在"甲午海战"战败后，不得不接受《马关条约》。此时，中国拟采取结盟韩国之策，派外务侍郎张亨嘉为驻韩公使，张以"亲老丁单"为由请辞。吏部据皇帝之意，于同年六月改派徐寿朋为使。

光绪帝在致韩国国书中，称"该大臣朴实忠诚，办事明练"，故此深得器重。徐寿朋至韩国，不负朝廷重托，与韩国外部大臣朴齐纯于汉城签订《中韩通商条约》13 条，其中规定："两国陆路交界处所边民向来互市，此次应于定约后，重订陆路通商章程税则。边民已经越垦者听其安业，俾保性命财产，以后如有潜越边境者，彼此均应禁止，以免滋生事端。至开市应在何处，俟议章时会同再定。"为"两国永敦和好，共享升平"，做出了贡献。这年秋天，清廷授其太仆寺卿之位。当中韩约成，便改充出使韩国大臣，奏设汉城总领事，以惠保侨民。

　　光绪二十六年（公元 1900 年），八国联军打入北京，李鸿章被命议和，奏调徐寿朋佐议。寿朋习西国语言文字，徐起应付，皆能不失鸿章本意。第二年，迁升外务部左侍郎。在议和中，积劳成疾，于当年秋病故，享年 50 余岁。垂暮之年的李鸿章，闻徐死讯，竟拊心呕血，痛心不已。

　　徐寿朋生于末世，值国运乖蹇，纵再精明干练，再通外情西语，再辅佐鸿章，大厦将倾，也难以支撑。而徐出使韩国，后人认为是清朝外交史上一大转折，即昔日"上国"与"属国"始以对等相待了。

　　另外，过去平谷县城有座城隍庙，庙前约六七十米处，建有戏楼。

图 303　徐寿朋墓碑拓本

戏楼起脊，前后两部分连接一起。前台 4 根红漆大柱支撑屋顶，极为轩敞。屋顶上方，面向台下处悬挂一方横匾："演古励今"，署款："合肥李鸿章题"。声名显赫的中堂大人为何要给京东偏僻小县平谷的这座戏楼题匾，原因尚不清楚，其中是否与深受李鸿章赏识的徐寿朋有关？值得研究。

徐寿朋为晚清一名重要使臣，去世后归葬于平谷旧城北门外。光绪帝赐银 8000 两，用以造墓地，壮葬典，且荫其子徐仁辅为主事。墓前有两通石碑，当地人称"双石碑"。墓早已无存，一通石碑（图 303）现收藏于上宅文化陈列馆。

40 享誉津门的诗人、书法家 赵元礼

赵元礼，字体仁，又字幼梅，号藏斋，生于清同治七年（公元1868年）十二月初一日。其曾祖起麟，祖父大智。父承修，字梅岩，母蒋氏。元礼又字"幼梅"，或与父亲字"梅岩"有关。

赵元礼生于何村？天津文史馆馆员刘炎臣先生撰有《赵元礼生平事略》，记事较为翔实，作者多有参考。"事略"中刘先生写其"生在该（指平谷）县城西鹿角村"，只笼统说县城西边的鹿角村。查阅清雍正六年（公元1728年）《平谷县志》，在"地理志·乡社·村庄"中，就有"东鹿角庄""西鹿角庄"之记载，不知刘先生笔下为何未确切言明？2001年版《平谷县志》"人物"编"人物传"，写其"生于西鹿角村"。而民国二十四年（公元1935年）《三河县新志》"卷十二·文献志·艺文篇上"收录赵元礼《三河感旧》《送庞志青姝婿之三河》《寓三河盐馆赋谢范孙》等与三河流寓有关诗数首，其中《三河感旧》诗下编志人按语："先生字幼梅，平谷东鹿角人。"应该说，赵元礼去世于1939年，编写《三河县新志》时先生尚在世，按语资料是出自其自述，还是编志人整理？不得而知。作者为此曾询问东鹿角村人，说东鹿角村现在没有姓赵的，也没听说过去有这么个人。作者又至西鹿角村调查，问及赵元礼，村里有人随口说知道，并谈了些轶事。看来，

赵元礼确实应是西鹿角村人。

清同治十二年（公元 1873 年）五月，赵元礼6岁时，父亲去世。母亲青年守志，秉性温恭，因心情郁闷，患有痨疾，亦于光绪二年（公元 1876 年）九月病逝，时年28 岁。赵元礼年仅 8 岁，母亲出殡之日，他与小妹跪于灵柩前，旁观者多为之落泪，而其堂兄二人竟不顾襄办丧事，急着搜查家中遗留之物。小兄妹既不知道加以劝阻，更不明白堂兄为何如此。赵元礼晚年忆及此事，仍感痛心。他在《送庞志青妹婿之三河》诗（图 304）亦写到："吾幼失怙恃，妹亦嗟伶仃。"诗有明显自叙性。村里人说，他家在村西南住，家里养着牲口，拉着到井沿去饮（yìn）水，前边的人家不让他饮。两个孩子没了父母，在村里难免受欺负。而由其堂兄所为，可以想见村里人所谈当不是空穴来风。

赵元礼四五岁时，开始读书识字。11 岁从玉田李豹卿学，因天赋聪慧，10 天就读完一部《诗经》，被认为是奇才。12 岁从平谷贾子伊学。13 岁至 17 岁，负笈三河县，从三河胡若卿学，屏绝世缘，苦读六经，并学时文试帖。如《送庞志青妹婿之三河》诗所写："忆吾客三河，年甫十三龄。

送龐志青妹婿之三河　　趙元禮

吾幼失怙恃妹亦嗟伶仃憶吾客三河年甫十三齡妹時八九

歲送我雙涕零予亦謂妹苦悽惻離門庭年只三五還踪跡如

浮萍荏苒將十年我壯妹伶俜及我還故鄉迎娶廣明星妹始

有依倚刺繡針無停暇則說女訓苦口貽箴銘植躬比圭玉絜

图 304　民国二十四年（公元 1935 年）《三河县新志》所载赵元礼诗

妹时八九岁，送我双涕零。"刘先生之"事略"接着写："18 至 22 岁，从南皮县张筱云学习时文之外，兼学诗赋。"而《三河县新志》收录的《三河感旧》诗有编志者按语：先生"幼时在三河县南关，从张筱云先生受业数年"。所记虽略有出入，但他赴三河读书无疑，八九岁的小妹送他，两个无依无靠的孩子哭了。"予亦谙妹苦，悽恻离门庭。年只三五还，踪迹如浮萍。"他在外刻苦学习，一年仅回来三五次。10 多年后，妹妹大了，结了婚。为此，他作诗以为纪念。

赵元礼 19 岁，与郭氏结婚，至天津。如《三河县新志》按语所记："及长，寓居天津，诸侯争迎长揖，半名公巨卿间。与严范荪先生交六十余年，同隐居不仕。"严范荪，即严修，原籍浙江慈溪，生于天津，为近代著名教育家、学者。赵 21 岁考取秀才，所谓"优廪生"，怎奈以后屡试不第，终未能中举。随后在津从事教家馆为生："我为童子师，发轫于双井王氏，有学生五六人，因对学生时施责打，有严厉太过之诮。"可见一斑。从光绪庚子年（即光绪二十六年，公元 1900 年），主持严修家馆，教其子侄智崇、智怡、锡敏、锡庸诸人以八股试帖。

光绪二十六年（公元 1900 年）五月，义和团运动兴起，八国联军入侵，天津发生变乱，严氏家塾辍学。至冬天，经严修推荐，赵任天津育婴堂堂董，办理慈善事业。两年后，又经严荐于天津太守凌润台，开办工艺学堂。初为董理，继而监督，再任庶务长。这时海禁已开，天津为北洋开府之地。赵针对兴办实业的方针，在学堂积极培养工艺人才，成绩斐然，被直隶省派赴日本考察实业。光绪三十四年（公元 1908 年），著名实业家周学熙邀赵至京，委任其主持冀南数十州县棉产区调查及湖北、上海各纺纱厂生产等情况调查。宣统元年（公元 1909 年），赵经周学熙委办滦州煤矿。1912 年，开平、滦州两矿务局合并，赵任秘书。此后，又襄赞周学熙、周学辉兄弟创办北京自来水公司和唐山华新纱厂。1918 年，北京政府组织国会，选举参、众两院议员，赵当选参议院议员。后出任直隶省银行监理官、中国红十字会天津分会会长等职。晚年退隐闲居，依然关心地方社会公益、文教事业。即使在将逝世的晚年，已强敌压境，他仍积极以煦育汲引人才为己任。当严修创立了天津崇化学会，而严去世后，他与华壁臣等继续维持，经常到会，与主讲章式之等商谈如何加强国学研究，对培养后学起到一定作用。

赵元礼家境虽不富有，但常不惜倾囊助人。如与他交契最深、相处最久之老友李锡三，因病客死天津，他经纪其丧，送其灵柩回通州原籍，并代为处分其家事，抚恤其遗孀、痴子。且每逢月夜，怀念故人，常为诗哭之。赵平生素豪饮，50 岁以后，兴致略减。1929 年，元配郭氏去世。家世萦怀，身体常觉不适，中西医士相劝戒酒。只在姻戚喜庆之会，朋僚燕集之局，一时兴到，才复陶然尽饮。晚年，赵与一般老人一样，记忆力逐渐减退。尝言："幼年记性好，悟性差；老年悟性好，记性差。予年未七十，而记忆已坏，门牌号数、电话号码，转瞬即忘，殊可笑叹。而于童年钓游之琐事及所读之经书，尚能十忆六七。"1937 年，患腿疾，请人按摩见好，但腰腿渐不如前，出入须子女随侍。1939 年津门发生大水，一迁大陆大楼，再迁中国旅馆，中秋节后才返回旧居。由于上楼下楼登阶劳顿，加以积受潮湿，8 月 19 日始患腹泻，继而转为痢症，且恶化为神昏口噤，至 9 月 1 日，赵元礼去世，享年 72 岁。

赵元礼以书法名世，时与华世奎、严修、孟广慧并列，为 20 世纪 40 年代前天津书法四大家，人称"华严孟赵"。其书法别具特色，专工

图 305　赵元礼书法

苏（苏东坡）体。曾自述："予自幼即不喜柳书，同学数人，皆习玄秘塔等碑。予独习鲁公，但亦未能得其神髓。中年而后，专习东坡，形似且难，遑论神妙。"纵观其书法，丰腴中透出劲健，饱满中不乏力度（图 305）。有人评论："在天津籍的书法家乃至全国的书法家中，赵元礼在苏体方面的造诣可以说是独树一帜。"能够独树一帜，跻身津门书法四大家，其背后付出的艰辛常人难以想象，练笔方法尤为独特。据说笔管顶端串铜钱，手握鸡蛋练书法。他说："予从十三四岁时，经三河胡若卿教我执笔之法，以铁钉连串大铜钱 20 枚，插在管顶。如此则笔重，须用力执笔。用草纸裹一鸡卵，握在掌中，如此则掌虚，暗合古人指实掌虚之意。至今不改，故写字较得体。""予最服膺'指实掌虚，腕运而手不知'十字，准此求之，百不一失。盖执笔必须十分用力，期于力透纸背，所谓如锥画沙，如印印泥，境界极不易到。先求阳刚，再求阴柔。"做人做事，若不认真下苦功，终难有所成，赵元礼即如是。

中国新文化运动前驱、卓越的艺术家、教育家、高僧李叔同，曾师从于赵元礼。《弘一大师年谱》记述："光绪二十二年丙申（公元 1896 年）

大师十七岁。是年从名士赵幼梅学词"。1918 年，李叔同出家时，曾写一幅小联寄赵，款题"幼梅旧师"。直至 1937 年，赵 70 寿辰，李亦50 有余，是时驻锡厦门万石岩，再为赵书"悉灭众生烦恼闇，恒涂净戒真实香"《华严经》集联，款题"旧师幼梅居士供奉"，寄津以祝。当年，齐白石先生诗稿付梓，请赵元礼等名流为之题词。凡此种种，可见赵元礼当时影响之大。

　　赵元礼一生，治事余暇，不废弦诵，举凡诸子百家之书，无不涉猎。除工于书法，还擅诗名。少年时即见赏天津问津书院院长李越缦，1921 年，赵与严修等结城南诗社（图 306）。还有星二社、俦社等，亦为赵与诗人墨客欢聚吟咏之所，常与严范孙、王仁安、华璧臣诸人相唱和。赵认为要想做好诗，必须多读书，多读古人诗。"人不必因作诗始读书也，然不读书则积蓄不厚，出语必浅薄；不必因作诗始读古人之诗也，然不读古人之诗，则不知韵味之高，格律之协，机杼之熟，出语必致扦格。由前之说，证之杜诗，所谓读书破万卷，下

图 306　天津城南诗社同仁合影（摄于 1928 年）

笔如有神也；证之苏诗，所谓腹有诗书气自华也。由后之说，证之成语，所谓能读千赋则能赋，对于诗亦然；证之谚语，所谓熟读唐诗三百首，不会作诗亦会诌也。"他欣赏同时代人樊樊山所语："诗贵有品。无名利心，则诗境必超；无媚嫉心，则诗境必广；无取悦流俗心，则诗格必高；无自欺欺人心，则诗语必人人能解。有性情则诗必真，有才力则诗必健，有福泽则诗必腴，有风趣则诗必隽。"但认为在樊语之后，应再加两句："有书卷则诗必雅，能煅炼则诗有味。"他进一步解释："书卷不是堆砌，煅炼不是晦涩。"赵确是悟出诗之三昧。

赵元礼与严范孙、王守恂一起，被誉为"天津近代诗坛三杰"。其诗文著作大半成于晚年，诗作 13 册，总名《藏斋集》（图 307、图 308），另有《藏斋诗话》《藏斋随笔》各 1 册。其诗工雅平实，真切质朴，为世人所称道，由《送庞志青妹婿之三河》诗可见其大略。在《藏斋诗话》里，他曾谈及自己的诗："予作诗半生，不下千余首。

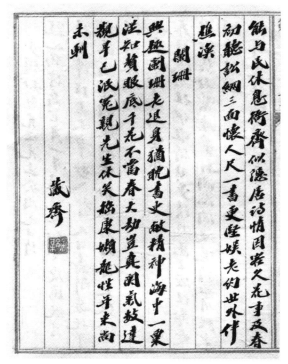

图 307　赵元礼诗稿

有为人称赏者，有为人指摘者，予皆淡然置之，所谓得失寸心知也。最惬心者只两句云：'握手今宵诉肝肺，他生觌面知为谁？'自以为沉痛到二十四分，惜被人滑口读过也。"谈得倒也客观与坦诚。

图308　赵元礼诗稿

41 九里山与韩信埋母

熊儿寨乡北土门村北，有一座九里山，因周遭九里而得名（图309）。在山前半山腰上，有一座坟墓，多少年来村里人一直传为韩信将母亲活埋这里。1959年4

图309　熊儿寨乡九里山远眺（摄于2013年5月）

月平谷第一次文物普查登记表有记，称作"韩信母亲墓"。年代为"西汉"，地址在"大华山人民公社熊耳寨乡土门村九里山上"。规模与形制，"黄土冢一个，高约1.20米，直径3米"。现存情况，"黄土堆尚完整"。保留价值，"老乡们传说此处为韩信活埋母亲处，但史书无记载，似不可信，故无保留价值"。尽管如此，可村里一直流传着这个传说：

早年间，熊儿寨九里山前，有一户韩姓人家，孤儿寡母，家境贫寒。老母亲给人家缝缝连连，那孩子给人家放羊。

这一天，那孩子把羊赶到山坡，懒洋洋地躲到背风处晒太阳。这时，山下走来俩老头，边走边聊。一个说："这个地方非同一般，是块宝地呀！"另一个指着山下的土坡说："谁要将父母葬在此地，那便会高官得做，骏马得骑。"说罢，俩老头踪影全无。

那孩子一见这情景，心想：这不是神仙下凡指点我吗？看来我不是受罪命。可又一想：母亲的身板还挺硬朗，一时半会儿死不了，倘若日后这块宝地被别人占去，那可如何是好呢？想来想去，毫无主意。

冬天到了，那孩子的母亲受了风寒，病倒了。一天，她抚摸着儿子的头说："我这病老不见好，还不如早点死了好，省得拖累你。"那孩子心里一亮："对呀，母亲要是早点死掉，那块宝地就不用担心被人占去了。"他趁放羊的工夫，在九里山前土坡下挖了个坑儿。后晌回到家里，他对母亲说："娘啊，我听说有一位先生，医术好，要钱少，明个我带您去看看吧。"他母亲说："瞧瞧倒也好，可我咋去呢？""我背您去。"他母亲听了心里挺高兴。

第二天，鸡刚叫，那孩子便催母亲起了身。一会儿到了九里山前，停住脚。他母亲说："你不是背我去瞧病吗？到这儿来干啥？"那孩子指指土坑说："这是块宝地，您死后葬在这儿，您儿子就会大富大贵，荣宗耀祖。"他母亲说："我死后随你便，你爱把我埋哪儿埋哪儿。"那孩子说："娘啊，实话跟您说吧，我怕这块宝地被别人占去。您不是说早死了好吗？您趴在坑里，我把您埋在这儿吧。"他母亲一听这话，一边指着儿子破口大骂，一边连呼救命。可天还没亮，又在这荒山野岭，谁能听到她呼救呢？就这样，那位老母亲被自己的亲生儿子活埋了。

后来，那孩子果真当上了赫赫有名的大官，他便是汉刘邦手下的三齐王韩信。但是善有善报，恶有恶报，那韩信终于落个身首分家的下场。

这个故事，收进了区文化馆所编《平谷民间文学集成》中。而韩信是淮阴（今江苏淮安）人，西汉开国功臣，军事家，号称"汉初三杰"之一。曾先后为齐王、楚王，后贬为淮阴侯。为汉家天下立下赫赫功劳，因被刘邦所疑忌，以谋反罪处死，且夷三族。与韩信有关的成语、对联等很多，如"一饭千金""韩信点兵，多多益善""置之死地而后生""明修栈道，暗渡陈仓""胯下之辱""功高震主""萧何月下追韩信""狡兔死，走狗烹；飞鸟尽，良弓藏；敌国破，谋臣亡""成也萧何，败也萧何""生死一知己，存亡两妇人"等等，可见其对后世的影响。当然，这也反映出后世对韩信之死的不平，与吕后等谋害忠良的不满。如果韩信真是千古罪人，不齿于人类，大概后世就不会建造淮阴侯庙以为祭祀，历代名人也不会多有咏叹了。

作者曾去江苏淮阴（今淮安），见街头竖立着"汉淮阴侯韩信故里"标志碑（图310），淮阴人津津乐道于韩信一饭千金、回报漂母的故事，且以淮阴能为韩信故里而自豪。而《史记·淮阴侯列传》中太史公曰："吾如淮阴，淮阴人为余言，韩信虽为布衣时，其志与众异。其母死，贫无以葬，然乃行营高敞地，令其旁可置万家。余视其母冢，良然。"大意是说司马迁曾到淮阴，人们告诉他，韩信即使是一个平民时，志气也和平常人不一样。那时，韩信母亲过世，家里贫穷，韩信没办法按当时礼节安葬母亲。可韩信找到一块地势高且宽敞平坦的风水宝地，能容纳上万户人家居住的地方作为母亲墓地。司马迁也到过韩信母亲墓地，看到果然和淮阴父老说的那样。这应该是真实的，即是说韩信在

图 310　江苏淮安"汉淮阴侯韩信故里"碑（摄于 2013 年 5 月）

贫穷的境况下，还是找个好地方安葬了去世的母亲，而没有韩信活埋母亲之事。

据记载，当秦朝灭亡后，汉王刘邦与西楚霸王项羽争夺天下。刘邦拜韩信为元帅，屯兵于九里山前，调度各路诸侯，十面埋伏，最终打败项羽，开创了汉家天下。作者曾问及当地人淮阴是否有九里山，告说没有。而所记载的九里山一般认为是江苏徐州西北郊之九里山，为古战场，所谓"九里山前摆战场，牧童拾得旧刀枪"。这与韩信埋母

应该无关。河南省西南部南召县有九里山，山下有许多土冢，相传也为韩信埋母之地，与熊儿寨一带流行的传说大同小异，不知为何那里亦有这样之传说。

最近，作者专程去北土门村调查，八九十岁的老人依然这么说，可见韩信埋母传说流传之广泛与久远，简直妇孺皆知。村里人领着作者到村北九里山上，走至半山间一片台地，指着说这就是传说的韩信埋母处，过去有一座土坟堆，高约 1 米多，直径约 3 米多。坟前没有石碑，也没有石头砌筑。这与 1959 年普查资料基本一致。村里人说，这里风水确实不错，背靠着这座山的山头，前面很开阔，正对着南面那座山头。这坟从来没有人给上坟，可却越来越高。坟在上世纪六七十年代平整土地中被平掉，种地了。据说后来坟也被人扒了，只有一个碗、一个油灯等物，没有什么贵重的东西。这些东西早不知下落，也就不好具体确定时代了。

历史上，韩信既不生长于此，也不曾征战于此，按理这里不应该有与韩信有关的遗迹。但是，这里过去确实有一座古代墓葬，不排除汉代墓葬的可能，因为平谷地区曾发现多座汉墓；而熊儿寨明代为长城沿线守城的营寨，坟墓也可能与守寨人有关；当然，也可能是当地生活于附近有一些影响或故事的人甚至也是韩姓人死后葬此。久而久之，大概其后世无人，坟墓无人管护，且慢慢衍生出一些墓主人有影没影与墓主人有关无关的故事。无论如何，过去这里有一座黄土冢是真，多少年来乡里一直流传着韩信埋母的传说是真。

人们以朴实的情感，对韩信为汉家天下所建立的丰功伟绩是不会忘记的。但对传说中的韩信为自己飞黄腾达竟然活埋生身母亲，自然也深恶痛绝。这个传说，或为后人附会韩信被杀之实而演绎，移花接木，意在假托韩信之名，强调其弑母而折寿，即使帮助打下了江山，也无缘坐享荣华富贵，以至不得善终。从反面教化世人，做人一定要孝敬父母长辈，好好做事，更要好好做人，这才是根本。

42 平谷八景今何在

历史上，平谷旧有八景。

我国何时开始流行八景（有些地方不只八景），已不可确考，起码北宋时期已经出现"八景诗"。就北京地区而言，金代已有"燕京八景"：居庸叠翠、玉泉垂虹、太液秋风、琼岛春阴、蓟门飞雨、西山积雪、卢沟晓月、金台夕照。平谷八景大概不会早于"燕京八景"，即不会早于金代，而成于明代可能性大。清人李柱明曾题一律："盘阴积雪四时坚，洵水回舟拥暮烟。石室风清分皓月，峨嵋山翠插青天。晴波独乐金银眩，鼓岭同云雨露鲜。更羡峰台宜返照，灵泉漱玉满前川。"道出八景名称与特点。

一般认为《平谷县志》始修于明代，明代志书今已无存，也就无从知晓是否收录了旧时八景。北京故宫皇史宬所存清雍正六年（公元1728年）《平谷县志》已刊有刘爱（明）、乐克山（清）、李柱明（清）、马一骥（清）等人吟咏平谷八景的诗篇，而刘爱为陕西洛川人，明隆庆四年至六年（公元1567—1572年）任平谷知县，至晚此时平谷八景已经确定，而这时已为明代中晚期。不仅如此，志前还绘有八景图画。最近购得明嘉靖三年（公元1524年）《蓟州志》点校本，在"卷之三·古迹"记载：平谷县"景致，盘阴积雪、洵水晚渡、峨嵋耸翠、石室清风、独乐晴波、鼓顶朝云、灵泉漱玉、峰台夕照"。这进一步说明，平谷八景在明嘉靖初年以前已经确定。从县志收录的八景诗最早为明隆庆知县刘爱诗看，极可能这以前已有八景，但没有八景诗，或没有写得较好的八景诗，故刘爱有开创之功了。所存清雍正六年（公元1728年）、乾隆四十二年（公元1777年）、民国九年（公元1920年）《平谷县志》，都在其中"地理志·古迹·景致"里列出八景之名，名下未有相应记述。直至民国二十三年《平谷县志》，才在"卷一·地理志"的"山脉""河流""古迹"等中，对八景分别陆续记述，书前还收录两三幅相关照片。近年，为挖掘平谷历史文化，根据志书记载及实地踏察，平谷旧八景已确定盘阴积雪、洳水晚渡、峨嵋耸翠、峰台夕照、灵泉漱玉、独乐晴波六景，且分别竖立了标志碑。而石室清风、鼓顶朝云二景一时难以考定，就留待以后了。八景顺序，依据民国二十三年《平谷县志》所列顺序。而雍正志、乾隆志所列刘爱等八景诗顺序，为嘉靖州志中平谷八景顺序，即：盘阴积雪、洳水晚渡、峨嵋耸翠、石室清风、独乐晴波、鼓顶朝云、灵泉漱玉、峰台夕照，与此略有不同。

平谷八景之一"盘阴积雪"，当在盘山之阴（图311）。山势雄奇，连绵起伏，层峦叠嶂，巨石嶙峋。清雍正六年（公元1728年）《平谷县志》"地理志·山川"记载："盘山，一名盘龙山，

图311 清雍正六年（公元1728年）《平谷县志》所绘平谷八景之一盘阴积雪

在县城东三十里，高二千余仞，周百余里。势磅礴而盘桓，峰峦叠耸，崒然排空，亦胜概也。邑名盘阴以此"。乾隆二十年《钦定盘山志》"卷三·胜迹"记载：盘山"本名四正山，相传古有田盘先生自齐来，栖迟于此。魏志载，田畴入徐无山中，躬耕以养父母，即此山也，故更名田盘，今省称盘山。其山脉络雄浑，首太行而尾碣石，为畿左巨障，高二千余仞，周百余里，五峰三盘，秀甲寰宇。佛庐仙窟，遍布诸胜地。数十年来，銮舆屡驻，标异搜奇，而树石云泉别开生面矣"。所谓"五峰"，为挂月峰、自来峰、紫盖峰、莲花峰（又称九华峰）、双峰（也有另说是舞剑峰），还有礁硗峰、翠屏峰、獬豸峰、碎玉峰等。所谓"三盘"，自来峰一带为上盘，以松胜；古中盘一带为中盘，以石胜；晾甲石一带为下盘，以水胜。

应该说，盘山"三盘"之胜，主要分布于山阳。盘阴因气候相对温凉，至春时仍有冰雪，故称"盘阴积雪"。此景标志，定于南独乐河镇南山村正在建设中的"天盘山景区"内，在此可一览盘山胜景。"盘阴积雪"四字刻于石壁，书法家王友谊先生题书。明代刘爱《盘阴积雪》诗：

图312　清雍正六年（公元1728年）《平谷县志》所绘平谷八景之二石室清风

半山残雪永难消，三月桃花尚未娇。

每到清宵闲眺望，月明玉垒倚云霄。

平谷八景之二"石室清风"（图312），清雍正六年（公元1728年）《平谷县志》"地理志·山川"记载："城山，在县城东北五十里，四山高耸，中平如城。有石室，仅容一人横卧，俗传孙真人修行于此。"城山大致应在崌山东十里左右处，多次踏察寻访未果。明代刘爱《石室清风》诗：

凿开混沌紫云瑛，两腋凉生爽气清。

流火不烦纨扇动，瑶台月殿敢相拜。

注：区档案局所存清雍正六年（公元1728年）《平谷县志》手抄本及乾隆四十二年（公元1777年）《平谷县志》均写作"敢相拜"；民国九年（公元1920年）《平谷县志》"艺文志"卷缺，不知如何书写；民国二十三年（公元1931年）《平谷县志》写作"敢相并"。

平谷八景之三"鼓顶朝云"，清雍正六年（公元1728年）《平谷县志》"地理志·山川"记载："气鼓岭，在县南十五里，山形如鼓，上有孔，每旦云

图313　清雍正六年（公元1728年）《平谷县志》所绘平谷八景之三鼓顶朝云

气浮出，故名（图313）。"所记"每旦云气浮出"，或为山中溶洞所致。此景大致应在东高村镇大旺务南山一带，多次踏察，未定。明代刘爱《鼓顶朝云》诗：

> 石窦谁知有蛰龙？朝来嘘气映山容。
>
> 逶迤每有云霓望，不比巫山十二峰。

　　注：清乾隆志、民国九年志均写作"气鼓岭"，民国
　　二十三年志改为"鼓形岭"。

　　平谷八景之四"沟水晚渡"，在今平谷镇东寺渠庄南（图314），旧有寺渠渡，原渡口处建有寺渠桥。民国二十三年（公元1934年）《平谷县志》"卷一·地理志·交通"记载："渡口，东河渡、杨各庄渡、

图314　清雍正六年（公元
　　　　1728年）《平谷县
　　　　志》所绘平谷八景
　　　　之四沟水晚渡

图315　民国二十三年（公元1934年）《平谷县志》所
　　　　刊"沟水晚渡"照片

鹿角庄渡、寺渠渡、周村渡、岳各庄渡，以上各渡口春冬有桥梁以济行人，夏秋山水涨发时则撤去，以便舟楫往来。"民国王兆元所编《平谷县志料》载："泃水晚渡，在县西南二里，寺渠庄南之泃河航路由此起运，通天津、唐山一带，又为赴北平必须经过之大路。"志刊"泃水晚渡"照片（图 315）及后来征集的 20 世纪 30 年代所摄照片，比照现在城南寺渠桥一带，约略可见旧时影子。2005 年，区政府整治城南泃河河道，重修大桥，并在寺渠桥畔立"泃水晚渡"碑，以记其事。碑阳为书法家张景平以行书题"泃水晚渡"四个大字，碑阴镌刻柴福善执笔的《泃水晚渡碑记》：

泃水晚渡碑记

泃河古为泃水，源于河北兴隆，经蓟县入平谷，后向三河，再汇蓟运河，流注大海。

泃河水运不晚于战国，齐师及燕曾战于泃水，齐师遁。郦道元记泃水于《水经注》。终因陆运兴而废航于民国间。寺渠庄南为泊船之所，河路运输往返天津、唐山一带。泃河多渡口，寺渠渡尤为要津。平谷旧有八景，泃水晚渡即寺渠渡景。

故有寺渠桥，年久失修，今原地重建，通途南北。治理河道，使河清水晏。值此，于桥畔立泃水晚渡碑，令人遥思旧景，流连休闲，福祉于民。兹当功竣，勒石以记。

平谷区人民政府

二零零五年八月

明代刘爱《泃水晚渡》诗：

泃水清涟鱼泳时，牛羊向夕更归迟。

溪头争渡谁家子？深浅从来要自知。

平谷八景之五"峨嵋耸翠"（图316），在南独乐河镇峨嵋山村北，民国九年（公元1920年）《平谷县志"卷一·地理志·山川"记载："峨嵋山，峰峦秀起，双娥如画"。民国二十三年（公元1934年）《平谷县志》刊载峨嵋耸翠照片（图317），今山顶复建兴隆观，建筑规模略大于旧制。"峨嵋耸翠"标志碑，由书法家王友谊先生书写。明代刘爱《峨嵋耸翠》诗：

图316　清雍正六年（公元1728年）《平谷县志》所绘平谷八景之五峨嵋耸翠

峨嵋山，在平谷县城东北二十里，其山之背后郡民城，因峯峙秀起双峨如画邑八景之一日峨嵋耸翠

图317　民国二十三年（公元1934年）《平谷县志》所刊"峨嵋耸翠"照片

嶺岩秀丽翠如流，

高入云间碧玉浮。

游客骚人时赏玩，

只疑瑟瑟在山头。

平谷八景之六"峰台夕照"，在南独乐河镇峰台村西（图318），现残台尚存，当年有数亩大小。民国王兆元所编《平谷县志料》载："峰台夕照，在县东北十八里，有村落名峰台，台今废。"20世纪80年代末，当地曾一度撤台拉土，更加蚕食了土台（图319）。"峰台夕照"标志碑，由书法篆刻家王玉书先生题写。明代刘爱《峰台夕照》诗：

图318　清雍正六年（公元1728年）《平谷县志》所绘平谷八景之六峰台夕照

图319　峰台夕照所残存峰台现状（摄于2007年6月）

高台突兀倚晴空，远近霞连草舍红。

返照平林铺锦绣，行人常在画图中。

平谷八景之七"灵泉漱玉"，清雍正六年（公元 1728 年）《平谷县志》"地理志·山川"记载："灵泉，在县东北二十里，源出灵泉山，下有龙王庙。其水灌溉田园，人多赖其利。"此景现在南独乐河镇峨嵋山村东北，泉水尚在，只是流量不如从前了。自龙王庙遗址北望，山峦耸立。雍正志刊有平谷八景之"灵泉漱玉"图（图 320），所绘正是北面之山，只是绘图中将山顶略为"拔"高，且泉水从山上倾泻而下，从而更具艺术性。"灵泉漱玉"标志碑，由书法篆刻家王玉书先生题写。明代刘爱《灵泉漱玉》诗：

图 320　清雍正六年（公元 1728 年）《平谷县志》所绘平谷八景之七灵泉漱玉

野寺云根骤起澜，龙宫喷出碧琅玕。

清凉远得天潢派，唇齿忽生六月寒。

平谷八景之八"独乐晴波"（图 321），清雍正六年（公元 1728 年）《平谷县志》

图 321　清雍正六年（公元 1728 年）《平谷县志》所绘平谷八景之八独乐晴波

"地理志·山川"记载:"独乐河,在县东北二十里,或伏或见,断续无常,西流入于洵河。"独乐河得名应该很早,起码北魏郦道元《水经注》即记有"独乐水"。民国王兆元所编《平谷县志料》载:"独乐河,其水底皆石,流作涛声。"由此可知,独乐河应在南独乐河镇南独乐河村与北独乐河村之间,是一条石河,且是季节河。至今石河尚存,称黄松峪石河,只是20世纪六七十年代已将石河调直改道,现在除非雨季,平常很难有水了。"独乐晴波"标志碑,由书画家翟德年先生题写。明代刘爱《独乐晴波》诗:

独乐嘉名自古传,况逢红日正中天。

澄波渺渺清还静,网罟不惊鸥鹭眠。

平谷旧八景,仅限于过去70多村庄的局促狭小境域内。由于1946年至1953年间,从蓟县、密云、怀柔、三河周边4县划入部分村庄,境域扩大至如今950余平方公里、270余村庄的范围,因此,平谷境内在旧八景外,还有两景。

一是"将军古石",2002年广东旅游出版社出版的《明清皇家陵寝》书中,谈及"东陵八景",此景即为其一。"陵区的后龙有一将军关,在清东陵西北,关门内有一块高约丈五的巨石,形同一位头戴兜鍪、身披铁甲的将军,精神抖擞地守在关口,民间把这块石头称'将军石'。关城也因此而得名将军关。""后龙",即是东陵的后山群山之中的雾灵山,称为陵寝的后龙之脉。其实此景就是将军关。将军关为明代万里长城进入北京段东端第一座重要关口,明代《四镇三关志》"形胜"记载:"将军关，永乐年建正关水口，东西墩空。"清雍正六年（公元 1728 年）《平谷县志》"地理·形胜·边防"也有"将军石营""将军石关"的记载。民国三十三年（公元 1944 年）《重修蓟县志》亦记载："将军石在将军关村北之阳，石高三丈六尺，兀然矗立，形基壮伟，上刻'将军石'三大字，为明成化参将王杞书，关遂亦以此石之名名之。"所记与《明清皇家陵寝》书中略有不同。现在，将军关城垣遗址及将军石尚存（图 322）。

二是"松棚挽翠"，为明时怀柔八景之一。清康熙六十年《怀柔县志》记载："松棚庄崇惠寺，

图 322　修缮后的将军关城垣及将军石（摄于 2003 年 11 月）

有古松甚大，浓荫广覆如棚，庄以此得名。明时有监军中贵许某爱其奇古，设木阑以护之，并重修寺宇，游观日众。有欲将此松移献禁苑者，因其根盘结亩计，难于移取，乃止。今寺久圮，松亦不知斫伐于何时。惜哉。"崇惠寺当地人又称松棚寺，位于村西，坐北朝南，遗址东西宽约 100 米，南北长约八九十米。应该是佛教庙宇，但建于何时、有几进殿堂、供奉什么佛像，当地人都不清楚，村里老人也没见过，更不知毁于何时，只是历代口口相传。说那棵大松树，连山门带

图 323 怀柔八景之一《松棚挽翠》（王静画于 2014 年 5 月）

大殿都遮上了，可见松树之大。而从记载"根盘结亩计"，亦可见松树之古（图 323）。明万历时《怀柔县志》所记，寺松尚在，且收录多篇吟咏的诗歌。如"年年不改旧岁寒，地抵根将百亩宽。鸟不敢栖蚁不集，神灵守护凭苍官"。诗虽有夸张，但还是写出了松树的气势。自明万历至康熙（公元 1573—1722 年）时，不过百十年光景，庙宇已毁，松树已伐，一切竟荡然无存了。是否以后又有复建，不得而知。当地人记得遗址上有一节带棱的碑，各面有字，上有帽子，下面有座。这应该是经幢，一般是八棱，多为辽金遗物，据此，崇惠寺或建于辽金时期。

43 八路军四纵解放平谷县城和建立抗日民主政府

　　平谷地区的革命斗争史，经历了抗日战争和解放战争，从八路军四纵挥师挺进冀东，到燃起抗日烽火；从开展武装斗争建党建政，到创建盘山鱼子山根据地；从日寇野蛮实行"三光"政策，到抗日军民坚持敌后斗争，直至夺取抗战最后胜利；从反对国民党军进攻，到争取和平建设，支援解放战争，进行土地改革，建设新中国。这是平谷人民在中国共产党领导下，反压迫、反侵略、求解放的艰苦卓绝的斗争历程。

图324　1935年12月25日，日本土肥原扶植汉奸殷汝耕建立伪冀东防共自治政府。图为伪防共自治政府成立时留影

　　平谷过去属于冀东，是冀东22县之一。冀东自古以来就是兵家必争之地，北踞长城、南濒渤海，西控平、津，东临山海关，是东北通向华北

的咽喉要道。1935 年 11 月，在日本帝国主义策划下，汉奸殷汝耕在通州成立伪"冀东防共自治委员会"，随即改为伪"冀东防共自治政府"（图 324），冀东从此沦为半殖民地。1937 年 7 月 7 日，驻华日军悍然发动卢沟桥事变，企图以武力吞并中国，全国人民掀起抗日救国热潮。8 月，中共中央在洛川会议上，决定中共在抗日战争中的行动纲领和政策、路线，确定了抗战要坚持共产党的领导权。在敌后方放手发动独立自主的游击战争，并开辟敌后战场，建立敌后抗日根据地。毛泽东主席亲自主持制订开辟华北敌后战场计划，提出"红军可出一部于敌后的冀东，以雾灵山为根据地进行游击战争"。会议根据毛泽东主席的建议做出相应决定。1938 年 5 月，组建八路军第四纵队约 5000 余人，司令员宋时轮，政委邓华。6 月初，四纵挺进冀东（图 325）。

图 325　八路军挺进冀东

1938年6月中旬，四纵到达密云、平谷、兴隆交界地区，先后摧毁镇罗营、将军关、靠山集伪警察所，在上镇成立密（云）、平（谷）、蓟（县）联合县政府，县长王树梅。部队抽调一批干部开展地方工作，各村纷纷成立抗日组织。鱼子山成立了抗日救国会，并改编原地方武装为抗日游击队。

7月19日夜，四纵三十四大队在易耀彩队长率领下，冒雨攻打平谷县城。鱼子山、熊儿寨地区群众自动为部队送水、备干粮、派向导，组织起四五百人的队伍配合部队攻城。负责攻北门的一营先是往城墙上靠梯子，想偷袭进去，但梯子矮无法攀上城头。向导告说城墙下泄水沟直通城里，易耀彩当即命令一连一排长宋来仁带18名战士，潜入泄水沟。过去县城有"四门三水沟"之说，是说平谷城建有4座大门，3个泄水沟。3个泄水沟，其中2个在南城墙下面，1个在东城墙北部下面。既然八路军攻打的是北门，因此，所潜入的当是东城墙北部的泄水沟了。八路军战士游至北城门内，砍死哨兵，炸死守敌，打开城门，一营、二营及参加攻城的游击队、群众拥入城内。易耀彩又派一个连消灭南门守敌，迎接三营入城。城内日守军由西门落荒而逃，伪县长李永森、伪警察局长车胤轩及日本顾问杏田慌忙从南城泄水沟钻出逃命。俘虏伪军500人，缴获大批武器弹药，拂晓前战斗结束，平谷县城第一次得到解放。

7月20日，四纵队接收县城。没收了勾结日寇、依仗敌伪权势横征暴敛、民愤极大的伪财政局长王贵德的全部财产，一部分分给穷苦农民，一部分作抗日给养。同时，烧毁城门，把城墙拆出几个豁口。还在伪政府大堂前，烧毁了收租收税的文件票据，连伪县长的小汽车也一起烧毁，群众拍手称快。四纵在街头向群众宣讲共产党的政策，告诉大家共产党领导的八路军是抗日救国的队伍，只打日寇汉奸，其他各阶层的人一致团结抗日，就是伪政府的旧职人员只要不反抗，拥护抗日，也一律使用。同时，宣布了八路军三大纪律八项注意。这天，各商号因不明真相，不敢营业，四纵队就挨门逐户宣传解释，第二天就照常营业，市场秩序井然。

推翻了伪政府，解放了平谷县城，随即在四纵队领导和组织下，成立平谷县第一个抗日民主政府。县长姜时喆，副县长王士雨，这二人均为八路军干部。县政府下设司法科、财政科、教育科、民政科等，还设立城关区和二区两个区。当时城乡上层人物鉴于大势所趋，在党的抗日民族统一战线政策感召下，也都表示拥护共产党和八路军抗日，有的还参加了抗日工作。同时，建立平谷县抗日救国总会，四纵队政治部吴宗鹏兼任主席。按不同行业，成立了政界、商界、医务界、教育界、青年等救国会组织。救国会广泛宣传共产党的团结抗日政策，积极筹建区村抗日救国会。组织干部下乡，分头工作。一路到岳各庄、赵各庄、鲁各庄、白各庄、小辛寨、西胡家务等平原村庄建立救国会；另一路由四纵队政治部胡突率领，在北部山区的北寨、黄松峪、大段洼一带村庄，建立村救国会。由于救国会的组织宣传工作，部队深入群众、联系群众，军民关系日益密切，群众抗日觉悟逐步提高。当时，工作最为活跃的是青年救国会，他们大部分是青年教师和学生，爱国热情高，工作积极。为团结各阶层人民，加强抗日工作，姜时喆县长邀请各界抗日救国会负责人，举行招待会，还在当时的县立高小近光小学召开全县小学教师大会，号召全县教师动员起来，做抗日救国的骨干。这一切，都大大鼓舞了群众抗日救国的热情。他们在大街小巷口头宣传抗日救国十大纲领，张贴各种抗日标语，宣传鼓动广大群众团结起来积极抗日。

抗日政府还对地主武装县保卫团进行改造。在平谷县城解放前夕，四纵队曾派人与保卫团首领张子捷、王蕴山等人谈判，向他们宣传抗日民族统一战线政策，晓以民族大义，说明为了共同抗日，挽救民挨危亡，应当团结一致，有人出人，有钱出钱，有枪出枪。经过反复工作，首先争取了镇罗营、华山一带民团，成立了以马维驰为队长的一支抗日游击队。后来在将军关又成立以蔡景茂为队长的抗日游击队。平谷县城解放后，立即改编原平谷保卫团为平谷县抗日游击总队，共千余人。任命张子捷（后投敌被处决）为总队长，下设3个大队，四纵队委派了政治工作干部。还将原平谷警察队80多人经教育后改编为县警卫队，负责县政府机关保卫工作。

7月21日，正逢大集，赶集的人比往常更多。利用这个机会，县长姜时喆在县政府大堂前召开群众大会，宣布伪县政府已经摧毁，新的抗日政府已经建立，要求各界同胞拥护抗日政府，积极参加抗日工作，团结一致，抗战到底。这次大会，使人民第一次看到了自己的政府，看到了自己的军队，感到有了依靠，大大提高了抗日的勇气和信心。

就在四纵进入冀东后，7月暴发了轰轰烈烈的冀东抗日大暴动。在四纵配合下，大暴动组织起抗日武装10余万人，攻克许多重要集镇。而平谷县城解放和抗日政府成立前后，正是冀东抗日大暴动高潮时期。平谷人民的抗日斗争，已和冀东大暴动结为一体。

四纵解放平谷城，敌人是不甘心的，时刻企图夺回。一天，日军从西部进犯平谷，县长姜时喆亲自指挥游击队第二中队到岳各庄阻击。有个队员叫赵三鬼（园田队人），用牛腿炮轰退敌人，取得了阻击胜利。

8月，一批伪蒙古军和伪满洲军，从长城北部向平谷、蓟县方向进攻。平谷抗日政府得知敌人阴谋，决定除留抗日游击总队第三大队一个中队和县警卫队保卫县政府外，新组成的抗日游击总队全部集中到靠山集以东、黄崖关以南地带，阻击进犯之敌。由于敌强我弱，游击总队武器不好，又缺乏作战经验，很快溃败。镇罗营、华山的游击队，也作战受挫，人员溃散，队长马维驰后来被捕，惨遭杀害。8月23日，伪蒙古军围攻平谷城。当时，王士雨正带一部分队伍驻守在西沥津，姜时喆和县政府工作人员与一部游击队住在城内。敌人进到城关时，防守县城的中队经过一阵阻击，由西门突围出城，战斗中两名领导人牺牲。姜时喆带领警卫队和部分工作人员坚守县城阻击敌人，一直坚持到天黑，从东门突围而出。至此，平谷第一个抗日民主政府仅仅存在了35天，在日伪军进攻下，不得不撤出平谷城，平谷城又陷入日军铁蹄之下。不久，四纵主力部队也因冀东暴动受挫，而撤往平西。

尽管抗日民主政府退出了平谷，四纵也撤走了，但在四纵挺进平谷和抗日民主政府存在的短暂时间里，团结了大部分上层人士参与抗日政府、游击队和群众团体的工作，使以前很少有革命活动、思想闭塞的平谷人民，通过这些宣传教育和抗日活动，懂得了革命道理，对共产党和八路军寄予了希望，在他们心中播下了革命火种，为后来党的发展和建立抗日游击根据地，打下了广泛而深厚的群众基础。

44 冀东暴动与八路军三支队鱼子山平叛

随着 1937 年 "七·七事变" 爆发，党中央召开洛川会议，毛泽东主席全面分析抗战爆发后的国内形势，主持制定开辟华北敌后战场的计划，冀东党组织准备发动一场规模巨大的抗日武装暴动。

1938 年 6 月初，以宋时轮任司令员、邓华任政委的八路军第四纵队（简称四纵）约 5000 余人，分两路由平西出发，挺进冀东，配合暴动，计划创建冀东抗日根据地。就在平谷城解放之时，正是冀东地区抗日大暴动高潮之际。在党的领导下，滦县港北暴动、迁安岩口暴动等等，各地起义风起云涌。冀东西部，以蓟县为中心，也开始大暴动。胡香圃、卜静安、李友梅、刘向道等暴动起 2000 余人的队伍，番号为平三蓟密顺游击总队，胡香圃、卜静安为正副总队长，李友梅任政治部主任，刘向道任参谋长，活动于蓟县西部、三河北部和平谷西南一带，不断打击日伪统治，消灭汉奸。这时平谷人民的抗日斗争，已和冀东联系一起，一场震撼华北的大暴动在冀东迅猛掀起。参加起义的民众多达 20 万人，组成抗日武装 10 万人，成立了冀东抗日联军。8 月中旬，四纵与抗日联军在遵化铁厂镇会师。8 月下旬，四纵党委、冀热边特委和冀东抗联各部负责人在铁厂镇举行会议，确定了建立、坚持抗日根据地的方针，决定整训队伍，成立冀察热宁军区，统一指挥起义部队。四纵主力和冀东抗日联军先后攻克昌平、兴隆、蓟县、平谷、玉田、卢龙、乐亭7座县城，占领过铁厂、兴城、三屯营、左家坞、汤家河、台头营、邦均等重要集镇，摧毁了遍布冀东农村的日伪政权。

铁厂会议后，形势发生了变化。宋时轮率四纵主力于9月上旬进军热河都山失利，又传来日军要大举"围剿"冀东的消息。9月中旬，四纵在迁安莲花院（今属迁西）召开党委扩大会议，认为冀东交通方便，便于敌人调动，起义队伍成分复杂且未经整训，青纱帐就要失去，主力继续坚持困难很大，因此作出把部队撤到平西整训的决定。留下3个支队，继续开展游击战争。会后，宋时轮率第三十一、三十二大队撤至潮白河以西。9月17日，邓华致电聂荣臻：冀东形势很难支持，主张主力转到白河以西，地方武装则尽量争取拉到平西去整训。党中央、北方局、毛泽东、刘少奇同志和八路军总部以及晋察冀军区都曾来电指出："将冀东游击队大部拉到白河以西是很不妥当的计划，危险极大。"9月下旬，宋时轮从蓟平密地区电告邓华：敌人要分7路大举进攻，蓟平密也站不住脚，要求邓华率队西撤。10月上旬，四纵党委与敌后河北省委及冀热边特委领导同志，在丰润县九间房召开会议，宣布四纵和抗联队伍全部西撤。

四纵和抗联队伍总计约5万人，从遵化经蓟县、平谷、密云山地，过潮白河向西转移。由于未经严密组织，部队未经严格训练，且时值深秋，沿途更没有根据地依托，没有粮草准备，几万人沿着一条路线行进，衣食供应困难，沿途又遭日伪军截击，抗日联军大部溃散。10月18日（农历八月二十五），走在后面的抗联副司令员李

图326　冀热辽根据地开拓者（左起）李运昌、刘诚光和包森，1941年在冀东

运昌（图326）所带领的3万人到达平谷大华山、镇罗营一带，遭日军和伪满洲军截击。在瓦关头一带峡谷中与敌恶战一天，死伤约600人。

抗联人员成批的拖枪溃散，禁令不止。李运昌忆及此事，说"我带领的部队走在最后面，到了密云，部队怎么也走不动了。拉的太长了！结果与敌人在瓦罐头（应瓦关头，当时为密云县管辖）打了一次恶仗。队伍上山后，敌人用炮轰。炮一响，新兵们就慌了，往一堆扎。打了一天，炸死、炸伤了600人。"

如果继续西进，将会有全军覆没的危险。在这紧急关头，李运昌、胡锡奎、李楚离等在樊各庄村召开抗联干部会议，经过两天激烈争论，分析形势，最后决定停止西撤，返回冀东，坚持冀东抗日游击战争。这就是冀东暴动后期极为重要的樊各庄会议。至此，冀东抗联西撤的约5万人队伍，除先头部队高志远部千余人和蓟县、遵化一带暴动队伍几百人随四纵主力到达平西以外，经过战斗伤亡和严重溃散，东返时只剩下6000多人。李运昌等率余部由平谷经三河、蓟县南部，绕道宝坻、玉田、丰润，至11月初返回到滦县的杨柳庄一带。时值日军大扫荡，李运昌部直属队最后只剩 130 人。

无论如何，西撤使抗日暴动严重受挫，而樊各庄会议决定返回冀东，保存了革命火种，继续坚持抗日游击战争。到达平西的同志经过学习整训，也很快回到冀东，开辟和建立冀东抗日根据地。

1938 年 11 月，冀东抗日暴动后，敌人加紧对冀东军事和政治的严密统治，仅平谷一地就增加很多日伪军，日军派一个中队守备队在平谷城长期驻防。1939 年初，又增加伪警防队 3 个大队分驻县城、丫髻山、南独乐河、放光等地。镇罗营增驻日本关东军，将军关增驻伪满洲军，马坊等地驻有三河派出的日伪军。1939 年下半年，全县建立了保甲制，搜罗地方封建地主及代理人，组建 18 个反共联防区。

在这种境况下，四纵留下 3 个支队，一支队队长陈群，政委苏梅，主要活动在丰滦迁地区；二支队队长包森，主要在遵化、兴隆地带活动；三支队队长单德贵，政委赵立业，主要活动在平密兴蓟山区一带，开辟抗日游击区。后来平谷地区流传着"单包赖杨"之说，主要应指开辟冀东地区的四位有影响的人物，单是单德贵，包是包森，赖与杨具体是谁？曾问谈及此事的老人都说不清楚，暂且存疑。而当时赵立业支队在兴隆雾灵山一带活动，单德贵支队在平谷鱼子山、苏子峪、长峪一带活动。两个支队合并为八路军第三支队，活动于平谷北部、兴隆西部、北部及蓟县、密云相连的山区，方圆二三百里。三支队以红军老战士为骨干，纪律严明，密切联系群众，深得当地群众拥护。在日伪军重重封锁和反复围剿中，坚持斗争，平息了鱼子山地主叛乱，消灭了大小峪子土匪和伙会，捣毁了南独乐河伪警察所，取得了一个又一个胜利。

　　鱼子山平叛，是在平谷城失陷后，形势发生了逆转的境况下进行的。一度曾和八路军合作过的地主上层人物，认为八路军大势已去，又投靠了日军。三支队不断进行争取教育工作，而对于甘心树敌，与八路军对立的汉奸分子，则进行打击镇压。1938 年 11 月，三支队所领导的鱼子山游击队因环境恶劣，化整为零，回村活动。不料，回村第一夜就丢了一支步枪。经追查，是地主王世进派人偷走。建立鱼子山游击队时原规定对参加游击队的队员家庭，都付给一定数量养家的钱粮。由于村政权被反动地主王世进等把持，钱粮都被扣了。队员们满腔怒火，立刻围了王世进的家，要他交出枪来，补发所欠钱粮。可是，王世进的儿子王希孟等带领一群反动民团，硬说游击队员们持枪行凶。他假传县政府命令，收缴了队员的枪支，并煽动群众反对八路军。他们造谣惑众说"八路军不抗日了"，"变成土匪了"，一时闹得人心惶惶。还公开勾结峨嵋山、山东庄、北土门等村地主武装，搞了一个"吃会兴师"的阴谋。在鱼子山南门楼上竖起一面红边白底的大旗，上写"守望相助"四个大字，祭旗誓师。大吃大喝一顿后，带队伍上山抓捕了两名游击队负责人，用铁丝反绑，送进平谷城领赏。随后又砸毁设在东长峪的三支队卫生处，抢了牲口、枪支、粮食和药品。他们四处串通，扬言要消灭八路军，不让共产党立足。赵立业政委闻讯后，立即率部队从雾灵山区赶往陡子峪，决定对鱼子山的地主武装予以打击。三支队冲进鱼子山，打得匪徒落花流水，砍倒大旗，逮捕首恶分子，夺回被抢物资，收缴地主武装的枪支，震慑了这一带地主阶级的反动气焰，打开了平谷北山的局面。

　　1939 年 4 月，三支队进入盘山，扩大了抗日游击区。盘山坐落在平谷东南，山势险峻，怪石嶙峋，岩洞幽深，林木茂密，地形极为复杂，面积达到百余平方公里。这里南控京津平原，北与平谷四座楼山相遥望，有利于游击队活动。从 1938 年起，这里就成为抗日游击队活动的区域。暴动受挫后，多股暴动队汇集于此，进行游击活动。如卜静安、刘向道领导的独立大队，约 300 余人；田启润、张克增领导的盘山独立营数十人；还有四纵授过番号的姚崇武的游击队等。三支队到达盘山后，与他们联系协商，使他们隶属于三支队指挥。至 1939 年底，三支队已经发展到 5 个大队，加上所属的游击队，共计 2000 余人。至此，冀东西部以盘山、鱼子山为中心的根据地初步形成。

创建盘山、鱼子山抗日根据地

1940 年 1 月，中共冀热察区委冀东分委遵循中共中央北方局会议精神，在遵化葛老湾召开会议，决定以盘山为基地开辟蓟平密地区，盘山、鱼子山根据地逐步形成。

鱼子山，位于平谷城东北约 10 公里处。鱼子山村就坐落于一个曲折、狭长的山谷中，两侧山峰连绵，形成天然屏障，万里长城从村北山上蜿蜒而过。这里原是鱼子山寨，据《四镇三关志》载："洪武年建，通步缓。"东西长 200 米，南北宽 200 米，建有围墙，以山石垒砌，南北设门，北门无存，仅存南门楼。南门楼（图 327）为一座过街楼，已经多次重修。下为券拱门，南北贯通，以供出入，南侧上书"崇光门"3 个楷体大字。上为单层楼屋，面阔一间，硬山顶，

图 327 鱼子山崇光门（摄于 2006 年 4 月）

上覆筒瓦，调大脊。过去楼内供奉关公坐像，泥塑，故称老爷庙。抗战时期，平（谷）密（云）兴（隆）联合县县委书记李子光等经常在此开会研究工作，故当地又称"子光楼"。近年进行修葺，保存完好。抗日战争时期，鱼子山与盘山南北呼应，唇齿相依，成为一块摧不垮、打不烂的抗日根据地，为创建冀热辽抗日根据地打下坚实基础。

1940 年春，冀东军分区副司令员包森率领部队到盘山，整编当地游击队，肃清盘山一带土匪，扫清建立根据地的障碍。对顽固不化继续作恶的匪首蒋德翠、白老八之流，在盘山塔院召开群众大会，当场处死。对其下属人员，愿意抗日的编入部队，使盘山内外的工作得以开展。这期间，三支队刘芝龙连长率部在鱼子山处决了不服从指挥、敲诈勒索百姓的游击队变质分子。从此，盘山、鱼子山一带土匪得以肃清，部队纪律更加严明，人民热情支援八路军，积极参加各项抗日工作。

同年 5 月，刘向道奉命带领武工队，深入盘山西部蓟县、三河、平谷交界地带，打击联防区，开辟新区。这里敌人统治较严，有严密的保甲组织，在平谷还有反动的联防区武装，遇有八路军游击队通过，他们就打枪。另外，还常有土匪出没，打着

图328 在抗战中，刘向道（右一）与（前排左起）叶田、王建国、鲁平及（后排左起）李光汉、方志平、翟志合影

抗日旗号，扰害百姓。要开辟这块地区，就必须打击联防区和瓦解争取土匪。一天，刘向道（图328）以八路军名义在南张岱村北坟地里，邀集经常在这一带聚集的匪众开会，宣传抗日救国道理，动员他们共同攻打克头村联防区公所，匪众不敢去。刘向道决定武工队去打，让匪众观战。

时过中午，刘向道扮成农村医生骑着毛驴，一战士化装成请医生的农民赶着毛驴，另一战士化装成打草的农民。接近区公所时，迅速下了3个岗哨的枪，冲进院内。3人6把手枪齐发，联防队员吓得慌忙爬墙逃跑。这时，村外隐蔽的武工队员也冲进来，缴获十几支大枪，俘虏5人。武工队教育释放了俘虏，撤出村庄。又将匪众集合在青羊屯继续开会。刘向道提出3条要求：愿参军的欢迎，但要遵守纪律；不愿参军的可回家务农，但不准再为非作歹；不愿参军也不愿回家的，可到外地谋生，但不准当伪军，不准冒充八路军干坏事，以后什么时候想参军仍然欢迎。违犯以上3条一经查出，绝不饶恕。从此土匪散伙。不久又召集伪大乡长开会，限令交出联防区的枪支。这时正在平谷东部活动的部队，连连出击，收缴联防区枪支，引起日军恐惧。日军只得将散在联防区的枪支都收缴到城里去了，联防区从此瓦解。

随着盘山、鱼子山根据地的发展，从1940年6月20日起，平三蓟日伪军6000余人，对这一带围攻扫荡。在反扫荡中，八路军以灵活战术与敌周旋，经过18天苦战，终于粉碎敌人围攻。其中，最为出色的一次战斗，是由包森副司令员指挥的白草洼战斗，全歼日军号称"长胜军"的关东军武岛骑兵中队，威震冀东。

一天上午，驻遵化西部大稻地镇的日军骑兵中队，长驱直入盘山地区，进行扫荡。这股日军全是老兵，依仗武器精良，骄横不可一世。包森事先得到情报，下决心要将其消灭，便在其必经之路白草洼设伏，部队占领西、北、南三面高地，构成包围之势。10点左右，日军走进包围圈。包森一声令下，枪声、手榴弹声响彻山谷，霎时打得日军蒙头转向，死伤过半，但日军依然负隅顽抗。在包森指挥下，八路军战士巧妙利用地形地物打击日军。这时王文率领部赶来，从东山压向日军，日军成了瓮中之鳖。经过14个小时激烈战斗，终于消灭了这逞凶一时的80多名日军骑兵，创造了冀东第一次全歼日军一个中队的战绩。这一胜利，打击了冀东西部日伪军嚣张气焰，给开辟和巩固蓟县、平谷根据地以良好开端。

8月初，经晋察冀军区批准，将八路军二支队、三支队和第二总队等几支游击队合编，建立十三团，约1000余人，下设3个营。包森兼任团长，单德贵任副团长，洪涛任政治处主任，娄平任党总支书记；一营长王正军，教导员张树先，二营长王化一，教导员王文；三营长耿玉辉。十三团在包森领导下，英勇善战，青纱帐时期广泛出击，打了许多胜仗，使日伪军闻风丧胆。

包森（图329），原名赵宝森，又名赵寒，1911年7月21

图329 包森烈士像

日生于陕西蒲城县赵家村。1932 年 2 月加入中国共产党，1933 年秋在西安被国民党政府逮捕，西安事变后获释，到西北军工作。抗日战争爆发后，党派他到延安抗大学习，毕业后分配到八路军第一师地方工作队，挺进平西，开辟房（山）涿（县）涞（源）地区。1938 年 6 月任第四纵队三十三大队总支书记，随队挺进冀东。"四纵"撤回平西后，包森留下任第二支队队长，坚持游击战争。1939 年秋，随着冀东部队统编为十三支队（1940 年改为冀东军分区），任十三支队副司令员。1940 年春率部队开辟以盘山为中心的根据地。8 月成立十三团，兼任团长。包森英勇善战，被喻为"中国的夏伯阳"。1942 年 2 月 17 日牺牲于遵化县野户山，年仅 31 岁。2014 年 9 月 1 日，包森列入我国民政部公布的第一批著名抗日英烈名录中。

单德贵，湖南茶陵县人，1934 年参加红军。1938 年冀东抗日大暴动时，随八路军第四纵队挺进冀东。主力部队西撤后，任八路军三支队队长，在平、蓟、密、兴等地区坚持游击战争，后任十三团副团长、第一专署武装科长。这时，他认为从副团长到专署武装科长是地位降低，心存不满，固执认为是受到所谓"排斥"和"打击"，与党持敌对态度。1944 年 4 月 8 日，逃入三河投降日寇作了汉奸，充当伪保安队长。1945 年代理伪平谷县长。投敌后，曾带日伪军到土谷子、大段洼一带，搜剿十三团卫生处和供给处的物资。还与日伪军包围大小官庄等。作为一个老红军，在抗战即将胜利之时，竟然做了汉奸，成为可耻的民族败类。

总之，十三团成立后，捷报频传。1940 年 8 月 23 日晨，袭击驻鲁各庄伪军，歼敌 40 余名，午后，又袭击胡家营据点，歼敌 50 余名，9月初，在水峪击溃前来扫荡的北平日军，追击40里直至平谷城下。9月12日又与该敌战于杨家会，日军丢掉山炮，逃回城内。这是我冀东部队第一次缴获山炮。从此，盘山、鱼子山抗日根据地进入大发展时期。

附记　单德贵其人

单德贵，曾是一个老红军，后投敌成为一个汉奸。

1938年6月，单德贵随八路军四纵队挺进冀东，当时在第三十四大队，大队长为易耀彩。据易耀彩回忆，三十四大队"多数人员是红军战士，排以上干部绝大部分都是老红军，是一支有着红军光荣革命传统、战斗力很强的部队。跟随宋时轮司令员从晋西北五寨县转移平西，由平西挺进冀东"。而单德贵任二营营长。7月19日夜，三十四大队冒雨攻打平谷县城。易耀彩记得"以一营营长杨树元、教导员雷玉龙带领一营负责攻北城门和西城门；三营营长张志成、教导员高克功带领三营攻击南门和东门；布置二营营长单德贵、教导员赵立业带领二营为预备队，准备大队入城后扩大战果"。后因城高、梯子矮，越墙入城不行，便从城墙脚下一个泄水沟钻进去，智取打开北城门，一营、二营及参加攻城的群众拥入城内。

曾参加攻打平谷县城、后创作电影《金沙江畔》的陈靖，1998年8月回到平谷，作者陪着老将军参观鱼子山抗战纪念馆等。他回忆当时情景："主攻部队是单德贵的二营。""营长单德贵，湖南攸县人，是红一方面军井冈山时期的老同志，在长征时就担任过营一级的指挥员；教导员赵立业，陕北红军，因病留在潮白河地区治疗，由陈靖代理其职。全营七百来人，除副班长以上干部全是红军外，每个班里还留有三五个红军战士做骨干。"那夜，部队在从鱼子山峡谷去县城途中，雨越下越大，路窄沟深，山洪突然袭来，道路被冲没。"一个连长问营长说：'是不是停下来休息一下，雨停了再走？'单德贵斩钉截铁地回答：'分秒不能停，这才是练兵的好天气！'在阵阵闪电的蓝光下，大家都看见营长带头走在最前列。他几次被洪水冲倒，又爬起来。这时，有人向我反映说，营长的门牙被摔断。我从一阵闪电中看到他满嘴鲜红，递给他一条毛巾，让他把嘴堵住，以免战士们发现。他领会了我的意思，接过手巾，又大踏步前去。转眼间，在营长的身后，又有几个被冲倒的战士在水流中滚动。只见营长横转身来，抓住几个战士，手扣手地把双臂扭接起来，组成一道人网，将水中的同志拦住了。"

这是陈靖亲笔所撰《雨夜飞夺平谷城》文一部分，与易耀彩回忆略有出入，但一致的是，单德贵时任二营营长，且参加了冒雨夜袭平谷县城的战斗。

1938 年秋，随着冀东暴动受挫，八路军四纵队西撤，留下 3 个支队。一支队队长陈群，政委苏梅，主要活动于丰润、滦平、迁安地区；二支队队长包森，主要活动于遵化、兴隆地带；三支队队长单德贵，政委赵立业，主要活动于平谷、密云、兴隆、蓟县山区一带，开辟抗日游击区。

当时赵立业部在兴隆雾灵山一带活动，单德贵部在平谷鱼子山、苏子峪、长峪一带活动。两部合并为八路军第三支队，活动于平谷北部、兴隆西部、北部及蓟县、密云相连的山区，方圆二三百里。三支队以红军老战士为骨干，纪律严明，密切联系群众，深得当地群众拥护。在日伪军重重封锁和反复围剿中，坚持斗争。1938 年 12 月，敌人抽调日军、关东军、伪满军近万人，围剿三支队。三支队马上从苏子峪出发，转向雾灵山以北地区。赵立业带三个大队到达狗背岭宿营，单德贵带领两个大队到达南水峪宿营。第三天早晨敌人从北面开始进攻，部队在狗背岭一带凭险据守，坚持到天黑，三支队伤亡百余人。部队乘夜转到南水峪东山，化整为零，以连排为单位，分别在长峪、罗家沟、鱼子山、南水峪等一带地区与敌周旋。三支队就在这样的险恶局面下坚持下来，度过了一个又一个难关。

三支队站稳脚跟，先后平息了鱼子山地主叛乱，消灭了大、小峪子土匪和伙会，捣毁了南独乐河伪警察所，取得一个又一个胜利。

赵立业后来回忆，"一九三八年秋至一九三九年底四纵三支队，一直活跃在兴隆、平谷、蓟县一带地区"。尤其对攻打大、小峪子、消灭土匪及伙会，记述详实："我三支队消灭鱼子山伙会后，士气大振，乘胜攻打平谷县北山大、小峪子的土匪和伙会，敌人共有千余人，有国民党的六路军、七路军、九路军，有盘山伙会，还有假八路军，他们打着抗日的旗号，到处绑票、抢人。我和单支队长带四个大队，从苏子峪出发，进入大、小峪子村，攻打土匪，土匪不堪一击，一下子就被打垮了，其他敌人也打散了。国民党七路军和九路军的人向西逃去，国民党六路军和伙会向南跑，假八路军疏散在当地。单支队长追击国民党七路军，七路军投降了伪军，后被改编为黄协军。国民党的九路军过了潮河、白河，在平北继续当土匪。我带一、二大队向南追击盘山伙会及打着国民党六路军旗号的姚老五，从平谷县北山追到南山芦家峪村。打死打伤了盘山伙会许多人。又俘虏了十余名伙会，我们放他们回家，他们不愿意。要求参加八路军。我把这些人交给独立营管理训练。那些假八路军被我三支队打得落花流水。大部分归顺三支队，其中有好多人被争取过来，成为真正的抗日军人。也有几个坏头头，土匪的本性不变，继续干着反人民的事情。我三支队根据群众的告发，在平谷县北山某村外处决了几个坏头头，当地群众拍手称快。鱼子山和大、小峪子这两次战斗，把盘山伙会给打老实了，打掉了他们的嚣张气焰。我三支队在攻打盘山伙会过程中，一面消灭敌人，一面壮大自己。把被打垮的鱼子山伙会改编成三支队第四大队。在芦家峪、田家峪、蒋福山一带收散兵、扩军。我们收编了蒋德翠的队伍，加上扩军共二百余人，编成三支队第五大队。在开辟盘山根据地的战斗中，我三支队战果辉煌，共赶走了土匪五六百人，消灭了盘山伙会一千余人；收缴了长短枪一千多支，子弹五千余发，手榴弹五千余枚。壮大了以盘山为中心的抗日根据地，这是一个大胜利。盘山是我三支队活动的中心地区，三支队的党、政、军领导机关都住在盘山。因此，盘山是我三支队经过艰苦卓绝的斗争，开辟起来的冀东西部抗日根据地。"

三支队为开辟冀东西部抗日根据地，包括单德贵，为此做出了贡献。

1940年6月，在中共北方分局党校受训的几十名干部返回冀东，路经盘山。区党分委决定李越之、江东、王慕林、林远（刘国忠）以及三支队长单德贵等到平谷北山，开辟平密兴地区。同年8月初，经晋察冀军区批准，将八路军二支队、三支队和第二总队等几支游击队合编，建立十三团，第十三军分区副司令员包森兼任团长，单德贵任副团长。十三团英勇善战，青纱帐时期广泛出击，打了许多胜仗，使日伪军闻风丧胆。包森当时被喻为"中国的夏伯阳"，可惜1942年2月17日牺牲于遵化县野户山，年仅31岁。

单德贵由十三团副团长后任第一专署武装科长。1944年4月8日，单德贵逃往三河投降日军。2012年6月，作者曾访谈熊儿寨乡东长峪村87岁赵林老人。他是1941年1月由林远介绍，加入中国共产党。他见过单德贵，单德贵丈人家就是东长峪。他清楚记得单德贵是个小个子，也就一米六多点，刀瘦脸，南方人，长得很精神。单德贵媳妇长得挺俊的，叫他开会也不去，整天就是陪着媳妇。赵林说，单德贵那天是从周庄子走的，投降到三河。单德贵投降后，任日军华北司令部保安队支队长，1945年5月代理平谷县伪县长。为挽救单德贵，组织派民兵队长胡广才带着民兵安大福送信给单德贵。来到平谷城边，找到保长，保长怕死借故溜了。胡广才对安大福说："你在城外等着，我去，要死咱俩死一个。"他光着脚来到西门，"啪"一枪打在脚下。他赶紧摇着褂子喊："别打，我姓胡，胡广才，给单队长送信来了！"一会儿，单德贵趿拉着鞋站上城头："哎呀，你胆子不小哇，竟敢上我这儿来？""胆子小就不来了，给你送信，开门不？""别急，这就开！"城门因用沙袋堵死，所以好大功夫门才开一道小缝，胡广才挤身进去，只见城门洞架着6挺机枪，如临大敌，单德贵站在旁边。一起进了一间大房子，单德贵看罢信："就你一个？""还有安大福。""咋没进来？""跟你明说，要死我一人死，他好回去送信儿。"单德贵扬手招呼门外的一个特务："接安大福去，来了我非瘪他个瘪犊子！"胡广才上前："单队长，你瘪谁？要瘪瘪我好了！"那特务没找着，回来却说城外都是八路军，自己差点没被抢去。胡广才说："你知道在哪儿？我个儿去！"单德贵就用一个条筐把他从城上续下，找来安大福，单德贵款待。胡广才边吃边劝单德贵："不要悲观，要回去，保你没事。""过去人家是革命的，我也是革命的。现在人家还是革命的，我却是反革命的了。"单德贵边喝边吃，心情十分沮丧。一直喝过半夜，单德贵给李子光写了封回信，对胡广才说："一星期内，我要回去就回去，要不回去，当汉奸就当到底了。"临走，单德贵见他光着脚，便拿出一双鞋，不管怎么说，他就是不要。

　　作者在县委党史办工作时，曾去熊儿寨乡东沟村胡广才家，坐在土炕上采访他一天，录下6盒磁带，这是胡广才谈到的其中一个情节。当然，最终单德贵没有回来，真正是汉奸当到底了。一个长征干部，在抗战即将胜利的前夕，为什么投敌呢？《平谷革命史》写到："单德贵投敌并不偶然，主要是他生活上腐化堕落，政治上敌我界限不清，战斗意志日益低沉，个人主义极度膨胀，对党离心离德。当他从副团长被调任专署武装科长时，认为地位降低，对党心存不满。虽经耐心教育和批评，仍是固执己见，认为是受到所谓'排斥'和'打击'，与党持敌对态度。最后走向叛变投敌，当了可耻的汉奸。"编写平谷革命史，是在20世纪80年代初，曾经在平谷地区工作和战斗的老同志正值从工作岗位上陆续下来，便回故地重访，畅谈过去，撰写文章，革命史就在这个基础上所编写。应该说，对于单德贵的认识，经过了编写者的整理，但也反映了老同志的基本意见，甚至书稿一些老同志还参加了审定。

　　单德贵投敌以后，多次随日伪军搜剿抗日根据地。曾带领敌人到平谷北山土谷子、大段洼一带,搜剿十三团卫生处和供给处的物资。在土谷子附近山上,从山洞里搜走供给财贮藏的大量军装、布匹和物资。小米运不走,被撒满山坡。1944 年 12 月,为加强冀东抗日工作,晋察冀军区派来 80 多名干部,由曾雍雅带队,途经平北、密云,于月底到达冀东西部平谷地区。与此同时,根据上级决定,冀热边特委将改为冀热辽区党委,晋察冀第十三军分区扩编为冀热辽军区,军分区司令员李运昌也来到平谷。敌人侦知这一情况后,立即纠集 1 万多兵力,从密云、顺义、通县、三河、香河、蓟县、兴隆等地长途奔袭,对平谷地区进行铁壁合围。12 月 27 日深夜,我分五路突围。五路之外,还有十三团宣传队,在队长王群英带领下,准备上盘山慰问我伤病员和根据地群众。二区队政委谭志诚刚从三通香地区来,要去军区向首长谈他对部队整编的意见。司令员李运昌等四路顺利突围,只有十三团参谋长关旭带工兵连、三八步枪射击训练班和义勇大队等 300 多人,向东南盘山方向突围的第五路,被日伪军围在大、小官庄。把守东面的就是伪保安队长、汉奸单德贵的三河伪军。28 日上午,我军一部分试着往东突围,冲一阵,与单德贵保安队一接火,又退回村里。而北边日军也许对汉奸不放心,赶快过来和单德贵一起封锁住东路。在激战中,我指战员参谋长关旭、二区队政委谭志诚等 120 余人遇难,80 多人被俘。

这 80 多人被押到马坊,单德贵转来转去,认出了十三团宣传队的陈平,拉去一再审问,且假惺惺地说:"我要救你们这些人,打算把你们这些人都从日本人手中要回来,收编到我的部队。我想先把你救出来。"陈平回绝了,并讥讽地说:"你是个老红军,你是我们的老领导,可在眼看着日本就要完蛋的时候，你却投靠他们，走上了这条道！"
单德贵支支唔唔地胡乱搪塞，陈平继续说："你说是要救我们，实际上
是让我们同你一道当汉奸，你走的这条路是死胡同，你应当改！"单
德贵故意露出为难的样子："我是要改的，我不是留作当汉奸的，咱们
一起回去。要不然在日本人手里，你们都回不去。我知道我不对，没
一点功绩我怎么回去？"后来甚至以所谓"祝捷"官庄战斗胜利"要杀
你祭旗"相威胁，陈平也什么都没答应。最后陈平被关进看守所，戴
上手铐，钉上十几斤的脚镣。被捕的 80 多人，有 40 多人被单德贵强
编到他的部队，另 40 多人被解送到北京南苑的集中营。这些人大部分
死在了敌人的魔爪之下，只有很少的人越狱逃出。陈平坐了 3 个多月
的监狱，后来敌人把他卖了劳工，准备押到日本北海道的一个煤矿。
因美国飞机轰炸，没有船，敌人把他押到山东青岛做苦工。不久，陈
平与一名铁路工人一起逃出虎口，继续投身于抗日斗争。陈平后来任
唐山党史办主任，几次来平谷，被俘之事是他亲口所谈，据此作者整
理了《在铁壁合围之后》一文。

　　抗战胜利后，单德贵被捕，国民党河北高等法院对其进行审讯，
现存审讯笔录。问："本来你在八路军里担任抗日工作，何以又脱离八
路军又投降日本了？"答："共产军收编中央军屡次加害活埋人，我不
表同情起的反感，故投入日本了。"在全民抗战的境况下，这明显是
在诋毁抹黑共产党和八路军，而谄媚讨好国民党，为自己开脱罪责。
问："你脱离八路军可以行，为什么又投入日本呢？"答："那时投别
的地方日本不允许，因为我们不是普通人。"问："与八路军□意见不
合，不干就完了。"答："我不投日本，八路军也要加害我们，逼得我

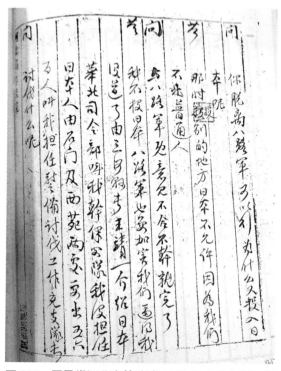

图330 国民党河北高等法院1946年4月审判汉奸单德贵时的笔录

没道了，由三河县长王靖一介绍，日本华北司令部叫我干保安队，我没担任。日本人由石门及西苑两处要出五六百人，叫我担任警备讨伐工作，充支队长（图330）。"一副汉奸嘴脸。问："你讨伐八路军否？"答："遇见就打。"问："都在何处剿匪？"答："去过三次讨伐，在三河、平谷、香河、蓟县各县讨伐。"不打自招。问："你带日本人讨伐么？"答："跟日本人去讨伐。"问："讨伐时，你们在前头日本人在前头？"答："我们在前头。"当了汉奸，无异于一条日本人的走狗。但对自己的汉奸罪行极力狡辩："虽充伪平谷县长及支队长等职务，均无不利于本国或侵害同胞之行为。"并找9个证明人为自己作保证状，其中三河县8人，平谷1人，就今天区域范围来说，有平谷2人。

据"保证状"所记，这2人是：任永恕，46岁，三河县峪口镇长兼自卫大队长；张福厚，30岁，平谷县岳各庄乡乡长兼自卫大队长。

所写 2 个人住址都在北平。《平谷革命史》记载：国民党军 1946 年 9 月 16 日占领平谷县城，至 1947 年 6 月 16 日撤出县城，共占领 9 个月，当时主要占领了县城和县城附近村庄及平三公路两侧村庄，建立伪县政府及 2 个区、8 个大编乡，区乡公所都设在城关。区乡头子都是极其反动的地头蛇，组织地方反动武装——伙会，其实名叫做"民众自卫队""×乡自卫队"。

当时的峪口镇就是今天的峪口村，来村与几位 80 多岁老人访谈，都说峪口村没有任永恕这个人。并说村北头 3 户姓任的，是从西樊各庄村搬来的，都是扛活出身的贫雇农。再说，土改时顽军（村里人对国民党军的俗称）两次从峪口村过时进村着，但没驻扎。提起单德贵，老人们都说是个小矬个儿，双手过膝。据说他投降日军是犯错误了，娶个北边山里地主家的闺女做老婆，与地主富农打交道密切，好享受，慢慢变质了，挨了批评教育，就投敌叛变了。他骑着大白马，在前面带着日军扫荡，像打官庄。抗战后，他一被捕，他媳妇就来峪口村她姐姐家住，有个儿子。后来，他媳妇与儿子也去北京了。再到西樊各庄村，访谈一位 90 岁老人，当年是村里的民兵。说有任永恕这个人，一米八左右的大个子，外号大白薯。家里是地主，有几十亩地，父亲去世早，有个母亲，媳妇没生养，又娶个小十多岁的媳妇，还没生养。他过去是村里的村正，相当于现在的村长。他有枪。日本人来了以后，他就不干村正了，不大管事了。他母亲和大媳妇后来死了，他带着小媳妇上了北京。抗战以后，又跑到内蒙。据说土改时，他回到了密云，没回村里。他后来死在了北京。

作者来岳各庄访谈，访谈老人对张福厚记忆深刻，并说学生时的名字叫张富厚，地主成分，曾赶着胶皮大车做买卖。抗战以后，闹顽军那会儿，当过岳各庄大编乡乡长。这与"保证状"所记一致。新编《岳各庄村史话》记载，1947年1月，伙会抓走了王连佩等4名村干部，在村里人求情下，作为大编乡长张福厚将4人放了。他后人健在，拿来几个证书，其中一个是中国人民解放军北京军区颁发的《起义人员证明书》，证明"张富厚同志，原系国民党部队士兵，于一九四九年二月在北平参加起义"。为1985年12月所补发。看来当时他一定是随着国民党军撤走了，村里人说是参加了傅作义部队，随着北平和平解放而起义的。1950年又赴朝作战，复员到松江省（今属黑龙江省）巴彦县做扫盲干部，因做过伪大编乡长事，受到处理回村，随后又被抓走，后转到黑龙江密山劳改农场，1980年或1981年回村，1982年平反，1987年去世。

由此可知，任永恕、张福厚这两个人，在国民党军占领县城之时，在其属下做过伪事或与伙会等有些关系，与单德贵之间什么关系不得而知。但是，看这些人的所谓"证词"，"单德贵虽兼代县长，本系藉此阴行抗日与保民工作，未改初衷"，甚至认为"单德贵当初伴投伪机关、深入敌伪、掩饰抗日保民工作"等等，颠倒黑白，极力为其开脱。最终，国民党河北高等法院依据《惩治汉奸条例》判决："单德贵通谋敌国、充任有关军事之职，役处有期徒刑十二年，褫夺公权十年"。也许因为这些"证明"或什么原因起了作用，1947年10月又改判六年，褫夺公权六年。

新编《平谷县志》"人物传"中有录：

单德贵（1909—1949 年），湖南茶陵人。1934 年参加红军，参加二万五千里长征。1938 年随八路军第四纵队挺进冀东，任八路军第三支队队长，在平谷、蓟县、密云、兴隆等地区坚持游击战争。后任八路军十三团副团长、第一专署武装科长。1944 年 4 月 8 日逃往三河投降日军，任日军华北司令部保安队支队长，多次随日伪军搜剿抗日根据地。1945 年 5 月代理平谷县伪县长。日军投降后，任冀察骑兵挺进军骑兵第六师师长，同年被河北省第五区保安司令部抓捕。1946 年 4 月国民党河北高等法院以汉奸罪判处其 12 年徒刑，1947 年 10 月改判 6 年。1949 年北平解放后，在押送途中跳车自杀。

这应该是较为客观的记述。至于其死，"在押送途中跳车自杀"是其中一种说法，还传有死于"文化大革命"中的说法等。

至今平谷地区还流传着"单包赖杨"之说，主要应指开辟冀东地区的四位有影响的人物，"单"就是单德贵，而"包"是包森，"赖"与"杨"具体是谁，曾不止一次询问谈及此事的老人们，都已说不清楚。2014 年 9 月 1 日，包森列入我国民政部公布的第一批著名抗日英烈名录中，作为英烈，将永垂青史。而单德贵作为一个曾经的老红军、老八路，为革命作出过贡献；但后来堕落为一个汉奸，背叛祖国和人民，也必将为国人所不齿！

2015 年 4 月 27 日草，28 日改；5 月 6 日又改，9 日再改，10 日改定

46 鱼子山西北办事处与平谷第一个党支部

随着盘山、鱼子山游击根据地的开辟，1940年4月15日，在盘山梁庄子建立蓟（县）平（谷）密（云）联合县，县委书记李子光，县长张耀东。政府下设民政、财粮、实业、教育4个科；下辖3个区，一是盘山直属区，郑斋任区委书记，王克兴任区长；二是西北办事处，刘云峰任主任。7月，建三河特别区，郑斋兼任书记，刘向道任区长。

西北办事处设在鱼子山一带。6月中旬，在中共北方局党校受训的几十名干部返回冀东，路经盘山。区党分委决定留下李越之、江东（朱光）（图331）、王慕林、林远（刘国忠）等同志，做开辟蓟县、平谷、密云等地区的工作。7月，蓟平密县委派来地方干部鲁小平（姜士栋）、王晓光等同志相互配合，开展群众工作，从

图331　20世纪80年代，江东（左一）重回革命老区鱼子山，此时纪念碑在村南山上，后迁村北东侧山上，现在鱼子山抗战馆前

此平谷地区的抗日工作得以顺利开展起来。首先是利用保甲组织，经过教育改造，使其成为两面政权，既应酬敌伪，也要为抗日办事。建起交通网、交通站，传递情报。这样的两面村庄很快发展到200多个。就在1940年7月，成立西北办事处区委会，江东任书记，鲁小平任组织委员，林远任宣传委员。西北办事处发展到5个分区，一分区在城东洵河以南，二分区在洵河以北，三分区在上营以西，四分区在太后以北，五分区在北寨以北（包括白羊、罗家沟、土谷子一带）。每分区设分区长一人，负责为部队征集粮款、鞋袜，开展抗日工作。

1940年以前，全县没有党的基层组织，只有几个零星党员。如南独乐河镇北独乐河村人张庆（1894—1969年），化名张声远，绰号"草上飞"，即为平谷区第一个加入中国共产党者。他17岁投军从戎，1917年因反对军阀欺压人民，率本部人马独立，活动于内蒙古、热河、辽宁一带，为穷苦百姓打抱不平，深受群众拥护。后被捕，1930年被解往北平。1931年，在狱中经张明远、武竟天（张振远）介绍（图332），加入中国共产党。出狱后，继续从事地下工作。1941年，任冀东地区八路军十三团一营教导员，因作战负伤，调任团卫生科长，继任平三蓟、承兴

图332　20世纪60年代，张明远（右）、武竟天（左）来北独乐河村看望张庆（中）时留影

密地方医院院长，直至抗战胜利。解放战争中，任《冀东日报》职工部主任、冀东药业公司经理。1958年退休回村，1963年至1965年，曾任村党支部书记。1969年病逝。

西北办事处区委会成立后，立即开展地方建党工作。在农村发展党员，建立农村基层支部，领导和发动群众进行各项抗日活动。江东以鱼子山、黑豆峪、南山村、杜辛庄等村为基点，向城东发展；鲁小平以井峪、苏子峪、大峪子、后北官等村为基点，向城西发展；林远以北寨、段洼、白羊、梨树沟、南水峪等村为基点，向北部山区发展。那时发展党员采取两种方式，一种是区委用秘密的个别吸收的方法，直接接收新党员，一种是通过作政权、武装、群众工作的党员，在他们接触群众中物色对象，推荐给区委，由区委讨论通过。或者通过发展的新党员，同本村或邻村亲属朋友串联发展，由区委讨论批准。发展时，首先考察本人成分，以贫雇农为主要对象。经过几次谈话和考验，才发展入党。为适应当时的斗争环境，党组织都是秘密活动，要求党员做到"上不传父母，下不传妻子"，强调严格的纪律，防备党组织遭敌破坏。为了保守秘密，往往选在田间、地头、坝坎下、树林里等僻静处，进行谈话、开会。

建党初期发展党员的原则，基本是遵照"六大"时的党章进行的。凡年满18岁的贫雇农、中农以及其他成分出身的人，凡承认党章党纲……在现实斗争中表现好的，均可入党。入党手续，一般是1至2人介绍，贫雇农无候补期，中农以上有3个月至1年候补期，其他出身的视情况而定，称为候补党员。新党员入党时，一般都举行简单的仪式，且进行宣誓。誓词为：一、终生为共产主义事业奋斗；二、党的利益高于一切；三、遵守党的纪律；四、不怕困难，永远为党工作；五、要做群众的模范；六、保守党的秘密；七、对党有信心；八、百折不挠，永不叛党。

从 1940 年 7 月到年底，首先在北部山区和山边村庄发展了平谷县第一批党员，散布在鱼子山、桃棚、北土门、北寨、大段洼、白羊、井峪、太后、大峪子、小峪子、小北关、前北宫、后北宫、南水峪等村庄。如白羊的张德芳、刘义，段洼的胡春元。熊儿寨的石井（原名许树民），土门的郭某某，萧家院的宋玉琢、宋玉山，后北宫的马玉华，峨嵋山的任品卿（织布的），洙水的曹凯，海子的王成（王化廷），甘营的闫坤，北寨的王稳、李九如，南水峪的张金堂等。其中鱼子山、北寨、萧家院、甘营、海子等村建立了支部。

1940 年 9 月，平谷县第一个农村党支部鱼子山党支部在桃棚建立，当时桃棚为鱼子山村一个自然村。参加支部的主要是鱼子山和桃棚的党员，有王世勋（王仿斋）、于希元、符运广、王世发（王祥斋）、谢凤宽等 5 名党员，王世勋为支部书记。现在，桃棚村为此建立了展室。第一个党支部活动旧址尚存（图333），为前

图 333　平谷县第一个农村党支部鱼子山党支部活动旧址（摄于 2009 年 3 月）

后两进院落，依山势错落而建，总占地面积 226.05 平方米。后院现存正房和东厢房基础及山墙，石砌结构。前院现存东厢房基础及山墙。以整体加以保护，这期间，全县共发展党员 120 名左右。当 74 年过去，至 2014 年底，全区党员 36714 名，党组织 1530 个，包括党委 55 个，总支 82 个，党支部 1393 个。

1940 年 11 月，第十三专署专员焦若愚，军分区副司令员包森来西北办事处检查工作，发现少数干部有贪污、吸毒等问题，严重损害着党和政府的威信，着手对干部作风进行整顿。对贪污、吸毒以及有投敌迹象的分区区长王文兴、李少伯，立即逮捕，发现他们在棉衣里絮着很多伪中国联合准备银行票子（伪币），经审讯后处决。另一个分区区长李春凤自知问题严重，闻风逃跑了。随后，由于根据地的扩大，斗争形势发展的需要，便将蓟平密联合县扩建为两个联合县，南部为蓟（县）宝（坻）三联合县，北部撤销西北办事处，建立平（谷）密（云）兴（隆）联合县。平密兴联合县，由李子光兼任县委书记，李光汉任县长，党组织迅速发展。

在建立党组织的同时，开始村政权建设。主要利用敌人保甲制，设置抗日村干部——办事员，同时建立群众性的武装组织——抗日自卫军。为防备暴露，也为迷惑敌人，村庄及县区村干部有化名，如井峪叫井上，北埝头叫金村（后来暴露了改叫长江），肖家院叫太后，大兴庄叫太村，唐庄子叫李村等等。干部如县长李光汉，化名若水。鲁小平，又叫一舟，这都是化名，真名叫姜士栋。当然，化名也会随时变换，即使信件落入敌人手里，敌人也摸不着头脑。

由于多方面开展工作，到 1941 年夏，盘山、鱼子山形成巩固的根

据地。八路军十三团
经常在平谷驻扎、整
训。鱼子山建立起兵
工厂（图334）、卫生
所和供给处。黑豆峪、
大小段洼、井峪、北
寨、南山村等也储存
大量抗战物资。地方
党政机关，也常在这
一带开展工作。

图334　鱼子山兵工厂遗址双峰圣水洞（摄于2008年）

47 根据地在日军残酷扫荡下坚持斗争

　　1941 年 7 月至 1943 年底，是抗日战争最艰苦最残酷的阶段。平密兴联合县是冀东西部根据地中心区，是日军重点扫荡目标之一。在连续五次"治安强化运动"中，日军实行野蛮的烧光、杀光、抢光的所谓"三光"政策，制造无人区，妄图摧毁抗日根据地。仅 1941 年 3 月第一次"治强"就调来 2 万兵力，集中到平密兴地区，反复扫荡清剿。到 1942 年的第四次、五次"治强"，又采取所谓"总体战"，军事上反复扫荡清剿；政治上威逼诱降，强迫村干部登记自首；经济上严密封锁，割青抢粮；文化上大倡所谓"王道乐土"，宣传奴化思想。

　　日军在对山区进行扫荡的同时，对平原地区也千方百计破坏基层抗日组织，搜捕村干部，迫使平密兴平原的四区 30 多个村庄基层干部 200 多人向敌登记（1941 年下半年）。同时大肆围剿和抓捕脱产干部和工作人员。四区区委委员、报国会主任彭仲愚因汉奸告密而被捕牺牲。四区区长朱筱轩带领工作人员和区基干队住在薛庄，遭敌包围，身负重伤而壮烈牺牲。平密兴二区的南水峪、北水峪、白羊、罗家沟、大段洼、小段洼、梨树沟、北寨、鱼子山等村早已成了抗日根据地，成了县政府和部队后方机关所在地，也就成为日军扫荡重点，制造了鱼子山惨案、南山村惨案、北寨惨案、黑豆峪惨案等多起惨案。

图 335　黄松峪乡黄松峪村东山东岗楼子遗址（摄于 2007 年 3 月）

日军为加强统治，到处增设据点。到 1941 年底，在平密兴联合县范围内新旧据点达 45 处之多。一区有平谷县城、华山、峪口、张各庄、马昌营、北石渠、马坊、东高村等据点，二区有山东庄、南独乐河、夏各庄、胡庄、彰作、将军关、陡子峪、黄松峪（图 335）、塔洼、镇罗营等据点，各据点分驻日伪军。日军有宪兵及守备队两种，伪军有警察队、警备队、讨伐队、满洲军、新民会自卫团、武装特务队等。1942 年，一二区新增设的据点有：峨嵋山、郭家屯、靠山集、上营、祖务、稻地、东马各庄、小辛寨、放光、后北宫、北土门、关上、胡店、胡家营、东寺渠、辛店等。各据点之间还修建公路，公路两旁不准种高秆庄稼，种了的勒令全部割掉，以防八路军、游击队潜伏。那时，全县炮楼林立，壕沟纵横，公路如网，抗日工作人员的活动更加困难。

日军为割断山区与平原之间的联系，使平原的粮食、布匹等物资运不进山区，以达到困杀抗日根据地目的，在平原与山区交界处挖了三道所谓"治安沟"（图 336）：一道从上宅到峪口，长 60 华里；一道由华山到胡店，长 20 华里；一道由稻地到掘山头，延伸到蓟县附近。

图336 1942年，日军强迫民工挖的所谓"治安沟"遗迹（摄于20世纪80年代）

壕沟一般3丈宽，2丈深，日军强迫能劳动的人都去挖壕。他们把成千上万的民工集中到上宅、峨嵋山、祖务、上营、峪口等据点，自带干粮，集体干活，日不出来就被赶到工地，日不落不准收工。日伪军在工地上监工，挖壕的民工备受折磨，经常遭受鞭打、杀害。沿壕沟的大村都建了大据点，修筑大炮楼，要路口修上吊桥，派驻日伪军把守，监视检查往来行人。各据点之间，沿壕沟每隔2里修一小炮楼，由"剿共自卫团"把守。

与挖壕沟同时，日军沿长城划了一条"千里无人区"，进行集家并村。平密兴联合县正在这个范围内。在长城之外，西起古北口，东至将军关段，约200里属于"无人区"地带。从1941年底开始，把山区小村的房子全部烧光，强迫群众集到大川的村子里，修筑部落，群众称之为"人圈"，周围垒起高墙，只留几个门，白天放人出入，太阳一压山就禁止行人。"人圈"四角和出入道口修筑炮楼，驻有日伪军、防共团把守。在平谷北山一带，陡子峪警察所长召集开会，命令胡同水集到塔洼，土谷子、东石片集到雕窝，福吉卧、罗家沟、南树林、黄土梁集到梨树沟门等，"人圈"就是人间地狱。大批日伪满军、讨伐队分路连番清剿，就连庄稼都不许种，种了在大秋前，敌人扫荡时就驱赶大批民夫，把庄稼割掉，把树上的果子打掉，这叫"割青"，1942年至1943年间最为严重。那时，黄松峪北山在长城以外，可日军连放羊也不许，见人就打。

应该说，1941年3月、5月、10月，日军对平密兴根据地连续实行三次"治安强化"的围攻扫荡，都以军事为主，以重兵寻找八路军主力作战，企图消灭抗日武装力量，摧毁抗日根据地。尤以5月开始的大扫荡对我造成损失最大，东线由马兰峪至新安镇，南线由八面城至邦均，西线由邦均至潮白河，北线由平谷至石匣、兴隆。中间大小据点炮楼星罗棋布，均有日本关东军或治安军和伪军驻守，形成一个大包围圈。敌人先从密云开始进攻，然后重点转入平密兴二区（即平谷城以东）。在那里安设据点，围剿山区，"剔抉"平原各村。

不仅如此，日军还大力推行"准治安区"，勒令办事员登记自首，如不自首就抄杀全家，烧毁全村；强化保甲制，实行村村联防，户户连坐，一家掩护八路军，十家同罪，八路军来时立即报告，不报告唯保长是问；不准给八路军站岗放哨，建立"剿共自卫团"，为日军站岗放哨；不准给八路军交粮款、藏物资，发现了杀头等等。

这时期，县区党政群抗日工作人员和地方武装等处于极端困难之中，尤其是地处平原的一、二区（即平谷城西、城东），抗日人员经常白天藏到堡垒户的秘洞里，夜间出来工作。在1942年最困难的时候，

图 337　鲁小平烈士像

一区区委书记鲁小平一连 40 多天住在秘洞里。鲁小平（图 337），又名一舟，原名姜士栋，蓟县人，1938 年就读于通县潞河中学，加入中国共产党。1940 年来平谷地区工作，曾任平密兴联合县委组织部长兼一区区委书记。1942 年 10 月在突围中负伤后牺牲，年仅 20 岁。二区平原地区大部分被蚕食后，区干部待不下去，就转移到一区，形势稍有缓和，再回本区工作。县区干部和工作人员在日军频繁扫荡中，顽强地坚持工作。

在这种严重局面下，1942 年 6 月 27 日西部地分委召开会议，分析地区情况，特别是总结蓟宝三联合县撤出平原地区的教训，部署坚持地区的各项任务。指出日军进行"治安强化"疯狂扫荡，是其垂死挣扎的表现。由于冀东战略地位的重要，决定了日军必然与我拼死争夺。在今后一二年内，冀东抗日斗争将会更加残酷，号召党政军民咬紧牙关，度过黎明前的黑暗，争取最后的胜利。平谷人民在联合县委领导下，党政军民齐心协力，团结抗战，不断总结经验教训，改变斗争策略，机动灵活地开展对敌斗争，利用合法形式，进行隐蔽的斗争，保存了干部，坚持了地区，经受了千难万险的考验，度过了最为艰苦的阶段。

附记　黄松峪炮楼——日军暴行的罪证

闻说黄松峪还有炮楼

京东平谷，三面环山，中为谷地，洵河自谷地东来，长城沿山间北去。而黄松峪村，位于北部山区，长城脚下，旧为关口，村也由此得名。

近日，作者来黄松峪调查寺庙，见村东一山冈有残存建筑，问村里人，告是日本炮楼。心里一惊，作者做文物工作多年，这山间也不止一次踏察，怎就不曾闻说呢？终因当日行程已满，未能上得山去。

记得抗日战争中，平谷地区为冀东西部中心根据地。1941年至1943年间，平谷地区是日伪军重点扫荡目标之一，连续实行五次所谓"治安强化运动"（简称"治强"），反复扫荡清剿。尤其日军沿长城划一条"千里无人区"，称为"无住禁作地带"，进行集家并村，实行"三光"政策。黄松峪以北，即是"无人区"范围。黄松峪日军炮楼，应在这时所修建。

村里人称作"东岗楼子"

择日，作者专程来到黄松峪，在村委会门口，遇见李桂海老人，63岁，退休职工，在村委会北边开一家小卖部。老人从小在村里长大，无数次上山做活，对山上的一切了如指掌。

当问起日本炮楼事，老人用手一指：村里人全管那叫东岗楼子。一个方楼，南北大约四五丈宽，七八米高，四周石头垒的。北面一排房子，四间，住人。东边二三间厢房，伙房吃饭。炮楼上面是平台，围墙外面高，里面低，设有枪眼。日本鬼子在墙上站岗。墙上，东南一放机枪的位置，西北一放机枪的位置。楼子北面一条壕沟。

听老人简略一谈，作者对这"东岗楼子"便有了初步印象。

楼子四周铁丝网拴着罐头盒

随后作者走进村委会，杨维军和秦瑞清二位老人早已等候了。村干部介绍，说杨维军81岁，过去在炮楼里给日本人当"翻译"。秦瑞清73岁，老村书记。作者与俩人慢慢聊起来。

杨维军先解释：村里人说我给日本人当翻译，我那时十四五岁，又没学过日语，翻译啥呢？村里有"维持会"，日本人要个小孩侍候，我不念书了，就叫我去了。日本鬼子叫我"杨沟"，日语"沟"就是中国话的"仆人"，我在那里，就是给日本鬼子军官打饭、洗碗、擦皮鞋、叠被子、打水、打扫屋子等等，纯粹给日本人当奴仆。

杨维军清楚记得，1939年，日本鬼子飞机轰炸黄松峪，炸死炸伤数十人。1941年，日本鬼子住进了黄松峪村，在大街上建一座炮楼，17层，当然没有现在17层楼那么高。里边是木板，外边是砖结构，四周都是枪眼。而鬼子的营房占用了好多民房，将村里百姓撵出去。那岗楼子，在东山包上，当时四遭都拉上了铁丝网，网上拴着好些罐头盒，一碰就哗哗乱响。杨维军在那儿一年，从没上去过，只待在营房里。

山上那炮楼，每天上去一个班站岗，天天换岗。

黄松峪住的是关东军

杨维军说，黄松峪住的是关东军，一连的编制。有机枪班，3挺歪把子机枪以及小钢炮等；一个步兵班，一个警卫班。步兵班有 30 多人，当时还没有伪军。中国人在里边只有 3 个人，一个翻译，一个仆人，一个做饭的。

关东军里设一二个宪兵。抓住的"嫌疑人"，到宪兵那边审讯，轧杠子、灌凉水、洋狗咬等等，想办法摧残中国人。用凉水把人肚子灌满了，两个日本兵再在上面轧杠子。还用电话线电人，好像一个小发电机，一摇人就受不了。

行刑最惨无人道。当时行刑在南院（杨维军说他住东院），一次，不知从哪里抓来一人，大冬天的，把那人扒个精光，一丝不挂，在大街上走一圈，从南边走到北边，又走回来。那人手有二分金子，悄悄塞给翻译，翻译告诉他："行刑时，你就趴下。"当时翻译踹了他一脚，就趴地上了，翻译又枪口朝上打了一枪，那人便侥幸没死。

杨维军在据点里，见到一些女人，那就是"慰安妇"。

杨维军是那年 8 月去的，梨熟了，到第二年 3 月，关东军就调到兴隆茅山了，那边是伪满洲国。再来的，就是扶植汪精卫那部分的守备队，还有伪军，叫警备队。就几个日本鬼子，监督着守备队和警备队的行动。杨维军也随着关东军去了茅山，到 8 月就回来了，前后整一年。1947 年，杨维军参加了中国人民解放军，在冀东军区供给处。新中国成立后，转业到银行部门，后退职回乡。

拆千年古刹盖炮楼

秦瑞清一直生活在村里，当年日军修建的据点，占了他家半个院子。他说，东山的日本炮楼，四周全是石头墙，有三四米高，有一部分白灰，日本鬼子跟村里要，不给不行，村里人就把西山的白土子滤了，送去糊弄日本鬼子。

不过，日本鬼子若是跟哪村要东西或要人，不给立马就圈庄。一次，离黄松峪村不远有个黑水湾村，来干活的人没到齐，日本鬼子集合就要烧庄去。来的人一见，赶紧把黄松峪下地干活的人都找来，凑够数，这才没烧，黑水湾村免了一难。

秦瑞清记得，当年日本鬼子盖村里十七层的炮楼，就是拆峨嵋山水峪寺的砖。水峪寺，又名兴善寺，位于南独乐河镇峨嵋山村东沟。唐咸通三年建（公元862年），明正统八年（公元1443年）重修。主要建筑有山门、金刚殿、钟楼、如来殿、卧佛殿、地藏菩萨殿、大悲阁及配殿、禅院、真武殿等，寺宇宏敞，楼殿崔巍，远近寺院没有超过者。1942年4月，水峪寺被日本鬼子烧毁，建筑夷为平地。

日本鬼子在炮楼上一起杀死17人

秦瑞清不会忘记，长城以外就是"无人区"，黄松峪北山就在长城以外，日本鬼子连放羊也不许，见人就打。

1942年初秋，日本鬼子从北山"无人区"抓来18个人，有本地人，但多是外地挖金子的。这些人被绳子绑着，拉到东山炮楼北边的山坡上，日本鬼子在炮楼顶上，用机枪扫射，把其中17人打死。一个叫秦宝元的，是湖洞水里的人，可巧绳子被打断，乘机沿着山跑了，死里逃生，捡一条命。秦瑞清说，当年日本鬼子杀那十几个人，就从他家当院拉过去的。

随后，作者到黄松峪北边的雕窝村调查，85岁的陈香元老人，谈起当年日本鬼子杀人的事，说他与秦宝元熟识，秦宝元年轻时很能干，就是在金山挖金时被抓去的。秦宝元亲口对他说，日本鬼子用草绳捆上他们的手脚，又用小连绳拴住胳膊，把他们串在一起。拉到炮楼北边的山坡那儿后，强迫大家倒在山坡上，在小连绳两边，一边钉一楔子，拴住，不让他们动。秦宝元悄悄以牙磕断胳膊上的绳索，褪去脚上的草绳，站起就跑。炮楼上的机枪响了，那17人都被打死了。秦宝元沿着树棵子往山下跑，钻进庄稼地，见到干活的人，让解开双手的草绳，一口气跑到10来里地远的晏庄亲戚家去了。鞋也丢了，脚全扎流血了。当时秦宝元20来岁，活了80多岁，二三年前去世。

日本鬼子在那里杀了多次人。

史德胜一镰刀就把掉队的鬼子"搂"死了

对于侵略者的残暴统治，黄松峪村人没有被吓倒，愤怒、反抗、斗争，踊跃参加民兵、八路军。

一叫史德胜的村民，那年30来岁。一天在地里干活，见日本鬼子成队地去附近的土谷子村"清乡"。有一鬼子掉队了，史德胜看见，等鬼子一上坝沿，挥起镰刀一下就把鬼子"搂"死了，连人带枪就地埋了。为这个鬼子，据点里找好几天，也没找着。

这件事史德胜一直压在心底，等日本投降了，才敢说出来。

还有李满，参加了民兵联防队，任中队长，枪法准，胆大敢干，对敌战斗中，打死12个日伪军。1945年5月，被冀热辽行署评为模范，奖励一支钢枪、一匹战马，现在证书家里人还精心保留着呢！

民兵等日本鬼子一撤就烧毁了炮楼

随着抗战形势越来越好转，抗日根据地越来越扩大，日本鬼子则越来越收缩。1944年春天，日本鬼子由黄松峪撤到祖务，又撤到胡庄。

日本鬼子一撤，北山民兵（当时叫"自卫军"）随后赶来，把日本炮楼包括十七层高的楼子，一把火烧了！这是日本鬼子侵略中国的一个据点，这是日本鬼子屠杀中国同胞的一个据点，出于对日本侵略者的仇恨，不烧又留着干什么呢？！

炮楼——日军在中国暴行的铁证

在村干部陪同下，作者登上村东那座山冈。

远远就见一座石砌围墙高高矗立着，虽经几十年风雨，而没有坍塌（见图335）。上去，炮楼北部一排房基，村干部说，20世纪70年代，曾在此设立防雹点。东部。原有两间小房，现在还可以看出基础。而东部偏北，旧墙，应是炮楼门的地方，一堆瓦砾，上面已长出一棵榆树，足有七八寸粗细了。这应该是炮楼被毁后长出的。应该说，这炮楼大致格局没变，尤其看西墙和南墙，仍可看出里低外高的情形。

站在这里，看东为高山，万里长城蜿蜒而过；北为石崖；西南为山口，可眺望至远远的南山。毕竟这是一座山冈，一个制高点，当年日本鬼子就是在这里为侵略中国，而穷凶极恶地监视着冀东西部抗日根据地。当然，最终也没能逃脱失败的结局！

黄松峪村里的炮楼早已被烧毁了，而山上的"东岗楼子"基础虽经几十年风风雨雨，有些蚕食，终究还存在着，这是日本侵略中国的一个铁证，日军在中国暴行的一个铁证！就让我们保留着它，作为反面教材，以教育我们的后代子孙！

2007 年 4 至 5 月整理，2016 年 4 月 5 日修改

48 铁北寨，铜南山，打不垮的 鱼子山

1942 年 11 月，平密兴联合县改为平（谷）三（河）密（云）联合县，李越之任县委书记，李光汉任县长。建立平三密游击总队，1943 年 2 月，总队扩建为冀东第二地区队，队长李满盈，政委谭志诚。

在中国共产党领导下，根据地军民没有被敌人的屠刀和暴行吓倒、征服，开展灵活机动的斗争，创造了多种多样的游击战术，粉碎了日军企图扼杀抗日根据地的阴谋。像山区群众发明了"消息树"，一旦日伪军来了，情况紧急，来不及喊话，就把消息树扳倒，干部群众见后马上隐蔽起来。由于人民群众的支持，民兵配合主力部队作战，有效地打击敌人，使山区抗日根据地日趋巩固起来。当时流传着一首歌谣："铁北寨，铜南山，打不垮的鱼子山。"这里说的北寨、南山村和鱼子山，是冀东西部地区 3 个著名的抗日堡垒村。

北寨村，坐落南独乐河镇一狭长山谷中，明代万里长城从山上蜿蜒而过。抗日战争时期，北寨为八路军坚壁着粮食、弹药、服装等大量抗日军用物资，隐藏着八路军伤病员，被日军划为"无人区"，说来扫荡就扫荡。1943 年 12 月 19 日（农历 11 月 23），发生了磨盘沟惨案（图 338）。这天，据说平谷县城的日伪军也来到峨嵋山炮楼，与炮楼里的日伪军一起到北寨扫荡，村民们闻讯都到山上躲藏。有 12 个妇

女和孩子隐藏到北寨磨盘沟坝墙下，1个妇女藏在附近一块大石头下。日伪军发现她们，把一挺机关枪支在了坝墙北面的坎上，对着她们不过六七米。机关枪突然进行扫射，这些妇女、孩子藏没处藏，躲没处躲，活生生被

图 338　磨盘沟惨案遗址，过去的坝墙立陡立陡的，有几米深，现在已经被土淤上了。站着的人是惨案见证者、81 岁老人李成秀（摄于 201 年 5 月）

扫射死了。同时，日伪军发现坝墙东北七八米的地方，一块大石头下有个洞，洞口用石头砌着。这是一家藏粮食的洞，里面藏有谷子、高粱、豆子等过冬的粮食。日伪军扒开洞口，穷凶极恶地全给扬了，满地都是。一些日伪军还捡起洞口扒下的石头，向坝墙下的人残暴地砸去，简直灭绝人性！日伪军杀完人，又烧了几家的房子。坝墙附近那块石头下面的妇女，也被日伪军刺刀挑死，连肠子都流出来了。事后人们到坝墙下一看，地上坝墙上全是血，人都沾到了一块儿。一个小女孩还有点气儿，一拃左胳膊早被砸断了，时候不大也死了。

北寨人民记住仇恨，成立武装民兵队，保护抗日物资，保护子弟兵，保卫家园。1943 年 3 月一天早晨，八路军十三团刘芝龙连和县区干部，从狗背岭转移到北寨，敌人尾追而来。二区队一个连在民兵配合下，在北寨阻击。北寨民兵中队长崔桂林等带领民兵在长城楼子里

把敌人打得龟缩回去。后来，敌人又调来三河邦均、马坊据点的日伪军增援，二区队和民兵退到井儿台，沉着阻击，整整打了一天。天黑以后，民兵凭着熟悉的地形，带领全体战士和工作人员跳出包围圈，安全转移。等天亮敌人发起攻击时，早已空无一人了。1943 年 1 月，驻兴隆的日伪军六七百人围剿北寨、罗家沟、白羊，妄图捣毁十三团供给处、卫生处，当行至北寨，遭到北寨、罗家沟、大段洼民兵联合阻击。日伪军怕中埋伏，不敢轻易前进，只就地烧杀了一天。天黑返回黄松峪时，民兵在崔桂林等率领下，在土谷子设伏，午夜时分日伪军进入伏击圈，民兵立即投出手榴弹，打得日伪军晕头转向，狼狈逃窜。天亮打扫战场，发现有 20 多具日伪军尸体，缴获子弹 7 箱、望远镜 1 架。

南山村，坐落南独乐河镇东南部，盘山北麓，南依盘山抗日根据地，成为对敌斗争的坚强堡垒。日伪军对南山村进行重点扫荡，从 1941 年 9 月至 11 月，先后 7 次烧村，全村 80 多户 1000 多间房屋，全部成了废墟，连烧剩的房基破砖都被刨出运走修炮楼了。来不及撤出村的乡亲，或被挑死，或被狼狗咬死，或被吊

图 339　1998 年 11 月，在南山村惨案遗址纪念碑前举行纪念活动

起来烧死，共 30 余人惨遭杀害（图 339）。

在日伪军扫荡下，村里群众被迫下山，投亲靠友，或到山外平原村暂住。村里只留下李俊才、高汉生、刘文远、刘作宾、

图 340　南山村村北西坡老和尚洞的山坡情景，当年村干部曾在此山洞内坚持工作近一年时间（摄于 2014 年 3 月）

高振海、张振环等 6 名村干部，坚持抗日斗争。村北小门沟北坡山崖上有个山洞，洞深近 16 米，高仅能 1 人蹲行，阴冷潮湿，这就是当时村干部坚持斗争的"村公所"（图 340）。他们吃野菜粥，住山洞，冒着生命危险，为八路军和抗日政府传递情报，接待抗日工作人员，坚持了近 1 年时间。1942 年 10 月，南山村刘文生带领 47 名青壮年，拉上盘山，找到地分委副书记李子光，要求武装起来，保家卫国。刘文生领导的武装民兵队与盘山前丁福顺民兵班互相配合，保卫抗日根据地，被誉为"民兵模范队"。

鱼子山村，坐落在一个狭长的山谷里，不仅在这里建立了平谷第一个党支部，而且先后设立蓟平密联合县西北办事处以及八路军兵工厂、卫生所等。1941 年 11 月 22 日，数百日伪军包围了鱼子山，在山梁上架起机枪。次日凌晨，群众发现敌情，立即往村外突围，遭到机枪扫射，当场有 60 多人被残杀（图 341）。1942 年 2 月 14 日（农历腊

图 341 1941 年 11 月 22 日，日军在此处射杀鱼子山村民 20 余人（摄于 20 世纪 80 年代）

图 342 鱼子山抗日战争纪念馆（摄于 2001 年）

月二十九除夕），日伪军袭来，人们跑到了山上，日伪军没有抓到人，抢了不少东西走了。第二天，即正月初一，人们以为日伪军不会来了。不曾想，五六百日伪军再次包围鱼子山，抓到 30 多个来不及撤走的老人、小孩，把其中 7 个老太太推进菜窖烧死，其余用刺刀挑死。日伪军先后烧了鱼子山 2000 多间房屋，杀死 180 余人，10 户被杀绝。

鱼子山人民没有屈服，克服难以想象的困难，配合兵工厂上山伐橡树烧炭，制造炸药，铸造手榴弹，地雷运送到前线，同时就地取材，制造石雷，有效地打击敌人。如今，在鱼子山大峡谷口，建成鱼子山抗日战争纪念馆（图 342），1996 年 4 月筹建、1999 年 3 月向社会开放。纪念馆展出革命文物近百件，珍贵历史照片 200 多幅，以冀东地区抗日战争史实为背景，以平谷及周边地区人民抗日战争史实为线索，生动形象地展示了在中国共产党领导下，抗日军民反压迫、反侵略、求解放的斗争历程。现为北京市爱国主义教育基地。

北寨村、南山村和鱼子山村，就是平谷人民在艰苦卓绝的抗日战争中的代表和缩影。

附记　北寨磨盘沟惨案见证者的口述

我叫李成秀，今年 81 岁。抗日战争的时候，我才十几岁。那时北寨早被日本鬼子划成了"无人区"，说来扫荡就扫荡，我们一见日本鬼子来了就"跑反"，这成了家常便饭。所以，村东边半山石砬上，有个地方，坐着可以待 4 个人，躺着就只能一个人。那地方就我个儿知道，一"跑反"我就藏那儿去，日本鬼子发现不了。

记得磨盘沟惨案发生在 1943 年旧历 11 月 23 日（阳历 12 月 19 日）。东边中间那个山峰叫磨盘山，我家住的这道沟随着就叫磨盘沟了，属于北寨的桃园村。这道沟里住着我们老李家，分前后两院，中间隔一条小河沟。我老叔李如奎住前院，三间瓦房，东房山外面有一棵大梨树，并长着两个树干，茂盛着呢。现在那棵大梨树还活着，大概在六几年把东边的树干锯掉了，留下的树桩有一搂多粗，当是惨案的见证了。我父亲李如宽和二叔李如祥住后院，是一条连脊的草房。东边两间是二叔家的，西边 3 间是我家的。我家下面不远处，还有老丁家两户，前院叫丁建贤，后院叫丁建亭，中间接着一条小河沟。丁建贤与丁建亭是叔伯兄弟。

　　丁建亭大儿子叫丁富祥（化名丁子峰），出去当八路军了，据说是平谷地区基干队队长。我大哥李成任就跟着丁富祥手下当兵。大哥大我5岁，当时十六七岁。当了6个月的八路军，因为闹眼疼，啥也瞅不见，就回家养着，那时也没有药，也看不了医生。养了3个月，啥也干不了。北寨有个媳妇，30多岁，被弄到村南四五里远的峨嵋山炮楼里，暴露了磨盘沟有当八路军的，这就引来了日伪军的扫荡。

　　23日这天，据说平谷县城的日伪军也来到峨嵋山炮楼，与炮楼里的日伪军一起到了北寨。他们从磨盘沟南面的山梁窜上来，沿山梁往北走，走到磨盘山，在山峰北面洼一点的地方，架起机枪、小炮往东边打。东边是北寨的楼南沟村，可能是发现了跑反的人吧。他们在山上闹腾了3个多钟头，才从山上下来，这时应该是下午2点多了。有个特务叫许廷彬，是土谷子东顶的人，与福吉卧的许家是本家。我一个10多岁孩子咋认得他？这个许廷彬，还有小北关一个特务张宽，我们北寨人到县城赶集，经常碰上他俩，动不动就把人扣下，让拿钱赎去，说到底为讹钱。这天，许廷彬先从山上下来，见到了藏在离我家东边大约150米的坝墙下面的妇女、孩子们。

　　再说北寨的百姓，一见日伪军来了，就急忙往山上跑，尤其男人腿脚利落，一些人甚至跑到山后边去了。我赶紧跑到东山半山石砬上藏起来，在这里，山上山下的一切看的很清楚。我父亲李如宽、二叔李如祥、老叔李如奎及我奶奶都分别往山上跑了，哥哥李成任这天也没在家里。就剩下我母亲，姓杜，40来岁；我姐姐李春梅，18岁，已经与放光一家定亲了，准备腊月结婚；我两个妹妹，小名叫刁子、蛾子。这是我家娘四个。我二婶，姓贾，二十七八岁，带着一个男孩，叫春头，四五岁。我二叔结婚晚，孩子小。这是娘俩。我老婶姓张，30来岁，带着大女儿印儿头，六七岁；儿子小秃，五六岁；小女儿小凤，两三岁。这是娘四个。还有下边丁建贤的母亲，70多岁；丁建贤的两个女儿，大女儿叫奔儿头，6岁；小女儿叫英头，4岁。这是娘仁。其实，黑夜丁家这娘仁和丁富祥媳妇都在我们上边住着，后半夜不知咋着丁富祥媳妇起来跑北寨西边一里多地的西沟三道沟刘富荣家去了，侥幸没死。我姐姐当时藏在我下面不远的地方，她个儿害怕，就跑下来，躲在我家旁边的一个大石头下边。

在磨盘沟坝墙下藏着的，说起来就是这12个妇女、孩子。特务许廷彬下来看到她们，说："你们是八路的家人吗？还在这儿，不赶快走，等会儿日本人下来全弄死你们！"我在东边石砬上猫着，听他说得真真的。许廷彬说完就往山下去了，顺手把我家在地坝撒着的一头大黑驴也拽走了。时会儿不大，山上的日伪军下来了，大概有七八十人，到坝墙这儿看到这些妇女、孩子，问："你们都是当八路军家的？"我在上面听不见坝墙下面的人咋说的。这时，就见日伪军把一挺机关枪支在了坝墙北面的坎上，正对着她们，南北不过六七米远近。一会儿，机关枪开始突突突扫射，子弹壳子蹦的老远。这些妇女、孩子藏没处藏，躲没处躲，活生生被扫射死了。就在机关枪扫射的同时，日伪军发现了坝墙东北七八米的地方，有一块大石头，石头下面有个洞，洞口用石头砌着。这是我家藏粮食的洞，里面藏有谷子、高粱、豆子等过冬的粮食。日伪军把洞口扒开，一看里边的粮食是在囤里，没法弄走，就穷凶极恶地全给扬了，满地都是。这时，机关枪停了，一些日伪军捡起从洞口扒下的石头，向坝墙下的人砸去。简直残暴至极，灭绝人性！

日伪军杀完了人，就去烧我家的房子，那是草房，一会儿就烧成了房岔子。我老叔家的是瓦房，也烧着了。当日伪军又去烧老丁家房子时，我从山上悄悄下来，到坝墙下一看，日伪军连扫射再石头砸，地上坝墙上全是血，人都沾到了一块儿。我看到了老婶家的小凤，当时还有点气儿，一拽左胳膊，早被砸断了。我抱抱她，已不会说话，时候不大也死了。我在西南边那块石头下面，看到姐姐也被日伪军刺刀挑死，连肠子都流出来了。老叔家的房子烧得只剩西边一间多了，四下找水没有，正好屋地一个淹酸积白菜的大缸，捞起酸积白菜就上去连扑楞带打，把火弄灭了。就这一间，窗户也烧没了，光剩个空房壳儿。父亲、叔叔陆续回来了，我奶奶也回来了。奶奶藏到磨盘南边那道沟的一块大石头底下，日伪军没到那儿，奶奶幸免于难。人死了，房子烧了，奶奶、父亲、叔叔们没地方住，也没法做饭，就在老叔家这间破房子里坐了一宿。天冷，屋里笼了一堆火。

磨盘沟惨案我家和老丁家上下死了13口，我家的老坟地在公爷坟村那边，也没往那儿埋，就在我家房后的北山坡上掩埋了。只说那个媳妇从炮楼回来，对人就说："日本人可不赖，给我大米干饭吃，还给我一个大红被窝（wo，轻音），大红棉袄。"谁知不久，八路军政府来人，抓住了她。她男人还向来人及村干部跪下求情，来人不允，把她拉到东沟毙了。

2012 年 5 月 24 日草，又改，25 日再改，26 日改定

（柴福善　整理）

49 甘营、望马台战斗

　　1943 年 6 月底，西部地分委在罗家沟召开地委扩大会议，分析敌我斗争形势，研究对敌斗争策略，提出多项建设根据地的重要政策和加强机关建设等重大措施。这次会议在西部根据地建设上是一次重要会议，从此根据地建设逐步走向正规。

　　1943 年 7 月，冀东地委改为冀热边特委，十三专署改为冀热边行署，下设 5 个地委和 5 个专署。西部为一地委、一专署，李子光任地委书记（图 343），杨大章任专员。为便于开展伪满洲地区工作，平三密联合县划为平三蓟和承兴密两个联合县。平三蓟联合县李越之任县委书记，李光汉任县长。江东调任承兴密联合县工委书记，王慕林任县长。11 月，平三蓟联合县召开会议，决定发动政治

图 343　李子光

攻势，粉碎伪大编乡和建立抗日秩序的工作。在全县范围内，烧毁"良民证"，收缴户口册、门牌，取缔会道门，粉碎敌伪各项统治，对伪军伪组织开展良心大检查。这次政治攻势，标志着日军五次"治安强化"运动的彻底破产，人民的抗日斗争又进入一个新阶段。

经过1941年下半年到1943年夏季残酷的斗争阶段，联合县采取灵活的"两面政策"，坚持了地区。到1943年秋季，地区形势逐步好转，在八路军配合下，开展敌伪工作，恢复建立基层组织。到年底，不仅被日军蚕食的基本区得到恢复，而且西部开辟到潮白河流域，西南开辟到通县、香河、大厂地带。

1943年9月，县长李光汉和十三团、二区队召开军政联席会，决定选择有利时机打击敌伪反动气焰。9月30日，八路军十三团2个连驻望马台，二区队3个连驻甘营。特意派人分别向夏各庄、胡庄、平谷城据点报告："八路军的县长来了！"诱敌出发。第二天早晨，夏各庄据点7个日军和13个伪军，在日军小队长申田带领下，前面押着20多个群众，首先来到甘营。二区队放过群众，而后突然开火，全歼7个日军，13个伪军投降。

战斗刚结束，驻平谷守备队队长宫琦带着30多日军和100多伪军，从县城向甘营扑来。二区队立即派排长李德成带领一个排到大道南埋伏，另派一个排绕到敌人背后围剿。就在日伪军刚进村，便遭到前后两面扫射，30多日军大部被歼，余者随伪军狼狈逃窜。战斗中，排长李德成与日军守备队长宫琦遭遇。宫琦曾杀害了李德成父亲，李德成集国仇家恨于一身，扑上去与宫琦扭打一起。在翻滚搏斗中，李德成接过战友一支步枪，一刺刀杀死宫琦，缴获了宫琦指挥刀（图344）和望远镜。李德成，就是甘营村人，1914年生，1943年参加八路军，

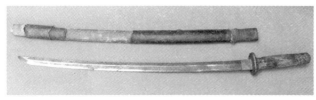

图344 李德成缴获的日军指挥刀，现陈列于鱼子山抗日战争纪念馆

历任班长、排长等职，1944 年初在南张岱战斗中牺牲。其后代将缴获的日军指挥刀捐献给了政府。

这时，胡庄和郭家屯两个据点的百十个日伪军赶来，还用洋马驮着一门迫击炮，行至望马台村北停下来。一面向前搜索，一面架起迫击炮，准备射击。连长刘芝龙手疾眼快，一枪打死日军射手，敌阵大乱。战士们勇猛地冲过去，夺了迫击炮，日伪军逃向胡庄据点。东马各庄据点日伪军赶来增援，十三团立即用缴获的迫击炮向敌连轰 3 炮，打得日伪军抱头鼠窜。

这次战斗，共歼日军 40 多人，俘虏伪军 13 人，缴获迫击炮 1 门，炮弹 83 发，步枪、子弹一批。战斗胜利后，群众编出歌谣到处传唱：

> 九月里，把秋收，
> 主力部队打日寇。
> 撒下大网吊长线，
> 单等鬼子来上钩。
> 手榴弹，轰隆隆，
> 四面伏兵全出动。
> 缴了鬼子迫击炮，
> 鬼子宫琦丧了命。

甘营、望马台战斗，给日伪军汉奸以很大的震慑，给人民群众以很大的鼓舞。从此，恢复基本区的工作打开了局面。

50 北土门、熊儿寨战斗

抗日战争到了 1944 年夏季，以平三蓟联合县为基础，开辟了大片新区，直逼北平近郊。日军不甘心失败，对根据地频繁扫荡，进行垂死挣扎。我军民浴血奋战，迎头痛击，粉碎了日军种种阴谋和进攻，抗日战争进入局部反攻阶段。在这种形势下，冀东军民发动了夏季攻势，北土门、熊儿寨战斗便是这次夏季攻势的一次重要战斗。

夏季攻势开始，正在承兴密活动的八路军十三团首先向长城沿线出击，牵制敌人，寻机给予打击。5 月 29 日，十三团在陡子峪设伏，重创一部日伪军。日伪 6 个讨伐大队立即围攻十三团。十三团牵制住这部分敌人，沿着清水河川，经过苇子峪，穿过黄门川，巧妙地甩掉敌人，又继续往南转移。

6 月初，日军两个中队纠集刘琪、石振、程彬、孙德 4 个伪满讨伐大队共 1000 余人，携带 9 门迫击炮、42 挺轻重机枪，沿长城线扫荡，企图夹击十三团，2 日窜入北土门、熊儿寨两村宿营。十三团在团长舒行指挥下，乘敌不备，迅速包围两村，占领附近山头。舒行在北土门九里山指挥，十三团参谋长陈云中、政治处主任主文在熊儿寨东山顶指挥。

3 日拂晓，十三团一连和特务连首先袭入北土门，把睡梦中的日伪军堵在屋里，战士们投出手榴弹炸死许多日伪军，活命的争相逃跑，又被我追杀一批。余者逃入敌指挥官住的大院。大院内有 12 挺轻重机枪，火力虽猛，但是近战夜战，难于展开。我 10 余名战士迂回过去，从屋顶挖洞塞进手榴弹，炸哑了两个房子内的机枪，一敌指挥官也丧了命。我指战员乘机冲进院内，又打死一批日伪军。战斗中，日伪军一部企图占据北山，被十三团预先埋伏的一个排迎头打了回来。战士们越战越勇，一连打退日伪军 5 次进攻。最后一次，排里只剩下 3 名战士，仍坚守阵地，打退日伪军的反扑。

与此同时，熊儿寨战斗也异常激烈。我军二连和五连指战员居高临下，将敌压制在房和围墙内，一颗颗手榴弹在屋内敌群中开花；一堵堵院墙也被打开缺口，战士们从一个院打到另一个院，逐院逐屋消灭敌人。继而展开激烈的巷战、肉搏战，仅在熊儿寨东街口就歼灭 100 多敌人。

当地民兵群众在地方干部的组织下，冒着危险给八路军送水送饭送弹药，我指战员士气更旺。敌人却因远途跋涉疲惫不堪，只是由于数量上优势，勉强应付。整个战斗双方巷战 3 小时，这时天已大亮，我指战员战斗情绪倍增，坚持战斗到下午 2 点。敌人出动飞机空投弹药，附近据点也不断增援，形势对我不利。在取得重大胜利后，十三团立即撤出战斗。

这次战斗毙伤敌人 500 余，是冀东西部地区规模最大、歼敌最多的一次战斗，使长期盘踞在长城线上制造千里"无人区"的伪满讨伐队伤亡惨重，锐气大减。这次战斗，对巩固和发展冀东西部根据地具有重要意义，极大地鼓舞了我军民的抗日热情。

在战斗中，十三团有 70 名指战员牺牲。当地群众献出 40 口板柜，将烈士遗体安葬在北土门后山和熊儿寨东山。对此次战斗，1944 年 12

月《战斗战报》有具体报告：

> 长城南我军强袭大捷，土门、熊儿寨歼伪五百，秦家峪歼敌伪八百余。军区二十三日战报：
>
> 一、冀东我军××部队在古北口以南地区很活跃，敌深感不安。遂于六月二日纠集伪"讨伐队"刘奇、石振、程彬、孙德四个大队，另特务四个队，日军两个队，共计一千一百余，附迫击炮九，轻重机枪四十二挺，向我军进犯，当日宿于土门、熊儿寨（北平东北一五〇里，古北口正南一二〇里）。我活动该地区之××部队，于三日拂晓，乘敌未出动之先，以主力一部，分别向土门、熊儿寨二地强袭。当即一痛击，将敌压于民房与围墙内，双方巷战三小时，我俘获一部。时天大亮，我战斗情绪仍高涨，坚持战斗至午后二时，将敌伪杀伤过半。附近据点之敌伪不断增援，我即撤出战斗。是役给伪"讨伐队"严重打击。计毙敌六，伪四百九十二名，伤伪六十八名，俘伪三，缴步枪十三支，刺刀二十一把，短枪二支，弹药四千二百余发，其他军用品一部。我亡副连长一，排长以下六十九名，伤连长一，排长以下九十一名，消耗子弹九千七百余发。

1985 年 8 月，平谷县人民政府在北土门村九里山上，树立一通北土门、熊儿寨战斗纪念碑（图 345）。碑为汉白玉质，通高 150 厘米，宽 70 厘米，厚 15 厘米。碑座高 50 厘米，宽 80 厘米。碑阳镌刻原冀热辽区党委书记、军区司令员李运昌"革命烈士永垂不朽"的题词。碑阴为原平（谷）三（河）密（云）联合县委书记李越之撰写的碑文，记述了北土门、熊儿寨战斗的经过。亲身指挥北土门、熊儿寨战斗的老红军、原冀东军分区十三团参谋长、副部

图 345　北土门、熊儿寨战斗纪念碑（摄于 2007 年 3 月）

级离休干部陈云中将军，于 1995 年 10 月 24 日病逝，临终前遗嘱夫人，将骨灰安放在熊儿寨东山上，与抗日战争中在这里壮烈牺牲的战友们相伴。1996 年清明，平谷县委、县政府为陈云中将军举行了骨灰安放仪式，并立碑纪念。

51 南张岱战斗

南张岱战斗，发生在东高村镇南张岱村及马坊镇果各庄村，时间为 1944 年 2 月 23 日，农历正月三十。

冀热边军分区所属第二地区队在队长李满盈、政委谭志诚率领下，在三河附近胜利地打了一个伏击战，痛击夏垫据点"清乡"日伪军。随后，部队向北活动，于 2 月 21 日来到离南张岱村不远的南宅村。南张岱村一群众悄悄找到部队，说马坊据点日军和警备队常来南张岱一带抢粮，盼望部队把他们消灭了。李队长和谭政委一商量，决定再打一个伏击！第二天，队伍便埋伏在南张岱东边的崔庄子村北一条小马路两边。这天日伪军确实来了，但没有进村，直接去了平谷县城。

日伪军去平谷，第二天准要返回马坊，一定会从南张岱村边过。我部队当晚便悄悄住进南张岱村。队长李满盈在民兵带领下连夜察看地势，将马振峰连长率领的三连埋伏村东，二连埋伏村北。指战员将院落围墙掏好枪眼，一切准备就绪，坐以待敌。这时已是 23 日凌晨。

天亮了，日伪军从东边路上大摇大摆走来。2 个特务先走近村头，发现墙上一个个枪眼，掉头就跑，我战士厉声喝问："站住，哪部分的？"特务不答只是狂跑，一战士伸出枪来，叭！叭！两枪，特务应声毙命。后面日伪军听见枪声，哗啦一下散开，很快占领村东两座大坟地，架起机枪朝村里凶狠扫射。我三连指战员在马连长指挥下也同时猛烈开火。一时间，枪声震耳，烟尘纷扬。打了一阵，马连长一声命令："冲啊——!"便率战士冲向日伪军阵地，一些战士在冲锋中倒下。就在这时，从平谷方向开来3辆卡车，满载日伪军赶来增援。

三连冲上去了，埋伏在村北的二连迅速集中到村东。一会儿，侦察员报告，马坊日伪军也来增援。一看腹背受敌，李队长命令马上撤出阵地。而冲上去的三连，在日伪军密集火力封锁下，一时撤不下来。我便集中火力压制敌人，掩护三连下撤，三连的一些战士在撤退中又倒下了。一战士背着身负重伤的马连长，眼看就到村头了，不幸被子弹打中，马连长和那个战士牺牲了。马连长名马振峰，又名马普德，天津蓟县人，牺牲时年仅32岁。

就在撤出战斗之前，李队长派人从南张岱辛撞村学校搬来桌子，在泃河上搭一座浮桥，以便渡河撤退。同时派二连两个班在辛撞村南警戒、掩护。

李队长和谭政委带着战士，顺南张岱村西河坡过浮桥，撤到河西果各庄。警戒的两个班顶住敌人，掩护撤退。最后当他们撤到浮桥时，不少群众也蜂拥至桥头。战士们掩护群众先过，直到日伪军追赶上来，他们才边还击边后撤，并拆毁浮桥。追上来的日伪军，在河对岸架起机枪扫射，我几名战士不幸血洒泃河。这时天已过晌。

队伍撤进果各庄，二连坚守村东。日伪军尾追而来，从南面和东面向我发起进攻。日伪军在泃河东岸架起小炮，直朝果各庄连连发炮，并施放毒瓦斯。我指战员冒着枪林弹雨，打退敌人一次次进攻。

离果各庄 10 来里路的马昌营伪警备队,上午听到枪声,龟缩据点不敢出来。下午因刮起大风,他们听不到枪声,以为没事了,便想趁火打劫,20 多个伪军就摇摇晃晃地来了。我指战员早已发现,待他们走近,突然发起冲锋,一下活捉 10 多个,缴获大批子弹,补充了战斗急需。

指战员一直坚持到天黑,李队长和谭政委率队摆脱敌人,安全撤到北山。

战斗中,南张岱民兵张忍,握着花枪,在三连撤退时,不顾个人安危,冒着密集的子弹,抢救出一个腿部负伤的战士。民兵和群众组成担架队,冲上火线,转送伤员。

这次战斗,消灭数十个日伪军,我们也有 30 余人牺牲。虽然未能取得预期胜利,但打击了日伪军气焰。而当发现敌众我寡,一时难以取胜,便果断撤出战斗。

战斗以后,我当地干部和群众将 30 余名革命烈士,安葬在南张岱和果各庄两个地方。为永远铭记和缅怀革命先烈,从北平秘密镌刻两通纪念

图346 东高村镇南张岱战斗烈士墓(摄于 2016 年 1 月)

碑，树立两座烈士墓前。因马坊有日军据点，后又将碑掩埋烈士墓下，抗战胜利后又重新立起。

南张岱烈士纪念碑

1944 年 2 月立。碑为青石质，圭首，通高 105 厘米，宽 45 厘米，厚 15 厘米。边框饰缠枝纹。碑阳额题"万古流芳"，碑阴无文。碑阳正文（图 346）：

冀东人民子弟兵第二区队牺牲烈士芳名列下

三连连长马普德	年三二	蓟
刘子辉	三四	
陈连洪	二十	
李汗青	二十	
刘旭堂	二二	县
白俊如	二二	
□子中	三五	
李井□	二四	人
张近福	二六	平
郭如	一九	谷
张志华	二四	三
冯有近		
刘荣	二十	
孙□□	二三	河

董　富	二一	
李近堂	一九	人
马义海	二二	兴隆人
孟志青	二五	承德
王凤来	二六	济南
张保贵	二七	吉林
萧正平	二十	顺义人
马桂春		
中华民国三十三年正月卅日立		公墓

果各庄烈士纪念碑

1944 年 2 月立。碑为青石质，圭首，通高 85 厘米，宽 40 厘米，厚 16 厘米。边框饰缠枝纹。碑阳额题"万古流芳"，碑阴无文。碑阳正文（图 347）：

图 347　马坊镇果各庄烈士墓（摄于 2016 年 1 月）

冀东人民子弟兵第二区队牺牲烈士公墓

特志芳名刻下

李国华	孙依诚	马守金
刘福林	周长合	侯长富
赵　均	王凤山	陈义永

王永富

中华民国三十三年一月三十日立

　　近年，当地对两座烈士墓分别进行整修，南张岱烈士墓迁至村东南，果各庄烈士墓迁至村西，以方便人们凭吊和瞻仰。

52 官庄战斗

　　抗日战争进行到 1944 年下半年，从全国形势看，我已局部反攻，逐步走向胜利；日军则处处收缩，正在走向灭亡。冀东，是日军确保的战略要地，不但没有收缩，反而加强了统治。他们不仅调集重兵，而且建立华北特别警备队，直接指挥部队，协同作战，以便实现"在 1944 年 12 月底，侦破并摧毁当前敌人（指我方——作者）的秘密组织及秘密活动"，"破坏敌中枢组织（指我领导机关——作者）"的战略目标。因此，日军在战术上，采取重点进攻、长途奔袭、分进合击。

　　为加强冀东抗日工作，晋察冀军区陆续派来一些领导干部。1944年 12 月，又有 80 多名干部，由曾雍雅带队，途经平北、密云，于月底到达冀东西部平谷地区。与此同时，根据上级决定，冀热边特委将改为冀热辽区党委，晋察冀第十三军分区扩编为冀热辽军区，军分区司令员李运昌也来到平谷。

　　日军侦知这一情况，立即纠集 1 万多兵力，从密云、顺义、通县、三河、香河、蓟县、兴隆等地长途奔袭，对平谷地区进行铁壁合围，妄团一举将我歼灭。

　　当时，八路军十三团和地区党委、专署及干部队驻在北辛庄和东西杏园一带。12 月 26 日，发现敌情：密云日伪军已出发到唐子川、太保庄、东西邵渠一带，北平日伪军增兵顺义，天津日伪军增兵通县。27 日上午，合围之敌距我已几十里了：顺义日伪军到了杨镇，密云日伪军到了丫髻山，通县日伪军到了高楼。情报从四方紧急而来，团长舒行命侦察员继续侦察，若来不及报告，就鸣枪报警，部队一直坚持到天黑。深夜 10 点左右，从西北丫髻山传来手榴弹连续爆炸声，情况火急，部队即刻集合，分五路突围。

第一路，司令员李运昌带警卫连和一部分机关工作人员向东突围。据情报分析，东路较为安全，兴隆日伪军将从东北来，才到镇罗营。所以李运昌率队走山东庄，过甘营、望马台、翻水峪、石塘峪，插向盘山东，一路并未遇敌。再往前便到了遵化、迁安境地，那里则是李运昌经常出入的根据地了。

第二路，十三团团长舒行、政委李子光带特务连、通讯排、部分机关工作人员约 500 人，向西南二十里长山突围。从北辛庄出发，经兴隆庄、蔡坨、杨家桥，过西双营，刚到顺义张镇南二十里长山，就与高楼来的日伪军碰上了。我尖兵朝其开火，不理，躲着从野地绕走。从而推知：日伪军奔袭是打死目标，半路碰上也不打。我部队继续南插，正过通唐公路，突然从西面开来六七辆满载日伪军的卡车，我指战员卧倒隐蔽路两旁。当时，恰浓云遮月，朦胧不清，敌未发觉。我部队穿过公路，凌晨 3 点到了夏庄，略作休息，直奔东南，天亮时队伍开进辛集，料已冲出重围，便住下了。

第三路，十三团政治处主任王文带团政治处、二连和专署、军分区尖兵剧社 200 多人，向南突围。因专署处理问题、隐藏东西，直到夜里 2 点多才出发。刚走三四里路，前边尖兵排报告有敌情。王文马上命卧倒隐蔽，经分析确定向西转移。连长朱海泉率两个排先行，后面的专署等地方干部没有经验，竟往回跑。王文只好自带一个排掩护他们回到杏园。这时，天已亮，不能再向西走了，便决定上杏园东山隐蔽。不久，就听到西南方向枪声大作，是官庄打起来了，而日伪军也都朝那儿集中了。王文带着队伍在东山休息一天，下午到杨家会住下来，在那里和老百姓一起度过新年。

第四路，十三团参谋长陈云中带新兵连和干部队向西突围。队伍不走村子，走小路，走野地，凭着熟悉的地形，一直走到顺义境内而未遇敌。当走到二十里长山北边一个小村，陈云中估计是日伪军包围的边缘了，准备休息一下再走，并派一个班向南游动一二里，以察敌情。这个班刚走出一里多远，突然发现前面有日伪军。回去报告来不及了，班长立即鸣枪报信，并指挥战士同日伪军展开战斗。陈云中听到枪声迅速集合，拉起队伍继续往西奔走。这里果然是敌围边缘，再走也未碰上日伪军。

第五路，十三团参谋长关旭（准备接替陈云中）带工兵连、三八步枪射击训练班和义勇大队等300多人，向东南盘山方向突围。原定从杏园经许家务、鲁各庄、北台头、东西鹿角，到大旺务拉边沟进山，关旭刚来十三团不久，地形不熟，想离平谷城远一点，就朝西南走了。半夜时分，队伍走到芮营，以为躲过日伪军了，想休息一下做点饭吃再走。这时，发现平谷日伪军悄悄摸到了周村，队伍转向西走，没走多远，迎头二十里长山日伪军也过来了。关旭率队走马昌营直奔云峰寺，沿村东小河沟北走。这时走在前面的工兵连，发现正在河边转悠的二区队政委谭志诚（图348）。他拉着一匹红马，带着一个排（也

有说一个班），刚从三通香地区来。作者记
得 2007 年调查寺庙时，曾在大兴庄镇南部某
村与一位 80 多岁老人访谈，他随口说官庄战
斗的头天晚上，谭志诚就住在他们家。当时
因为等着要去别村访谈，便想以后专程来就
此事细致了解，就没有再问具体情节，不曾
想七八年过去，再也没有顾上去，那位老人
不知是否还健在？据说谭志诚要去军区向首
长谈他对部队整编的意见，还没与司令员李

图 348　谭志诚烈士像

运昌及队长李满盈联系上，就碰上了日伪军。工兵连长杜荣春问："谭
政委，怎么办？"谭政委说："有没有日本旗？"杜连长答："有"。这
样，两部分合在一起，打着日本旗往西走。到双营村附近只见小山上
有人打旗语，问哪部分的；我用旗语回答：讨伐队，你们是哪部分？
日伪军狡诈地回答是十三团特务连。谭政委命赶紧卷起旗子。旗子未
卷完，敌人机枪就射击过来，关、谭率队急忙后撤。去盘山慰问伤
员的十三团宣传队，因半路遇敌，也跟着关旭、谭志诚队伍一块儿撤
到大官庄。本想继续北走，可没走多远，峪口那边敌人黑压压逼了上
来。队伍马上回返，谭志诚、关旭带义勇大队和部分射击训练班人员
跑到小官庄，而工兵连、宣传队跑到了大官庄。这时，四方跑反群众
蜂拥而来，敌人将这里重重包围了。

　　另外，队长李满盈带冀东军分区第二地区队（简称二区队），27
日从北辛庄到大官庄宿营，部队仓促转移，没来得及通知他们。28 日
凌晨，朱海泉带两个排也到了大官庄，他告诉李满盈："今天敌人要包

围这一地区，我们在杏园附近遇故，和部队失掉联系。"李满盈马上集合队伍，由一位班长打着一面缴获的日本太阳旗，和二连一起向南转移。刚到云峰寺村，南边跑反群众涌来，说疙瘩头村敌人很多。队伍又往西北转移，刚到南杨家桥，北面群众大批往南跑，说敌人到樊各庄了。李满盈感到情况极为严重，敌众我寡，必须尽量避免与敌交火，想办法从包围圈的空隙转移出去。他估计西南张镇据点附近可能没有敌人，便决定从张镇和双营村之间插过去，向二十里长山转移。当越过一条公路向南行进，前面尖兵突然发现南面山头有日军，队伍马上沿河沟到双营村西南稍停，观察和分析周围情况，这时只见山头鬼子拿太阳旗朝我摇摆。同时，双营村跑来的群众说村北公路已有很多日伪军，情况万分危急。有人要求向南突围，有人主张据双营村坚守。但李满盈认为不妥，经仔细研究，决定沿河沟往东转移，若遇敌则坚决突围。这时山头的太阳旗在摇动，那个班长也向山头摇起来，敌人真以为是自己人呢。队伍迅速东走，脱离险境，28日中午转移至二十里长山的小塘村，当夜穿过通唐公路，到了三（河）通（县）香（河）地区。

再说关旭和谭志诚一看移转不行了，马上命令队伍立即分散村边各户，作战斗准备。而万名被驱赶来的群众，将仅五六十户的小官庄家家户户都挤严了，连村头野地、沟坎都躲藏着很多群众。

日伪军把大小官庄围得风雨不透。北面是日军和伪满州军，东面是伪保安队长、汉奸单德贵的三河伪军，南面和西面都是北平、天津及通县、顺义、香河等地的日伪军。只见四周的坡坎、坟头，全是乱晃的白旗。

这时，已是 28 日上午。大约 10 点左右，忽然东边陈良屯沟子爬上一伙敌人，守在小官庄村口的一个战士见了敌人早已眼红，啪！一枪榴弹，可惜太远，未炸着敌人，却暴露了我们的目标。这时，四面敌人的枪炮一齐打了起来。

起初，我军一部分试着往东突围，冲一阵，与单德贵的保安队一接火，又退回村里。而北边日军也许对汉奸不放心，赶快过来和单德贵一起封锁住东路。

小官庄是个小村，村北为开阔地，日伪军不好接近；村西地形复杂，村南有道沟掩蔽，战斗就在村南激烈展开。日伪军轻重机枪外加小炮，我们只有一挺歪把子机枪，义勇队有些枪支，而步枪训练班大部分没有真枪，只有训练用的木枪或棍子，没什么战斗力。尽管敌强我弱，但敌明我暗，敌不冲近我不打。从上午 10 点到下午 1 点，敌人接连几次冲锋都被我打退了。但我弹药不足，火力逐渐减弱。战斗中，那挺歪把子机枪四面应付，哪边来敌哪边打。

情况越来越严重，小官庄我连续派出 6 人同主力联络，只 1 人突围，其他 5 人都牺牲了。与此同时，还组织火力向西突围，想与大官庄我工兵连和宣传队会合，村西一片洼地，刚冲出村子，日伪军在大官庄村头高冈处架的机枪就疯狂扫射，顿时，我几十人中弹牺牲。几十个义勇队员又往北突围，冲到韩屯附近，在日伪军猛烈射击下，全部阵亡。后我又组织几次突围，均未成功。就在一次突围中，参谋长关旭、专署财政科长陈仁不幸牺牲。

日伪军进攻越来越猛，我防守越来越弱。到下午 3 点多，有个刚"反正"的义勇队员贪生怕死，偷偷跑出来，向东边日军投降了。在汉奸带领下，四面敌人更猛烈进攻，突破村口防线。我指战员退守，利用每个院落、房屋，与敌巷战。一个战士隐蔽村西一牲口棚里，敌人进来一个，打死一个，一连打死六七个敌人，可惜一颗子弹打在门上，敌人闯进棚里，这位八路军战士惨死敌人刺刀之下。

身负重伤的谭政委，守住村北一个赵家大院，看到战友牺牲的牺牲，负伤的负伤，看到凶恶的敌人不断进攻，深感事态严重，他默默地蹲在火盆前将文件一件一件烧毁。这时，警卫员过来，要他换上群众衣服，背他冲出去，在旁避难的老百姓也纷纷央劝。可谭政委坚定地摇摇头："战斗一天了，我走了老百姓咋办？"他望望警卫员说："你走吧，能冲出去还增加一份革命力量。"警卫员坚持要背他，谭政委大声命令："你快走！"说完，他艰难地走到后院东北角，倚着土墙，朝自己额头举起了手枪。

在战斗中，工兵连和宣传队等在连长杜荣春、队长王群英带领下，据守大官庄西街三官庙和附近院落。日伪军在村西河边一片坟地上架着几挺机枪，不住地朝村里扫射。在机枪掩护下，日伪军一次次发起冲锋。我工兵连虽然没有什么枪支，就靠手榴弹、地雷、炸药包，消灭不少日伪军，击退了进攻。同时，他们也几次向小官庄方向猛攻，但都被敌人密集的火力阻挡了，始终没能与小官庄联系上。战斗到下午4点多，杜荣春和王群英一看坚守不行，就率领一部分战士从村西大坑边跃出，向南边仅一河之隔的云峰寺村突围。就在这只有几百米的地带，敌人机枪穷凶极恶地扫来，十几个战士当场牺牲，王群英和另一队员冲到河边，不幸中弹，连长杜荣春也在突围中阵亡。最后，只有5人突出重围。就在这边冲向云峰寺村的同时，趁敌人不注意，隐藏在一家中的 7 名战士悄悄沿水沟从西北方向冲出去了。

傍晚，战斗停息了。日伪军占领了大小官庄，为搜查八路军开始从小官庄村东口放人，汉奸单德贵和日军饿狗一般盯着每个人。谭政委的那个警卫员和一些八路军战士，在群众掩护下，冲出了村子。在村西口，日伪军依然戒备森严，将躲避村西的数百名群众和八路军战士赶到一个空场院，挨个盘问谁是八路军。大家不管日伪军是诱惑还是恫吓，谁也不说。第二天，敌人只好将这些人放了。而那个八路军机枪射手，因腿负重伤，被敌人搜出活活烧死了。

宣传队有个叫陈博的队员，藏在大官庄村干部王增家后院墙上的谷草里，天一黑，他出来了。王增夫妻俩赶紧将陈博长发剪去剃光，王增摘下头上的破毡帽戴在他头上，妻子抱来儿子的破衣服给他穿上。随后将换下的衣服赶忙塞进炕洞，让他和四岁的小女儿王淑英躺在炕里，盖上被子，只露着小女儿的头。日伪军几次搜查，甚至掀开被子，都被王增妻以"我的孩子"而

图 349　官庄战斗烈士纪念碑（摄于 2004 年 9 月）

骗走。后来，日伪军要住下，让腾屋子，陈博便背着小淑英，王增妻领着他转移到薄各庄亲戚家里。等日伪军走了，王增一家把陈博亲自交给部队。敌人搜捕时，有个姑娘指着一名换了便衣的八路军战士，说是自己的丈夫。有一批八路军战士，就这样在群众掩护下幸存下来。

在这场激战中，几百个日伪军被我击毙，而我指战员也120余人为国捐躯（图349），80多人被俘，一些群众被打死打伤。

在日伪军的铁壁合围中，冀东军区首长和领导机关转移了，我十三团主力转移了，晋察冀派来的干部队转移了，尽管我方受到一定损失，但总体上日伪军分进合击、妄图一网打尽的阴谋破产了。

53 营救美国飞行员

1945年2月1日，农历腊月十九，正是年关将近之时。那时平谷，属于冀东西部平三蓟联合县，隶属于冀热辽区第十四地委、专署。我八路军冀东十四军分区司令部就设在平谷县城东北约10公里处的刘家河村。上午9点多，观察哨报告，一架飞机从山海关方向飞来。随后，天空传来轰鸣声。接着，出现一架大飞机，侧棱着翅膀，在刘家河、峨嵋山、东长峪一带上空盘旋。

我军民迅速做好防空准备，但飞机没有投弹。军分区首长判断，这应该不是日军飞机，可能是美国盟军飞机。上级早就要求根据地军民，及时救护美国盟军飞行员。这时，就见飞机费力地向上空钻了一下，随即努力摆平机身。飞机已然飞得不是很高，机身和翅膀地上的人都能看清楚。眼见飞机上的人开始跳伞，一个个缓缓下落。飞机也冒起了黑烟，不是好响地向东长峪方向飞去，随即传来巨大的坠毁声。

军分区首长立即组织部队、民兵进山展开搜救。最先跳伞的3名飞行员分别降落在刘家河村北老和尚洞的石砬上、村东北的山腰和黑枣沟内。落在山腰和黑枣沟的飞行员被民兵顺利救护下来。

有个飞行员落在北寨西面四五公里处的井台山东面陡砬沿上（图350），北寨的李成秀与大哥李成任就在那石砬下面，割可当明子点的狗奶子秧，眼瞅着大飞机打东南方向飞过来，飞行员从北寨的转山子上空跳伞，随着飞机飞行的方向一直向井台山这边落下来。从北寨上去了张凤林等六七个民兵，这名飞行员个子很高大，张凤革在前面背着，李成秀和李

图 350　井台山东面，一个美国飞行员落在高铁架右侧下面的石砬沿上挂住了（摄于 2012 年 5 月）

成任也过来，与其他民兵一起在后面轮流抬着两腿，好半天才救下山来。民兵给他找一头毛驴骑上，可他腿太长，两脚竟拖拉地上。就这样，把他送到刘家河村。

　　还有一名飞行员落在北寨村南的东道沟，降落伞挂在一棵大柿子树上，使他上不着天，下不着地，但没有受伤。峨嵋山村的部队赶过去，将他解救下来。

　　鱼子山村也营救了 3 名飞行员。当时 1 个落在大水峪，1 个落在坳沟，1 个落在井台山西梁，村里人先后把他们救下来。如在坳沟救下来的飞行员，村里人先抬到南门口村寨里边，帮着擦洗整理，再用骡子驮到一家房后大果园略作休息。那个飞行员微笑着给周围的每个人行个军礼，看的出来，虽然语言不通，但心里是感激和友好的。大家一直将 3 个飞行员护送到刘家河军分区。

　　机长最后一个跳伞。就在他跳出的刹那，飞机失去控制，斜刺里

坠毁在东长峪北山半山腰。飞机触山后，随即顺山势向下坐落，正砸着山脚的一处房子，把房子烧着了（图351）。而机长落在东长峪龙潭东沟附近，被十三团供给处的同志和民兵救护。

图 351　美国飞机在东长峪北山半山坠毁及烧着的山脚民房遗址（摄于 2012 年 5 月）

　　傍晚，其他 2 名飞行员也被转送到军分区所在地，11 名飞行员安然脱险！这些飞行员是反法西斯战争中的美国盟友，他们出示了随身携带的证件，漂白布上边交叉青天白日满地红的国民党旗，蓝色的汉字印着"来华参战美军××第××号"，下款"总司令蒋中正"，后边为中华民国年月日。

　　在紧张营救的同时，军分区首长料定平谷县城及胡庄据点日伪军一定会前来抓捕跳伞的美军飞行员，便提前命令军分区警卫连的两个排埋伏山东庄方向，准备堵击平谷县城可能出动之敌。驻峨嵋山村的军分区十三团一个连，派出一个班向胡庄据点游动警戒。果然，胡庄据点日伪军率先出动，在我警戒部队打击下，很快龟缩回去。随后，平谷县城日伪军也出动了，刚过西沥津不远，就被我埋伏部队所阻击。

美国飞行员获救后,机长欧维向军分区首长和抗日军民一再表示感谢。冀热辽军区尖兵剧社有个同志略通几句英语,正在军分区,便临时充做翻译,双方连比划再手势地"交谈"。当他们知道我们是共产党领导的八路军时,连声说:"好,好,我们是盟军。"接着,机长欧维用简单的拉丁字母拼音说出了一连串地名,双手又做出了飞机飞行的各种动作。大家终于弄清了情况。原来,这是一架 B29 式大型轰炸机,又称空中堡垒,机上共有 11 名飞行人员。飞机从成都起飞,去东北轰炸鞍山昭和制钢所。完成任务后,在返回途中飞机发生故障,飞过山海关上空后,航向转向西北,飞机失去控制,朝着平三蓟联合县方向飞来,在平谷上空失事,机上人员全部跳伞。

根据地军民热情款待美国盟友,尖兵剧社还演出了抗日话剧和歌曲等精彩节目,向美国盟友表示慰问。第十四军分区遵照冀热辽军区首长指示,派一个主力连将美军飞行员专程护送到晋察冀后方,最后安全转送到延安。

20 世纪 80 年代,《光明日报》《人民日报》海外版等刊登了记述当时营救情况的文章。而 1945 年 2 月 24 日第 137 期《救国报》,以《美国 11 名飞行员被我军民营救脱险》为题,具体报道了营救经过。有些细节,不为今人所知。录此,以存资料:

（本报讯）二月一日,美十四航空队超级空中保垒一架,袭满敌寇设施后,飞返基地途中,飞机发生故障,适在我冀热辽盘山上空,十一个飞行师乘降落伞落在山沟里。当时老百姓及我部队辩（辨）认不清,遂在山里搜索。因当时美国飞行师误认我部队为敌人隐蔽起来，所以一时未能找见。后在树丛中发现一人，我部队审视其衣服装束、面庞不像敌寇，认定为盟军机师，和他说话不能听懂，打旗语仍不懂，我部在没办法说通关系之际，一战士掏出一张毛泽东同志像，美国飞机师认得这是中国人民领袖毛泽东，遂拍手大笑，其余十人也都出来与我部队握手。次日，在×村开军民大会，热烈欢迎他们，并庆祝他们脱险。

54 根据地民主建政、减租减息及大生产运动

　　1944 年春，平三蓟联合县贯彻执行冀热边行署关于加强根据地建设的指示，建立健全县、区、村三级抗日民主政权。普遍建立民兵、妇女、儿童团等群众团体和武装组织，初步发展了抗日教育事业。3 月，平三蓟联合县召开区长以上干部会议，决定在山区和较巩固的平原区，彻底根除伪保甲制组织，进行民主选举，建立村政委员会，在新的游击区也建立村政委员会。山区和部分平原村庄普遍建立和发展民兵组织，特别是武装民兵，建立妇女联合会、儿童团、工会、农会等抗日群众团体。县政府民政科在蒋福山等村搞了民主建政试点，经过选举新建立的村政委员会，设村长、副村长、民政委员、财粮委员、调解委员。以后又增设教育、经济、武装、敌工等委员。村政权建立后，联合县约有村干部 1978 名。

　　1944 年夏，十三团、二区队和地方武装广泛开展活动，消灭反动"大刀会"，镇压汉奸，建立村政权，联合县已发展到 10 个区、400 多个村庄。为适应抗日斗争需要，冀热边特委决定，平三蓟联合县一分为三，将所辖顺义二十里长山一带、三河大部地区和通县地区划出，建立三通顺联合县，西南通县、香河一带建三通香联合县，东部仍称平三蓟联合县，直至抗战胜利。

为进一步改善基本群众生活，调动农民抗战积极性，团结各个阶层抗战，平三蓟联合县根据中央指示，1944年秋至1945年春，开展大规模减租减息、雇工增加工资运动。具体规定：对出租、出佃的土地，不论地租为实物或现金，出租、出佃人应一律按原租额减收25%。减收以后的租额以及新订的租额，均不得超过耕作物正产物收获量的375‰，简称"二五减租，三七五交粮"。对放债利息，规定年利率一分。雇工工资，成年人每年工资以能维持一般农民生活水平为原则。1944年减租减息和雇工增资运动在平三蓟联合县少数村庄试行，1945年春季多数村庄全面展开，普遍建立工会、农会组织。在村政权和工农会组织领导下，开展减租减息和增加工资工作，到1945年底基本结束。据统计，平三蓟联合县所辖11个区中，出租土地的共2424户，共出租土地3.83万亩，承租户达5811户。减租后，由原租额减到占出租土地正产物收获总额的375‰～300‰的，计有1.43万亩；占300‰～200‰的，计有1.26万亩；占200‰～100‰的，计有5823亩；不满100‰的，计有91亩。应退租土地共有2.49万亩，地主退出租粮6.41万斤。无力退还租额，将地改为典当以抵顶应退租额的计有368亩。雇工增加工资，全县11个区共有雇主4298户，雇用工人5872名，都增加了工资。这个运动，得到广大基本群众热烈拥护。联合县各级党组织和政权组织，领导广大农民群众同反抗减租减息的地主阶级，进行又团结又有节制的斗争，使减租减息、增加工资运动取得了很大成效。

经过减租减息、增加工资运动，使农民群众不同程度增加了收入，提高了生活水平，提高了政治地位，削弱了封建制度，也加强了基本群众的政治责任感，调动了抗日积极性。同时，也适当照顾到地主阶级利益，团结他们一道抗日。因此，使党和政府的威望大大提高，广大群众更加信赖党和抗日民主政府。

1945 年春，在继续抓紧减租减息、增加工资的同时，组织军民开展大生产运动。

1945 年 3 月，冀热辽行署发出关于开展大生产运动指示。指出："开展大生产运动是我们的主要任务。"以发展生产来增加人民的收入，减轻人民负担，改善军民生活，提高军民抗战积极性。"只要我们有了雄厚的物质基础，就不仅能支持长期战争，而且给未来的对日反攻打下坚固的基石。"要求各级政权干部，要"克服国民党的统治思想与剥削意识的影响"，克服官僚主义，必须以百分之九十的精力领导人民生产。要在战斗与生产、武力与劳动相结合和自由自愿的原则下，用拨工队、合作社、民兵组织、工农会等各种形式组织起来，开展大生产运动。此外，对领导机关与部队生产、对农民发放农贷、扩大耕地面积（开荒、成滩、平沟、毁路等项）以及兴修水利、改良土壤等各个方面，均做详细指示和规定具体政策。

按照行署指示精神，平三蓟联合县政府于 1945 年春，增设实业科，各区增设实业助理，专门领导和组织军民大生产运动。在 4、5 月间，广大军民纷纷行动，大生产运动轰轰烈烈展开了。在山区，广大军民一手拿枪，一手拿镐，重新开垦由于战争破坏的撂荒地（熟荒），并开垦一些肥沃的生荒地。在平原，军民们平壕沟，毁不常用的公路，修整滩地。军民生产热情十分高涨，还进行生产竞赛，人人争当劳动英雄、生产模范。如红石坎农民秦发、八路军女战士陈杰英等，都是当时大生产运动中涌现出的劳动英雄和生产模范，受到党和政府嘉奖。同时，平谷自古盛产棉花，传统土纺土织等手工业，也得到初步恢复和发展。如贾各庄恢复土纺土织后，承担给部队织绑腿带的任务，不仅有利于抗日支前，而且增加了群众收入，改善了生活。

这些举措，使根据地建设更加完善，根据地更加巩固，更好地调动和发挥了群众抗日积极性。

55 军民反攻与日军进行最后斗争

　　为粉碎日伪军突然奔袭、包围，保存我方力量，并能相继打击敌人，平三蓟联合县从 1944 年冬季开始，发动和组织平原地区人民开展地道战，在适合挖地道的村庄，挖了各式各样的地道。

　　挖地道组织工作，以党员干部为骨干，民兵为主体，男女齐上阵。先将本村地道挖通，形成一个大井字形。村外有出口，村内四通八达。然后扩展到村外，形成邻近村庄相互连接的地道网。如兴隆庄、中桥、西营等村相通的地道长约 10 华里，北埝头、鲁各庄、白各庄、北城子、小官庄等村相通的地道长约 15 华里，熊耳营、东西古村和北太平庄地道相通，中胡家务、后罗庄、杜辛庄、山东庄等 10 余村相通的地道，长约 10 余华里，放光、乐政务、东西杏园、北辛庄等村相通的地道长约 8 华里，大旺务、大庄户、赵家务、赵庄户、鲍庄子等村相通的地道长约 6 华里，南张岱、张岱辛撞、北张岱等村相通的地道长约 5 华里等。

　　地道设有秘密地道口、气孔，地道内有堵墙、反口、藏人洞、容人堂和厕所。尤其是地道口，十分巧妙隐蔽，日军不易发现。即使日军发现洞口，进了地道，也能利用隔墙反口等保存自己，杀伤敌人。如南张岱村，有座五道庙就是地道出口，而村东北大庙前殿大肚弥勒佛旁也是地道口。南张岱村地道从西北角出村，1944 年民兵钻进地道，日军用小钢炮打，把大庙前殿打着烧了。后来日军又找来扇车，往地道里扇风。

有了地道，使不易隐蔽的平原村庄，情况紧急时能够转移，还可以坚壁物资。抗日工作人员来去自如，民兵利用地道打击敌人。1945 年 4 月 17 日晚，几十名八路军战士送 18 驮军装，住到山东庄，突然遭到日伪军包围。群众立即把军装藏入地道。八路军战士见敌众我寡，不利于战斗，就从地道转移出去了，日伪军一无所获。1945 年 5 月，有一次区长和几个干部在赵家务开会。日伪军突然围村，他们立即钻入地道，安然脱险。

平三蓟联合县军民，在政治、经济等方面取得大发展的形势下，抓住有利时机，积极反攻，迫使日伪军节节败退。

1944 年 8 月，县政府通令，全县民兵大出击，烧掉日伪军设立"治安壕"上的小炮楼。在很短时间内，从上宅到峪口 60 余里"治安壕"上的炮楼均被烧毁。同月，二区北寨、鱼子山、桃棚三村民兵 70 余人围困峨嵋山据点。民兵们首先在夜里，填平村中所有水井，切断从小东沟流进村里的泉水。并组织全村群众，撤到北寨山里。然后，民兵分成若干小组，由北寨民兵队长崔桂林、鱼子山民兵队长王文元等带领，夜间悄悄摸到炮楼附近隐藏起来，严密监视。只要日伪军一出炮楼，能活捉活捉，不能活捉就击毙。他们还不停地喊话，引逗日伪军向外窥探，趁机射击。只一天时间，就被崔桂林等民兵毙伤 6 人。吓得日伪军既不敢走出炮楼，也不敢从枪眼窥探了，只是胡乱打枪。这样围困了 20 余天，日伪军水尽粮绝，难以支持。被迫于 9 月初，在平谷城日伪军接应下撤走了。

8月3日，二区600余民兵在八路军配合下，于夜间扛着镐锹、抱着地雷、担着大粪、青核桃皮，围困胡庄据点（图352），先在据点周围埋上地雷，然后向据点开火，搞得日伪军蒙头转向。部分民兵乘机运动到胡庄村里，填井填水坑，并在井里倒上核桃皮、大粪。日伪军向外射击，几个民兵倒下去，又有几个民兵冲上来继续填井。过后，日伪军又抓胡庄群众把井掏净。9月2日，进行第二次填井。八路军部队先猛攻炮楼，吓得警备队都钻到日军炮楼上去了。接着

图352　1945年4月，抗日军民烧毁日军胡庄据点

图353　1944年9月4日夜，冀东十三团夺取平谷城，这是指战员清点战利品的情形。图中站立者为十三团参谋长陈云中同志。（摄于1944年9月）

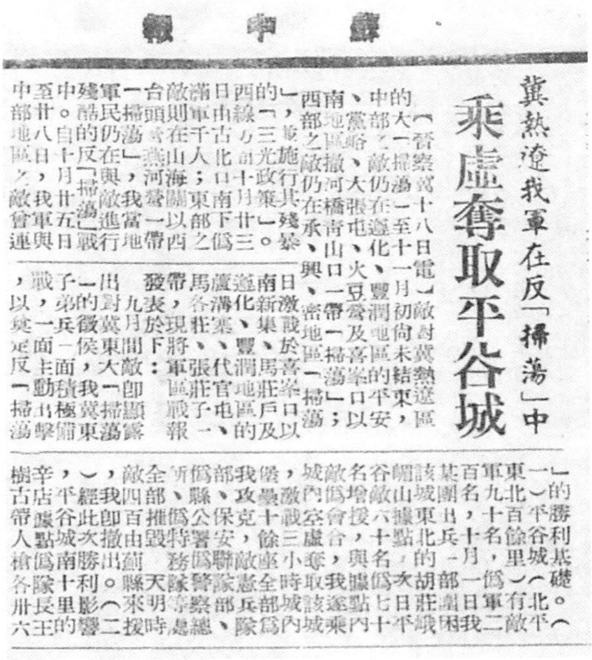
蘇中報

冀熱遼我軍在反「掃蕩」中
乘虛奪取平谷城

图 354　1944 年 11 月《苏中报》冀热辽子弟兵乘虚攻入平谷城的报道

组织胡庄群众撤到外村。这次填井，把高粱秸秆竖在井里，并填满了土，日伪军再也无法掏井了，就押着抓来的群众到洙水村取水，但是途中不断遭民兵袭击。最后，日伪军无计可施，只好从县城向胡庄运送。9 月 4 日夜，平谷日伪军大部出发向胡庄据点送粮。八路军十三团趁机奇袭平谷县城（图 353）。从夜里 11 点起，经过 3 小时激战，攻进平谷城，俘虏伪军中队长以下 410 多人。砸开监狱，救出群众百余人。捣毁了伪县公署、宪兵队、警察局、新民会，缴获步枪 110 支、子弹 1610 发、手榴弹 400 枚，并打开敌人仓库，将粮食分给穷苦百姓。天亮后，等蓟县 400 多伪军赶来救援，我部队早已主动撤离。1944 年 11 月《苏中报》对此予以报道（图 354）：

冀热辽我军在反“扫荡”中乘虚夺取平谷城

九月间，敌即显露出对冀东大“扫荡”的征候，我冀东子弟兵一面积极备战，一面主动出击，以奠定反"扫荡"的胜利基础。

平谷城（北平东北百余里）有日伪军九十名，伪军二百名。十月一日，我某团出兵一部，围困该城东北的胡庄、峨嵋山据点。次日，平谷敌六十名、伪七十名增援，与据点内敌伪会合。我遂乘城内空虚，夺取该城。激战三小时，城内堡垒十余座全部为我攻克，敌宪兵队部、保安联队部、伪县公署、伪警察总所、伪特务队等处全部摧毁。

天明时，敌四百由蓟县来援，我即撤出。

时间略有出入，或与报道有关，但不影响这篇报道对此次战斗细节的补充。

11月，县政府指示马坊一带村庄民兵，利用夜间火烧马坊四门。小屯村民兵到迟了些，当他们赶到马坊村外时，东西两门已经起火，日伪军正疯狂向四外扫射。小屯民兵坚决执行上级指示，冒着弹雨，将柴草运至北门，沉着地浇上煤油，点燃了大火。县政府对小屯民兵信守命令的战斗作风进行表扬，授予"信用村"光荣称号。

12月，八路军一部和民兵配合，围困上营据点，断绝粮水，逼得日伪军深夜弃楼逃跑。与此同时，广大军民对镇罗营、陡子峪等许多据点，也进行猛烈攻击和围困。全县（指现平谷县境界）经过广泛出击，被攻克、逼退或自行撤退的据点24个，只剩下平谷城、马坊、丫髻山、峪口、胡庄、东马各庄、将军关7个工事较坚固的中心据点了。

1944年冬，全县县区武装力量和武装民兵封锁平谷县城，分段把

守，轮流监视，禁
止一切农副产品及
其它物资进城，对
日伪军实行经济上
封锁，给平谷城
内日伪军造成军事
及生活上的极大困
难。另外，由于军
民展开广泛的封锁

图 355　抗日民兵出发去破坏敌人交通（摄于 20 世纪 40 年代）

围困，其他据点里粮食也严重困难，日伪军就四外抢粮，每次抢粮都遭到抗日军民的截击。

　　为了抗战胜利，民兵破坏敌人交通（图 355）、电话线，群众踊跃运粮支援前线。1944 年初冬，由于东高村民兵经常破坏交通，毁坏电话线，八路军游击队也曾在此伏击敌人。日伪军为确保交通联络，放火烧了东高村西部和西北部靠近公路的 800 间房屋。随后，于 1945 年5 月，日伪军打算在大庄户和东高村西北巨家坟增设炮楼，等日伪军修筑炮楼的材料刚备齐，一夜之间就被东高村民兵和群众全部抢走。后来又继续修大庄户炮楼，修到丈余高时，日军中队长山井带 30 余日军和 30 余名警备队，到平谷城内运给养。八路军十三团在民兵配合下，在东高村打一个伏击战，30 余名日军及山井全部被歼，30 余名警备队被俘，缴获 2 挺歪把机枪、2 个掷弹筒以及其它武器弹药等。修筑大庄户炮楼终于废止，日军控制平三公路的企图，也化为泡影。

　　在我军民全面反攻下，日军再疯狂反扑，也难以逃脱覆灭的下场！

56 刘家河群英大会与抗战胜利

　　抗战胜利前夕，1945 年 5 月 26 日至 29 日（农历四月十五日至十八日），十四分区在刘家河召开群英大会（图 356）。第十四地委、专署和军分区负责同志，八路军主力部队和战斗英雄、民兵英雄及拥军模范连同各村群众代表共 1000 余人参加了大会。

　　会上表彰了英雄模范，受表彰的平三蓟联合县的英雄模范，有盘山砖瓦窑的"八路军母亲杨妈妈"、盘山民兵班长丁福顺、南山村民兵英雄刘文生、西涝洼民兵英雄神枪手李明山、小东沟民兵英雄胡广才、大段洼拥军模范许大妈、梨树沟民兵队长张俊荣、塔洼村干部郭朝发、栲栳山民兵英雄姚成宝、女战斗英雄陈杰英，还有许多部队及地方的战斗英雄和模范。

　　胡广才，被誉为"运粮官，老英雄"（图 357）。1943 年初春，

图 356　1945 年 5 月，民兵模范去参加第十四军分区抗日群英大会

图 357　老民兵英雄胡广才向青少年进行革命传统教育（摄于 20 世纪 80 年代末 90 年代初）

在残酷的斗争环境下，八路军、地县委工作人员被迫退到平谷北山白羊、罗家沟一带，粮食发生极度困难，连能吃的树叶、野菜都难于采摘了。平三密联合县四区二十里长山一带存有一批公粮，因壕沟纵横，碉堡林立，运不过来。二区民兵大队长胡广才接受李子光交给的任务，和北土门共产党员郭子林一起，带领北山 10 个民兵，下山运粮。从北上营据点附近过封锁沟，到二十里长山一带，找到区干部，装上小米，利用夜间进行转运。运粮的重要一关就是过封锁沟。过沟时，要把粮袋从驴背上卸下，人扛着粮袋登梯子下到沟底，再登梯子爬上对岸。他们在群众的帮助下，把粮食从二十里长山，通过封锁沟，运到山地，供给部队、机关和群众食用。以后运粮路线又取道葫芦峪南山孟良洞沟，这是一条人迹稀少的羊肠小道，脚下是悬崖山涧。夜间行走看不见道，全靠摸索着前进。就这样，他们冒着生命危险，用 3 个月时间，在沿路群众支援下，为根据地军民运来 20 多万斤粮食，解决了山地的军需民食，为抗日出了大力，立了大功。

图 358　1945 年 5 月，抗日女英雄陈杰英（右）与八路军母亲杨妈妈（中）、小八路赵清泉在抗日群英大会上

陈杰英，女战斗英雄（图 358）。1944 年 2 月 14 日（农历正月二十一），放光日伪军到西古村"清乡"，陈生烈士妻子陈杰英被围村内，遭受着毒打，且被追问："八路军在哪里？"区干部刘曙光就站在眼前，陈杰英挺起胸膛一口咬定："不知道！"说完就猛冲过去，与日军撕打起来。几个日军吼叫着扑过来，把她绑了，又朝她腹部和腰部扎两刺刀，然后推到土坑里活埋了。日伪军走后，乡亲们赶紧把她扒出来，经过抢救，才得复活。陈杰英英勇斗争的事迹和不怕牺牲的精神，受到群众高度赞扬。不久，她毅然参加了八路军。

这次大会，号召党政军民响应中央七大号召，扩大解放区，北进热河，解放东北同胞。会后抽调部队及地方干部，组成北进第一支队，由李越之任工委书记兼政委，王文任副政委，师军任支队长，于 6 月下旬，挺向热河北部的围场、隆化地区。而群英大会的召开，更加鼓舞了军民的斗志，与日伪军进行最后斗争。

1945 年 8 月 8 日，苏联对日宣战，苏联红军出兵东北地区。8 月 9 日，毛泽东主席发表《对日寇的最后一战》的声明，号召中国人民的一切抗日力量，举行全国规模的大反攻。朱总司令向全国各个战场的八路军、新四军，发布大反攻命令。华北、华中、华南八路军和新四军，以风卷残云之势向日军反攻。

8月14日，八路军和民兵配合围攻马坊据点。据点驻有一小队日军和百余名伪军。围攻前，计划用炸药炸炮楼。围攻战斗开始后，发现炮楼以条石块砌成，十分坚固，而且只有一个门，日伪军用机枪封锁，难以接近。便改为从地下挖地洞到炮楼底下，用炸药摧毁的办法。当军民挖进一角时，被日军发现，他们也向下挖，与我们的地洞即将相遇，日军掏个枪眼，用枪射击，使我前进遇到困难。军民们就用湿被子、毡子、板柜等堵住日军枪眼，继续挖。这时，炮楼里断水缺粮，日军便把百余名伪军赶出来，伪军全部向我投降。军民经过3昼夜奋战，地洞挖到炮楼的3个角底下。随着一声巨响，半个炮楼斜陷，12个日本兵再也无力抵抗，只龟缩在未塌陷的半个炮楼内。抗日军民趁势冲上炮楼，将他们活捉。

8月15日，日本宣布无条件投降。消息传来，到处响起欢庆的歌声和锣鼓声。峪口镇附近村庄的几千群众在峪口镇集会，点燃了日军遗弃的炮楼，唱起了胜利的歌曲。十四专署下令，8月18日至20日，全区人民休假3天。每天早晨击鼓10分钟，晚上鸣钟30响，人们要用钟鼓之声向全世界宣告中国抗战的胜利！

平谷城守敌借口执行蒋介石的命令，等待国民党接收，拒不向抗日军民交枪。我政府就组织县区武装力量和民兵加紧围困县城。由于没有重武器，无法攻进城去。日军见我强大阵势也不敢突围，相持近1个月。9月13日，驻平谷日军在三河日军接应下逃往三河，平谷全境（指现界）解放。

抗日战争时期，冀东西部地区盘山、鱼子山抗日根据地的巩固和发展，为冀东抗日根据地的创建奠定了基础。冀东抗日根据地的巩固和发展，又为全国 19 块抗日根据地之一的冀热辽抗日根据地的创建铺平了道路。平谷及周边地区的人民，据平三蓟联合县政府 1945 年统计，在八年抗战中，有 125 名县区干部和 1787 名党员、村干部被日军杀害，2.47 万间民房被烧毁，3000 多头大牲畜、5.58 万头猪、1121.7 万斤粮食被抢走，1.55 万亩青苗被割毁，2.54 万多棵成材树木被伐，共损失折款约 1 亿多元。仅鱼子山村就有 2000 多间房被烧毁，180 多人惨遭杀害，10 户被杀绝。南山村被烧 7 次，1000 多间房屋成了废墟。勤劳、勇敢、热爱和平的盘山、鱼子山根据地人民，用自己的鲜血和生命维护了中华民族尊严，为国家独立、民族解放，做出了巨大牺牲和贡献！

57 粉碎国民党军的猖狂进攻

　　1945年9月13日平谷县城解放后，县委和县政府机关正式迁入平谷城内。1946年3月，根据十四专署指令，取消平三蓟联合县建制，恢复单一平谷县建制。鲁夫任县委书记，季宁任县长。平谷处于短暂的和平环境，全县人民在县委、县政府领导下，整顿党组织、整顿政权、整顿作风，加强治安保卫、稳定社会秩序，继续开展大生产运动，发展商业贸易。经过一年来的建设，全县各级政权得到了巩固，生产、经济各方面得到了初步恢复和发展。

　　1946年春，冀东区党委根据党中央的指示，部署冀东地区减租减息、查租查息和清算复仇工作。平谷县委贯彻执行冀东区党委会议精神，领导全县人民开展轰轰烈烈的清算复仇运动。6月，又依据党中央"五四指示"，把运动进一步引向土地革命，使两个运动紧密衔接起来。运动正待深入发展之际，9月，国民党军大举进攻，占据了平谷城和少数村镇。运动暂时停止，全县人民被迫奋起反抗，以粉碎国民党军的猖狂进攻。

　　就在抗日战争胜利后，平谷人民和全国同胞一样，渴望和平，迫切要求休养生息，发展生产，重建家园，建设民主、自由、幸福的新生活。根据当时全国政治协商会议和"双十协定"精神，遵照冀东区选委会指示，于1946年3月平谷人民进行选举国民大会代表工作。

3月28日至4月1日，全面进行普选。4月2日，全县220多村的选举工作结束。各村都选出了群众称心如意、忠实为人民办事的代表（大部分为党员干部）。随后，平谷县隆重举行选举国民代表大会，选举张明远、邓拓、张冲、李光汉、季宁、李守忠、赵一民当选为"国大"代表。选举国大代表工作，一方面增强人民争取和平民主的斗争信心，另一方面也使和平麻痹思想有所滋长。有些干部群众认为"代表也选了，一开大会和平就实现了"，以为和平就在眼前，因而放松了对蒋介石发动内战阴谋的警惕性。

蒋介石依靠美国支持，于1946年7月，悍然撕毁停战协定，下令向我解放区全面进攻。9月中旬，国民党军九十二军二十九师分三路围攻平谷。县委、县政府主动撤出城镇，转入农村。9月16日，国民党军占领了县城这座空城，继而建立国民党县党部、县政府、2个区公所、8个大编乡及地主武装伙会，支持地主富农、汉奸恶霸反攻倒算。在平谷城、东寺渠、西寺渠、东高村、大旺务、马坊镇等建立6处据点，蚕食周边村庄，疯狂围剿扫荡。据不完全统计，仅在国民党军占领的初期2个月内，就抢走粮食24万余斤，牲口30头，羊120只，布匹434匹，衣服4000多件，被褥380多床，其他家畜家禽、衣服鞋袜、家什器皿被损抢走无法计算，有的村庄被抢的十室九空。

早在国民党军进攻之前，党中央就发出"立即紧急动员起来，为彻底粉碎蒋介石的进攻，保卫解放区，保卫胜利果实，而坚决地投入反顽自卫战争"的号召，平谷人民积极响应。县委成立城工部（后改称国工部），各区设城工委员，建立区游击小队，并设武装大队长，将各村民兵及自卫队重新整顿，如县城周围的一区，民兵就有130名，步枪 78 支，自卫队员 500 名。在边缘地带的四区（刘家店、大华山一带），有固定民兵 56 名，每人大枪 1 支，自卫队员 700 多名。

1946 年 9 月底，乘平谷国民党军换防、只留一营守军之际，冀东十四分区主力一部，对平谷城内国民党军进行猛烈围攻，一、二、五、六区民兵送信、侦察、运送伤员，还配合主力部队作战。战斗进展迅速，我军已占领县城 3/4，杀伤守军 200 余名。这时国民党军援兵从东面来了，我军主动撤出。此次战斗，打掉了国民党军嚣张气焰。11 月 23 日，平谷国民党军及伙会 80 余人，向东西沥津、北辛庄一带出扰。县支队闻讯，埋伏北辛庄。待国民党军走入伏击圈，县支队奋勇射击，打死 5 人，活捉 17 人，缴获美式冲锋枪一支，短枪 10 余支，我无一伤亡。全县民兵还独立地开展袭扰、爆破、封锁、围困、割电线、破坏交通等活动。仅在 1946 年 11 月至 12 月间，一区民兵破坏交通达 21 里，锯电线杆 60 余里，割电线 230 多斤。二区民兵在平谷至张辛庄之间的公路上，每隔 3 丈挖一个横壕沟，将道路全部破坏，致使国民党军机动车难以通行。期间，一区民兵作战 54 次，杀伤国民党军 33 名，其余各区民兵都有不同的战果。

在政治斗争方面，县委要求各级干部要坚持地区斗争，提出"县不离县，区不离区，村不离村"的战斗号召。各级干部坚持原地区斗争，而国民党军占领区建立保甲制后，我们就运用抗日时期的经验，建立两面政权，表面支应国民党，实际是继续执行民主政府的政策法令。对那些忠心事敌、疯狂屠杀我干部及群众的反动分子，坚决予以镇压。在政治斗争中，同时争取瓦解国民党军。到 1947 年 4 月，仅四区、七区争取回来的国民党军、伙会 215 人，其中有 3 人携械反正。

在经济方面，打击伪币，由国营商店通过营业平抑物价，支持边币，恢复经济秩序。在解放区，开展生产运动。在游击区，加强民兵联防，保护生产，对国民党军实行严密的经济封锁。在国民党军占据平谷的后期，其物资供应越来越困难。总之，全县人民在县委、县政府领导下，逐步取得了政治斗争和经济上的主动权。

1947年初，国民党军在"全面进攻"失利后，改为"局部进攻"，"重点扫荡"。他们事先选好我斗争最坚决的村庄，探明情况，集中兵力，突然袭击，抢劫后立即撤回县城。夏各庄是自卫斗争最坚决的堡垒村之一。张占一、常纪等村干部白天隐蔽，晚上回村工作。在他们组织下，民兵有300多人，战斗力很强，拥有步枪29支，机枪2挺，手枪4支，国民党军、伙会始终不敢进这个村。

县委和政府及时总结经验，领导全县人民开展针锋相对的斗争。在国民党军、伙会"重点扫荡"时，县支队、区游击队和民兵相互配合，当得到确实情报，就预先埋伏，给以迎头痛击。这一时期，县支队和武工队与敌作战42次，俘敌55名，杀死伙会31名，打伤104名，缴获机枪1挺，步枪47支，手榴弹34枚，子弹8854发。夺回被抢劫的粮食2万余斤，柴7万余斤，羊107只，驴35头。各村民兵在4月间的10天中，在平谷城郊，埋雷封锁，缉私作战等16次，毙国民党军20名，伤54名，活捉特务1名，缴获机枪2挺，步枪4支，割电线百余斤。

1947年4月以后，国民党军为增防天津，救援保（定）南，不得不从冀东抽调兵力。平谷国民党军大部调走，只留下二十九师一六八团第一营（缺一个连），有300人左右。另有伙会200多人，保警队

100 余人。在我军民不断封锁打击下，国民党军已感到守备兵力不足，只好重修堡垒，深挖壕沟，修吊桥等，以为缩守。生活物资困难，靠抢夺度日，抢夺中则屡遭我伏击。5 月 6 日午，国民党军伙会 600 余人，倾巢出动，携重机枪 2 挺，迫击炮 1 门，包围了北屯村。民兵在堡垒中沉着应战，坚持到次日天明，终将其击退。北屯民兵以简陋武器，打败了比自己多 30 倍的国民党军、伙会，并杀伤军官以下 20 余人，创造了村落战的范例。

在我军民打击围困下，1947 年 6 月 16 日，盘踞平谷仅 9 个月的国民党军及伙会弃城逃走，平谷城又回到人民手中，平谷全境再次获得解放。

58 芮营阻击战

　　1948 年初，东北战局急剧发展，华北我军主要以配合东北战场作战为目的，牵制华北国民党军行动。随后，我华北野战军为切断国民党军华北与东北联系，发动声势浩大的夏季攻势，于 5 月 13 日至 6 月 25 日进军平北、热西、冀东，与国民党军周旋作战。在平谷前芮营，就发生了一次阻击战。

　　5 月底 6 月初，郑维山、胡耀邦率领华北野战军三纵队进驻平谷县，司令部设在靠山集。当时我军与国民党军边打边走，由顺义张镇以西地区，一直将其引入平谷县境。我战略意图是想在县东部靠山集三十二岭沟一带山区布一口袋阵，以将其全部吃掉。但国民党军一路紧追，我军难以从容布阵。就想搞一阻击战，阻止一下国民党军的追赶。

　　6 月 5 日（农历四月二十八）傍晚，我军选择了北从大小峪子、南至辛撞、马坊 20 多公里长的一线村庄作

图 359　芮营一带地图

为阻击阵地，留下一定数量的部队，县支队进行配合，而主力继续往东开进。在这个战线中，前后芮营一带（图359）地形最为有利。这里地势普遍高于对面邻村的天井、薄各庄一线，特别是前芮营村，面向天井的都是丈把高的大土坎。另外，地面上还纵横交错着抗日时期留下来的一人多深的交通壕。当天夜里，前芮营村驻下我军一个营，后芮营驻一个团。两村都有部分县支队战士。我军顾不得休息，饭后立即修壕沟，挖掩体，疏散群众，在树林等有利地点还新挖战壕，积极进行战斗准备。

第二天早晨，即6月6日（农历四月二十九），太阳还没有出来，10余架国民党军飞机飞来，在我军阵地上空盘旋轰炸。后芮营村一个叫连柱的小伙子，正赶着毛驴驮着小米准备去南张岱给解放军换蔬菜，结果被炸死村头。太阳刚露头，解放军部分断后队伍来到天井村，正准备吃饭，见国民党军飞机飞来，赶紧转移到前芮营村。

上午9点多，天井、薄各庄一线村里满是追赶来的国民党军，他们将老百姓的房屋、院墙，特别是面向我军阵地的村边房屋，扒豁口，凿窟窿，薄各庄李连伸家一个小院就架两挺重机枪。9点半左右，国民党军开始攻击，先以飞机轮番轰炸我阵地，然后以马队冲击前芮营阵地。冲到天井东杨树坟一带，我军枪声大作，马队丢下一些尸体退了下去。紧接着步兵弓着腰，蹚着齐膝高的麦子往上冲。等其靠近，我两个连的18挺机枪连同县支队两挺机枪一齐开火，国民党军很快被打退。不一会儿，天井东杨万田坟边出现3个戴大沿帽的军官，拿着地图指指点点地研究着。这时，从前芮营村一颗炮弹飞出，直落那里爆炸了。

这时，后芮营阵地也已打响。天井国民党军一面继续进攻，一面将部分兵力迂回到前芮营右翼，和薄各庄集结的国民党军配合，企图在后芮营阵地打开缺口。国民党军待飞机一阵轰炸，就从西洼子涝地爬上来，当距我只有三四十米远时，村南坟头上一解放军战士一抖手中小红旗，阵地上手榴弹一齐投过去。接着机枪声、冲锋号声骤然响起，战士们枪上刺刀跃出战壕，与国民党军在麦田里展开白刃战。而前芮营和天井之间的麦田里，两军也拼杀一起。

战斗到晌午时分，前芮营打退了国民党军五六次进攻，后芮营打退了国民党军第三次进攻，俘虏了一个连的士兵，缴获了他们给飞机拼信号的白布。我军把俘虏带到庄西大庙，审问其连长，得知了信号布的拼法。我们拼出信号布，当10余架飞机再来，误将自己的队伍认为解放军了，而进行凶猛扫射轰炸！

战斗持续到下午4点多，国民党军始终没能突破芮营防线。鉴于阻击任务已经完成，我军主动撤出战斗。至5点多，担任掩护任务的小部分战士向国民党军发动一次佯攻。结果在重火力扫射下，一个班战士全部牺牲。

这次阻击战，我军伤亡很小。而国民党军死伤约300余人，当地人看到从薄各庄东河沟到后芮营庄西，一直到天井和前芮营之间的大片麦田里，到处都是国民党兵尸体。芮营阻击战，为我军主力完成战阵布置，争取了宝贵时间。尽管最后国民党军没有钻入我军的口袋阵，未能在平谷将其全部消灭，但我军将其牵制住了，已经就是重大胜利。

 平谷的土地改革运动

　　1946年5月4日，党中央发出"中共中央关于土地问题的指示"（通称"五四指示"），要求各级党委要支持农民在反奸清算减租减息运动中，直接从地主手中取得土地的做法，要领导农民通过斗争达到消灭封建土地制度，实现"耕者有其田"的正义要求。着重指出，"解决解放区的土地问题是我党目前最基本的历史任务，是目前一切工作的最基本环节"，必须以最大的决心和努力，放手发动与领导目前的群众运动，来完成这一历史任务。党中央"五四指示"下达后，中共十四地委于1946年6月召开地委扩大会议，传达学习中央指示和区党委的布置安排，并结合本地区情况制定具体工作部署。当时的平谷县，虽然合理负担、减租减息、增加工资等政策的贯彻施行，在一定程度上限制了剥削，改善了农民生活，但尚未触及封建土地所有制这个根本问题，广大贫苦农民无地少地、受剥削的地位，没有根本改变。

　　7月10日至15日，中共平谷县委召开会议，对如何贯彻执行"五四指示"和地委决定具体研究，决定县委委员分工包片，在每片举办区村干部训练班。会后县委委员立即分赴各地，还有地委、专署领导同志一起参加。土地改革开始时，清算复仇运动尚未结束，两个运动内容互相融合，把清算复仇运动引向土改。而训练班还没结束，有些村的群众就已动起来。各区都采取以点带面的方法，确定重点村由领导

同志蹲点主持。

据土地改革前夕统计，全县有地主、富农1435户，占全县总户数的4.5%，有土地27.3万亩，占全县土地总数的59.4%，户均190.2亩；有中农5317户，占全县总户数的16.9%，有土地7.28万亩，占全县土地总数的15.9%，户均13.69亩；有贫雇农2.35万户，占全县总户数的78.6%，有土地10.96万亩，占全县土地总数的24.7%，户均4.67亩。如山东庄村地主张国栋，有土地3000亩，占全村土地的80%，自营土地600亩，雇工经营，其余出租。小辛寨村地主郭子高，拥有土地数千亩，仅本村就有900多亩。

土地改革从发动至9月16日国民党军占领平谷城前的2个多月里，在全县206个村庄范围内，203个村进行土改，只有3个村因自然经济条件不好，没有地主，而没有进行。这203个村，共有3.05万户，分配地主、富农土地6.95万亩，贫雇农平均每人分到土地1亩左右（图360），分配粮食6150万公斤、房屋1.66万间、大牲畜151头等。经过土改，工会由5685人发展到8025人，农会由8020人发展到1.92万人，妇女会由5775人发展到1.26万人，青年会由3726人

图360　广大贫苦人民平分土地

发展到 5415 人，儿童团由 8791 人发展到 1.39 万人，总计参加各种群众组织的为 5.93 万人，约占农村总人口的 35%，基本群众队伍壮大到占总户数 70%～80%。党的基层组织也受到考验和发展，村级政权得到了改造。在运动中，也出现一些问题，主要是，少数村庄侵犯了部分中农利益，对被斗争对象没有按照"五四指示"严格区别对待，有些村干部存有宁"左"勿右的思想等。当 9 月国民党军进攻平谷，土改被迫停顿，全县转入自卫战争。

1947 年 4 月，冀东区党委决定在全区范围内开展土地改革复查工作，十四地委主要领导亲自指导平谷的土改复查。平谷先后在四五区展开，四区清算出土地 6730 亩、房屋 2279 间、粮食 11.45 万余公斤、牲口 300 头，分给了无地、少地农民。经过复查，四区 128 户地主中，有 41 户降为中农水平、87 户降为贫农水平；219 户富农中，195 户降到中农水平、24 户降到贫农水平；1531 户贫雇农中，有 1520 户上升到中农水平。五区，地委宣传部领导亲自坐镇，由于过分强调"贫雇农路线"，不仅没收了地主的土地、房屋、浮财，还扩大到富农、中农，侵犯工商业。在斗争地主时，出现了滥打滥杀、酷刑逼供现象等。复查中，出现了"左"的倾向。8 月底复查基本结束。9 月，吸取四五区复查经验和教训，各区召开农民代表大会，作为全区最高权力机关。在复查运动后期，掀起了"保卫土地，保卫家乡，保卫胜利果实"的参军高潮，四区在后北宫召开参军动员大会，全区有 902 人参军。五区召开"消灭封建势力胜利大会"，当场有 28 个村的 1829 名青壮年报名参军，宣布成立五区"农民翻身团"。复查后，全县 7 个区共有 6560 名青壮年报名参军，实参军人数为 5916 名。为了支援人民解放军大反攻，县、区、村都成立

了支前委员会。未能参军的青壮年组成了担架队、运输队，全县妇女掀起献鞋活动。1947年，全县妇女共献鞋1万多双。

　　1947年10月，土地法大纲公布。1948年1月1日，平谷县委在西沥津召开土地会议，成立平分土地工作团，分赴农村。各村先后召开贫雇农大会、党支部大会和群众大会，2月初运动告一段落，贫苦农民得到了较为充足的房屋、家具、耕畜、农具等生产和生活资料。马坊地区平均每人分地2亩左右，北部山区平均每人分地1亩左右。在平分土地中，出现了错斗中农、贫农现象，在政治上歧视中农；在斗争策略上，对地主富农没有区别对待；整党中提出"不经过原来支部领导平分"，把经过烈火考验的党的基层干部当"绊脚石"搬掉，所谓"搬石头"，重犯了"左"的错误。5月1日，中共冀东区党委和行政公署联合发出《关于目前生产与土地改革中几个问题的指示》，对平分土地中存在的

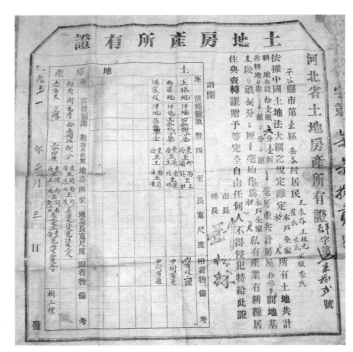

图361　1951年2月颁发的岳各庄村王桂先家土地证

问题做了规定，平谷县委从 5 月至 7 月对土改中的遗留问题，基本做了纠正，即"纠偏"。

1950 年年底开始颁发土地证，分三期进行。第一期，1950 年 12 月 23 日至 1951 年 1 月 10 日，有 95 个村发了土地证；第二期，1951 年 1 月 12 日至月底，有 102 个村发了土地证；第三期，2 月 10 日至 3 月 23 日，有 50 个村发了土地证。至 1951 年 3 月底，前后 3 个月时间，完成了全县颁发土地证（图 361）工作。

平谷的土地改革，从 1946 年 6 月执行"五四指示"开始，经过 1947 年土改复查，到 1948 年 1 月贯彻土地法大纲，最终以颁发土地证为标志，真正实现了"耕者有其田"，结束了封建土地制度。

为了新中国而南下的平谷工作团

　　辽沈、淮海、平津三大战役，国民党赖以维持其统治的主要军事力量基本被消灭。为将革命进行到底，夺取全国胜利，上级决定在冀东老区组织南下工作团，随军南下接收国民党政权，建设新解放区。

　　1949年1月初，平谷县委在西沥津河边召开各部委和各区主要负责同志参加的南下动员大会，十四专署马力专员做动员报告，解放全中国的高度革命责任感激励着大家。会后，县区干部踊跃报名。经组织研究，从中选出70多人（后来在唐山经组织决定回来8人），于2月中旬集中到县里，进行5天集训，进行革命理想和组织纪律教育。大家说，要打倒蒋介石，解放全中国，就必须服从组织分配。要建设社会主义就必须有牺牲精神，舍得妻子儿女，舍得自己的生命！当时年仅17岁的七区干事徐殿儒，晚上接到南下通知，当天夜里就赶到县里，没有向父母告别就跨进了南下的行列。县委组织部长陈善志，上有年迈父母，下有妻子儿女，面对组织决定，没有一点犹豫，没提任何条件。以县委书记王振宗为首的平谷南下工作团（图362），3月5日，打着写有"还我河山"的大旗，从县委所在地西沥津出发，到地委（在东高村）集训。3月12日，分区党政军机关全体同志举行欢送会，而后在群众的夹道欢送下乘坐马车，向冀东区党委所在地唐山进发。

图362　1949年3月，平谷县直属机关干部及全体南下干部合影

同时，地委和专署也在组织工作团。专署工作的付声远，就是在队伍出发时，临时决定他南下的，领导批准他回家看看，可他一瞧队伍已经出发，急忙打个小背包，将多余的东西托付同事转交家里，就追赶队伍去了。他老父亲知道后，为看儿子一眼，竟骑车一直追到唐山。

队伍驻在唐山开平的西尚庄，被编为冀东南下工作团第三大队第二中队。冀东区党委书记吴德作形势教育报告，郭贞代表第二中队表示决心。南下工作团初定接收武汉，进行两个月的理论学习，主要学习党的城市工作方针、政策，党的基本知识以及社会发展史。通过学习，大家第一次明白了"人是由猴子变来的"，人类必然要发展到社会主义、共产主义。系统的理论学习，使大家对南下的意义认识得更深刻了，对如何开展城市工作也增强了信心。

5月25日，从唐山动身，坐了7天7夜火车，6月2日到达河南新郑县，驻在沙庄，等待开赴新区。在这里又进一步学习，内容有陈毅"关于中原解放区的形势"、邓子恢"论群众运动"和七届二中全会文件。学习期间，革命形势飞速发展，天天听到好消息。根据需要，上级将十四地委、专署和十五地委、专署两个大队合并，接收湖南。平谷工作团被分配到零陵地区的嘉禾县。就在此时，付声远由十四地委回到县里。新整编的平谷工作团编制为：县委书记王振宗，县长张子祥，组织部长陈善志，宣传部长付声远（图363）。下设5个区，每区五六个人，有书记、区长、宣传委员、组织委员、武装委员。整编后，党员和副区长以上干部，在一片树林中听取湖南省委副书记金明关于接收城市工作的报告。大家听到在毛主席家乡工作和飞速发展的革命形势，情绪饱满，士气高昂。组织上每月发两元钱津贴，大多数同志都交了党费。大家所有的，只是一身军装，一杆枪，所希望的是早日到达毛

图363 付声远（左三）离休后，与当年战斗过的老同志一起，在河北唐山冀东烈士陵园鲁夫墓前留影。鲁夫为平谷县委书记，1947年土改中去世，天津蓟县盘山烈士陵园也有鲁夫墓。鲁夫去世后葬在了北埝头村，墓碑以旧碑镌刻，现存上宅文化陈列馆

主席的家乡，把毛主席的家乡建设好。

7月20日，从新郑县沙庄出发，坐了一段火车，因为刚刚恢复的铁路，有的地段不通车，就完全靠步行了。到汉口时，正赶上发大水，水面高于浮桥1米多，长江两岸一片汪洋。晚上7点多，大家手挽手，你扶着我，我挽着你，在齐腰深的水中一步步挪动，夜里2点多钟才到对岸。上岸后大家累倒路边，有人困极了，不小心砸着了当地人路旁休息的帐子，惊醒了睡在里边的人。在汉口住了数日，8月上旬，队伍来到湖南平江县，驻在三眼桥。平江县地下党的县委书记来看望大家，并举行了联欢会。会后，他要求工作团帮助平江借粮，以保证大军军需。大家接受任务后，便分头到各区去开展工作。

由于环境不适，水土不服和连续几个月行军，工作团有多一半人相继打起摆子，驻地就像医院一样躺满了病人。通讯员耿长荣，早起送信到县城，一天没吃东西，晚上回到驻地吃了一顿糙米饭，因此得了急性胃病，由于医疗条件差，治疗无效，竟献出了生命。耿长荣是耿井村人，去世时年仅24岁。

因难没有吓倒他们，凭着对党的事业的耿耿忠心，大家战胜疾病，战胜困难，从地主手里借了90万斤粮食，保证了解放大军的军需。

9月中旬离开平江，分两批开进长沙。这时我军以摧古拉朽之势，很快解放了湖南西部地区。湖南省委考虑湘西是山地，经济落后，土匪众多，条件艰苦，而平谷是革命老区，广大干部在抗日战争、解放战争中，经受了艰苦的锻炼，具有群众工作的经验，组织决定平谷南下工作团不去嘉禾，调往少数民族聚集地湘西。

从长沙出发，9月31日住在益阳，第二天便听到了毛主席"中华人民共和国成立了"的庄严宣告，大家兴奋异常，欢欣鼓舞，加速行程，10 月 3 日抵达目的地湘西沅陵，在那里度过了来南方的第一个中秋节。

湘西所属的沅陵地区，9 月 18 日由三十八军解放，10 月 4 日由平谷南下工作团接管，而后，他们立即开展了工作。

一是建立取权，征粮支援大军。

平谷南下工作团，按照组织安排，主要力量接管沅陵，抽一部分骨干到溆浦、永绥、卢溪三县。当时的分配情况如下：

1. 沅陵县

县 委 书 记	王振宗
县 委 秘 书	李东瑞
组 织 干 事	贺连江
宣 传 干 事	张福增
县 长	张子祥
政 府 秘 书	杜美林
财 政 科 长	张荫文
民 政 科 长	王明富
工 商 科 长	秦汉文
粮食局副局长	张永清
税 务 局 长	孟永兴
公安局副局长	李子贵（顺义县人）
公 安 局 股 长	曹世璞
劳 改 队 长	谢尽臣

法　　　院　　　刘瑞丰　赵山青

总　　　务　　　周宗唐　张大武

机要、收发、通讯等工作由吴和、何庆云、王立勤、牛德良等负责。

下设的 7 个区中

一区　刘云华（书记兼区长）

二区　王吉言（副书记兼区长）　陈希慈

三区　宋文浦（副书记兼区长）　支凤山　张书芬

四区　曹宝生（副书记兼区长）

五区　王宝立（书记兼区长）

六区　李山峰（书记兼区长）

七区　王　月（副书记兼区长）　徐殿儒

2. 溆浦县

分配到溆浦县的，有付声远、田茂生（顺义县人）、赵瑞成、王容宽、李贺庭、范文秀、岳庭秀 7 人。付声远任县委宣传部长，其他同志到各区任区委书记、区长或副区长。

3. 永绥县（现在花垣县）

分配到永绥县的，有郭贞、韩太和、许全、张振邦、刘明贤、王惠彬 6 人，到各区任区委书记、区长或副区长。

4. 卢溪县

分配到卢溪县的，有崔仲义（图 364）、李珍、魏殿起、张玉怀、金利国 5 人，也到各区任区委书记、区长或副区长。

另外，陈善志调到沅陵地委，王蕴志、曹志城、张春生调到沅

图364　2013年6月，作者柴福善与回乡的南下干部崔仲义（中）、岳庭秀（右）访谈时合影

陵专署。

政权建立，只是工作的起点，解放大军打垮了国民党军，但散兵盗匪到处都是，特务组织不断进行破坏活动，封建地主和宗族势力勾结，与共产党暗中为敌。有位区长（不是平谷人）在下乡途中挨了黑枪，有位女干部被暗杀，财粮干部刘明贤在运粮途中受到土匪围攻。在错综复杂的斗争中，大家没有畏缩，凭着大智大勇和在抗日战争、解放战争中积累的丰富斗争经验，赢得了当地广大群众的拥护。财政科长张荫文，接收伪财政科时，那些伪职人员大多数是精通文墨的财粮先生，不相信北方的"土包子"能当家理财。接收这天，他们大事张扬，把办公桌搬到门口，吸引了不少群众，目的是摆个阵势让新科长看看。张荫文身着当地农民服装，到了财政科，看到这个阵势，索性蹲在群众中抽起烟来。过了一会儿，有个职员说："新科长怕是不敢来了吧？"闹得群众哄堂大笑。这时，张荫文站起来，不慌不忙地说："新科长就是我！"几个职员看着这个兵不像兵、民不像民的"官"，想笑又不敢笑。张荫文坐到办公桌前，问了几个人的姓名，

就让他们一笔笔地报账，对几笔错账当即指出来。这些人见张荫文对会计科目结算手续了如指掌，打起算盘滚瓜烂熟，都从心里服了气。建政后，工作团集中精力征集粮食，有力地支援了解放大军。

二是剿匪反霸，镇压反革命。

湘西土匪众多，横行乡里，是历史上有名的土匪窝子。仅在沅陵县就有"四大金刚八大王，七十二个半脚材"之说，人数达 1 万多人。群众听说剿匪就怀疑地说："几百年就没断过土匪，共产党能行吗？"面对疑虑，大家非常坚决，1950 年下半年，剿匪大军化整为零，配合地方干部把剿匪反霸作为中心工作，先摸清各股土匪活动情况以及地方恶霸住处，而后统一行动，连续几天突击，把土匪头子、恶霸分子全部抓获，该镇压的镇压，该法办的法办，缴获枪支 1 万多条，全县土匪被剿灭。

三是土地改革，彻底消灭封建土地所有制。

随着剿匪反霸的胜利，共产党的威望在群众中一下树立起来。自 1951 年开始土地改革，1952 年又进行土改复查，从此，几千年来一直被封建地主阶级占有的土地全部归人民所有了。一个沅陵县，有 70 多万亩土地分给了群众。从此湘西人民更加信赖共产党，坚定不移地走上了社会主义大道。

新中国成立初期，平谷又有南下广东等地的干部。南下的干部们，当年为平谷的解放做出了贡献；他们听从党的号召，离开故土南下，又为那里的革命和建设做出了贡献。他们是平谷人民的优秀儿女，平谷人民为之而骄傲！

参考文献

［1］司马迁．二十五史·史记．上海：上海古籍出版社，上海书店，1986.

［2］班固．二十五史·汉书．上海：上海古籍出版社，上海书店，1986.

［3］范晔．二十五史·后汉书．上海：上海古籍出版社，上海书店，1986.

［4］脱脱等．二十五史·金史．上海：上海古籍出版社，上海书店，1986.

［5］房玄龄，褚遂良，许敬宗等．二十五史·晋书．上海：上海古籍出版社，上海书店，1986.

［6］赵尔巽．清史稿．上海：上海古籍出版社，上海书店，1986.

［7］周家楣，缪荃孙等．光绪顺天府志．北京：北京古籍出版社，1987.

［8］孙承泽．天府广记．北京：北京古籍出版社，1982.

［9］于敏中等．日下旧闻考．北京：北京古籍出版社，1983.

［10］刘侗，于奕正．帝京景物略．北京：北京古籍出版社，1983.

［11］蒋一葵．长安客话．北京：北京出版社，1962.

［12］黄彭年．光绪畿辅通志．石家庄：河北人民出版社，1985.

［13］郦道元．水经注．上海：上海人民出版社，1984.

〔14〕郦道元，陈桥驿等.水经注全译.贵阳：贵州人民出版社，1996.

〔15〕范祥雍.古本竹书纪年辑校订补.上海：上海古籍出版社，2011.

〔16〕张玉春.竹书纪年译注.哈尔滨：黑龙江人民出版社，2003.

〔17〕李志常.长春真人西游记.石家庄：河北人民出版社，2001.

〔18〕李立军.原本皇帝全传.延吉：延边人民出版社，1996.

〔19〕李贤等.大明一统志.西安：三秦出版社，1990.

〔20〕穆彰阿，潘锡恩等.大清一统志.上海：上海古籍出版社，2008.

〔21〕蒋溥等.乾隆二十年钦定盘山志.钦定四库全书史部本.

〔22〕方苞.方苞集.北京：中华书局，1983.

〔23〕冯其利.清代王爷坟.北京：紫禁城出版社，1996.

〔24〕沈德潜.清诗别裁集（影印本）.北京：中华书局，1975.

〔25〕高天凤，金梅等.乾隆通州志.清乾隆四十八年刻本.

〔26〕李树德，李泽棉.李氏谱系.铁岭：铁岭市博物馆，1991.

〔27〕郑燮.郑板桥全集（影印本）.郑州：中州古籍出版社，1992.

〔28〕昭梿.啸亭杂录.北京：中华书局，1980.

〔29〕谭正璧.中国文学家大辞典（影印本）.上海：上海书店，1981.

〔30〕李锴.含中集·辽海丛书三（影印本）.沈阳：辽沈书社，1985.

〔31〕李锴.李铁君文钞·辽海丛书三（影印本）.沈阳：辽沈书社，1985.

［32］盛昱.八旗文经（校点本）.沈阳：辽海出版社，2009.

［33］杨钟义.八旗文经（清光绪刊本影印）.台北：华文书局，1969.

［34］李锴.乾隆三十八年尚史（残本）.悦道楼藏版.

［35］李锴.乾隆三十八年尚史（文渊阁四库全书影印本）.台北：台湾商务印书馆，1986.

［36］李锴.睫巢集·清代诗文集汇编.上海：上海古籍出版社，2010.

［37］李锴.睫巢后集·清代诗文集汇编.上海：上海古籍出版社，2010.

［38］李锴.睫巢集·八旗丛书（富察恩丰清末民初抄本）.剑桥：哈弗大学.

［39］李锴.睫巢后集·八旗丛书（富察恩丰清末民初抄本）.剑桥：哈弗大学.

［40］李锴.集杜·八旗丛书（富察恩丰清末民初抄本）.剑桥：哈弗大学.

［41］李锴.睫巢集三卷（手稿）.上海：上海图书馆.

［42］上海图书馆.上海图书馆藏明清名家手稿（上）.上海：上海古籍出版社，2006.

［43］毕宝魁.东北古代文学概览.沈阳：春风文艺出版社，1993.

［44］马清福.东北文学史.沈阳：春风文艺出版社，1992.

［45］董玉瑛，丛佩远.东北历史名人传（古代卷）下.长春：吉林文史出版社，1990.

［46］纪昀．四库全书珍本初集．沈阳：沈阳出版社，影印，时间不明．

［47］林传甲．大中华京兆地理志．北京：中国青年出版社，2012.

［48］郭璞，邢昺．尔雅注疏．上海：上海古籍出版社，2010.

［49］徐朝华．尔雅今注．天津：南开大学出版社，1987.

［50］王仲荦．北周地理志．北京：中华书局，1980.

［51］吴晗．明史简述．北京：中华书局，1980.

［52］李汝珍．镜花缘．北京：人民文学出版社，1979.

［53］李蔚．诗苑珍品璇玑图．北京：东方出版社，1998.

［54］张映勤．寺院・宫观・神佛．天津：北京出版社，1994.

［55］刘炎臣．刘炎臣文集．天津：天津古籍出版社，2015.

［56］蔡美彪．八思巴字碑刻文物集释．北京：中国社会科学出版社，2011.

［57］陈怀信，郭慧君．延安五千年．西安：天津社会科学院出版社，1991.

［58］北图古籍编辑组．北京图书馆古籍珍本丛刊（第105册）．北京：书目文献出版社，1998.

［59］王灿炽．北京史地风物书录．北京：北京出版社，1985.

［60］张恺新．兴城古城．长春：吉林摄影出版社，2008.

［61］王建国，岳晓云，李怀全．涿鹿县志．涿鹿：涿鹿县地方志编纂委员会，2001.

［62］陈子昂撰，徐鹏校点．陈子昂集．上海：上海古籍出版社，2014.

[63] 赵慧平.陈子昂.沈阳：春风文艺出版社，1999.

[64] 徐文茂.陈子昂论考.上海：上海古籍出版社，2008.

[65] 梅宁华.北京辽金史迹图志（上下）.北京：北京燕山出版社，2003.

[66] 齐心.图说北京史（上下）.北京：北京燕山出版社，1999.

[67] 国家文物局.中国文物地图集·北京分册（上、下）.北京：科学出版社，2008.

[68] 北京市文物研究所.北京文物与考古.北京：北京市文物研究所第四辑，1994.

[69] 北京辽金城垣博物馆.北京辽金文物研究.北京：北京燕山出版社，2005.

[70] 薛瑞兆.金代科举.北京：中国社会科学出版社，2004.

[71] 李斗.扬州画舫录.北京：中华书局，1960.

[72] 政协天津市红桥区委员会，天津博物馆.水西余韵.天津：天津古籍出版社，2008.

[73] 王世新.红桥区志.天津：天津古籍出版社，2001.

[74] 韩吉晨，戴柏俊.桃柳堤.天津：红桥区志办，1992.

[75] 郭京宁.北京考古史·史前卷.上海：上海古籍出版社，2012.

[76] 张智勇.北京考古史·夏商西周卷.上海：上海古籍出版社，2012.

[77] 胡传耸.北京考古史·汉代卷.上海：上海古籍出版社，2012.

［78］李永强．北京考古史・明代卷．上海：上海古籍出版社，2012.

［79］朱志刚．北京考古史・清代上卷．上海：上海古籍出版社，2012.

［80］张中华．北京考古史・清代下卷．上海：上海古籍出版社，2012.

［81］宗庆煦．民国三年密云县志．北平：京华印书局，1914.

［82］密云县公署．民国二十七年密云县志．密云：密云县公署，1938.

［83］陈伯嘉．清康熙十二年三河县志．三河：三河县（手抄本）.

［84］陈昶．乾隆二十五年三河县志．北平：北平中华书局，1935.

［85］吴宝明．民国二十四年三河县新志．北平：北平中华书局，1935.

［86］周仲士．明万历三十二年怀柔县志．怀柔：怀柔县志办，怀柔县档案局，2001.

［87］吴景果．清康熙六十年怀柔县志．怀柔：怀柔县志办，2000.

［88］怀柔县文化文物局．怀柔文物集成．怀柔：怀柔文化文物局，1998.

［89］天津市地方志编修委员会办公室，天津市蓟县地方志办公室．明嘉靖蓟州志，清道光蓟州志，民国蓟县志．天津：天津社会科学院出版社，2014.

［90］仇锡廷．民国三十三年重修蓟县志．蓟县：蓟县公署，1944.

［91］蓟县志编修委员会．蓟县志．天津：南开大学出版社，1991.

[92] 赵海军.蓟县文物志.天津：天津人民出版社，2014.

[93] 天津市地方志编修委员会办公室，天津市蓟县《盘山志》编修委员会.盘山志.天津：天津社会科学院出版社，2010.

[94] 天津盘山风景名胜管理局.盘山金石志.天津：天津社会科学院出版社，2013.

[95] 金振东，刘春，董秀娜.蓟州风物志.天津：天津古籍出版社，2006.

[96] 蔡习军.清代蓟州皇家胜迹.天津：天津人民出版社，2008.

[97] 马书田.全像中国三百神.南昌：江西美术出版社，1992.

[98] 项景倩.清雍正六年平谷县志.平谷：平谷县公署，1728.

[99] 朱克阅.清乾隆四十二年平谷县志.平谷：平谷县公署，1777.

[100] 王兆元.民国九年平谷县志.北京：北京中华印刷局，1920.

[101] 王兆元.民国二十三年平谷县志.天津：天津文竹斋印，1934.

[102] 平谷县地名志编辑委员会.北京市平谷县地名志.北京：北京出版社，1993.

[103] 平谷县志编纂委员会.平谷县志.北京：北京出版社，2001.

[104] 平谷区文化委员会.平谷文物志.北京：民族出版社，2005.

[105] 平谷区文化委员会.平谷石刻.北京：北京燕山出版社，2010.

[106] 平谷区文化委员会.平谷文物揽胜——北京市平谷区第三次全国文物普查资料汇编.平谷：平谷区文化委员会，2011.

[107] 平谷区档案局（馆）.档案见证幸福平谷.平谷：平谷区档

案局（馆），2014，3.

　　［108］平谷区档案局（馆）.档案见证幸福平谷.平谷：平谷区档案局（馆），2014，11.

　　［109］尹钧科.北京历代建置沿革.北京：北京出版社，1994.

　　［110］罗哲文，刘文渊.世界奇迹——长城.北京：文物出版社，1992.

　　［111］罗哲文，柴福善.中华名寺大观.北京：机械工业出版社，2008.

　　［112］罗哲文，柴福善.中华名桥大观.北京：机械工业出版社，2009.

　　［113］罗哲文，柴福善.中华名塔大观.北京：机械工业出版社，2009.

　　［114］韩牧苹.洵阳杂录.呼和浩特：远方出版社，2000.

　　［115］胡永连.平谷民间文学集成.平谷：平谷文化馆，1999.

　　［116］柴福善.丫髻山.北京：民族出版社，2012.

　　［117］柴福善.丫髻山楹联匾额.北京：中国民族摄影艺术出版社，2012.

　　［118］柴福善，张晓强.丫髻山碑刻.北京：民族出版社，2016.

　　［119］柴福善，张晓强.丫髻山传说.北京：民族出版社，2016.

　　［120］柴福善.平谷寺庙志略.北京：民族出版社，2014.

　　［121］柴福善.峪口史话.北京：中国文史出版社，2014.

　　［122］柴福善.独乐河史话.北京：中国文史出版社，2015.

　　［123］周正义.北京地区汉代城址调查与研究.北京：北京燕山出版社，2009.

理解的高度与文化的力量

——读柴福善先生《平谷史话》(修订本)感言

我只是作为一名读者，一个晚辈，抱持着对文化的尊重与敬畏，以虔诚而谦卑的姿态来观望、仰望这本书以及作者，在历史与现实的对接衔接中，试图从理解的高度来发掘发现文化的力量，适度解读把这本书称为平谷"史记"的内质与本因。

览阅千年文化史，万古江山入卷来。

可以说，《平谷史话》(修订本)是迄今为止，所有平谷史书或史志材料中，时间跨度最长、人物记述最全、历史概貌最真、资料考据占有最多最翔实的，体现了大容量、多角度、全视野、高站位的风格和特点。

从表层来看，这本书以时间为线，是对平谷悠久历史全面真实的记录。从深层意义来讲，结合司马迁的《史记》，借以观望两者的一些相通之处、诞生历程与价值所在。

理解的高度之一，文化的力量在于信仰——精神层面，浇铸信仰，为历史立言并正言。

信仰是与人并生的现象与存在，可以将人的精神生活提升到最高境界，赋予人生意义和动力，包括中国梦和核心价值观在内，其主要内核是信仰。习近平文艺思想中首谈的就是信仰之美、力量之美。精神信仰，是一个人完成一件事或一项事业的强大内驱动力和定力，有了这种支撑，方能认定目标，百折不挠，百转不回，遇难而进，不言放弃。

我们知道，司马迁写《史记》，"隐忍以就功名"，倘若没有强大的精神信仰支撑，也就没有我们今天所见的中国历史学出发点上这座不朽的纪念碑。两千年多前，司马氏以命世之才、旷代之识、高视千载，创立了《史记》。表现了作者在一定时间节点的精神折射，以及现实在场感、问题责任感和历史使命感。

而两千年多后，在我们身边，在平谷这方有着千年文化记忆的古老大地上，柴福善老师也以一样的执著精神，无意中与古人做了一次前有痕后有辙的效仿。一如我曾感慨的那样："志未磨，性自倔，一片江山如在睫。云帆济沧海，莫停歇。"

柴老师素朴勤奋，几十年来，他知常守道，"以诚实的劳动安身立命"，坚守为学治学真理，不怕被外人道其旧观念、落伍、呆化。他在努力付出中，曾饱尝了孤掌难鸣不为外界理解的痛苦，当别人打牌娱乐吃饭应酬时，他却在苦思冥想奋笔疾书；当别人携同家人出外踏青游玩时，他却流连于村间与九旬老人走访问解。今天的时代，停下脚、静下心来"披阅十载、增删五次"，更需要强大的耐力与定力，柴老师就是这样以强大的精神定力坚持着。"寂然伏案，精力致力于此，甘苦自知。"他曾在《平谷寺庙志略》后记中写道："即使是1月30日马年除夕之日，也未歇息。且对一些地方再次实地踏查，甚至将人请来访谈，尽量减少错误与缺憾，以无愧于今人，更无愧于后人与历史。"

持守与持恒的精神信仰，是其为平谷历史文化著书立说的内因与力量，他以精神恒一、信仰恒长的动力与定力，终于经过了炼狱，跃过了险滩，获有一片新天地、新境界。

他曾谦逊地形容自己如一只笨鸟，数十年来，他以勤来补拙，"夜耿耿而不寐，沾繁霜而至曙"。从青春华年到白发皓首，可谓痴心不改，矢志不渝。为了给平谷历史留下最为宝贵的精神富矿，他在几百万的颗颗方块字间，在数百个村落之中，在平谷960平方公里的大地上，从始自终、不乏孤独地坚持着坚守着。他的足迹遍布平谷的每一个村落，每一块与历史文化相濡染的土地。时下很少有人能这样付出，也很少有这样的力量能与他的精神相比肩。

而他勤奋执著的另一个代价则是积劳成疾，2012年8月，因心血管狭窄，差一点做了心脏支架手术，此后每天都要坚持用药。尽管如此，他依然如故，日复一日，年复一年，忍住身体的不适，耐住寂寞，笔耕不辍。因为心血管疾病需要长期服用阿斯匹林肠溶片，在降低血液粘稠度同时也导致血液稀释，他常年下乡踏查走访中，稍不留神就被山间林木岩石划破皮肤血流不止，为此，柴老师一直随身带着创可贴来止血，这些困难丝毫没有减弱他求真求实的作为。

他把勤奋执著升华为人生勇往直前的力量，他向我们呈示出一种难能可贵的伟大而朴实的学问的气象。他用精神信仰支撑作为，开启智慧，终为平谷历史留下了恒久绵长、泽被后世的记忆，也就是我们所见到这部洋洋洒洒蔚为大观的《平谷史话》（修订本）。

装帧精美、古朴大气的《平谷史话》（修订本）面世，是功在当代、利于千秋的一件大事、好事，可谓明于世、重于天。这其中的艰苦与付出不是用一两句话就可以表达清楚的，这是作者心血才智的结晶，体现了作者用心做事业、观照全局的宏大视野，也体现了一种非同寻常的精神信仰。

生养我们的这块神奇大地，带着历史与人文精神的润泽，令我们敬仰。正如我在一首小诗中所表述的那样："行远思长，山鸣谷荡，精神的回响，信仰的铿锵，将这个世界再造滋养。"感谢柴老师本人以及作品带给我们的无限的精神信仰力量！

理解的高度之二，文化的力量在于实践——实践层面，倾力而为，终成一家之言。

柴老师自己感言："曾编写县志 10 年，阅览了能够找到的与平谷有关的典籍文献；分管文物 12 年，看了地上地下能够看到的文物遗存；做文史工作 8 年，跑遍了全区每个村落。这些年自觉与不自觉都是在做与平谷历史文化相关的事情。"

其实，柴老师最初是以散文家、诗人的面貌与身份出现的，其后因为工作原因，更因为一种责任使然，他把重心转型到史学领域。这一潜心就是三十年。感性的笔触，加以理性的思辨，成就了他质文兼备的一家之言。当然，文学功力的积淀与沉淀，为柴老师心有所归心有所属的历史文化做了充分的预热铺垫，所以才有了这本不断补充完善出来的《平谷史话》（修订本）。

在此，我想作这样一个借喻，假设历史是一堵有门的围墙，我们许多人沿着围墙走了很多年，却连门的影子也没找到，而柴老师对于我们的意义则在于：他帮助我们找到了通往历史的那道门，他是我们和历史之间的那个任劳任怨的摆渡者，他帮助我们释放还原出对真实历史的解读能力，给予我们想象历史的方式与媒介。这也应和了中国社科院研究员、著名学者白钢先生在柴福善《志书补遗》出版发行座谈会上所言"线索提供、线索索引"的要义与贡献。

柴老师把文史工作"匡史书之误、补档案之缺、辅史学之证"的作风带到了对历史文化的研究之中，他以强烈的历史责任感，重视资料考辩和实地踏查，反复研究现存典籍文献和文物遗存，力求做到求真求实，言有所据、事有所依、思有所本，不随意信从道听途说，更不随意凭空臆断。

这与司马迁《史记》"辨而不华，质而不俚，其文直，其事核，不虚美，不隐恶，谓之实录"的风格是一致的。

柴老师写《平谷史话》本着资料考证与实地调查这样的逻辑模式进行，以真实可信为生命，认认真真地还原历史。他以行动力和介入力，字里行间、所行所为均饱含"争夺真实"的权力。自2004年丫髻山文物修缮列入"人文奥运"项目至今，10余年来，他对丫髻山实地踏查达二三百次之多，平均一年二三十次登山寻迹，这种付出几句语言岂可表达？他通过古迹遗址、碑刻造像等，对历史事件、人物，只求真实、客观地还原，只强调客观，没有主观介入。所谓个体主观也只是带着问题深入实地走访，进一步解析解构"官修"史志的刻板样态，或者说为"官修"文体注入一些生动鲜活的现场感。那些现场走访就是对历史的近距离接触，以此从陈迹中感受历史本真样貌与走向，感受那种原始的气息与呼吸，而非混淆、歪曲、戏弄并消费历史。

为了找寻一份史料，他持有一种"上穷碧落下黄泉""升天入地求之遍"的大执著大情怀，比如，在研究李锴史料过程中，他发现一条线索，上海古籍出版社 2006 年出版《上海图书馆藏明清名家手稿》中涉及李锴情况，实际上只有"睫巢集"这一页内容与李锴有关，但为了这一页，他不惜花 500 元购置了该书，古有一字千金，今有一页犹千金，柴老师自己感慨"花多少钱都值"。

他除了考证文献，还注重乡间走访，这颇似社会学、人类学、民俗学中的田野调查法。一次下乡中，偶然听人说起"倒影潭"刻石，引起其极大的兴趣和关注，之后深入独乐河镇南山村实地踏查走访了十几次，表现了抽丝剥茧、锲而不舍的韧劲。在找寻李锴墓碑的过程中，最初所遇打听的情况皆是被文物贩子买走了，后来再抱着试试看不死心的念头，一而再，再而三，终于精诚所致、金石为开，获得了重要线索。他自己讲，在看到墓碑的那一刻，欣喜若狂，任何语言都是苍白的，无法形容那种激动和惊喜，那种与历史的对视，只能以心脉相通和神通来比拟。对文化执著不舍的力量是无穷的，惊喜与发现也是无限的。他常把这种体会来告诉那些目前从事文物工作的年轻人，希望他们如自己一样有心有为。

在"历史文献可考、遗址碑记可证、考古发掘及出土文物可据、口头活资料为补充"这些认证解析历史的手法之余，便是一些重大突破性收获，该书中许多新发现填补了平谷历史的空白，如：原来只说清康熙、乾隆、道光 4 位帝王到过丫髻山，柴老师却发现嘉庆住在了丫髻山脚下行宫的记录，那么说 4 位帝王到丫髻山也合情合理了。还有他认为瓦堂寺当为平谷地区建造最早的寺庙，他从明万历三十二年（公元 1604 年）《怀柔县志》寺观记载发现：该寺自东汉建武年间始建，此时正是佛教传入我国的时期，从而显见这在北京地区乃至全国也算作较早的寺庙了。一部《平谷史话》(修订本)其间还有多少新的"未知",有待读者在作者引领下认真揣摩研究。这些新发现无可厚非地成为了一家之言。

《史记》"究天人之际、穷古今之变、成一家之言",涵盖了哲学家的探究、追问,史学家的通透、通解,学问家的理论建构。《平谷史话》(修订本)也终于带着柴老师的个人特点,30年成果得成一家之言。两者皆"不拘于史法,不囿于字句,发于情,肆于心而为文"且"视线远,见识高,文字生动,笔力洗炼,感情充沛,信手写来,莫不词气纵横,形象明快"。

理解的高度之三,文化的力量在于传承——意义层面,价值传承,发展文化不动产。

如果说《史记》是我们民族文化不动产的话,那么柴老师的《平谷史话》(修订本)无疑当是平谷的文化不动产,甚至有着空前绝后的双重所指之义。

"历史是被赋予某种价值的想象共同体。"人类学家和历史学家目前都有一种共识,即文化不应被视为共时性的、静止的一个结构,其有着生成和演化的过程。史学界有一种观点,即一个珍视自己民族历史资源和史学传统的民族,才是一个具有历史文明修养的有希望的民族。反之,则是一个丧失历史感的无根的民族。"读点历史"成为一个民族文化自觉和文化自信的表现。

对于我们大多数人而言,历史强大的讯息注定铺陈堆砌在那里,汗牛充栋的史料书籍似乎更多时候是湮没于故纸堆中,在一个固定而又遥远的空间和我们相望。作个比喻,历史被压缩在那么一些纸片上，只有由我们读出来，那么，历史就好像一个压缩包被解压出来了，其更大的更深层的意义才能释放出来。对充满岁月沧桑的古老文字进行解析、解码，与这个时代有效对接，与当代群体有力链接，也许这才能使"库存"的史料立体化、生动化、活态化，并"反哺"于现实。也许这才是历史延续发展的真正深意和使命所在，当然也契合文化本义的选择。这就是《平谷史话》（修订本）带给我们的另一重传承意义所在。

从传承发展角度而言，我们应该深度挖掘该书的现实内容和潜在内容。厦门大学历史学教授鲁西奇曾坦言表露：我们读《汉书》，绝不是仅仅为了弄清楚汉代的人怎样治国安邦、开疆拓土，或者怎样搞阴谋诡计（政治史），甚至不是为了弄清汉代的人怎样生活（经济史与社会史）、怎样说话（文化史）、怎样思想（思想史）以及怎样死亡（宗教史或类似于宗教史的学问），重要的是为我们思考我们面对的今天这个世界提供素材，是为了我们今天的活着和明天的活着或者死亡的。他的这种表述无疑提示我们要在传承文化中有一种透过现象看本质的洞察力和透彻力。比如通过柴老师的马成墓史料，我解读出来的讯息则是：一座汉将马成墓，千载忠义家国情。马成其人其事，勤政于国，以民为贵，彰显家国情怀；马成其墓其迹，守土有责，千载于传，彰显忠义精神。

同济大学文学院教授王鸿生表示："汉民族的史传是世界上最发达而完备的，从《尚书》《史记》《汉书》《资治通鉴》，到历代续修的家谱、地方志，从古至今，国人修史的热情经久不衰，这种史传传统表明，民族精神的记叙方式并非单一……有效梳理、整合中华民族的集体记忆，发掘赓续和重铸中华民族的精神气脉和核心价值追求……不仅是民族文化复兴的题中之义，同时，也是中国对世界文化做出的新贡献，对世界历史走向产生独特影响的重要机缘。"

《平谷史话》（修订本）作为信史资料，是我们和过去，也就是和历史发生接触的唯一一座桥梁，是融入平谷社会发展进程的一种文化现象，缔结着走向未来的机缘。

这部史书不如其他文艺作品如诗歌、散文，能成为公共文化生活中的活跃力量，于作者和读者而言，表象可能只是沉静和沉寂，但其内核隐蕴的却是爆发力与光芒，解读平谷历史离不开这个源头活水，"问渠哪得清如许，为有源头活水来"。

其实，柴老师饱含着对历史文化的责任心才放弃放下了其他写作，大概罗列一下，近年来，柴老师曾出版了散文集《江山有待》《核桃树下的王蒙》等7部，与古建专家罗哲文合著《中国名寺大观》等6部，编著《平谷寺庙志略》《志书补遗》等8部，还主编和参与编写《平谷文物志》《平谷文史选辑》等等，用著作等身来形容他似乎意犹难尽。柴老师所创作的文集数量之高、质量之实，大观之象，宏阔壮美，令人叹为观止。在多产与高产的背后则显示出柴老师充沛的才情，以及平谷文化的大发展大繁荣。这些文化精品，定能嘉惠后人、历久弥新。

这一切无外乎说明文化所蕴藏的三种力量，即信仰、实践、传承，于柴老师而言，则是信仰筑就了勤奋之于拙朴的升华伟力、实践筑就了感性加之理性的行为动力、传承筑就了数量兼备质量的成果魅力。

这个时代所需要的，是具有神圣性和价值性的历史文化传承理念，唯此，才能以高度的文化使命，昭德抑违，临照大众，化成天下。这是全球化时代努力把握文化根脉的一种自觉，也是彰显个人价值的必然要求与外在表现。在此基础上，当向文化致敬，向从事文化的有志有识之士致敬。

人类思想认知发展史，是一个从经典出发再不断回到经典的过程。诸如《史记》这样的经典构成了文明的基础，站在巨人的肩上，我们能看得更远更高。在当下这个碎片化的阅读时代，希望我们亲近经典，提升阅读的系统性、深刻性，走近《平谷史话》(修订本)，亲近平谷这部"史记"，深入阅读，深刻阅读，在理解的高度之上，让文化拔节生长，让耕读传家并入中国梦理想，一并追梦共创更加美好的未来。

平谷区政协常委
学习与文史委员会主任　　　周彩伶

研究平谷历史文化
力求言有所据事有所依思有所本
（初版后记）

　　我参加工作 30 余年了，总起来看，主要就是研究平谷历史文化。

　　我曾在县委党史办参加编写《平谷县志》10 年，查阅了与平谷有关的古代典籍及重要文献；在文化委分管文物 12 年，深入考察研究了地上地下文化遗存，主持编写了一部《平谷文物志》；在政协文史委利用近两年时间，对全区每一座村落开展历史文化调查。在此基础上，近年来我陆续为一些机关、学校及区委党校干部培训班等讲平谷历史文化，初步形成了粗浅的讲稿，这本史话就以讲稿整理而成。

　　在整理中几经修改、补充，也曾带着疑虑一次次深入实地访谈踏察，哪怕是人迹罕至的深山，探寻千百年留存下来的遗迹。求真求实，力求言有所据，事有所依，思有所本，我不敢随意听信道听途说，更不敢随意凭空臆断，深知稍有不慎，将会贻误世人。每每念此，便愈加谨慎，不仅要反复研究现存的典籍文献，而且要反复研究文物遗存，直至妥帖了才会落笔，也才会心安。

　　在多年学习和研究中，得到了区领导和党史办、档案局、文化委及文物所、上宅文化陈列馆、各乡镇、街道等单位及诸位同仁大力支持帮助，得到了北京乃至国家有关专家学者的大力支持帮助。尤其是区委书记张吉福同志百忙中为本书题词，而所题"平和平实，虚怀若谷"正是以当代意识对平谷古老名字的新的诠释。区政协主席王春辉同志欣然为本书作序，使拙作增辉。在本书出版过程中，区人大副主任、平谷镇党委书记石来福同志、平谷镇长马立文同志给予了鼎力支持和相助。出版社欧光明主任及责编的精心策划与编辑。在此，一并表示诚心地感谢！

平谷历史文化悠久，这本史话不过是联缀起来的断简残篇，可能挂一漏万，还有待今后深入研究，特别是随着更多文献资料的发现，更多地上地下文化遗存的发掘，本书将会进一步修订、补充和完善，使之更能全面系统地反映平谷历史全貌与本真。而记录真实可信的历史，即为立足于今天，更为面向未来，毕竟昨天是今天的历史，而今天将又成为明天的历史。这本史话下限仅至清末，至于抗日战争、解放战争及当代历史未曾涉及，以后根据时间和需要，再另行考虑吧。

平谷历史源远流长，文化博大精深，而本人才疏学浅，诸多方面孤陋寡闻甚至一无所知，笔下不少地方可能很难达意甚至力不从心，故书中错误、疏漏与不足在所难免，诚请方家与读者不吝赐教。

柴福善

2013 年 5 月

再版后记

《平谷史话》出版几年了，随着对平谷历史文化的深入研究，不断有新的甚至重要的东西发现，对一些东西又不断有新的认识。而当初也曾想找适当时机，再编写一本《平谷革命斗争史话》，以成系列。基于此，深感有必要对其进行修订。于是，放下点校中的《李锴诗文集》，着手修订工作。修订中，不仅增加了新的内容，增补了新的认识，而且修正了个别错误之处。同时，将革命斗争史部分一并增编其中，以便读者研究与阅览。

在此，简略谈谈关于革命斗争史部分的编写。作者在党史办工作10年，一方面编写《平谷县志》，一方面征集整理革命斗争史料，访谈在平谷工作和战斗过的老将军、老干部、老战士，以及乡村老民兵、老英雄乃至知情老人。每每回想起来，他们的音容笑貌依然浮现眼前。期间，就一些重要专题和人物如官庄战斗、南张岱战斗、胡广才、谭志诚、鲁夫等着手撰写，并与胡尔森主任一起将《平谷革命斗争史》修订出版。到文化文物局后，根据实际情况，提出在鱼子山建立抗战纪念馆，由村里出场地、建场馆，局里提供文物、布置展览，并亲手撰写展陈大纲及解说词。这座纪念馆，如今与延庆平北抗战纪念馆、房山平西抗战纪念馆一起，成为北京地区平北、平西、冀东西部三个抗日根据地的三座重要纪念馆，且被列为市级爱国主义教育基地。在政协文史委以及"二线"再回文化委，就营救美国飞行员、芮营战斗、北寨惨案、黑豆峪惨案、土地改革等多个专题及人物深入乡村访谈踏察。近年来，为区委党校培训班、乡镇干部及在校学生等讲解平谷革命斗争史，收入史话的主要就是逐步形成的讲稿。而这些专题，基本能够呈现出平谷地区的抗日斗争、解放斗争及土地改革等历史脉络。

此次修订，大体依照初版专题体例。考虑到有些专题的某些重要地方可能叙述不透，甚至还有缺漏，为减少缺憾，特在一些专题下，收录了"附记"，以便于读者深入阅读与理解，或许这也是本书的一个"特色"。

值此修订之际，区委书记王成国同志百忙中为本书欣然题词，区人大主任刘军同志作了热情洋溢的再版序言，书法家翟德年先生题写书名。文化委主任王文忠同志作为平谷文化丛书主编，全力支持此书修订与出版。文物科长贾东红在本书出版前夕，通读全稿，提出多处具体修改意见。区委党史办主任刘云飞同志悉心审读书中"抗战"等相关内容，并为出版社写出审读意见。区政协文史委主任周彩伶撰写了《理解的高度与文化的力量》的读后感言。出版社欧光明主任及责编李燕妮女士为此亦付出了极大心血，在此一并深表感谢！

此次修订再版，如《平谷史话》初版、《平谷寺庙志略》《志书补遗》等书中有关内容与此不相一致者，请以此书为准。当然，尽管经过修订，书中错误与不足依然在所难免，诚请方家与读者批评教正！

柴福善

2016 年 7 月 12 日谨记于善书斋

图书在版编目（ＣＩＰ）数据

平谷史话 / 柴福善著 . —— 修订本 —— 北京：民族
出版社，2016.7
ISBN 978-7-105-14443-3

Ⅰ.①平… Ⅱ.①柴… Ⅲ.①平谷区—地方史—
史料 Ⅳ.① K291.3

中国版本图书馆 CIP 数据核字 (2016) 第 181395 号

平谷史话（修订本）

策划编辑： 李燕妮
责任编辑： 李燕妮
出版发行： 民族出版社
地　　址： 北京市和平里北街 14 号
邮　　编： 100013
电　　话： 010—64228001（编辑室）
　　　　　 010—64224782（发行部）
网　　址： http://www.mzpub.com
印　　刷： 北京天宇万达印刷有限公司
经　　销： 各地新华书店
版　　次： 2016 年 7 月第 1 版　2016 年 7 月北京第 1 次印刷
开　　本： 787×1092 毫米　1/16
字　　数： 420 千字
印　　张： 36.25
定　　价： 90.00 元
书　　号： ISBN 978-7-105-14443-3/K · 2536（汉 1422）

该书若有印装质量问题，请与本社发行部联系退换